AÇÃO ANULATÓRIA

L621a Lerrer, Felipe Jakobson
    Ação anulatória / Felipe Jakobson Lerrer. – Porto Alegre: Livraria do Advogado Editora, 2009.
    229 p.; 23 cm
    ISBN 978-85-7348-650-6

    1. Direito Processual Civil. 2. Ação Anulatória. 3. Coisa Julgada. 4. Sentenças (Direito Processual Civil). 5. Ação Rescisória. I. Título.

                    CDD 341.4622

(Bibliotecária Responsável: Salete Maria Sartori, CRB 10/1363)

Felipe Jakobson Lerrer

AÇÃO ANULATÓRIA

Porto Alegre, 2009

© Felipe Jakobson Lerrer, 2009

Capa, projeto gráfico e diagramação
Livraria do Advogado Editora

Revisão
Rosane Marques Borba

Direitos desta edição reservados por
Livraria do Advogado Editora Ltda.
Rua Riachuelo, 1338
90010-273 Porto Alegre RS
Fone/fax: 0800-51-7522
editora@livrariadoadvogado.com.br
www.doadvogado.com.br

Impresso no Brasil / Printed in Brazil

Dedico esta obra à minha mulher, Raquel,
aos meus pais, Nilton e Silvia,
e a meu irmão, Fábio.

Agradecimentos

Aos Professores do Curso de Mestrado em Direito da Pontifícia Universidade Católica do Rio Grande do Sul, com os quais tive a honra de aprender e conviver.

E, especialmente, ao Professor Dr. José Maria Rosa Tesheiner, orientador deste trabalho, pela atenção, pela dedicação e pela franqueza de suas críticas.

Prefácio

Posso imaginar apenas duas razões pelas quais a escolha do prefaciador não recaiu, como naturalmente deveria ocorrer, sobre o orientador da dissertação que deu origem a esta obra.

A primeira decorre do fato de que conheço o autor, Felipe Lerrer, há bastante tempo. Tenho-o como um grande amigo, e por isso talvez esteja em posição privilegiada para falar não apenas sobre o texto, mas sobre a personalidade daquele que o concebeu, tão marcante em cada linha deste pujante trabalho.

Está assente que a perfeição não é deste mundo – daí por que não há muito sentido falar em perfeccionismo – mas Lerrer é daqueles que dá o máximo em tudo o que faz. Encara desafios, tanto profissionais quanto acadêmicos, com absoluta seriedade e rigor, não se satisfazendo com menos do que poderia alcançar em cada um deles. Essas notas de personalidade estão muito presentes nesta obra, "Ação Anulatória", cuja estrutura e conteúdo refletem rigor, organização e, acima de tudo, a dedicação do autor no trato de um tema que, como ele bem observa, não recebeu a devida atenção do legislador e, pode-se dizer também, não está entre os preferidos pela doutrina atual, mais ocupada com as reformas que tem sofrido a lei processual brasileira, especialmente em matéria recursal e de cumprimento e execução de sentença.

O trabalho é estruturado em cinco partes. Na primeira, dedica-se o autor a traçar linhas introdutórias sobre o instituto da ação anulatória, relacionando-a com temas como recursos, formas autônomas de impugnação de sentença e a coisa julgada. Analisa os conceitos doutrinários existentes, posicionando-se sobre a sua adequação, e classifica a ação anulatória como constitutiva negativa. Parte, então, para a análise da evolução histórica das ações autônomas de impugnação, chegando à ação anulatória brasileira prevista no Regulamento nº 737, de 25 de novembro de 1850, e à sua evolução até o artigo 486 do Código de Buzaid. Encerra a primeira parte com análise do direito comparado.

Na segunda e na terceira partes de sua obra, Lerrer trata de sistematizar a ação anulatória, discorrendo sobre as hipóteses de seu cabimento, legitimidade, prazo, competência, instrução, eficácia, recursos cabíveis e outros aspectos procedimentais relevantes. Aqui, vê-se que o autor transita muito bem entre os planos do direito material e do direito processual, sendo o tema central da obra rico em oportunidades para tanto, as quais o autor não deixa escapar. Mais do que isso: vai o autor destrinchando os problemas recorrentes no trato da matéria, posicionando-se sobre cada um dos temas tratados.

Na quarta parte, são analisados institutos afins, como a ação rescisória e a *querella nullitatis*.

Ao fim, tem-se importante contribuição do autor para aqueles que, no dia a dia forense, deparam-se com a temática central do trabalho. A análise de hipóteses concretas do uso da ação anulatória faz aterrissar as ideias abstratamente desenvolvidas nos capítulos anteriores no campo de sua aplicação prática.

Em resumo, tem-se aqui uma obra concebida com muito esmero, dedicação e, acima de tudo, talento de mais um jovem expoente do processo civil forjado no Curso de Mestrado em Direito da Pontifícia Universidade Católica do Rio Grande do Sul, sob a batuta do Professor José Maria Rosa Tesheiner. E, aqui, insere-se a segunda razão pela qual me convocou o autor para escrever este prefácio.

É que, fosse o Professor Tesheiner o encarregado da tarefa, certamente, com a modéstia que lhe é habitual, não seria capaz de atribuir a si o mérito que inquestionavelmente possui na brilhante orientação que resultou nesta obra. Carismático, sempre atento e sincero na crítica, há muitos anos dedica-se ele exclusivamente ao desenvolvimento da ciência processual, escrevendo e ensinando. Talvez sem dar-se conta, acaba desenvolvendo também *pessoas*, seu caráter, responsabilidade, postura e outros atributos muito mais importantes do que a mera formação acadêmica, no que transcende, em muito, a função de mero orientador, dignificando e reerguendo o conceito de Professor (com letra maiúscula, mesmo). Está o Professor Tesheiner também de parabéns, portanto, não apenas pela exitosa orientação da dissertação que resultou nesta obra, mas pela influência e transformação que proporcionou ao seu escritor.

Enfim, desincumbido da tarefa que me atribuiu meu querido amigo Felipe Lerrer, registro minha honra e gratidão por apresentar o livro "Ação Anulatória", em boa hora lançado pela Livraria do Advogado e que, certamente, encantará o leitor por todos os atributos aqui já referidos.

Porto Alegre-RS, Inverno de 2009.

Guilherme Rizzo Amaral
Doutor em Direito pela Universidade Federal do Rio Grande do Sul
Mestre em Direito pela Pontifícia Universidade Católica do Rio Grande do Sul

Sumário

Introdução	13
1. Ação anulatória	15
1.1. Noções introdutórias	15
1.1.1. Formas de impugnação da sentença	20
1.1.2. Coisa julgada	29
1.2. Conceito de ação anulatória	37
1.3. Evolução histórica da ação anulatória	45
1.4. Direito comparado	48
2. Cabimento da ação anulatória	53
2.1. Atos atacáveis	53
2.1.1. Atos judiciais que não dependem de sentença	53
2.1.2. Atos judiciais seguidos de "sentença meramente homologatória"	63
2.2. Fundamentos invocáveis	69
2.3. Nulidades do direito material como fundamento da ação anulatória	73
2.4. Defeitos dos negócios jurídicos como fundamento da ação anulatória	79
2.4.1. Erro	81
2.4.2. Dolo	83
2.4.3. Coação	86
2.4.4. Estado de perigo	87
2.4.5. Lesão	89
2.4.6. Fraude contra credores	90
2.4.7. Simulação	92
2.4.8. Reserva mental	94
3. Aspectos processuais e procedimentais	97
3.1. Legitimidade	97
3.2. Prazo	98
3.3. Competência	100
3.4. Efeitos da propositura	102
3.5. Procedimento	103
3.6. Instrução probatória	105
3.7. Sentença e efeitos	105
3.8. Recursos	107
4. Institutos afins	109
4.1. Da ação rescisória	109
4.2. Da *querela nullitatis*	124

5. Casuística 139
    5.1. Confissão, desistência, transação, reconhecimento jurídico do pedido e renúncia ao direito sobre o qual se funda a ação 139
    5.2. Sentença de partilha em inventário 176
    5.3. Procedimentos especiais de jurisdição voluntária 184
    5.4. Adjudicação, arrematação, alienação por iniciativa particular e a sentença do artigo 794 do CPC 192
    5.5. Homologação de sentença estrangeira 202
    5.6. Processo cautelar 203
    5.7. Decisões proferidas em processos de falência 206
    5.8. Justiça do Trabalho 207
    5.9. Juizados Especiais 212

Conclusões principais 219

Referências 225

Introdução

A presente obra tem por objetivo analisar a ação anulatória, prevista no artigo 486 do Código de Processo Civil, que enuncia que: "os atos judiciais, que não dependem de sentença, ou em que esta for meramente homologatória, podem ser rescindidos, como os atos jurídicos em geral, nos termos da lei civil".

Tal dispositivo, repleto de imprecisões terminológicas, está inserido na Lei Processual juntamente com os artigos que regulam a ação rescisória de sentença. Entretanto, apesar de ser chamada por alguns doutrinadores até mesmo de *irmã gêmea da ação rescisória*, a ação anulatória dela muito se distingue, seja no que concerne à competência, aos requisitos, momento e prazo para a propositura, seja quanto aos efeitos da sentença.

O instituto será estudado através de doutrina e de jurisprudência de Tribunais Estaduais, Superiores e do Supremo Tribunal Federal, desde suas origens históricas, iniciando pelos Códigos Estaduais até o advento do Código de Processo Civil vigente, direito comparado, passando pelas formas de impugnação da sentença, coisa julgada e análise do conceito da ação ora estudada.

O tema encontra previsão legal juntamente com os 10 (dez) dispositivos da Lei Processual que regulam o cabimento da ação rescisória, talvez por não ter o legislador encontrado outro lugar no Código em que o instituto pudesse ser inserido de forma mais adequada.

A ação anulatória tem, a exemplo da ação rescisória, o condão de desconstituir sentença já atingida pela preclusão máxima, ainda que o faça de modo reflexo. Trata-se de ação autônoma de impugnação que, se julgada procedente, por força de seu efeito constitutivo negativo, pode desfazer até mesmo arrematação perfeita e acabada.

Contudo, ao contrário da ação rescisória, à qual são dedicados 10 (dez) artigos do Código de Processo Civil, a ação anulatória foi regulamentada em dispositivo único, ainda assim, tecnicamente muito deficiente.

Talvez por esta razão, a ação prevista pelo artigo 486 do Código de Processo Civil, destinada a anular atos praticados pelas partes no processo ou nele inseridos por sentença homologatória, não tenha recebido da doutrina a mesma atenção dispensada à ação rescisória, sobre a qual há vasta quantidade de estudos.

Enquanto a ação rescisória tem cabimento apenas nas hipóteses previstas nos 9 (nove) incisos do artigo 485 do CPC, a ação anulatória abarca amplíssimo leque de hipóteses de cabimento, por ser destinada à desconstituição, não de atos do juiz, mas de atos praticados pelas partes em juízo ou apenas homologados por sentença, *nos termos da lei civil*, querendo essa expressão significar *nos termos do direito material*, demandando análise tanto das anulabilidades previstas pelo direito civil (dentro do regime da invalidade), que servem de base a todo o ordenamento jurídico, quanto dos defeitos dos negócios jurídicos.

Visando a elucidar todos os aspectos concernentes à ação anulatória, o estudo tratará dos atos por ela atacáveis, dos fundamentos que podem dar ensejo à sua propositura, com ênfase nas invalidades do direito civil e nos defeitos dos negócios jurídicos. Ainda, serão analisados os aspectos procedimentais da ação anulatória, a competência para seu processamento e julgamento, os efeitos de sua propositura e também a natureza da sentença nela proferida.

Também serão analisados os institutos afins à ação prevista no artigo 486 do Código de Processo Civil, como a ação rescisória e a *querela nullitatis*, com a finalidade de traçar entre eles uma diferenciação mais nítida, que permita aos operadores do direito terem uma ideia concreta da aplicabilidade de cada qual, especialmente nas hipóteses em que se pretende a anulação de confissão, desistência da ação e transação, com base em doutrina e em precedentes jurisprudenciais.

Finalmente, serão abordadas outras hipóteses de cabimento da ação anulatória, como nos casos de homologação de partilha, separação consensual, arrematação, adjudicação, Juizados Especiais e Justiça do Trabalho, entre outros.

Pretende-se, portanto, analisar o artigo 486 do Código de Processo Civil em todos os seus aspectos e relações com o direito processual e material, encontrando a devida adequação e cabimento do instituto.

1. Ação anulatória

1.1. Noções introdutórias

O artigo 486 do Código de Processo Civil diz que "os atos judiciais, que não dependem de sentença, ou em que esta for meramente homologatória, podem ser rescindidos, como os atos jurídicos em geral, nos termos da lei civil". O dispositivo encontra-se no Livro I, Título IX, Capítulo IV da Lei Instrumental.

Atos judiciais que não dependem de sentença são aqueles que prescindem de manifestação do juiz para produzirem imediatamente seus efeitos, nos termos do artigo 158 do CPC: "Os atos das partes, consistentes em declarações unilaterais ou bilaterais de vontade, produzem imediatamente a constituição, a modificação ou a extinção de direitos *processuais*". A palavra "imediatamente" há de ser interpretada no sentido de que os atos produzem de imediato efeitos processuais, desde que trazidos para o processo, e não a partir da manifestação unilateral ou mesmo bilateral.[1]

Diz Luiz Fux haver casos nos quais, em que pese terem as partes "liberalidade" processual, a lei exige a integração da vontade jurisdicional. Essa concessão de eficácia ao ato de disponibilidade processual decorre da homologação. Frisa que o artigo 158 do CPC, acima transcrito, após conferir eficácia própria a determinados atos, ressalva em seu parágrafo único que "a desistência da ação só produzirá efeito depois de homologada por sentença", e que outros atos processuais de disponibilidade, tidos como especiais, também não produzem efeitos, senão depois de homologados pelo juiz, através das chamadas *sentenças meramente homologatórias*.[2]

Determinados atos processuais das partes solucionam o mérito, independentemente de pronunciamento judicial, que apenas dirá que o processo está extinto. É o que ocorre quando o réu reconhece a procedência do pedido (CPC, art. 269, inciso II), quando o autor renuncia ao direito sobre o qual se funda o pedido (CPC,

---
[1] ARRUDA ALVIM NETTO, José Manoel de. *Manual de direito processual civil.* 10. ed. São Paulo: Revista dos Tribunais, 2006, 1 v., p. 434.
[2] FUX, Luiz. *Curso de direito processual civil.* 2. ed. Rio de Janeiro: Forense, 2004, p. 868.

art. 269, inciso V) e na transação por instrumento público ou particular, nos casos em que ela for admitida.

Outras vezes, as partes é que produzem o ato extintivo do processo, com resolução de mérito, como ocorre nos casos de conciliação e na transação feita por termo nos autos. Em tais casos, diz-se que o juiz proferiu sentença meramente homologatória, pois nada terá decidido quanto à relação jurídica. As partes é que o fizeram, ficando a homologação no âmbito exclusivo da realidade formal do ato.

Sobre os exemplos referidos acima, Ernane Fidélis dos Santos afirma que:

> Nas primeiras hipóteses, mesmo que o ato extintivo do processo tenha regulado o mérito, é ato jurídico das partes, como qualquer outro, e rescindível como os atos jurídicos em geral, posto que não há sentença a se atacar. Nas outras hipóteses, as conseqüências são as mesmas, já que não é o ato judicial, a homologação do juiz, que regulou a relação jurídica discutida no processo, mas o próprio ato das partes. A homologação integrou o ato das partes para atestar que a atividade delas se cumpriu normalmente. Esta é a razão pela qual se diz que os atos judiciais (judiciais porque são praticados no processo e não pelo juiz), que não dependem de sentença ou em que esta seja meramente homologatória, podem ser rescindidos como os atos jurídicos em geral, nos termos da lei civil (art. 486).[3]

Pontes de Miranda, por sua vez, refere que "a permissão de se atacar o ato jurídico anulável, inserto no processo ou homologado simplesmente, mostra que não fez obstáculo à desconstituição de tal ato jurídico o fato da inserção no processo ou da sentença ou decisão simplesmente homologatória", e que a sentença, em tais casos, "funciona como continente de ato jurídico".[4]

A ação a que se refere o artigo 486 do Código de Processo Civil visa à anulação de atos praticados no processo, aos quais não há necessidade de se seguir decisão alguma, ou então se segue decisão homologatória, que lhes confira eficácia sentencial.[5] Não são objeto da ação anulatória as sentenças de mérito, que desafiam rescisória, mas os atos de disponibilidade das partes que implicam encerramento do processo em face das sentenças que os homologam.[6] [7]

---

[3] SANTOS, Ernane Fidélis dos. *Manual de direito processual civil*. 8. ed. São Paulo: Saraiva, 2001,v. 1, p. 657.

[4] PONTES DE MIRANDA, Francisco Cavalcanti. *Tratado da ação rescisória das sentenças e de outras decisões*. 1. ed. atualizado por Vilson Rodrigues Alves. Campinas: Bookseller, 1998, p. 405.

[5] MOREIRA, José Carlos Barbosa. *Comentários ao Código de Processo Civil, Lei nº 5.869, de 11 de janeiro de 1973, vol V:* arts. 476 a 565. 13. ed. Rio de Janeiro: Forense, 2006, p. 157.

[6] FUX, Luiz. *Curso de direito processual civil*. 2. ed. Rio de Janeiro: Forense, 2004, p. 867.

[7] J. M. de Carvalho Santos, comentando o parágrafo único do artigo 800 do CPC/1939, ao qual o artigo 486 do CPC/1973 corresponde quase literalmente, diz que tais atos poderão ser anulados por via da ação de nulidade, nunca, porém, por meio da ação rescisória. Diz que alguns comentadores do Código de Processo, apesar da clara e peremptória disposição legal, concluem que tais atos judiciais que não dependem de sentença, ou em que esta for simplesmente homologatória, poderão ser rescindidos por via da ação rescisória, ressalvando: "não nos parece, todavia, seja essa a verdadeira interpretação a ser dada ao texto supra. Depois de esclarecer no texto do artigo 800 os casos que não autorizam a ação rescisória, dispõe o Código, no parágrafo único o que se lê no texto, revelando claramente que aí prossegue na enumeração de mais uma hipótese em que não terá cabimento a ação rescisória". Afirma que o acerto dessa assertiva é corroborado pelo fato de a lei estabelecer que aqueles atos poderão ser rescindidos como os atos jurídicos em geral, nos termos da lei civil, destacando: "ora, nos termos

A demanda de anulação de *ato judicial* vem disposta, impropriamente, no Livro I, Título IX, do CPC de 1973, que trata "Do Processo nos Tribunais", no Capítulo IV, "Da Ação Rescisória".

Ocorre que a ação anulatória não diz respeito à ação rescisória, nem ao processo nos tribunais. Contudo, apesar das diferenças, as ações guardam a semelhança de serem formas de impugnação da sentença, ainda que a prevista no artigo 486 do CPC o faça por via reflexa, pois sua finalidade é a anulação de atos homologados por sentença. Talvez sua inserção no Código no capítulo destinado à ação rescisória possa ser justificada porque o fim prático ao qual se destina a ação anulatória é semelhante ao da ação rescisória.[8]

A ação anulatória tem seus fundamentos nos vícios do direito material e nas causas de anulabilidade comuns aos negócios jurídicos, ao contrário da ação rescisória, na qual se julga o próprio "julgamento anterior", como ato jurisdicional imperfeito. Assim, nos casos em que proferida sentença *meramente homologatória*, tal ação atingirá diretamente o ato das partes, e não uma decisão judicial.[9]

Para José Carlos Barbosa Moreira, a importância do artigo 486 do CPC consiste em deixar claro que, apesar de determinados atos estarem cobertos por um invólucro sentencial, podem ser diretamente impugnados, sem a necessidade de rescindir-se (utilizando-se esta palavra na acepção técnica) a decisão homologatória. Isto porque a ação dirige-se ao próprio conteúdo (ato homologado), sem precisar desfazer antes o continente (sentença de homologação), o que não significa que a eventual queda do primeiro deixe de pé o segundo.[10]

Há, portanto, uma categoria de atos processuais cuja impugnação não se submete ao regime dos recursos ou da ação rescisória, mas sim às previsões contidas no Código Civil. Assim, tais atos, se viciados, serão impugnados por meio da ação anulatória ou então da ação declaratória de nulidade, como ocorre com qualquer outro ato no sistema jurídico brasileiro.

Pedro Batista Martins afirma que:

> Se êsses atos não constituíram objeto de sentença, ou se independerem dela, o interessado poderá pleitear-lhes a anulação por meio da ação própria para a rescisão dos atos jurídicos em geral. Mas se dependerem de sentença, que não seja meramente homologatória, e

---

da lei civil, os atos jurídicos em geral são anulados ou rescindidos por meio da ação anulatória ou de nulidade. Nunca pela ação rescisória. Logo, se a lógica não falha, por meio da ação de nulidade, também, deverão aqueles atos ser anulados" (SANTOS, J. M. de Carvalho. *Código de Processo Civil interpretado. Artigos 782 a 881.* 5. ed. Rio de Janeiro: Freitas Bastos, 1958, p. 131).

[8] MAGRI, Berenice Soubhie Nogueira. *Ação anulatória – Art. 486 do CPC.* 2. ed. São Paulo: Revista dos Tribunais, 2004, p. 49-50.

[9] THEODORO JÚNIOR, Humberto. *Curso de direito processual civil.* 24. ed. Rio de Janeiro: Forense, 1998, v. I, p. 648.

[10] MOREIRA, José Carlos Barbosa. *Comentários ao Código de Processo Civil, Lei nº 5.869, de 11 de janeiro de 1973, vol V: arts. 476 a 565.* 13. ed. Rio de Janeiro: Forense, 2006, p. 159.

ela os absorve, considerando-os válidos, nesse caso a sentença contaminada é que deve constituir objeto da rescisão.[11] [12]

Assim, saber quando são anuláveis os atos independentes de sentença ou chancelados por decisão homologatória não é questão de direito processual, mas sim de direito material.[13]

A coisa julgada incide sobre o elemento declaratório da sentença de mérito, de sorte que, se o ato judicial não depender da prolação de uma sentença, não poderá ele vir a ser acobertado pela coisa julgada, por falta de substrato ao qual deve aderir, valendo o mesmo para as sentenças homologatórias, pois, embora se trate, efetivamente, de sentenças, não vêm elas revestidas da eficácia declaratória suficiente para gerar o efeito sobre o qual deve aderir a qualidade de imutável que a coisa julgada tem o condão de conferir.[14]

Sérgio Sahione Fadel diz que:

> [...] atos judiciais que não dependem de sentença são aqueles praticados nas ações de jurisdição graciosa ou voluntária, e bem assim os em que a sentença tem caráter meramente homologatório, vale dizer, formalizador da vontade das partes (transação nos autos) ou de apenas uma delas (v. g., a desistência da ação).[15]

Em tais hipóteses, como já visto, é incabível sua desconstituição pela via da ação rescisória, por serem tais atos passíveis de desfazimento, ou, para usar os termos da lei, de *rescisão*, por meio da ação anulatória.

Por isso, os fundamentos de invalidação dos atos praticados pelas partes em juízo são os mesmos de quaisquer atos de direito material, não coincidindo, assim,

---

[11] MARTINS, Pedro Batista. *Recursos e processos de competência originária dos tribunais.* Atualizado pelo Prof. Alfredo Buzaid. Rio de Janeiro: Revista Forense, 1957, p. 108.

[12] Luiz Sérgio de Souza Rizzi, ao cotejar a ação anulatória com a rescisória em aula proferida na Associação dos Advogados de São Paulo em 29/10/1981, diz que a preocupação em dintigui-las não esteve afastada do Legislador, pois colocou o artigo 486 no corpo da regulamentação sobre a ação rescisória, embora o dispositivo não seja endereçado a ela. Refere que a ação rescisória se endereça à desconstituição das sentenças de mérito proferidas em processos, desde que, transitadas em julgado, produzam coisa julgada material e que é ação de competência originária dos Tribunais, tramita em rito especial (ao menos até o prazo para a resposta, após o que passaria a seguir o rito ordinário), tem seus fundamentos expostos no próprio Código de Processo Civil e se propõe a dois objetivos: o primeiro de rescindir o julgado e o segundo de rejulgar a ação. Já a ação anulatória, por seu turno, é de competência dos juízes de primeiro grau, tramita mediante o procedimento comum, tem seus fundamentos ditados pelo Direito Material e tem por escopo o desfazimento do ato, de sorte que uma ação não substitui a outra (RIZZI, Luiz Sérgio de Souza. Da ação rescisória. *Revista de Processo*, São Paulo: Revista dos Tribunais, n. 26, ano VII, p. 185, abr.-jun. 1982).

[13] BORGES, Marcos Afonso. *Comentários ao Código de Processo Civil.* São Paulo: Editora Universitária de Direito, 1975, v. II, p. 195. Afirma, ainda, que "os possíveis fundamentos da ação anulatória, portanto, não devem procurar-se nos incisos do art. 485. Não é essa a luz que se há de investigar se existe motivo para pedir a anulação de ato que seja dependente de sentença ou tenha sido chancelado por decisão homologatória. O art. 485 disciplina o cabimento da ação rescisória de sentença, não o cabimento da ação anulatória de ato que, em si, não é sentencial, embora possa estar 'sentencializado pela homologação'".

[14] MARINONI, Luiz Guilherme. *Curso de processo civil – Manual do processo de conhecimento.* 5. ed. São Paulo: Revista dos Tribunais, 2006, p. 656.

[15] FADEL, Sérgio Sahione. *Código de Processo Civil comentado:* arts. 1º a 1.220, atualizado por J. E. Carreira Alvim. 7. ed. Rio de Janeiro: Forense, 2004, p. 565.

com as hipóteses autorizadoras da propositura da ação rescisória, prevista no art. 485 do Código de Processo Civil.[16]

O Código de Processo Civil não estabeleceu o descabimento da ação rescisória se a sentença fosse simplesmente homologatória. Determinou que, sendo *simplesmente* (no CPC de 1939) ou *meramente* (no CPC de 1973) homologatória a sentença, os atos processuais poderão ser rescindidos, ou seja, ter sua nulidade decretada como os atos jurídicos em geral, nos termos do direito material. Assim, se o juiz, ao invés de simplesmente homologar o ato, intervier no seu conteúdo, mediante integração ou transformação de fundo, a ação rescisória será a adequada.[17]

Por conseguinte, onde houver julgamento como ato intelectivo e de soberania do Poder Judiciário, não terá cabimento a ação anulatória, mas sim a rescisória. Somente os atos de disponibilidade das partes que impliquem encerramento do processo com a composição da lide é que se sujeitam à anulação.[18]

Nesse sentido, Ulderico Pires dos Santos diz que, inexistindo, a rigor, a lide, a sentença poderá ser invalidada pela ação anulatória, ou de rescisão, já que a lei processual, seja a de antes, seja a de agora, que até amplia os casos de admissão da rescisória, autoriza, por força de disposição expressa e clara, contida no artigo 486, a resilição dos atos judiciais quando homologatória a sentença que apenas conferiu à relação originária existência formal.[19]

Embora a ação anulatória tenha por objeto a *rescisão* de "atos judiciais", dependentes ou não de homologação, ao contrário da ação rescisória, que visa a atacar a própria sentença, não constitui impropriedade considerar-se a ação prevista no artigo 486 do Código de Processo Civil como uma forma autônoma de impugnação da sentença, pois, anulando-se o ato, desconstituída estará, consequentemente, a sentença que o homologou.

Por outro lado, não pode a ação anulatória ser reputada "típica", pois sua causa de pedir é colhida no direito material, cuja generalidade ou atipicidade excluem semelhante categorização. Contudo, a forma como a ação anulatória é prevista no ordenamento jurídico brasileiro não infirma a tipicidade da ação rescisória, que somente será cabível nas hipóteses taxativamente previstas nos incisos do artigo 485 do CPC, não servindo a ação anulatória para ampliar esse rol.[20]

---

[16] BUENO, Cássio Scarpinella. In MARCATO, Antônio Carlos (Coord.). [et. al...]. *Código de Processo Civil interpretado*. 2. ed. Atlas. São Paulo, 2005, p. 1537.

[17] PONTES DE MIRANDA, Francisco Cavalcanti. *Comentários ao Código de Processo Civil*. Rio de Janeiro: Revista Forense, 1949, v. IV, p. 580-581. Criticando votos vencidos proferidos em acórdão oriundo do Tribunal de Apelação do Distrito Federal, datado de 14 de janeiro de 1943 (A. J. 66/111), afirma: "Demais, estão a ler, apressadamente, o art. 800, parágrafo único, como se dissesse: "Os atos judiciais que não dependem de sentença, ou em que esta fôr simplesmente homologatória, sòmente poderão ser rescindidos como os atos jurídicos em geral, nos têrmos da lei civil". Lá não está o "sòmente". O art. 800, parágrafo único, não é exceção ao pressuposto de rescisão de sentença, mas permissão de impugnação por outros fundamentos" (p. 582).

[18] FUX, Luiz. *Curso de direito processual civil*. 2. ed. Rio de Janeiro: Forense, 2004, p. 868.

[19] SANTOS, Ulderico Pires dos. *Teoria e prática da ação rescisória*. Rio de Janeiro: Forense, 1978, p. 201.

[20] YARSHELL, Flávio Luiz. *Tutela jurisdicional*. São Paulo: Atlas, 1999, p. 80-81.

Mencionamos, ainda, a oportuna advertência de Sandro Gilbert Martins, de que a ação anulatória que ora analisamos é distinta da chamada *ação de anulação*, por meio da qual se pode pretender, por exemplo, a anulação de um título executivo. Embora ambas visem à desconstituição de atos das partes, a ação prevista pelo artigo 486 do CPC tem por objeto somente atos praticados no curso de um processo,[21] ou a ele trazidos para homologação.

1.1.1. Formas de impugnação da sentença

Os meios de impugnação das sentenças dividem-se em duas classes: a dos recursos, que podem ser interpostos no próprio processo em que foi proferida a decisão impugnada e a das ações autônomas de impugnação, cujo exercício, em regra, pressupõe a irrecorribilidade da sentença.

Antes de adentrarmos na análise das ações autônomas de impugnação, abordaremos perfunctoriamente os recursos como forma de ataque às decisões judiciais.

Mesclando influências romanas, germânicas e canônicas, o direito comum fixou dado relevante. Determinados meios de impugnação impedem a formação da eficácia de coisa julgada, cuja finalidade consiste em tornar indiscutível, dali em diante, o provimento judicial. Paralelamente, há remédios que autorizam o reexame dos pronunciamentos judiciais apesar da aquisição dessa característica.[22]

Os recursos são meios processuais que a lei coloca à disposição das partes, do Ministério Público e de um terceiro, a viabilizar, dentro da mesma relação jurídica processual, a anulação, a reforma, a integração ou o aclaramento da decisão judicial impugnada.[23]

Ao dizer o artigo 467 do Código de Processo Civil que "denomina-se coisa julgada material a eficácia, que torna imutável e indiscutível a sentença, não mais sujeita a recurso ordinário ou extraordinário", percebe-se que os recursos têm como principal característica a de impedir a formação da coisa julgada, de sorte que não integram esta categoria os remédios cabíveis contra decisões já acobertadas pelo trânsito em julgado.

O Código de Processo Civil prevê os recursos cabíveis no artigo 496.[24] [25]

---

[21] MARTINS, Sandro Gilbert. *A defesa do executado por meio de ações autônomas. Defesa heterotópica*. 2. ed. rev. atual. e ampl. São Paulo: Revista dos Tribunais, 2005, p. 300.

[22] ASSIS, Araken de. *Manual dos recursos*. São Paulo: Revista dos Tribunais, 2007, p. 32.

[23] NERY JÚNIOR, Nelson. *Teoria geral dos recursos*. 6. ed. São Paulo: Revista dos Tribunais, 2004, p. 212.

[24] Art. 496. São cabíveis os seguintes recursos: I – apelação; II – agravo; III – embargos infringentes; IV – embargos de declaração; V – recurso ordinário; VI – recurso especial; VII – recurso extraordinário; VIII – embargos de divergência em recurso especial e em recurso extraordinário.

[25] Nelson Nery Júnior elenca ainda, como recursos, os "outros agravos" (ou "agravos internos") mencionados nos artigos 532, 545 e 557, § 1º, além de outros previstos na Constituição e em leis extravagantes, como o recurso ordinário constitucional (CF, art. 102, inc. II e 105, inc. II; Lei 8.078/90, art. 33; Regimento Interno

Araken de Assis afirma que nem todo meio para impugnação das resoluções judiciais constitui recurso, pois o ordenamento jurídico prevê o cabimento de ações, de caráter autônomo, que se prestam a impugnar atos decisórios do juiz, a exemplo do *habeas corpus* e outros mecanismos informais, como o requerimento para o órgão judiciário corrigir inexatidões materiais (art. 463, I). Destaca não se tratar, entretanto, de recursos no sentido próprio da palavra no direito processual, sendo que o recurso obsta à formação da coisa julgada.[26]

O traço distintivo estabelecido pela divisão clássica entre os meios de impugnação das decisões judiciais é que os recursos são exercitáveis dentro da mesma relação processual, contra decisões ainda não transitadas em julgado, ao passo que as ações autônomas de impugnação visam a atacar decisões judiciais já acobertadas pela autoridade da coisa julgada.[27]

O Código de Processo Civil trata, no Livro I, Título V (Dos Atos Processuais), Capítulo I (Da Forma dos Atos Processuais), Seção III (Dos Atos do Juiz) dos atos do juiz, que, nos termos do artigo 162 e parágrafos, consistirão em sentenças, decisões interlocutórias e despachos.

Por ser a ação anulatória ação autônoma de impugnação que visa, ainda que de forma reflexa, à desconstituição da sentença, não abordaremos neste trabalho as decisões interlocutórias, os despachos e os atos meramente ordinatórios.

Muito embora seja objeto deste trabalho a sentença *meramente homologatória*, faremos breves considerações acerca do novo conceito de sentença trazido pela Lei nº 11.232, de 22/12/2005, como esclarecimento pertinente a este capítulo, na medida em que se refere às formas de impugnação da sentença.

Antes do advento da referida Lei, e desde a vigência do Código Buzaid, o artigo 162 do CPC definia sentença, em seu § 1º, como "o ato pelo qual o juiz põe termo ao processo, decidindo ou não o mérito da causa". A partir da entrada em

---

do STJ, art. 247 e Regimento Interno do STF, art. 307), embargos de divergência (Lei 8.078/90, art. 29; Regimento Interno do STJ, art. 266 e Regimento Interno do STF, art. 330), embargos infringentes (Lei 6.830/80, art. 34), agravo regimental (Regimento Interno do STJ, art. 258 e Regimento Interno do STF, art. 317), agravo (Lei 4.348/64, art. 4º e Lei 7.347/85, art. 12) e recurso (Lei 8.078/90 e art. 41) (*Teoria geral dos recursos*. 6. ed. São Paulo: Revista dos Tribunais, 2004, p. 200). Por outro lado, exclui do rol dos recursos por ausência do requisito do cabimento: a remessa obrigatória (CPC, art. 475), a correição parcial, o pedido de reconsideração (somente previsto no art. 220 do Código de Divisão e Organização Judiciária do Rio de Janeiro), a argüição de relevância da questão federal (CF/1969, art. 119, § 1º, hoje não mais prevista no texto constitucional), a transcendência do recurso de revista (CLT, art. 896), as ações autônomas de impugnação, (citando ação rescisória, *habeas corpus*, *habeas data*, mandado de segurança e mandado de injunção, ainda que deixe de citar a ação anulatória), os incidentes do processo (uniformização de jurisprudência, declaração de inconstitucionalidade e reclamação perante o STF) (NERY JÚNIOR, op. cit., p. 279-280).

[26] ASSIS, Araken de. *Manual dos recursos*. São Paulo: Revista dos Tribunais, 2007, p. 33.

[27] NERY JÚNIOR, Nelson. *Teoria geral dos recursos*. 6. ed. São Paulo: Revista dos Tribunais, 2004, p. 207.

vigor da Lei que instituiu o cumprimento da sentença, esta passou a ser "o ato do juiz que implica alguma das situações previstas nos arts. 267[28] e 269[29] desta Lei".

A alteração do conceito ora analisado decorreu da propalada ineficiência da sentença condenatória como ato capaz de realizar o direito e de promover alterações fáticas no plano da existência. Isto porque a sentença condenatória, do modo como a conhecíamos, apenas "declarava" que o postulante em juízo tinha razão, mas não possuía capacidade autônoma de execução, na medida em que não promovia alterações fáticas por si só. Em síntese, até o advento da Lei nº 11.232/2005, a sentença condenatória era título executivo que exigia posterior nova ação.

A mesma solução, de tornar sincrético o processo, aliás, já fora adotada para as obrigações de fazer e não fazer, diante da alteração implementada no artigo 461 do CPC pela Lei nº 8.952, de 13/12/1994, e também para as obrigações de entregar coisa, conforme o artigo 461-A, acrescido ao Código pela Lei nº 10.444, de 07/05/2002, situações em que a sentença é cumprida no próprio processo em que é proferida.

Por tais razões, aboliu-se a autonomia da relação processual executiva, passando-se a considerá-la uma fase do processo, que, além das fases postulatória, saneadora, instrutória e decisória, passou a ter, também, a fase executiva. Contudo, a medida, que teve por propósito a busca de uma maior efetividade do processo, trouxe dificuldades ao sistema recursal.

O Código Buzaid atingiu em parte o propósito referido na sua exposição de motivos, de acabar com a incerteza acerca do recurso adequado para determinados casos, o que levara o legislador a prever, no Código de Processo Civil de 1939, a fungibilidade dos recursos como lei, no artigo 810.[30]

---

[28] Art. 267. Extingue-se o processo, sem resolução de mérito: I – quando o juiz indeferir a petição inicial; II – quando ficar parado durante mais de 1 (um) ano por negligência das partes; III – quando, por não promover os atos e diligências que lhe competir, o autor abandonar a causa por mais de 30 (trinta) dias; IV – quando se verificar a ausência de pressupostos de constituição e de desenvolvimento válido e regular do processo; V – quando o juiz acolher a alegação de peremção, litispendência ou de coisa julgada; VI – quando não concorrer qualquer das condições da ação, como a possibilidade jurídica, a legitimidade das partes e o interesse processual; VII – pela convenção de arbitragem; VIII – quando o autor desistir da ação; IX – quando a ação for considerada intransmissível por disposição legal; X – quando ocorrer confusão entre autor e réu; XI – nos demais casos prescritos neste Código.

[29] Art. 269. Haverá resolução de mérito: I – quando o juiz acolher ou rejeitar o pedido do autor; II – quando o réu reconhecer a procedência do pedido; III – quando as partes transigirem; IV – quando o juiz pronunciar a decadência ou a prescrição; V – quando o autor renunciar ao direito sobre que se funda a ação.

[30] O então Ministro da Justiça, Alfredo Buzaid, afirmou que "Diversamente do Código vigente, o projeto simplifica o sistema de recursos. Concede apelação só de sentença; de todas as decisões interlocutórias, agravo de instrumento. Esta solução atende plenamente aos princípios fundamentais do Código, sem sacrificar o andamento da causa e sem retardar injustificadamente a resolução de questões incidentes, muitas das quais são de importância decisiva para a apreciação do mérito. O Critério que distingue os recursos é simples. Se o juiz põe termo ao processo, cabe apelação. Não importa indagar se decidiu ou não o mérito. A condição do recurso é que tenha havido julgamento final do processo. Cabe agravo de instrumento de toda a decisão, proferida no curso do processo, pela qual o juiz resolve questão incidente" NERY JÚNIOR, Nelson; NERY, Rosa Maria de Andrade. *Código de Processo Civil comentado e legislação extravagante.* 9. ed. São Paulo: Revista dos Tribunais, 2006, p. 132.

O CPC, no Livro I, Título X Capítulo II, no artigo 513, determina que: *Da sentença caberá apelação (arts. 267 e 269)*, redação que, combinada com o teor antigo dos parágrafos do artigo 162 do Diploma Processual, em raras hipóteses provocava dúvidas quanto ao recurso cabível para ataque a decisões judiciais. Bastava, portanto, classificar-se adequadamente o ato do juiz, para que o litigante sucumbente elegesse o recurso adequado, salvo raras situações mais complexas, como o indeferimento da reconvenção, da denunciação à lide e a desistência da ação em relação a um dos litisconsortes.

A mudança do conceito de sentença trazida pela Lei n° 11.232/05 implica que ela não mais ponha, sempre, termo ao processo, mas, sim, represente o início de uma nova fase do procedimento.

Excluída do ordenamento a definição de que sentença é o ato que põe termo ao processo, poder-se-ia sustentar a possibilidade de o juiz proferir decisão solucionando parte da demanda, remetendo a outro momento o julgamento de outra parcela posta em discussão na causa, ou seja, seria cabível a *sentença parcial*, o que faria com que a mesma demanda tivesse mais de uma sentença, fracionando-se a lide.

A admissibilidade de prolação de mais de uma sentença na mesma relação jurídica processual de conhecimento, contudo, é negada por Luiz Guilherme Marinoni. O processualista afirma que o ato judicial que trata do mérito durante a fase de conhecimento não pode ser admitido como sentença, e que as situações previstas no artigo 269 do Código somente podem ser assim consideradas quando implicarem o encerramento da fase de conhecimento. Sustenta que, embora isso não esteja expresso no novo § 1° do artigo 162 e artigo 269 do Código, o § 2° do artigo 162 define decisão interlocutória como ato pelo qual o juiz, no curso do processo, resolve questão incidente.

Marinoni defende sempre ter havido acordo no sentido de que o ato judicial que concede tutela antecipatória, por exemplo, julga o mérito, sem deixar, no entanto, de ser uma decisão interlocutória, da mesma forma que o ato judicial que pronuncia a decadência ou a prescrição em caso de haver cumulação de pedidos também é decisão interlocutória, mesmo que trate, indubitavelmente, de mérito, razão pela qual "o conceito de 'questão incidente' jamais excluiu o conceito de mérito".[31]

Para o autor, o fato de o novo § 1° do artigo 162 admitir que a sentença possa não encerrar o processo não significa que se pretendeu transformar em sentença todo e qualquer ato judicial que trate do mérito durante fase de conhecimento. Diz que os dois artigos foram alterados para permitir a aglutinação dos processos de conhecimento e de execução em um único processo com duas fases distintas, concluindo:

---

[31] MARINONI, Luiz Guilherme. *Curso de processo civil – Manual do processo de conhecimento*. 5. ed. São Paulo: Revista dos Tribunais, 2006, p. 407.

A sentença pode não encerrar o processo, porém colocar fim apenas à fase de conhecimento, mas nenhum ato que trate do mérito no interior da fase de conhecimento pode ser admitido como sentença.

É preciso interpretar as normas dos artigos 162, § 1º, e 269, *caput*, de acordo com a finalidade da própria lei que as previu e sem perder de vista a racionalidade do sistema recursal, que sempre foi admitido como coerente e lógico pelo doutrina e pela prática forense.[32]

A crítica acima transcrita assume sentido prático, pois eventual reconhecimento da possibilidade de uma mesma relação jurídica processual ter mais de uma sentença certamente refletiria no âmbito recursal.

Araken de Assis aduz que o cabimento da apelação constituía ponto do mais alto merecimento da concepção originária do CPC. Afirma, porém, que "o advento da Lei 11.232/05 turvou o cristalino panorama anterior. O diploma provocou problemas graves e profundos – para as partes".[33]

Analisando o problema sem qualquer pretensão de esgotá-lo ou mesmo de atribuir-lhe uma solução, porquanto não relacionado à ação anulatória, mencionaremos opiniões doutrinárias sobre a questão, apenas a título de ilustração, na medida em que nos importam apenas as sentenças *meramente homologatórias* e as ações autônomas de impugnação.

Sérgio Gilberto Porto afirma que a perplexidade nesse momento é natural, diante da inovação, mas que a jurisprudência, por certo, no seu tempo, indicará o caminho e se encarregará de resolver o problema. Ressalva que a doutrina, no entanto, se apressa a opinar sobre o tema, concluindo, após considerar recomendável o uso da sentença parcial, como forma de conferir celeridade e efetividade à prestação jurisdicional, que:

> [...] julgamento desta índole desafia recurso de apelação, na medida em que este representa a forma mais segura se preservar as garantias constitucionais da ampla defesa e do devido processo legal (5º, LIV e LV, CF), circunstância de duvidosa incidência na hipótese de agravo, em face de sua disciplina atual. Afora, evidentemente, as dificuldades decorrentes do mesmo vir a ser interposto contra decisão de cunho definitivo.[34]

Araken de Assis diz que o pronunciamento judicial apelável deverá cumular dois requisitos concorrentes e simultâneos: a) afeiçoar-se a uma das hipóteses previstas nos artigos 267 e 269, como já ocorria no regime anterior; e b) revelar aptidão para extinguir o processo, assumindo a função de ato final do procedimento. Sustenta que a tese de que resoluções parciais de mérito, impropriamente tomadas no curso do processo, comportam apelação é inadmissível na vigência do

---

[32] MARINONI, Luiz Guilherme. *Curso de processo civil – Manual do processo de conhecimento.* 5. ed. São Paulo: Revista dos Tribunais, 2006, p. 407-408.

[33] ASSIS, Araken de. *Manual dos recursos.* São Paulo: Revista dos Tribunais, 2007, p. 367.

[34] PORTO, Sérgio Gilberto. A nova definição legal de sentença: propósito e consequências. In: TESHEINER, José Maria; MILHORANZA, Mariângela Guerreiro; PORTO, Sérgio Gilberto. *Instrumentos de coerção e outros temas de direito processual civil – Estudos em homenagem aos 25 anos de docência do Professor Dr. Araken de Assis.* Rio de Janeiro: Forense, 2007, p. 662-663.

atual Código de Processo Civil, preconizando, assim, o cabimento do agravo de instrumento e rechaçando a apelação *por instrumento*.[35]

José Maria Rosa Tesheiner, ao tratar dos casos em que o juiz decide parte do mérito, acolhendo ou rejeitando algum dos pedidos, prosseguindo o processo com relação aos demais, também afirma que o tema certamente suscitará controvérsia, podendo ser defendido o cabimento de agravo retido ou de instrumento, conforme haja ou não potencialidade de dano grave ou de difícil reparação, ou de apelação, por se tratar de decisão de mérito. Sugere, quando houver sentença definitiva parcial, o cabimento da apelação processada em autos apartados, devidamente instruída com as cópias necessárias à compreensão da matéria, declaradas autênticas pelo advogado, de forma que o processo não fique paralisado.[36]

Daniel Francisco Mitidiero, quanto à questão, afirma que a sentença não pode ser definida apenas por seu conteúdo, que não é seu único elemento, devendo ser agregado ao ato a irrevogabilidade mencionada pelo artigo 463 do CPC, sustentando que o conceito de sentença na sistemática do Código de Processo Civil advém da conjugação dos arts. 162, § 1º, 267, 269 e 463 do Código. Mitidiero reconhece, ainda, a possibilidade de que sejam proferidas sentenças parciais de mérito ao longo do procedimento, por não ser mais a sentença ato que implica extinção do processo. Quanto ao recurso cabível, diz que, enquanto o direito brasileiro não prever uma hipótese de apelação incidente (ou parcial), interposta por instrumento, o recurso adequado para atacar-se a sentença parcial terá de ser o agravo de instrumento. Ressalta, contudo, tratar-se, em substância, de recurso de apelação, preconizando, por isso, o cabimento de embargos infringentes no julgamento de tais agravos, desde que presentes os requisitos do artigo 530 do CPC, além de sustentação oral e da figura do revisor. Defende, inclusive, a possibilidade de ação rescisória.[37]

Fechado o parêntese, destacamos que a sentença impropriamente referida pelo artigo 486 do CPC como "meramente homologatória" (impropriedade que será tratada logo adiante, no item 1.2, na análise do conceito de ação anulatória) é hipótese que implica extinção do processo sem resolução do mérito, nos termos do inciso IX do artigo 267 CPC, com a redação dada pela Lei 11.232/05 (Extingue-se o processo, sem resolução de mérito: ... XI – nos demais casos prescritos neste Código).

Para Teresa Arruda Alvim Wambier, as sentenças meramente homologatórias são aquelas que não se enquadram nos incisos do artigo 269 do CPC, como as que homologam arrematação e adjudicação.[38]

---

[35] ASSIS, Araken de. *Manual dos recursos*. São Paulo: Revista dos Tribunais, 2007, p. 373.

[36] TESHEINER, José Maria (Coord.). *Nova Sistemática processual civil*. Caxias do Sul: Plenum, 2006, p. 44.

[37] MITIDIERO, Daniel Francisco. Artigo. In: ALVARO DE OLIVEIRA, Carlos Alberto (Coord.). *A nova execução – Comentários à lei nº 11.232, de 22 de dezembro de 2005*. Rio de Janeiro: Forense, 2006, p. 8.

[38] WAMBIER, Teresa Arruda Alvim. *Nulidades do processo e da sentença*. 6. ed. rev. atual. e ampl. de acordo com a Reforma Processual 2006/2007. São Paulo: Revista dos Tribunais, 2007, p. 441.

Quanto aos efeitos das sentenças "meramente homologatórias", por terem elas a função de "meramente homologar" o "ato judicial", produzirão os efeitos conforme o ato que homologarem, ou seja, poderão produzir efeitos de sentença declaratória, constitutiva ou mesmo condenatória, como é o caso que homologa transação impondo multa por descumprimento do acordo.

Berenice Soubhie Nogueira Magri diz que:

> Por conseguinte, as sentenças "meramente homologatórias", embora possam produzir os efeitos de sentença declaratória, constitutiva e condenatória, *não transitam em julgado (coisa julgada material)*, consistindo esta uma relevante distinção entre a sentença homologatória propriamente dita, do art. 269 do CPC, e a sentença denominada "meramente homologatória".[39]

Destaca, ainda, que as sentenças que extinguem o processo com ou sem resolução do mérito, incluindo-se nessas últimas as sentenças "meramente homologatórias", estão sujeitas à impugnação, que poderá ocorrer: a) através de recursos ordinários e extraordinários; b) por ação rescisória; c) por ação anulatória e d) excepcionalmente, através de mandado de segurança.

Frisamos nós, ainda, que deve ser acrescido ao rol apresentado acima a *querela nullitatis*, que será abordada no item 4.2.

Esgotados todos os recursos cabíveis como forma de ataque à sentença, seja porque já julgados, seja porque não interpostos, ocorre o trânsito em julgado, gerador da coisa julgada, que será analisada logo adiante.

Caso a sentença tenha apenas e tão somente conteúdo processual, sem enfrentamento do mérito, ocorre apenas a coisa julgada formal, que impede a rediscussão da matéria posta em causa no mesmo processo, podendo o autor, entretanto, e desde que implementados os requisitos do artigo 268 do CPC, aforar nova demanda.

Contudo, sendo a sentença de mérito, ocorrerá também a formação de coisa julgada material, que consiste na imutabilidade da sentença e de seu conteúdo, ainda que em outra ação, via de regra.

Existem, no entanto, as chamadas ações autônomas de impugnação, que instauram uma nova relação jurídica processual, autônoma em relação à decisão impugnada, diversamente dos recursos, nos quais há a continuidade do processo, apenas com o estabelecimento de um novo procedimento, a saber, o recursal.[40]

Como nem o Código de Processo Civil nem a Constituição Federal dão a essas ações a natureza de recurso, assim não poderão ser consideradas, por aplicação direta do princípio da taxatividade. O fato de se dirigirem contra decisão judicial, com a finalidade de anulá-la ou reformá-la, não tem o condão de caracterizá-las

---

[39] MAGRI, Berenice Soubhie Nogueira. *Ação anulatória – Art. 486 do CPC*. 2. ed. São Paulo: Revista dos Tribunais, 2004, p. 35.

[40] DONADEL, Adriane. *A ação rescisória no direito processual civil brasileiro*. Rio de Janeiro: Forense, 2008, p. 31.

como recursos, porquanto não se desenvolvem no mesmo processo, como todo e qualquer recurso, mas sim em processo autônomo.[41]

Estabelecendo uma diferenciação entre as ações autônomas de impugnação, ou *formas não recursais de impugnação*, e os recursos, Ovídio Araújo Baptista da Silva diz que estes são caracterizados, principalmente, por serem uma forma de ataque ao ato jurisdicional integrante da mesma relação processual em que o ato impugnado se tenha verificado, por serem um remédio voluntário, exceto quando interpostos, eventualmente, pelo Ministério Público ou por terceiros juridicamente interessados.[42]

Em síntese, e até por não estar elencada no artigo 496 do CPC, podemos afirmar que a ação anulatória é ação autônoma de impugnação da sentença *meramente homologatória*, e não recurso, pois se desenvolve em processo distinto daquele em que foi realizado o ato pretendido anular. Não se trata de recurso, por não haver sequência na relação jurídica processual em que o ato processualizado foi praticado.

E mais: não se trata de forma direta de ataque ao ato sentencial, mas sim de impugnação reflexa, pois visa à desconstituição do ato praticado pelas partes em juízo e homologado por sentença que não julgue o mérito, que aqui deve ser entendido como lide, nos termos propostos pela exposição de motivos do Código de Processo Civil vigente, que veremos logo adiante, no tópico pertinente à coisa julgada.[43]

Ainda, merece destaque o fato de que a propositura da ação anulatória pode ocorrer antes mesmo da prolação da sentença e, por conseguinte, de gerada a coisa julgada formal, conforme adiante trataremos.

Acerca do prazo para a propositura da ação, há um ponto importante a ser destacado.

Ocorre que o prazo para a propositura da ação anulatória é o prazo ditado pelo direito material, que pode ser decadencial ou prescricional, conforme a natureza do vício, não se aplicando o disposto no artigo 495 do CPC, que prevê um prazo decadencial de 2 (dois) anos, contados do trânsito em julgado da decisão rescindenda.

Entretanto, as modalidades de impugnações das decisões judiciais no direito brasileiro não se limitam aos recursos e às ações autônomas de impugnação. Além de tais expedientes, as partes podem utilizar instrumentos variados e de natureza heterogênea para buscar elidir o gravame imposto pelas resoluções do Poder

---

[41] NERY JÚNIOR, Nelson. *Teoria geral dos recursos*. 6. ed. São Paulo: Revista dos Tribunais, 2004, p. 107.

[42] BAPTISTA DA SILVA, Ovídio Araújo. *Curso de processo civil, vol. I*: processo de conhecimento. 7. ed. Rio de Janeiro: Forense, 2005, p. 447.

[43] Chamamos atenção para o fato de que o Código de Processo Civil, ao conceituar mérito, não foi totalmente fiel ao que anunciou em sua exposição de motivos, como se vê pelas expressões denunciação à lide ou curador à lide, nas quais o vocábulo significa apenas processo (DINAMARCO, Cândido Rangel. *Fundamentos do processo civil moderno*. São Paulo: Revista dos Tribunais, 1986, p. 183).

Judiciário. O conjunto desses meios recebe o nome de "sucedâneos recursais", que são o reexame necessário, a correição parcial, o pedido de reconsideração, a suspensão da liminar e o agravo regimental.⁴⁴ ⁴⁵

No que concerne ao mandado de segurança, por vezes manejado contra ato judicial, embora a Súmula 267 do Supremo Tribunal Federal enuncie seu descabimento "contra ato judicial passível de recurso ou correição", tem seu emprego amplamente admitido como forma de agregar efeito suspensivo a recurso dele não dotado. Esta prática era corriqueiramente empregada para atribuir-se efeito suspensivo aos agravos de instrumento, que, até o advento da Lei 9.139/95, que ampliou os poderes do relator, não o tinham. Desde então, o uso do mandado de segurança contra atos judiciais reduziu-se sensivelmente.

O que não se admite é o emprego do mandado de segurança como substitutivo do recurso próprio, por não ter o condão de reformar a decisão impugnada, mas apenas de sustar os efeitos do ato reputado lesivo a direito líquido e certo, até o julgamento do aludido recurso adequado.

Por tal razão, Hely Lopes Meirelles ressalta que a impetração deve ser concomitante à interposição do recurso próprio, visando apenas a obstar a lesão efetiva ou potencial do ato judicial impugnado, destacando que, se assim não proceder, o impetrante será carecedor da segurança pretendida obter através do *mandamus*.⁴⁶

O autor destaca, ainda, o cabimento do mandado de segurança contra atos judiciais, independentemente da interposição de recurso sem efeito suspensivo, quando ocorre violação frontal de norma jurídica, por decisão teratológica, ou nas hipóteses em que a impetração for de terceiro que não foi parte no feito, embora devesse ter sido. Tais circunstâncias afastam a incidência da Súmula 267 do Supremo Tribunal Federal, acima citada.⁴⁷

Por outro lado, o verbete da Súmula 268 do STF diz que "não cabe mandado de segurança contra decisão judicial com trânsito em julgado". Luiz Sérgio de Souza Rizzi afirma que raramente os tribunais têm admitido o emprego do *man-*

---

⁴⁴ ASSIS, Araken de. *Manual dos recursos*. São Paulo: Revista dos Tribunais, 2007, p. 35.

⁴⁵ Nelson Nery Júnior trata as ações autônomas de impugnação como sucedâneos recursais, na medida em que fazem as vezes dos recursos (NERY JÚNIOR, Nelson. *Teoria geral dos recursos*. 6. ed. São Paulo: Revista dos Tribunais, 2004, p. 106).

⁴⁶ MEIRELLES, Hely Lopes. *Mandado de segurança*. 30. ed. atualizado por Arnoldo Wald e Gilmar Ferreira Mendes, com a colaboração de Rodrigo Garcia da Fonseca. São Paulo: Malheiros, 2007, p. 45. Afirma, ainda, que "Fiéis a essa orientação, os tribunais têm admitido,reiteradamente, que é cabível mandado de segurança contra ato judicial de qualquer natureza e instância, desde que ilegal e violador de direito líquido e certo do impetrante e não haja possibilidade de coibição eficaz e pronta pelos recursos comuns". O autor menciona vasta jurisprudência a respeito (STF, RTJ 6/189, 70/504, 71/876, 74/473, 81/879, 84/1.071, RDA 94/122, RT 160/284; TFR, RTFR 6/224; TJRS, RT 423/210; TJSP, RT 248/127, 393/150, 434/63; TASP, RT 314/401, 351/416, 351/419, 419/194, 430/140, 445/139, 447/131, 449/141, 450/169, 451/133, 497/18, 523/131) e afirma não haver motivo para a restrição da segurança em matéria judicial, na medida em que a Constituição Federal a assegura para proteger direito líquido e certo, desde que não amparado por *habeas* corpus e *habeas* data, quando o responsável pelo abuso de poder for autoridade pública ou agente de pessoa jurídica, no exercício de atribuições do Poder Público, conforme inciso LXIX do art. 5º (fl. 46).

⁴⁷ Ibidem, p. 50.

damus contra decisões de mérito transitadas em julgado, e ainda assim, por razões especialíssimas, muitas vezes decorrentes da própria deficiência do funcionamento da máquina judiciária, de sorte que a medida não serve como substituta para a ação rescisória.[48]

No mesmo sentido, Hely Lopes Meirelles diz que "inadmissível é, entretanto, o mandado de segurança contra a coisa julgada (STF, Súmula 268), só destrutível por ação rescisória, a menos que o julgado seja substancialmente inexistente ou nulo de pleno direito, ou não alcance o impetrante nos seus pretendidos efeitos...", ressalvando que o enunciado da Súmula não se aplica quando o mandado de segurança for impetrado por terceiro que não tenha sido parte no feito em que foi proferida a decisão transitada em julgado.[49]

Também excepcionalmente, admite-se o emprego do *habeas corpus* contra sentenças civis de mérito transitadas em julgado, como ocorre nos casos de prisão civil, que por este meio pode ser combatida a qualquer tempo, mesmo que não atacada por recurso próprio ou que o mesmo tenha sido desprovido.[50]

Brevemente expostas as formas de impugnação das sentenças, trataremos a seguir, também visando à introdução do tema central da presente obra, da coisa julgada, de alguns conceitos a ela relativos e da sua relação com a sentença *meramente homologatória* mencionada pelo artigo 486 do CPC.

1.1.2. Coisa julgada

Para que possamos enfrentar adequadamente as ações autônomas de impugnação da sentença e os meios de atacá-la após a implementação do trânsito em julgado, analisaremos breve e didaticamente alguns conceitos relativos à coisa julgada, sem qualquer pretensão de esgotar o estudo pertinente a tal instituto, complexo e repleto de embates doutrinários, especialmente no que diz respeito à sua relativização.

A imutabilidade das decisões judiciais surgiu no mundo jurídico como um imperativo da própria sociedade para evitar o fenômeno da perpetuidade dos lití-

---

[48] RIZZI, Luiz Sérgio de Souza. Da Ação Rescisória. *Revista de Processo,* São Paulo: Revista dos Tribunais, n. 26, ano VII, p. 185-186, abr.-jun. 1982. Refere, sem citar, caso de uma ação de despejo por falta de pagamento em que o Cartório perdera a guia comprovando o pagamento dos valores devidos. Proferida sentença, contra ela não houve recurso. Iniciada a execução e expedido o mandado para desocupação do imóvel, de nada adiantaria a propositura da ação rescisória para impedir o cumprimento da ordem judicial, optando a parte pela interposição do mandado de segurança. No caso, a medida obteve êxito ao argumento de que a falha fora do próprio Poder Judiciário, mediante ato falho cartorário.

[49] MEIRELLES, Hely Lopes. *Mandado de segurança.* 30. ed. atual. por Arnoldo Wald e Gilmar Ferreira Mendes, com a colaboração de Rodrigo Garcia da Fonseca. São Paulo: Malheiros, 2007, p. 51.

[50] TALAMINI, Eduardo. O emprego do mandado de segurança e do habeas corpus contra os atos revestidos pela coisa julgada. In: MARINONI, Luiz Guilherme (Coord.). *Estudos de direito processual civil – Uma homenagem ao Professor Egas Moniz de Aragão.* São Paulo: Revista dos Tribunais, 2006, p. 524.

gios, causa de intranquilidade social que afastaria o fim primário do Direito, que é a paz social.[51]

Na Constituição Federal de 1988, a coisa julgada vincula-se ao princípio da segurança jurídica, merecendo expressa menção no rol de direitos e garantias fundamentais (art. 5º, inc. XXXVI), ao enunciar que "a lei não prejudicará o direito adquirido, o ato jurídico perfeito e a coisa julgada". Contudo, o grau de imperfeição do qual podem, por vezes, padecer as decisões de mérito pode acarretar consequências graves, capazes de superar a própria necessidade de segurança pretendida alcançar através da coisa julgada.

Afinal, a necessidade de não se permitir a eternização dos litígios deve ter limites, conforme a natureza da nulidade ou da injustiça da decisão, que poderá ser atacada por remédios extraordinários.[52]

O ato jurisdicional é a constatação pelo Poder Judiciário, em forma legal, de uma regra de direito ou de uma situação jurídica, e a decisão é a consequência necessária e lógica desta constatação. Se o Estado, em nome do princípio jurídico, obriga as partes a se submeterem à sua decisão, impõe-se que ela corresponda à necessidade social ou individual que se propôs a realizar.[53]

Para Enrico Tullio Liebman, a coisa julgada consiste na imutabilidade do comando emergente de uma sentença, não se identificando simplesmente com a definitividade e intangibilidade do ato que pronuncia o comando. Sustenta que, pelo contrário, é uma qualidade mais intensa e mais profunda, que reveste o ato também em seu conteúdo e torna, assim, imutáveis, além do ato em sua existência formal, seus efeitos, quaisquer que sejam.[54]

Segundo Galeno Lacerda:

> Se a Constituição prevê e autoriza a rescisão da coisa julgada, esta deixa, evidentemente, de erigir-se em dogma jurídico. O ato jurídico estatal de que se origina – a sentença – não é pois invulnerável. Motivos graves, previstos em lei, legitimam a rescisão do julgado, porque a Constituição assim o quer, em resguardo do bom nome, da confiança e do respeito de que se deve cercar o próprio Poder Judiciário, no desempenho de sua nobre missão de distribuir justiça.[55]

---

[51] TEIXEIRA, Sálvio de Figueiredo. *Ação rescisória. Apontamentos.* Revista dos Tribunais, n. 646, ano 78, p. 7, nov. 1989.

[52] LOPES DA COSTA, Alfredo de Araújo. *Direito processual civil brasileiro, Código de 1939.* 2. ed. rev. e atual. Rio de Janeiro: José Konfino, 1948, v. III, p. 218.

[53] AMERICANO, Jorge. *Estudo theorico e prático da acção rescisória dos julgados no direito brasileiro.* 3. ed. Correcta e Augmentada. São Paulo: Saraiva & Comp., 1936, p. 259.

[54] LIEBMAN, Enrico Tullio. *Eficácia e autoridade da sentença e outros escritos sobre a coisa julgada.* Tradução de Alfredo Buzaid e Benvindo Aires. Tradução dos Textos Posteriores à edição de 1945 de Ada Pellegrini Grinover. 4. ed. Com novas notas relativas ao direito brasileiro vigente de Ada Pellegrini Grinover. Rio de Janeiro: Forense, 2006, p. 51. Aderindo a tal concepção, Vicente Greco Filho diz que a coisa julgada é "a imutabilidade dos efeitos da sentença ou da própria sentença que decorre de estarem esgotados os recursos eventualmente cabíveis" (GRECO FILHO, Vicente. *Direito processual civil brasileiro.* 15. ed. São Paulo: Saraiva, 2002, v. II, p. 246).

[55] LACERDA, Galeno. Ação rescisória e suspensão cautelar da execução do julgado rescindendo. *Revista de Processo*, São Paulo, n. 29, ano VIII, p. 38, jan.-mar. 1983.

O trânsito em julgado de uma decisão judicial nada mais é do que uma técnica de estabilização mais atenta a necessidades práticas do convívio social do que a imperativos de ordem estritamente jurídica ou de preservação do valor justiça.[56] Por isso se mostram tão insatisfatórias todas as tentativas de justificar a coisa julgada com base em argumentos científicos jurídicos, sem apelos a considerações de ordem política.[57]

O § 3° do artigo 6° da Lei de Introdução ao Código Civil de 1916 traz a definição de coisa julgada, ou caso julgado, como sendo "a decisão judicial de que já não caiba recurso".

Conforme o § 3° do artigo 301 do Código de Processo Civil, "... há coisa julgada, quando se repete ação que já foi decidida por sentença, de que não caiba recurso".

Sérgio Gilberto Porto diz que, na acepção literal dos vocábulos, *coisa* tem como significado uma medida de valor que pode ser objeto do direito ou até mesmo da noção de bem ou de relação jurídica. Já o adjetivo *julgada* qualifica a matéria que foi objeto de apreciação judicial, diante do que qualquer tentativa de definição do instituto, conceito jurídico que qualifica uma decisão judicial, atribuindo-lhe autoridade e eficácia, não pode decorrer da simples soma de seus termos.[58] Aduz ser tamanha a complexidade do instituto da coisa julgada que parte da doutrina entende sequer haver a possibilidade de defini-la. Sustenta, entretanto, que a coisa julgada representa, efetivamente, a indiscutibilidade da nova situação jurídica declarada pela sentença e decorrente da inviabilidade recursal, ressalvando que tal ideia não se confunde com a de autoridade[59], e muito menos com a de

---

[56] Destaca-se que trânsito em julgado e coisa julgada são institutos que não se confundem. Se, por um lado, não há coisa julgada sem que tenha se operado o trânsito em julgado, por outro, nem sempre o trânsito em julgado resulta na formação de coisa julgada material. Pode-se, quando muito, vincular-se o trânsito em julgado à coisa julgada formal. A propósito, veja-se a lição de Eduardo Talamini. (TALAMINI, Eduardo. *Coisa julgada civil e sua revisão*. São Paulo: Revista dos Tribunais, 2005, p. 32).

[57] FABRÍCIO. Adroaldo Furtado. "Réu revel não citado, 'querela nullitatis' e ação rescisória". *Revista de Processo*, São Paulo: Revista dos Tribunais, v. 48, p. 35, 1987.

[58] Eduardo Couture diz que coisa julgada, em seus termos literais, poderia significar um objeto que foi motivo de um juízo. Sustenta que o vocábulo *coisa* ultrapassa o de simples objeto material, podendo ser tudo que tem existência corporal ou espiritual, real, abstrata ou imaginária, de modo que até o homem pode ser uma coisa. Também o vocábulo *julgado* não se refere, genericamente, a tudo o que foi objeto de uma operação lógica destinada a relacionar dois conceitos. Afirma que o conceito jurídico de coisa julgada é, por isso, algo mais do que a soma de seus termos. É uma forma de autoridade e uma medida de eficácia de uma sentença judicial quando não mais existem meios de impugnação que permitam modificá-la. Afirma, ainda, que o conceito de coisa julgada, além da autoridade, se completa com uma medida de eficácia, que se resume em três características: a) a inimpugnabilidade, na medida em que a lei impede todo e qualquer ataque ulterior à sua formação tendente a obter a revisão da mesma matéria; b) imutabilidade, que não se refere à atitude que as partes podem assumir frente a ela, mas sim ao fato de que em nenhum caso, de ofício ou a requerimento da parte, outra autoridade poderá alterar os termos de uma sentença transitada em julgado, e c) coercibilidade, que consiste na possibilidade de eventual execução forçada (COUTURE, Eduardo J. *Fundamentos del derecho procesal civil*. 3. ed. Buenos Aires: Roque Depalma, 1958, p. 400-402).

[59] Chiovenda assim sintetiza a autoridade da coisa julgada: "...a parte a que se denegou o bem da vida, não o pode mais reclamar; a parte a que se reconheceu, não só tem o direito de consegui-lo praticamente, em face da outra, mas não pode sofrer, por parte desta, ulteriores contestações a êsse direito e a êsse gozo" (CHIOVENDA,

eficácia, como de resto também não se confunde com a razão pela qual a nova situação jurídica se tornou indiscutível, na medida em que tal motivo representa a impossibilidade de impugnação eficaz da decisão proferida, por força da preclusão recursal.[60]

José Maria Rosa Tesheiner, reconhecendo que a teoria de Liebman é a que predomina entre nós, assim define coisa julgada:

> A coisa julgada é o efeito do trânsito em julgado da sentença de mérito, efeito consistente na imutabilidade (e, conseqüentemente, na indiscutibilidade) do conteúdo de uma sentença, não de seus efeitos. Posso renunciar a um direito declarado por sentença: assim agindo, afasto os efeitos da sentença, sem modificar o conteúdo.
>
> O que não se pode é renunciar à própria coisa julgada, o que teria por efeito a possibilidade de instauração de novo processo, a fim de ser outra vez julgada a *res*.[61]

Podemos afirmar que a coisa julgada é a imutabilidade da sentença e de seu conteúdo por já terem sido esgotados os recursos contra ela eventualmente cabíveis, quer tenham sido interpostos, quer não. Esgotados os recursos ordinários e extraordinários passíveis de interposição contra a decisão, ocorre a chamada coisa julgada formal ou preclusão máxima, que não permite sua alteração no mesmo processo.

No Código de Processo Civil de 1939, constava do artigo 287 que nenhum juiz poderia decidir novamente questões já decididas relativamente à mesma causa. Tal dispositivo havia dado margem a inúmeras dúvidas, pois, ao estabelecer, em seu parágrafo único, que "considerar-se-ão decididas todas as questões que constituem premissa necessária da conclusão", segmentos da doutrina chegaram a sustentar o velho pensamento de Savigny, que estendia a coisa julgada aos fundamentos da decisão.[62] O Código de Processo Civil vigente, no entanto, afastou por completo a ideia no artigo 469, que limitou a autoridade da coisa julgada ao dispositivo da sentença.

O artigo 467 do Código de Processo Civil vigente diz que "denomina-se coisa julgada material a eficácia, que torna imutável e indiscutível a sentença, não mais sujeita a recurso ordinário ou extraordinário". Embora o dispositivo não conceitue de modo pleno a coisa julgada material, pois alude à "sentença" de forma genérica, podemos afirmar que coisa julgada material é uma qualidade da qual se

---

Giuseppe. *Instituições de direito processual civil, vol. I. Os conceitos fundamentais. A doutrina das ações*. São Paulo: Saraiva & Cia, 1942, p. 512).

[60] PORTO, Sérgio Gilberto. *Coisa julgada civil*. 3. ed. São Paulo: Revista dos Tribunais, 2006, p. 52-53.

[61] TESHEINER, José Maria Rosa. *Eficácia da sentença e coisa julgada no processo civil*. São Paulo: Revista dos Tribunais, 2001, p. 72.

[62] LIEBMAN, Enrico Tullio. *Eficácia e autoridade da sentença e outros escritos sobre a coisa julgada*. Tradução de Alfredo Buzaid e Benvindo Aires. Tradução dos textos posteriores à edição de 1945 de Ada Pellegrini Grinover. 4. ed. Com novas notas relativas ao direito brasileiro vigente de Ada Pellegrini Grinover. Rio de Janeiro: Forense, 2006, p. 12.

reveste a sentença de cognição exauriente de mérito transitada em julgado, qualidade essa consistente na imutabilidade do conteúdo do comando sentencial.[63]

Aliás, a redação do artigo em questão recebeu a crítica de Ada Pellegrini Grinover, que a reputa defeituosa por, a pretexto de definir a coisa julgada material, conceituar coisa julgada formal.[64]

Já o artigo 468 determina que "a sentença, que julgar total ou parcialmente a lide, tem força de lei nos limites da lide e das questões decididas", restringindo a abrangência da coisa julgada material às decisões que apreciarem questões atinentes ao mérito do litígio submetido à apreciação jurisdicional. Isto porque o legislador, ao editar o Código de Processo Civil de 1973, identificou lide e mérito da causa, conforme consta da exposição de motivos:

> 6. Fiel a essa orientação, esforça-se o projeto por aplicar os princípios da técnica legislativa, um dos quais é o rigor da terminologia na linguagem jurídica.
>
> Haja vista, por exemplo, o vocábulo "lide". No Código de Processo Civil vigente ora significa processo (art. 96), ora o mérito da causa (arts. 287, 684, IV e 687 § 2º). O projeto só usa a palavra "lide" para designar o mérito da causa. Lide é, consoante a lição de CARNELUTTI, o conflito de interesses qualificado pela pretensão de um dos litigantes e pela resistência do outro. O julgamento desse conflito de pretensões, mediante o qual o juiz, acolhendo ou rejeitando o pedido, dá razão a uma das partes e nega-a à outra, constitui uma sentença definitiva de mérito. A lide é, portanto, o objeto principal do processo e nela se exprimem as aspirações em conflito de ambos os litigantes.[65] [66]

A coisa julgada formal é a qualidade da sentença quando não mais for recorrível por força da preclusão dos recursos cabíveis, ao passo que a coisa julgada material é a eficácia específica, e, propriamente, a autoridade da coisa julgada, e está condicionada à própria formação da coisa julgada formal.[67]

José Maria Rosa Tesheiner, após esclarecer que a coisa julgada formal restringe a imutabilidade da sentença ao processo no qual ela foi proferida, pela razão de que o feito se extinguiu, ressalta que, com relação às decisões interlocutórias, quando imodificáveis e indiscutíveis, ocorre a preclusão, devendo ser reservada a expressão coisa julgada formal para as sentenças. Sobre a coisa julgada material, afirma:

---

[63] TALAMINI, Eduardo. *Coisa julgada civil e sua revisão*. São Paulo: Revista dos Tribunais, 2005, p. 30. O Autor diz, ainda, que, "com o trânsito em julgado, constitui-se a situação jurídica de indiscutibilidade judicial do comando contido na sentença" (p. 44).

[64] LIEBMAN, Enrico Tullio. *Eficácia e autoridade da sentença e outros escritos sobre a coisa julgada*. Tradução de Alfredo Buzaid e Benvindo Aires. Tradução dos Textos Posteriores à Edição de 1945 de Ada Pellegrini Grinover. 4. ed. Com novas notas relativas ao direito brasileiro vigente de Ada Pellegrini Grinover. Rio de Janeiro: Forense, 2006, p. 11.

[65] CARNELUTTI, *Sistema*, v. 1, p. 40; BETTI, *Diritto processuale civile*, p. 445. *(Nota de roda-pé original)*.

[66] NERY JÚNIOR, Nelson; NERY, Rosa Maria de Andrade. *Código de Processo Civil comentado e legislação extravagante*. 9. ed. São Paulo: Revista dos Tribunais, 2006, p. 125.

[67] LIEBMAN, op. cit., p. 55. No mesmo sentido é a lição de Eduardo J. Couture (COUTURE, Eduardo J. *Fundamentos del derecho procesal civil*. 3. ed. Buenos Aires: Roque Depalma, 1958, p. 416).

Coisa julgada material é algo mais. É a imutabilidade do conteúdo da sentença no mesmo *ou em outro processo*. Essa imutabilidade impõe-se a quem quer que seja: autoridade judicial, administrativa ou mesmo legislativa.

Toda sentença produz coisa julgada formal, desde o momento em que se torna irrecorrível. Contudo, nem toda sentença produz coisa julgada material. Para que ocorra coisa julgada material é preciso que o conteúdo da sentença não possa ser desprezado ou modificado, mesmo em outro processo ou em outra ação, exceto a rescisória, que se destina precisamente a desconstituir coisa julgada material.[68]

O fundamento da coisa julgada material é a necessidade de estabilidade das relações jurídicas. Após a interposição de todos os recursos por meio dos quais se busca alcançar a decisão mais justa possível, existe a necessidade teórica e prática de cessação definitiva do litígio, tornando-se a decisão imutável, de sorte que não mais se poderá discutir, mesmo em outro processo, a justiça ou injustiça da decisão, porquanto preferível uma decisão eventualmente injusta do que a perpetuação da contenda.[69]

A interpretação conjunta dos artigos 267 e 268[70] do CPC permite concluir que, salvo exceções expressas, é possível nova propositura da demanda nos casos em que não houver enfrentamento do mérito, quando ocorrerá apenas a formação de coisa julgada formal, também chamada preclusão máxima, na medida em que não haverá a formação de coisa julgada material.

As sentenças terminativas e as decisões interlocutórias em regra não restam cobertas pelo manto protetor da coisa julgada material, embora possam tornar-se imutáveis no âmbito do processo em que foram proferidas, em razão do que as questões processuais nelas debatidas e decididas podem ser renovadas e solucionadas de modo diverso noutro processo, entre as mesmas partes e a propósito do mesmo objeto instaurado.[71]

O Código de Processo Civil de 1939 determinava, em seu artigo 288, não terem "efeito de coisa julgada os despachos meramente interlocutórios e as sentenças proferidas em processos de jurisdição voluntária e graciosa, preventivos e preparatórios, e de desquite por mútuo consentimento".

Ao dizer o artigo 473 do CPC de 1973 que "é defeso à parte discutir, no curso do processo, as questões já decididas, a cujo respeito se operou a preclusão", se adstringe ao processo em curso, não impedindo, em regra, sua renovação em outro processo que venha a ser posteriormente instaurado.

---

[68] TESHEINER, José Maria Rosa. *Eficácia da sentença e coisa julgada no processo civil*. São Paulo: Revista dos Tribunais, 2001, p. 73.

[69] GRECO FILHO, Vicente. *Direito processual civil brasileiro*. 15. ed. São Paulo: Saraiva, 2002, v. II, p. 247.

[70] Art. 268. Salvo o disposto no art. 267, V, a extinção do processo não obsta a que o autor intente de novo a ação. A petição inicial, todavia, não será despachada sem a prova do pagamento ou do depósito das custas e dos honorários de advogado.

[71] TUCCI, Rogério Lauria. *Curso de direito processual civil*. São Paulo: Saraiva, 1989, v. 3, p. 122.

Ainda, o artigo 474 do Código de Processo Civil deixa claro que apenas as sentenças que implicarem uma das situações previstas no artigo 269 formam coisa julgada material ("Passada em julgado a sentença de mérito, reputar-se-ão deduzidas e repelidas todas as alegações e defesas, que a parte poderia opor assim ao acolhimento como à rejeição do pedido"), sentenças estas normalmente proferidas em processos de jurisdição contenciosa.

Em tais casos, portanto, além da coisa julgada formal, decorrente do esgotamento dos recursos cabíveis, ocorrerá também a coisa julgada material, que torna imutável o conteúdo da sentença, proibindo sua modificação ou rediscussão.

Especificamente quanto aos casos de jurisdição voluntária, diante da inexistência de lide e, por consequência, de partes, e em decorrência da desnecessidade de instauração do contraditório, os atos decisórios proferidos pelo juiz no seu exercício não se identificam, na essencialidade, com aqueles que, no processo contencioso, versam sobre o mérito da causa.[72]

O artigo 1.111 do CPC determina que "a sentença poderá ser modificada, sem prejuízo dos efeitos já produzidos, se ocorrerem circunstâncias supervenientes".

Analisando a coisa julgada nos processos de jurisdição voluntária, José Roberto dos Santos Bedaque afirma que, embora encerrados por sentença, não se cogita da coisa julgada em tais processos do mesmo modo que ocorre nos feitos de jurisdição contenciosa, daí a previsão legal de que seja modificada a decisão caso ocorram circunstâncias supervenientes. Pondera, entretanto, que a afirmação deve ser entendida em seus devidos termos, reputando mais adequada a conclusão de que a desconstituição de sentenças proferidas em processos de jurisdição voluntária seja mais fácil do que a rescisão das oriundas de processos de jurisdição contenciosa, porquanto suscetíveis da ação anulatória prevista no artigo 486 do CPC, a ser proposta no prazo estabelecido pelo direito material. Ressalva que isso não significa a total ausência de imunização, pois, enquanto não anulada a sentença, são imutáveis os seus efeitos, salvo se circunstâncias supervenientes importarem a modificação da situação jurídico-substancial, o que, aliás, acontece também nos processos contenciosos, nos quais a coisa julgada material não impede a constituição de situações novas.[73]

Há, também, casos em que a coisa julgada recebe tratamento especial, como ocorre na ação popular, em que é possível a repetição da demanda se houver julgamento de improcedência por insuficiência de provas (Lei nº 4.717/65, art. 18) e nas ações coletivas (Leis nº 8.078/90 c/c a Lei nº 7.347/98).[74]

---

[72] TUCCI, Rogério Lauria. *Curso de direito processual civil*. São Paulo: Saraiva, 1989, v. 3, p. 123.

[73] BEDAQUE, José Roberto dos Santos. In: MARCATO, Antônio Carlos (Coord.). [et. al.]. *Código de Processo Civil interpretado*. 2. ed. São Paulo: Atlas, 2005, p. 2669-2670.

[74] GRECO FILHO, Vicente. *Direito processual civil brasileiro*. 15. ed. São Paulo: Saraiva, 2002, v. II, p. 247-248.

Muito embora todo o sistema jurídico esteja assentado na premissa de que a decisão jurisdicional tem a capacidade de estancar definitivamente o conflito de interesses submetido à apreciação do Estado-Juiz, e que, em tese, não seja possível estabelecer-se nova discussão acerca da controvérsia, por vezes a coisa julgada forma-se de maneira espúria e contempla vícios insuportáveis. Assim, o Estado, sensível a esta realidade, antes de permitir que simplesmente se ofenda a autoridade da coisa julgada, criou mecanismos aptos a questioná-la e a combater esta indesejada patologia jurídica.[75]

O tema deste estudo é, pois, um desses mecanismos, a ação anulatória prevista no artigo 486 do CPC, que juntamente com a *querela nullitatis* e a ação rescisória, constitui ação autônoma de impugnação a sentença transitada em julgado.

A *querela nullitatis*, cabível até mesmo antes do trânsito em julgado da decisão, será apropriada quando a sentença tiver sido proferida em ação na qual o réu foi revel e esteja configurada a inexistência ou a nulidade da citação.

Já a ação rescisória visa à desconstituição (ou rescisão) de sentença de mérito transitada em julgado quando estiver configurada alguma das hipóteses previstas no artigo 485 do Código de Processo Civil, contanto que não tenham decorrido dois anos da data do trânsito.[76]

As sentenças *meramente homologatórias*, às quais alude o artigo 486 do CPC, que analisaremos adiante, extinguem o processo sem resolução de mérito, constituindo-se em sentenças terminativas, e não em sentenças definitivas, pelo que fazem apenas coisa julgada formal. Por isso, tem a sentença *meramente homologatória* a mesma natureza e efeitos que surtiria o ato judicial praticado pelas partes, podendo, assim, ser desconstituída, indiretamente, ou seja, via reflexa, por meio da ação anulatória.

Berenice Soubhie Nogueira Magri diz que:

---

[75] PORTO, Sérgio Gilberto. *Coisa julgada civil*. 3. ed. São Paulo: Revista dos Tribunais, 2006, p. 139-140.

[76] Sérgio Gilberto Porto diz que parcela significativa da doutrina processual sustenta o cabimento da ação rescisória apenas nas hipóteses expressamente elencadas no artigo 485 do Código de Processo Civil. Pondera, no entanto, que a Constituição Federal oferece às partes certas garantias processuais, de regra, expressamente previstas. Afirma que a afronta a tais cláusulas, por se enquadrarem no conceito de violação de literal disposição da lei, conforme o inciso V do artigo 485 do Código de Processo Civil, é capaz de ensejar a rescindibilidade do julgado. Ressalva, no entanto, que em algumas hipóteses certas garantias Constitucional-processuais não se encontram expressadas em nenhum dispositivo da Constituição Federal. Mesmo assim, conforme sustenta, não deixam de ser reconhecidas, no plano material, como verdadeiras cláusulas assegurativas oferecidas pelo Estado às partes nos litígios e, se desrespeitadas, representam vícios de ordem constitucional tal qual àquelas que são expressamente previstas. Aduz que o desrespeito às garantias constitucionais implícitas, como consequência, também enseja correção, da mesma forma que ocorre em casos de desatendimento às garantias expressas. Essa correção é cabível, de acordo com o Autor, apesar de a decisão viciada ter transitado em julgado. Em tal caso, conforme ensina Porto, o remédio adequado para reconhecimento da mácula é a ação rescisória, que tem a capacidade de invalidar a sentença que contenha vício de constitucionalidade. Para o Autor, isso procede mesmo quando a garantia violada não se encontre explicitamente inserida na ordem constitucional e, por decorrência, não represente, em sentido estrito, violação a literal disposição de lei, mas, em interpretação sistemática, caracterize violação à ordem jurídica constitucional. (*Ação rescisória atípica*: instrumento de defesa da ordem jurídica. Possibilidade e alcance. Porto Alegre: 2007. Tese (Doutorado em Direito) – Faculdade de Direito, Pontifícia Universidade Católica do Rio Grande do Sul. 2007).

[...] partindo do princípio de que a sentença denominada "meramente homologatória", mencionada no art. 486 do CPC, não fará coisa julgada material, sendo alcançada apenas pela preclusão máxima (coisa julgada formal), conclui-se que esta só extinguirá o processo, sem apreciação do mérito da causa, nos termos do art. 267 e seus incisos do CPC.[77]

Assim, as sentenças *meramente homologatórias* referidas pelo artigo 486 do CPC podem ser atacadas pela ação anulatória de forma indireta, em razão da nulidade do ato homologado, pelo fato de não julgarem o mérito da causa e por não produzirem, em razão disso, coisa julgada material, mas apenas coisa julgada formal.

1.2. Conceito de ação anulatória

O artigo 486 do Código de Processo Civil diz "os atos judiciais, que não dependem de sentença, ou em que esta for *meramente homologatória*, podem ser rescindidos, como os atos jurídicos em geral, nos termos da lei civil".

O dispositivo reproduz quase literalmente o parágrafo único do artigo 800 do diploma de 1939, que previa que "os atos judiciais que não dependem de sentença, ou em que esta fôr simplesmente homologatória, poderão ser rescindidos como os atos jurídicos em geral, nos têrmos da lei civil".

Como veremos a seguir, a atual redação do artigo possui quatro imprecisões terminológicas, compreendidas nas expressões *atos judiciais*, *meramente homologatória*, *rescindidos* e *lei civil*, que são merecedoras de um enfrentamento mais aprofundado para que o instituto possa ser melhor compreendido.

A respeito da primeira imprecisão, consistente na expressão *atos judiciais*, destaca-se que se refere o Código de Processo Civil, em verdade, aos atos praticados pelas partes em juízo ou trazidos pelas partes para o processo.

Devem-se entender como atos judiciais os atos das partes em juízo, que envolvam declaração de vontade, que não dependam de sentença homologatória, ou que dela necessitam, como a transação, o reconhecimento jurídico do pedido e a desistência.[78]

Luís Pinto Ferreira aduz que:

A lei processual fala em atos judiciais, porém com impropriedade técnica. Chamam-se atos judiciais porque são realizados em juízo, mas na verdade a lei processual refere-se a *atos das partes*, porque o ato praticado por órgão judicial não é atacável pela ação anulatória do art. 486 do Código de Processo Civil.

---

[77] MAGRI, Berenice Soubhie Nogueira. *Ação anulatória – Art. 486 do CPC*. 2. ed. São Paulo: Revista dos Tribunais, 2004, p. 43.

[78] BORGES, Marcos Afonso. *Comentários ao Código de Processo Civil*. São Paulo: Editora Universitária de Direito, 1975, v. II, p. 195.

O vício da expressão atos judiciais, que, de resto, não se insere em outros dispositivos do Código de Processo Civil pátrio, explica a sua presença no art. 486 do Código de 1973, como cópia do art. 800, parágrafo único, do Código de Processo Civil de 1939, no sentido de atos das partes.[79]

Em igual sentido, Pontes de Miranda refere: "atos judiciais", diga-se "atos das partes em juízo", isto é, neles insertos, ou neles praticados,[80] com a ressalva de que: "porém, livremo-nos de entender que 'todos' os atos processuais que não dependem de sentença, ou em que a sentença seja *meramente homologatória*, se rescindam segundo a lei civil".[81] Explica que os atos processuais a que se refere o artigo são atos jurídicos das partes, ou em lugar das partes, que sejam regidos pelo direito material, porém cuja eficácia processual dependa de sentença, sendo essa simplesmente homologatória.[82]

Sustenta ainda que a inserção dos atos no processo, mesmo sem a homologação, deu ao legislador razão para aludir à judicialização, e que a sentença homologatória pode ser rescindida mesmo que não se trate de pressuposto de anulabilidade do ato jurídico conforme a lei de direito material.[83]

Refere que a lei processual distinguiu o ato jurídico e a sua processualização, ou o ato jurídico e a sua processualização seguida de homologação e que o que se rescinde é o ato processual, e não só o ato de direito material, que está dentro dele:

> *Brevitatis causa*, disse-se – "poderão ser rescindidos os atos processuais que não dependem de sentença, ou em que esta for meramente homologatória". A elipse ressalta: "Os judiciais (*de inserção de atos de direito material*) que não dependerem de sentença, ou em que esta for meramente homologatória, podem ser rescindidos (*nos casos em que os atos insertos ou homologados podem ser invalidados*), como os atos jurídicos em geral, nos termos da lei civil".[84]

Afirma haver dois atos jurídicos, quer se trate de simples processualização por inserção (primeira parte do art. 486 do CPC), quer se trate de processualização com homologação (primeira parte do art. 486 do CPC). Diz que um deles é o ato

---

[79] FERREIRA, Luís Pinto. *Teoria e prática dos recursos e da ação rescisória no processo civil*. São Paulo: Saraiva, 1982, p. 288.

[80] PONTES DE MIRANDA, Francisco Cavalcanti. *Tratado da ação rescisória das sentenças e de outras decisões*. 1. ed. atual. por Vilson Rodrigues Alves. Campinas: Bookseller, 1998, p. 406. Na mesma obra, afirma que "o art. 486 não se refere a atos jurídicos praticados fora do processo, salvo os que vêm a ele para homologação. Os atos têm de ser atos das partes, e não do juiz, a despeito do adjetivo "judiciais"" (p. 408).

[81] PONTES DE MIRANDA, op. cit., p. 413-414; PONTES DE MIRANDA, Francisco Cavalcanti. *Comentários ao Código de Processo Civil*. Rio de Janeiro: Revista Forense, 1949, v. IV, p. 579.

[82] No mesmo sentido, Clito Fornaciari Júnior diz que ficam sujeitos à ação anulatória apenas os atos das partes e as sentenças de simples (ou mera) homologação, estando todos os demais atos judiciais sujeitos à ação rescisória, pelos motivos elencados no art. 485 (FORNACIARI, Clito. Partilha judicial. Via processual adequada à desconstituição. *Revista dos Tribunais*, n. 551, ano 70, p. 59, set. 1981.

[83] PONTES DE MIRANDA, Francisco Cavalcanti. *Comentários ao Código de Processo Civil*. 3. ed. São Paulo: Forense, 2002, t. 6, p. 258.

[84] Ibidem, p. 261.

jurídico da parte, suscetível de desconstituição segundo os princípios do direito que o rege, seja material, seja processual, ou ato do juiz em lugar da parte. O outro é o ato jurídico processual do juiz, através do qual ordena ele seja inserido, ou tomado por termo nos autos o que declara a parte ou declaram as partes, ou então pelo qual o juiz homologa simplesmente o que foi inserto ou tomado por termo nos autos.[85]

Em sentido contrário, José Luiz Bayeux Filho diz que, por meio da ação anulatória, pode ser anulado qualquer ato judicial, *desde que seja nulo, nos termos da lei processual*, ao argumento de não existir imunidade do ato judicial ao controle jurisdicional, no que, respeitosamente, entendemos estar equivocado.[86]

O argumento de que a expressão *atos judiciais* se refere a atos das partes é respaldado por José Carlos Barbosa Moreira, ao afirmar que se pode dizer que um ato do juiz não consiste em sentença ou que não constitui sentença, mas nunca que "não depende" de sentença. Alega que, mesmo que interpretássemos a expressão *não dependem de* como equivalente a "não consistem em" ou "não constituem", chegaríamos ao resultado, que reputa absurdo, de que o texto do artigo 486 do CPC autorizaria a propositura da ação anulatória de todos os atos do órgão judicial que não fossem sentença, como as decisões interlocutórias, despachos e atos desprovidos da natureza de pronunciamentos, como os atos instrutórios.

Conclui que, se admitíssemos a expressão *atos judiciais* como atos do juiz, o dispositivo ora analisado ficaria esvaziado, pois as mais importantes decisões meramente homologatórias ou se acham contempladas na lei de modo expresso, sendo submetidas, assim, a regime diverso (como ocorre no inciso VIII do artigo 485 do CPC), ou não podem ser invalidadas "nos termos da lei civil", como é o caso, por exemplo, da homologação de sentença estrangeira.[87]

Portanto, os atos anuláveis referidos no artigo 486 do CPC são aqueles praticados pelas partes, entendendo-se a expressão "judiciais" apenas no sentido de

---

[85] PONTES DE MIRANDA, Francisco Cavalcanti. *Comentários ao Código de Processo Civil*. 3. ed. São Paulo: Forense, 2002, t. 6, p. 261.

[86] BAYEUX FILHO, José Luiz. A ação anulatória do art. 486, essa incompreendida... *Revista do Advogado*, publicada pela AASP – Associação dos Advogados de São Paulo, n. 36, 1992, p. 66. Tal articulista sustenta que o ato judicial (referindo-se a ato do juiz não acobertado por coisa julgada material), quando se torna, ele próprio, alvo de uma ação judicial autônoma, destinada a anulá-lo, substancialmente se equipararia a uma relação jurídica de direito material, e que o fato de ter sido praticado por um juiz de direito seria *"puramente acidental"*, pelo que seria possível que um juiz de primeiro grau anulasse, em outro processo, ato de outro juiz de mesma hierarquia (p. 67). Entendemos, com todo o respeito, incorrer o ilustre autor em equívocos quanto à natureza e ao cabimento da ação anulatória prevista pelo artigo 486 do CPC, pois não se poderia admitir como previstas pelo ordenamento jurídico hipóteses de anulação, por um juiz, de atos praticados por outro juiz, noutro processo, mesmo que acobertados pela coisa julgada material, dotada de incontestável eficácia sanatória de certos vícios. A vingar o entendimento preconizado por Bayeux Filho, estar-se-ia autorizando a propositura de ações anulatórias contra decisões interlocutórias, por exemplo, mesmo que já acobertadas por preclusão, ameaçando outras garantias constitucionais igualmente merecedoras de respeito, como a coisa julgada e o ato jurídico perfeito, em detrimento do princípio da inafastabilidade da jurisdição, que, evidentemente, deve encontrar limites, especialmente se confrontados com outros princípios, como os ora mencionados.

[87] MOREIRA, José Carlos Barbosa. *Comentários ao Código de Processo Civil, Lei nº 5.869, de 11 de janeiro de 1973, vol V*: arts. 476 a 565. 13. ed. Rio de Janeiro: Forense, 2006, p. 157-158.

terem sido praticados em juízo, ou trazidos a juízo para homologação. Assim, não estão abarcados pela ação anulatória atos judiciais propriamente ditos, porquanto sujeitos às vias recursais, e até mesmo a outras vias autônomas de impugnação.

A segunda imprecisão conceitual contida na redação do artigo 486 do CPC consiste na expressão *meramente homologatória*.

Analisando o vocábulo *meramente*, do qual se vale o Código, Clito Fornaciari Júnior afirma que, ainda que se possa discutir a validade da dicotomia entre as sentenças homologatórias e as meramente homologatórias, não se pode colocar em dúvida que a intenção do legislador foi a de deixar para a ação anulatória apenas as segundas, destinando esta forma de impugnação somente às decisões nas quais é de menor importância a atuação do magistrado, sendo o realce dado pelo advérbio revelador deste posicionamento.[88]

No julgamento do Recurso Extraordinário 74.625-SP, o Relator, Ministro Antônio Nader, assentou que o *meramente*, utilizado pelo Código de 1973, e o *simplesmente*, adotado pelo CPC de 1939 foram escritos no texto para o fim de se deixar impressa nele a ideia de uma sentença que apenas homologou, sem reparar, sem intervir, no ato homologado.[89]

Já Barbosa Moreira entende não haver diferença entre as sentenças *meramente homologatórias* e as homologatórias que não o sejam *meramente*, afirmando que a sentença é homologatória quando se limita a imprimir a ato não oriundo do órgão judicial força igual à que ele teria se de tal órgão emanasse, ou seja, a equiparar um ao outro, sem nada acrescentar à substância do primeiro.

Explica que:

> O advérbio "meramente" não visa a caracterizar uma *subespécie* de sentenças homologatórias, mas apenas a enfatizar que é *dessa espécie* que se trata, e não de sentenças que não se restrinjam a homologar; simples realce do adjetivo, nada mais. Claro está que é preciso ter cuidado com a terminologia das leis, nem sempre tecnicamente rigorosa; pode acontecer que tal ou qual dispositivo fale de "homologação" ou de sentença "homologatória" onde na verdade exista algo de decisão própria do juiz; em semelhantes hipóteses, à evidência, não há cogitar da aplicação do art. 486.[90]

Reconhece, ainda, ser possível que a sentença seja homologatória apenas em parte, sendo desprovida de tal natureza em seu restante, quando então a ação prevista no artigo 486 terá cabimento quanto ao aspecto que consiste em simples homologação, citando como exemplos de atos cobertos por sentenças homologa-

---

[88] FORNACIARI JÚNIOR, Clito. Partilha judicial. Via processual adequada à desconstituição. *Revista dos Tribunais*, n. 551, ano 70, p. 58-59, set. 1981.

[89] BRASÍLIA. Supremo Tribunal Federal. 1ª Turma. Recurso especial 74.625-SP. Relator: Min. Antônio Nader. Julgado em 10.3.1981, *RTJ*, 97/1092.

[90] MOREIRA, José Carlos Barbosa. *Comentários ao Código de Processo Civil, Lei nº 5.869, de 11 de janeiro de 1973, vol V*: arts. 476 a 565. 13. ed. Rio de Janeiro: Forense, 2006, p. 160. Igual posicionamento foi sustentado por Thereza Alvim, ao afirmar que "não tem fundamento a distinção entre sentença homologatória e meramente homologatória, expressões que, por imprecisão, são capazes de gerar confusão" (Notas sobre alguns aspectos controvertidos da ação rescisória. *Revista de Processo*, São Paulo, n. 39, ano X, p. 15, jul.-set. 1985).

tórias (ou *meramente homologatórias*) no Código de Processo Civil a desistência da ação (art. 158), a renúncia à pretensão deduzida (art. 269, inc. V), o reconhecimento do pedido (art. 269, inc. II), a transação (art. 269, inc. III), a concordata no processo de insolvência (art. 783) e a separação consensual (art. 1.122, § 1º).[91]

Já Berenice Subhie Nogueira Magri diferencia as sentenças homologatórias previstas no artigo 269 do CPC das *meramente homologatórias*, dizendo que estas, embora possam produzir os efeitos de sentença declaratória, constitutiva e condenatória, não transitam em julgado, não produzindo, assim, coisa julgada material.[92]

José Frederico Marques se refere à sentença *meramente homologatória* como aquela em que o ato homologado é examinado somente no seu tegumento formal e externo, ou seja, no tocante às formalidades exteriores das quais deve revestir-se para o juiz proferir a homologação,[93] [94] no que entendemos estar correto, na medida em que não implicam análise do mérito, não formando, assim, coisa julgada material.

A terceira imprecisão terminológica está na palavra *rescindidos*, empregada tanto pelo Código de Processo Civil anterior quanto pelo atual, significando, na realidade, *anulados*.[95] Tal impropriedade técnica, da qual padecia também o Regulamento nº 737, em seu artigo 255, foi também apontada por Pontes de Miranda em três oportunidades,[96] embora com o reconhecimento da justificativa de que a palavra *rescindidos* tem por finalidade distinguir a ação anulatória prevista no artigo 486 do CPC da simples anulação prevista no direito material, principalmente no que diz respeito ao *ato judicial* não homologado, mesmo porque em tal caso incidiria o direito material.

---

[91] Darcilo Melo Costa diz que as sentenças comuns são as proferidas pelo juiz após adentrar no exame das provas com base nas quais soluciona o litígio ao sentenciar. Afirma que as sentenças homologatórias são as prolatadas em situações especiais previstas em lei, como a homologação de sentença estrangeira (CPC, art. 483), a sentença que homologa a demarcação (CPC, art. 966), que homologa a divisão (CPC, art. 980) e a sentença que homologa o cálculo do imposto nas ações de inventário e partilha (CPC, art. 1.013). Por fim, diz que existem as sentenças meramente homologatórias, que chancelam transações das partes e por meio das quais o juiz o juiz se limita a concluir o processo, como ocorre no reconhecimento jurídico do pedido e na renúncia ao direito pleiteado (COSTA, Darci Melo. Sentenças meramente homologatórias e ação rescisória. *Revista Jurídica*, São Paulo: Síntese, n. 139, ano XXXVII, p. 160-161, maio 1989).

[92] MAGRI, Berenice Soubhie Nogueira. *Ação anulatória – Art. 486 do CPC*. 2. ed. São Paulo: Revista dos Tribunais, 2004, p. 35.

[93] MARQUES, José Frederico. *Manual de direito processual civil*. 2. ed. São Paulo: Saraiva, 1976, v. III, p. 266.

[94] Ernane Fidélis dos Santos afirma que em tais casos a sentença é *meramente homologatória* porque "nada decidiu, não regulamentou nenhuma relação jurídica. As partes é que o fizeram, ficando a homologação no âmbito exclusivo da realidade formal do ato". (SANTOS, José Frederico dos. *Manual de direito processual civil*. 8. ed. São Paulo: Saraiva, 2001, v. I, p. 657).

[95] RIZZI, Luiz Sérgio de Souza. Da ação rescisória. *Revista de Processo*, São Paulo: Revista dos Tribunais, n. 26, ano VII, p. 185, abr.-jun. 1982.

[96] PONTES DE MIRANDA, Francisco Cavalcanti. *Comentários ao Código de Processo Civil*. Rio de Janeiro: Revista Forense, 1949, v. IV, p. 580-581; PONTES DE MIRANDA, Francisco Cavalcanti. *Tratado da ação rescisória das sentenças e de outras decisões*. 1. ed. atualizado por Vilson Rodrigues Alves. Campinas: Bookseller, 1998, p. 406; PONTES DE MIRANDA, Francisco Cavalcanti. *Comentários ao Código de Processo Civil*. 3. ed. São Paulo: Forense, 2000, t. 6, p. 258.

Aliás, desde o Código de Processo Civil anterior, analisando o parágrafo único do artigo 800, Pontes de Miranda refere ter surpreendido a muitas pessoas que o legislador não tivesse dito (a) "podem ser anulados", ou (b) "podem ser julgados nulos ou anulados", e que tenha chamado (c) "rescisão" à desconstituição segundo a letra da lei, que é expressa em afirmar *poderão ser rescindidos*.[97]

Sobre o artigo 486, diz que este:

> [...] só se refere à invalidade segundo as regras do direito material (*verbis* "nos termos da lei civil"). A expressão "rescindidos" está em vez de decretados "nulos" ou "anulados"; porém não há inconveniente em que se fale de rescisão; ao contrário, porque o legislador como que acolhe as nulidades e anulabilidades para rescindir a *processualização*. Não seria mais coerente o termo "anulados", de que serviu o Código Civil, art. 1.085 (*verbis* "só é anulável").[98]

Aduz ainda Pontes de Miranda que não só a homologação põe por cima do ato jurídico o elemento *transparente* do ato judicial sentencial. Refere que o despacho que permite a juntada ou a constituição de termo nos autos é algo que cobre também o ato jurídico das partes, transparentemente, embora menos extensivamente que a sentença homologatória.[99]

No mesmo sentido, Sérgio Sahione Fadel afirma que a referência que o texto da Lei faz à possibilidade de serem rescindidos os atos judiciais ou as sentenças homologatórias nos termos da lei civil não significa que tais atos possam, alternativamente, ser desfeitos por meio de ação rescisória, mas tão somente que eles são suscetíveis de rescisão (entendemos que a expressão tecnicamente correta seria anulação), quando inquinados de vícios que os invalidem.[100]

O esclarecimento se impõe por ser comum o emprego da expressão *ação anulatória* para as demandas que visam à anulação de quaisquer atos jurídicos, nos termos da lei civil, mesmo que fora das hipóteses previstas no artigo 486 do Código de Processo Civil referidas acima.[101] Ocorre que, independentemente do

---

[97] PONTES DE MIRANDA, op. cit., p. 405.

[98] Ibidem, p. 410. Na mesma obra, diz que "No art. 486 diz-se que os atos judiciais que não dependem de sentença, ou em que esta for meramente homologatória, podem ser "rescindidos", como os atos jurídicos em geral, nos termos da lei civil. Note-se bem: "rescindidos". Por onde se vê que é absurdo, por exemplo, afirmar-se que, a partilha, feita por acordo das partes homologada pelo juiz, não se anula (?) por ação rescisória: poderá anular-se, por ação ordinária submetida ao juiz singular, se contiver algum dos vícios ou defeitos que invalidam os atos jurídicos em geral...". Diz ainda que "...não há ação de decretação de invalidade de sentença trânsita em julgado: o que há, mesmo que seja meramente homologatória a sentença, é a ação rescisória. Tanto o Código de 1973 como o de 1939 foi explícito em dizer "rescindíveis", e não invalidáveis (anuláveis, ou sujeitas a decretação de nulidade) as sentenças a que se referem os arts. 485 e 486. Falar-se de anulabilidade, em vez de rescindibilidade, é erro de terminologia, que se há de lamentar" (p. 406-407).

[99] PONTES DE MIRANDA, Francisco Cavalcanti. *Comentários ao Código de Processo Civil*. 3. ed. São Paulo: Forense, 2002, t. 6, p. 258-259.

[100] FADEL, Sérgio Sahione. *Código de Processo Civil comentado*: arts. 1º a 1.220, atualizado por J. E. Carreira Alvim. 7. ed. Rio de Janeiro: Forense, 2004, p. 566.

[101] LIMA, Alcides de Mendonça. *Dicionário do Código de Processo Civil Brasileiro*. São Paulo: Revista dos Tribunais, 1986, p. 6-7, diz que a ação anulatória: "tem por finalidade obter a declaração de anulabilidade de qualquer ato jurídico (menos o casamento) que fica sujeito à ação de anulação...). O Código não tem ação específica para esse fim, embora contenha algumas regras esparsas de caráter especial como o art. 352, I, quanto à revogação da confissão." O jurista faz simples menção ao teor do artigo 486 do CPC, trazendo, em seguida,

nome que se queira dar à medida judicial que tenha por propósito a anulação de um ato jurídico, a ação a que alude o dispositivo acima citado se restringe à que vise à anulação de ato praticado entre as partes em juízo, ou então meramente homologado judicialmente.

Assim, a palavra *rescindidos*, que consta do artigo 486 do CPC, foi empregada pelo legislador com o significado de *anulados*, como forma de diferenciar os atos praticados pelas partes e que não dependem de sentença homologatória dos atos praticados fora do processo, também passíveis de anulação, mas exclusivamente com base no direito material. Portanto, tanto a ação anulatória de "atos judiciais" quanto a de atos jurídicos são baseadas no direito material.[102]

Diz Tesheiner:

> Cabe falar em sentença anulável? O art. 486 do Código de Processo Civil estabelece que a sentença meramente homologatória pode ser rescindida como os atos jurídicos em geral, nos termos da lei civil. Aplica-se o mesmo dispositivo aos atos judiciais que não dependem de sentença, como a arrematação e a adjudicação. A jurisprudência tem utilizado, para essas ações, a denominação anulatórias para distingui-las da rescisória, que só cabe nos casos do art. 485 do CPC, que, aliás, somente se refere a sentenças de mérito. O termo "anular" apresenta-se próprio, em face da existência de prazo para o exercício do direito, diferentemente do que ocorre com a sentença dita nula, em que o vício se apresenta como perpétuo.[103]

Portanto, a expressão *rescindidos*, contida no artigo 486 do CPC, deve ser entendida como *anulados*.

Por fim, a quarta impropriedade técnica consiste na expressão *lei civil*, empregada tanto pelo parágrafo único do artigo 800 do Código de 1939 quanto pelo artigo 486 do atual. O que os Códigos chamam de "lei civil", na verdade significa direito material, privado ou público, que se refira ao ato jurídico em exame para a rescindibilidade.[104]

Comentando o parágrafo único do artigo 800 do Código de Processo Civil de 1939, Ávio Brasil afirma que as causas de anulação referidas pelo legislador para a anulação dos atos das partes são as elencadas na lei civil, citando J. M Carvalho Santos, Borges da Rosa, Jorge Americano, Castro Caiado e De Plácido e Silva.[105]

Ataliba Vianna, comentando o mesmo dispositivo, diz que as mesmas causas de nulidades dos atos jurídicos poderão ser invocadas para a anulação dos atos

---

outros exemplos, como o art. 585, § 1º do CPC, aduzindo não existir litispendência entre a ação anulatória de débito fiscal e a ação executiva promovida pela Fazenda Pública.

[102] MAGRI, Berenice Soubhie Nogueira. *Ação anulatória – Art. 486 do CPC*. 2. ed. São Paulo: Revista dos Tribunais, 2004, p. 81.

[103] TESHEINER, José Maria Rosa. *Pressupostos processuais e nulidades no processo civil*. São Paulo: Saraiva, 2000, p. 20.

[104] COSTA, Coqueijo. *Ação rescisória*. 5. ed. São Paulo: LTr, 1987, p. 83.

[105] BRASIL, Ávio. *Rescisória de julgados*. 2. ed. Rio de Janeiro: Livraria Tupã, 1949, p. 211.

jurídicos nele conceituados, e que essas causas vêm enumeradas nos artigos 86 a 113 do Código então vigente.[106]

Pontes de Miranda diz que qualquer causa de nulidade ou de anulabilidade que se verifique no ato judicial, seja causa prevista em direito privado, ou em direito público, direito comercial, trabalhista ou outra legislação especial, é pressuposto suficiente para autorizar a propositura da ação anulatória, reputando infeliz a expressão "lei civil".[107]

Podemos afirmar que a expressão "nos termos da lei civil" quer significar "nos termos do direito material", estendendo-se a todos os ramos do direito material público ou privado, inseridos nesse conceito o direito civil, como regra geral, o direito administrativo, o direito comercial, o direito do trabalho e as legislações especiais.[108]

José Carlos Barbosa Moreira também afirma que a referência feita pelo legislador à lei civil é injustificavelmente restritiva, devendo-se entender que os motivos de anulabilidade são os previstos em quaisquer normas de direito material, independentemente do ramo a que pertença a norma[109], no que é acompanhado por Cássio Scarpinella Bueno.[110]

Expostas estas imprecisões de que padecia o parágrafo único do CPC de 1939 e padece o artigo 486 do CPC, podemos buscar um conceito de ação anulatória que permita compreender-se o instituto adequadamente.

Berenice Soubhie Nogueira Magri diz que:

> [...] a ação anulatória é aquela que tem por objetivo anular ato processual praticado ou inserido em juízo pelas partes, ou terceiros juridicamente interessados, que dependa ou não de sentença homologatória que extinga o processo sem apreciação do mérito, observados os princípios dos atos jurídicos em geral, nos termos do direito material.[111]

Afirma, ainda, que a ação prevista no artigo 486 do CPC visa apenas à desconstituição dos atos praticados no processo, dependentes ou não de homologação, sem que se profira outra decisão ou outro ato em seu lugar.

---

[106] VIANNA, Ataliba. *Inovações e obscuridades do Código do Processo Civil e Comercial Brasileiro.* São Paulo: Livraria Martins, 1940, p. 116.

[107] PONTES DE MIRANDA, Francisco Cavalcanti. *Tratado da ação rescisória das sentenças e de outras decisões.* 1. ed. atualizado por Vilson Rodrigues Alves. Campinas: Bookseller, 1998, p. 409 e 414.

[108] MAGRI, Berenice Soubhie Nogueira. *Ação anulatória – Art. 486 do CPC.* 2. ed. São Paulo: Revista dos Tribunais, 2004, p. 101.

[109] MOREIRA, José Carlos Barbosa. *Comentários ao Código de Processo Civil, Lei nº 5.869, de 11 de janeiro de 1973, vol V:* arts. 476 a 565. 13. ed. Rio de Janeiro: Forense, 2006, p. 163. No mesmo sentido, Humberto Theodoro Júnior. *Curso de direito processual civil.* 24. ed. Rio de Janeiro: Forense, v. I, 1998, p. 648; BORGES, Marcos Afonso. *Comentários ao Código de Processo Civil.* São Paulo: Editora Universitária de Direito, 1975, v. II, p. 196.

[110] BUENO, Cássio Scarpinella. In: MARCATO, Antônio Carlos (Coord.) [et. al...].. *Código de Processo Civil interpretado.* 2. ed. São Paulo: Atlas, 2005, p. 1537.

[111] MAGRI, Berenice Soubhie Nogueira. *Ação anulatória – Art. 486 do CPC.* 2. ed. São Paulo: Revista dos Tribunais, 2004, p. 55.

Entendemos que o conceito de ação anulatória formulado por Berenice Soubhie Nogueira Magri é preciso e permite a compreensão adequada do instituto, eliminando as imprecisões de que padece o texto do Código, interpretando-o de forma sistemática.[112]

Trata-se de ação constitutiva negativa, pois se rescinde, ao mesmo tempo, o ato processual e o ato de direito material que nele está inserido.[113]

Conforme veremos adiante, o artigo 486 do CPC prevê duas hipóteses nas quais atos são passíveis de anulação: os atos que não dependem de sentença e os atos em que a sentença for meramente homologatória. Ambos dizem respeito a atos praticados pelas partes em juízo e que necessitam ou não de pronunciamento judicial para que surtam seus efeitos.

1.3. Evolução histórica da ação anulatória

Além do ordenamento jurídico brasileiro, apenas o Direito Português prevê instituto semelhante à ação anulatória, embora seja diferente desta em alguns pontos, que veremos no tópico seguinte.

De qualquer forma, traremos uma breve exposição da evolução histórica das ações autônomas de impugnação no direito estrangeiro.

Pontes de Miranda refere que a rescisão das sentenças está, em suas origens, ligada à rescisão dos negócios jurídicos em geral. Através dos tempos, a diferenciação se caracterizou aos poucos, até que se caiu no oposto: consideram-se sentenças e negócio jurídico como fatos de natureza diferente, sem se atentar ao fato de que sentença é, também, prestação de negócio jurídico.[114]

Sobre as origens históricas das ações autônomas de impugnação, José Carlos Barbosa Moreira diz que na Roma antiga surgiu a *restitutio in integrum*, com traços similares aos desta espécie de ação, cuja consolidação ocorreu, com contornos mais nítidos, depois de alteradas as noções dos romanos sobre nulidade da sentença e seus respectivos efeitos.[115] Chamava-se *nulla sententia* ao pronunciamento

---
[112] Juarez Freitas diz que, dada a natureza tópico-sistemática da interpretação jurídica, o exegeta deve sobrepassar as antinomias, sendo tarefa sua, na relação com o texto, cuidar do binômio ordem/contingência. Afirma, ainda, que há muitas formas de sistematizar, mas interpretar o direito é realizar uma sistematização daquilo que aparece como fragmentário e isolado. Sustenta que interpretar não é cumprir um programa prévio, de forma acrítica, pois o texto exige ir além do texto (FREITAS, Juarez. *A interpretação sistemática do direito*. 4. ed. rev. e atual. São Paulo: Malheiros, 2004, p. 22-23).

[113] COSTA, Coqueijo. *Ação rescisória*. 5. ed. São Paulo: LTr, 1987, p. 83.

[114] PONTES DE MIRANDA, Francisco Cavalcanti. *Comentários ao Código de Processo Civil*. Rio de Janeiro: Revista Forense, 1949, v. IV, p. 495.

[115] Alexander dos Santos Macedo afirma que, durante o período da Monarquia e da República Romanas, quando era adotado o sistema do *ordo iudiciorum privatorum*, dividido em dois períodos (*legis actiones*, de 754 a. C. a 149 a. C., e o direito formular, consagrado pela *Lex Aebutia*, de 149 a. C. e 209 d. C.) caracterizado por não haver recursos, sendo que as sentenças com graves defeitos (*errores in procedendo* ou *errores in iudicando*) eram con-

judicial eivado de defeitos muito graves, especialmente de ordem processual, embora o conceito que se exprimia por tais palavras correspondesse ao que hoje, apesar de críticas e de controvérsias, alguns autores chamam de *sentença inexistente* e não necessitava, por isso, qualquer remédio processual para ser desconstituído.[116]

Mais tarde, no Direito Intermédio (568 d. C. a 1.500 d. C.), nos estatutos italianos, por influência do Direito Germânico, firmou-se o princípio de que mesmo os *errores in procedendo* precisavam ser denunciados por meios específicos, sob pena de a arguição precluir e de a decisão viciada prevalecer. É essa a origem da *querela nullitatis*, (da qual trataremos novamente adiante, item 4.2), instituto que surgiu no Direito Intermédio, paralelamente à apelação, sendo destinada, via de regra, à impugnação de *errores in procedendo*.[117] [118]

Conclui Barbosa Moreira que a *querela nullitatis* é apontada como o germe das ações autônomas de impugnação, conhecidas de diversas formas no direito moderno.[119]

No direito brasileiro, a previsão mais antiga da ação anulatória é o Regulamento nº 737, de 25 de novembro de 1850, que determinava em seu artigo 255:

> A propositura de acção rescisoria do contracto não induz litispendencia para a acção de dez dias, proveniente do mesmo contracto. Todavia havendo já alguma sentença pronunciando a nulidade do contracto, o auctor não poderá levantar a importância da execução sem prestar fiança.

Antônio Bento de Faria diz que esse dispositivo não obsta que se possa arguir a nulidade do contrato que motivou o título acionado. Contudo, havendo já alguma sentença pronunciando a nulidade do contrato, o autor não poderá levantar a importância da execução sem prestar fiança.

Cita, ainda, a doutrina de Almeida e Oliveira (*A Assignação de dez dias*, p. 162), no sentido de que não se deve recusar a exceção de litispendência no caso

---

sideradas *nullae sententiae*, sendo que o *nulla* dos romanos significava inexistência, não havendo, assim, necessidade e utilidade de prática de se recorrer, porquanto possível alegar-se o vício em qualquer oportunidade, como defesa contra a *actio iudicati*, ou réplica à exceção de coisa julgada, ou diretamente com a *revocatio in integrum*, que não era recurso mas destruía os *decreta* dos magistrados, sem nada criar, porém não tinha eficácia em relação à sentença do *iudex privatus*. Já ao tempo em que vigente o sistema da *cognitio extra ordinem*, surgiu a *appellatio* contra as sentenças injustas, mas para as sentenças eivadas de *errores in procedendo* persistia a desnecessidade de interposição de recurso, pois continuavam como *nullae sententiae*, bastando, diante da execução, a alegação de *impropriatio iudicatis* que era a alegação de que a decisão era nula (MACEDO, Alexander dos Santos. *Da querela nullitatis. Sua subsistência no direito brasileiro*. 3. ed. Rio de Janeiro: Lumen Juris, 2005, p. 19-20).

[116] MOREIRA, José Carlos Barbosa. *Comentários ao Código de Processo Civil, Lei nº 5.869, de 11 de janeiro de 1973, vol V*: arts. 476 a 565. 13. ed. Rio de Janeiro: Forense, 2006, p. 230. Sobre a questão, confira-se Adroaldo Furtado Fabrício (FABRÍCIO, Adroaldo Furtado. Réu revel não citado, 'querela nullitatis' e ação rescisória. *Revista de Processo*, São Paulo: Revista dos Tribunais, v. 48, p. 28-29, 1987).

[117] Ibidem, p. 230.

[118] MACEDO, Alexander dos Santos. *Da querela nullitatis. Sua subsistência no direito brasileiro*. 3. ed. Rio de Janeiro: Lumen Juris, 2005, p. 19.

[119] MOREIRA, op. cit., p. 230-231.

de o autor ajuizar a segunda via de um escrito já ajuizado em primeira, no mesmo ou em outro juízo.

Menciona, outrossim, dois julgados:

> Da sentença que julga improcedentes os embargos opostos em assignação de dez dias, cabe appellação e não e não aggravo (acórdão do Tribunal de Justiça do Estado de São Paulo, de 5 de julho de 1895, Revista Mensal, vol. 1, pág. 121).
>
> Estando viciado por emendas e entrelinhas o documento basico da acção decendiária, não podem ser recebidos com condemnação os embargos do réo. O documento viciado não póde autorizar a condemnação *in limine* de quem o firmou, ficando dependente de ampla discussão e provas para se poder julgar da sua veracidade (acórdão do Tribunal de Justiça do Estado de São Paulo, de 17 de dezembro de 1893. Gazeta Jurídica, vol. 5, pág. 85).[120]

Nos Códigos Estaduais, apenas o do Estado de São Paulo previa a ação de anulação de atos judiciais, no parágrafo único do artigo 359, que determinava que "os actos judiciaes, que não dependem se sentença, ou em que esta fôr de simples homologação, podem ser rescindidos como os actos juridicos em geral, nos termos do Código Civil".[121]

Conforme expusemos no item 1.2, o artigo 486 do CPC reproduz quase literalmente o parágrafo único do artigo 800 do diploma de 1939, que previa que "os atos judiciais que não dependem de sentença, ou em que esta fôr simplesmente homologatória, poderão ser rescindidos como os atos jurídicos em geral, nos têrmos da lei civil".

Apesar da repetição quase literal do disposto no Código de 1939, no anteprojeto do Código Buzaid, a ação anulatória fora prevista no § 2º do artigo 534, pertinente à ação rescisória, embora com redação rigorosamente igual à do atual artigo 486:

> A sentença definitiva, transitada em julgado, pode ser rescindida.
>
> (...)
>
> § 2º Os atos judiciais que não dependem de sentença, ou em que esta fôr meramente homologatória, podem ser rescindidos, como os atos jurídicos em geral, nos têrmos da lei civil.

---

[120] FARIA, Antônio Bento de. *Processo commercial e civil, Dec. nº 737 de 35 de novembro de 1850, annotado de accordo com a doutrina, a legislação e a jurisprudência seguido se um appendice.* Rio de Janeiro: Jacintho Ribeiro dos Santos, 1903, p. 113-114.

[121] AMERICANO, Jorge. *Estudo theorico e pratico da acção rescisoria dos julgados no direito brasileiro.* 3. ed. Correcta e Augmentada. São Paulo: Saraiva & Comp., 1936, p. 262-263. Comentando o dispositivo, o Autor sustenta que nos atos judiciais apenas autorizados, autenticados, ou presididos pelo juiz, como também nas sentenças de simples homologação, o poder jurisdicional do Estado intérvem para dar provimento, e não para decidir; para dar efeito segundo o valor que tiver o ato em si, e não para decidir definitivamente do valor do ato. Afirma que, em tais casos, a argüição de nulidade e o pedido de rescisão não põem em jogo o princípio jurisdicional, contido na força coercitiva da sentença que decide a controvérsia e impõe a sanção; apenas se dirige contra a validade do ato autorizado, autenticado, presidido ou homologado pelo juiz, sem alcançar o próprio poder de julgar. Diz: "D'ahi, attribuir-se effeito a taes actos, emquanto não annullados pelos meios regulares, isto é, pela controversia que tenha por objecto a pronunciação da nullidade. E'commum, nos juizos administrativos, impugnar-se a validade de algum acto judicial, sendo despachados os interessados para os meios ordinarios, onde devem propôr a acção competente contra a validade do acto impugnado, sem embargo de ser reputado provisoriamente valido, emquanto não pronunciada definitivamente a sua annullação."

O próprio Alfredo Buzaid, na exposição de motivos do aludido anteprojeto, acerca da dicotomia com a qual os reformadores se deparavam, entre a revisão do Código então vigente e a elaboração de um novo, assentou que:

> Entram em jogo dois princípios antagônicos de técnica legislativa: o da *conservação* e o da *inovação*. Ambos se conjugam, porque, se o primeiro torna menos perturbadora a mudança, o segundo remedeia os males observados durante a vigência do Código, que vai ser reformado. O reformador não deve olvidar, que, por mais velho que seja um edifício, sempre se obtém, quando demolido, materiais para construções futuras.[122]

Como visto, vem-se optando, de longa data, pela manutenção da estrutura do dispositivo que prevê a ação anulatória no Processo Civil brasileiro, em que pesem as impropriedades já apontadas quando da análise do conceito, por força de afinidades existentes entre este instituto e a ação rescisória, sobre o que trataremos no Capítulo 4.

1.4. Direito comparado

O processo civil, como conjunto de normas e meios racionais tendentes a obter a atuação do direito, não é um produto lidimamente nacional, destinado a exprimir os costumes do povo, mas sim, o resultado da técnica, que transcende as fronteiras do país, justamente por representar a consecução da justiça, aspiração comum a toda a humanidade. Por isso, os institutos tradicionais devem subsistir na medida em que correspondam à racionalização do processo, cabendo, a cada geração, romper com o que esteja condenado pela ciência e pela lógica.[123]

Sobre a questão, Barbosa Moreira destaca a relevância da análise do artigo 486 do CPC do ponto de vista sistemático, "pois constitui peça digna de toda a atenção na dogmática do nosso direito processual civil, e quase se pode dizer que o singulariza no plano comparatístico".[124] Diz:

> A grande maioria das legislações, entretanto, é desprovida de norma que corresponda, mesmo parcialmente, à do nosso art. 486; e, no silêncio dos textos, a doutrina tende a negar a possibilidade de invalidação dos atos das partes, por vício da vontade, fora do jogo normal dos recursos, quando for o caso. Foge-se de atribuir a semelhantes defeitos as conseqüências que se lhes reconhecem quanto aos atos de direito material.[125]

---

[122] BUZAID, Alfredo. *Anteprojeto de Código de Processo Civil*. Rio de Janeiro: [s. n.], 1964, p. 9. A afirmativa foi literalmente reiterada na exposição de motivos do CPC/1973 (NERY JÚNIOR, Nelson; NERY, Rosa Maria de Andrade. *Código de Processo Civil comentado e Legislação extravagante*. 9. ed. São Paulo: Revista dos Tribunais, 2006, p. 124).

[123] BUZAID, op. cit., p. 13.

[124] MOREIRA, José Carlos Barbosa. *Comentários ao Código de Processo Civil, Lei nº 5.869, de 11 de janeiro de 1973, vol V:* arts. 476 a 565. 13. ed. Rio de Janeiro: Forense, 2006, p. 163.

[125] Ibidem, p. 164.

A ação anulatória tem origem no Direito Português, cujo Código Civil diz, no artigo 359, ao tratar da nulidade e da anulabilidade da confissão:

1. A confissão, judicial ou extrajudicial, pode ser declarada nula ou anulada, nos termos gerais, por falta ou vícios da vontade, mesmo depois do trânsito em julgado da decisão, se ainda não tiver caducado o direito de pedir a sua anulação;
2. O erro, desde que seja essencial, não tem de satisfazer aos requisitos exigidos para a anulação dos negócios jurídicos.[126]

Já o Código de Processo Civil português prevê instituto semelhante à *querela nullitatis*, chamado de revisão, na alínea *d* do art. 771 exigindo, para que esta tenha cabimento, que "tenha sido declarada nula ou anulada, por sentença já transitada, a confissão, desistência ou transação em que a decisão se fundasse". A alínea *e* do mesmo artigo 771 do diploma luso admite a revisão da coisa julgada "quando seja nula a confissão, desistência ou transação, por violação do preceituado nos arts. 37 e 297, sem prejuízo do que dispõe o nº 5 do art. 300".

O art. 301 do Código de Processo Civil portugês, que trata da nulidade e anulabilidade da confissão, desistência ou transação, diz que:

1. A confissão, a desistência e a transacção podem ser declaradas nulas ou anuladas como os outros actos da mesma natureza, sendo aplicável à confissão o disposto nº 2 do artigo 359 do Código Civil.
2. O trânsito em julgado da sentença proferida sobre a confissão, desistência ou transacção não obsta a que se intente a acção destinada à declaração de nulidade ou à anulação de qualquer delas, ou se peça a revisão da sentença com esse fundamento, sem prejuízo da caducidade do direito à anulação.
3. Quando a nulidade provenha unicamente da falta de poderes do mandatário judicial ou da irregularidade do mandato, a sentença homologatória é notificada pessoalmente ao mandante, com a cominação de, nada dizendo, o acto ser ratificado e a nulidade suprida; se declarar que não ratifica o acto do mandatário, esse não produzirá quanto a sí qualquer efeito.

Comentando o dispositivo, Abílio Neto diz que, homologada por sentença transação judicial em que interveio o pai do menor sem a prévia autorização para praticar o ato em nome do representado, pode este, no prazo de um ano, contado a partir da data em que atingir a maioridade, pedir, em ação própria, a anulação daquela sentença.[127]

Refere, outrossim, que para apurar eventuais reflexos da anulação do contrato de transação judicial sobre a sentença que a homologou, deve-se analisar, ainda, o teor do artigo 771, alínea *d*, do Código, e que, sendo nula ou suscetível de anulação transação judicialmente homologada, a parte interessada em desfazer os efeitos da sentença homologatória deve, num primeiro momento, instaurar ação anulatória. Obtendo ganho de causa, deve, num segundo momento, pedir a revisão

---

[126] PORTUGAL. *Código Civil*. Disponível em: <http://www.portolegal.com/CodigoCivil.html>. Acesso em: 13 jan. 2008.

[127] NETO, Abílio. *Código de Processo Civil anotado*. 19. ed. Lisboa: Ediforum, 2007, p. 431.

da sentença que homologou essa transação. Entretanto, assim não procedendo, e transcorrido o prazo para a ação anulatória, a sentença que ratificou e confirmou a transação, porque não impugnada por recurso extraordinário de revisão, permanecerá incólume e continuará, como sentença transitada em julgado. Se for condenatória a sentença, valerá como título executivo.[128]

Vê-se, portanto, que, no direito português, a declaração de nulidade da confissão, desistência ou transação não desencadeia, desde logo, a ineficácia da decisão homologatória, a qual tem de ser impugnada por meio do recurso de revisão, com base na letra *d* do artigo 771.

O precitado artigo 301 do Código de Processo Civil português permite, assim, a declaração de nulidade ou a anulação da confissão, da desistência ou da transação, com a peculiaridade de que o trânsito em julgado da sentença baseada em qualquer desses atos não impede o exercício da ação por meio da qual se pretenda vê-los declarados nulos ou anulados.[129]

O artigo 301 do CPC português apresenta algumas peculiaridades que o identificam com o artigo 486 do CPC brasileiro, pois aquele possibilita a nulidade ou a anulação de atos praticados pelas partes em juízo, como a confissão, a transação e a desistência, permitindo sua nulidade ou a anulação, nos termos da lei civil.[130]

Berenice Soubhie Nogueira Magri destaca que existem semelhanças e diferenças entre esses dois dispositivos, que permitem a propositura da ação anulatória contra os atos praticados pelas partes em juízo, eivados de nulidade (anulabilidade ou nulidade relativa) provenientes da falta de vontade ou de vícios do consentimento. Afirma ser o artigo 486 do CPC brasileiro mais amplo que o artigo 301 do CPC português, pois os fundamentos que permitem o ajuizamento da ação anulatória no ordenamento jurídico brasileiro não se esgotam na falta de vontade ou nos vícios do consentimento, na medida em que abarcam também os casos de nulidade absoluta ou relativa. Frisa, ainda, que a legislação portuguesa é expressa ao concluir pelo cabimento da ação anulatória para desconstituir atos como os de desistência, confissão e transação, mesmo após o trânsito em julgado da sentença e da formação de coisa julgada material, no que o direito brasileiro é diferente, ao prever, em regra, o uso da ação rescisória para tais casos.[131]

Assim, embora os artigos em questão apresentem algumas semelhanças, possuem também diferenças.

Berenice Soubhie Nogueira Magri diz que:

---

[128] NETO, Abílio. *Código de Processo Civil anotado*. 19. ed. Lisboa: Ediforum, 2007, p. 431-432. Confira-se, ainda, SOARES, Fernando Luso; MESQUITA, Duarte Romeira; BRITO, Wanda Ferraz de. *Código de Processo Civil anotado*. 14. ed. Coimbra: Almedina, 2003, p. 330-331.

[129] MOREIRA, José Carlos Barbosa. *Comentários ao Código de Processo Civil, Lei nº 5.869, de 11 de janeiro de 1973, vol V:* arts. 476 a 565. 13. ed. Rio de Janeiro: Forense, 2006, p. 163-164.

[130] MAGRI, Berenice Soubhie Nogueira. *Ação anulatória – Art. 486 do CPC*. 2. ed. São Paulo: Revista dos Tribunais, 2004, p. 23.

[131] Ibidem, p. 25.

[...] mesmo em face do direito comparado, onde os códigos não estejam a admitir expressamente a ação anulatória, como consta do art. 486 do CPC brasileiro, permite-se a impugnação do ato no próprio processo em que foi praticado, possibilitando até invalidá-lo por meio de ação autônoma.[132]

Diferente é a orientação vigente no direito brasileiro, que reconhece com considerável amplitude a relevância dos vícios da vontade como motivos de invalidade dos atos processuais da parte (não dos praticados pelo órgão judicial), como é o caso dos artigos 352, inciso I, e 486 do CPC, sendo que este, em sua largueza, não encontra réplica no direito comparado.

Em contrapartida, nosso ordenamento prevê o exercício do direito (potestativo) à eliminação do ato defeituoso em processo distinto, a cuja instauração dá lugar o ajuizamento da ação anulatória ora analisada, sem a exclusão, entretanto, da possibilidade de discutir-se sua validade no próprio feito em que o ato em questão foi praticado, com nítida vantagem em termos de economia processual.[133]

No direito alemão, o § 290 da Lei Processual exige, para a revogação da confissão, a prova de que esta não corresponde à verdade e decorreu de erro, não sendo revogável, contudo, quando for feita pela parte que tiver consciência de sua falsidade.[134]

Já no direito italiano, embora não haja previsão expressa de lei como no direito alemão, o entendimento sobre a questão é semelhante,[135] apesar de não se conceber o dolo como causa de gerar a anulação da confissão. O Código Civil italiano diz, em seu artigo 2.732, que a confissão não pode ser revogada se não se prova que foi determinada por erro de fato (1.428) ou violência (1.434).[136]

---

[132] MAGRI, Berenice Soubhie Nogueira. *Ação anulatória – Art. 486 do CPC*. 2. ed. São Paulo: Revista dos Tribunais, 2004, p. 27.
[133] MOREIRA, José Carlos Barbosa. *Comentários ao Código de Processo Civil, Lei nº 5.869, de 11 de janeiro de 1973, vol V*: arts. 476 a 565. 13. ed. Rio de Janeiro: Forense, 2006, p. 165.
[134] CINTRA, Antônio Carlos de Araújo. *Comentários ao Código de Processo Civil, Lei nº 5.869, de 11 de janeiro de 1973, vol IV*: arts. 332 a 475. 3. ed. Rio de Janeiro: Forense, 2008, p. 71.
[135] Ibidem, p. 71
[136] MARINONI, Luiz Guilherme; ARENHART, Sérgio Cruz. *Comentários ao Código de Processo Civil, vol. 5, tomo I: do processo de conhecimento, arts. 332 a 363* (Coordenação de Ovídio A. Baptista da Silva). São Paulo: Revista dos Tribunais, 2000, p. 366. Os autores afirmam que a aparente omissão da legislação italiana encontra justificativa eficaz e deveria ter sido seguida pelo ordenamento jurídico brasileiro. Sustentam ser um equívoco supor que o dolo possa constituir uma causa eficiente para a anulação de confissão efetuada. Justificam a assertiva pelo fato de que o dolo importa na presença de terceira pessoa, que pratica atos ardilosos a fim de induzir alguém à prática de certo ato jurídico. Alegam, com base na doutrina de Marcel Planiol (*Traité élémentaire de droit civil*. 4. ed. Paris: Librairie Générale de Droit e de Jurisprudence, 1906. Vol. I, p. 107), que o dolo não é reprimido pelo direito a não ser pelo erro que ele engendra no espírito de sua vítima, de sorte que, sendo inábil o dolo praticado por terceiro para induzir alguém em erro, será irrelevante para o direito não penal, na medida em que o sujeito estaria consciente do que fazia. Sustentam que a idéia é válida para casos de confissão, não podendo o dolo constituir elemento suficiente para ensejar a anulação da confissão obtida, salvo quando lograr gerar erro na vontade do agente. Contudo, não contestam a aceitação pelo sistema brasileiro da figura do dolo como elemento relevante para a anulação da confissão (p. 366-368).

2. Cabimento da ação anulatória

2.1. Atos atacáveis

Em razão das já expostas imprecisões terminológicas de que padece o artigo 486 do Código de Processo Civil, passaremos a demonstrar quais atos judiciais são passíveis de ataque por meio de ação anulatória.

2.1.1. Atos judiciais que não dependem de sentença

A expressão *atos judiciais* que dependem de sentença meramente homologatória, conforme já dito, consiste na segunda imprecisão terminológica de que padece o artigo 486 do CPC.

Muito embora os chame de atos *judiciais*, porquanto realizados em juízo, a Lei refere-se a atos *das partes*, como a renúncia ao direito de recorrer, a aceitação expressa de decisão, a desistência do recurso e, de modo geral, as declarações de vontade das partes, sejam unilaterais, sejam bilaterais.

De Plácido e Silva diz que ato judicial é todo acontecimento que se torne necessário para a realização do processo. Sustenta serem partículas do processo que se forma, precisamente, pela prática sucessiva de vários atos, todos eles ordenados pelo juiz ou executados pela própria parte, em defesa de seus direitos.

Afirma que esses atos, em sua maioria, parcelas integrantes do feito, nele se promovem sem que se imponha sua homologação pelo julgador ou sem que se torne necessária sua aprovação ou revalidação por sentença, pois o ato judicial não indica um feito, não encerrando sua prática pelo ato decisório, provisional ou definitivo, que sempre culmina nos processos.

Conclui que, se qualquer ato judicial, por ter transgredido as regras legais, for inquinado de vicioso, poderá, nos termos da Lei Processual, ter reconhecida sua nulidade ou anulação, nos mesmos casos em que a Lei Civil admite a nulidade ou a anulação do ato jurídico.[137]

---
[137] SILVA, de Plácido e. *Comentários ao Código de Processo Civil*. 4. ed. Rio de Janeiro: Revista Forense, 1956, 5 v., p. 60.

Jorge Americano diz que todo ato judicial que não depende de sentença não é, substancialmente, um ato do Poder Judiciário, mas apenas um ato praticado em juízo, no qual este não intervém, senão para dar-lhe o meio em que se produz, ou para autenticá-lo, o que afasta o cabimento da ação rescisória, exemplificando:

> Assim, se uma petição apresentada pelas partes, a qual não constitua um ato fundamental do processo, mas um ato que tanto poderia praticar-se judicialmente como extrajudicialmente, é um mero ato jurídico, que não afeta ao poder judiciário.
>
> Se fôr apresentada, portanto, fundada em erro, ou em virtude de dolo, ou de coação, simulação, ou fraude, a parte lesada pode rescindi-la fundada no êrro, no dolo, na coação, na simulação, na fraude, tal qual se rescinde qualquer ato jurídico.[138]

Visando a imprimir maior didática à explicação do que sejam os "atos judiciais que não dependem de sentença", trataremos brevemente dos atos processuais, iniciando pela conceituação e classificação dos fatos, atos e negócios jurídicos processuais, em que pese a existência de controvérsias jurisprudenciais concernentes à existência destes últimos.

Fato jurídico é todo acontecimento capaz de produzir consequências no mundo jurídico, como um casamento, o nascimento, a morte e um contrato. Trata-se de conceito extremamente amplo e que abarca diversas categorias, como as ora citadas, chamadas de fatos jurídicos *lato sensu*.[139]

Tais fatos jurídicos *lato sensu* diferenciam-se dos fatos jurídicos *stricto sensu* e dos atos jurídicos.

Fatos jurídicos *stricto sensu* são os acontecimentos capazes de produzir consequências jurídicas independentemente da vontade humana lícita, como a morte e o nascimento, e os atos ilícitos.

Já os atos jurídicos podem ser definidos como atos da vontade humana, realizados de acordo com o direito e que tendem à produção de efeitos jurídicos, como o casamento, o testamento e os contratos. Trata-se dos atos jurídicos *lato sensu*, que podem ser divididos em dois subgrupos: os atos jurídicos *stricto sensu* e os negócios jurídicos, ambos atos de vontade humana lícita, que se diferenciam pela direção da vontade.[140]

Alexandre Freitas Câmara explica:

> Atos há em que a vontade humana é dirigida tão-somente à prática do mesmo, decorrendo seus efeitos da lei. É o que se dá, por exemplo, com o casamento. Quando alguém se casa, quer praticar o ato, e os efeitos (como a obrigação de fidelidade e de mútua assistência) decorrem da lei, produzindo-se mesmo contra a vontade dos sujeitos que praticam o ato. Já em outras ocasiões a vontade humana é dirigida à produção de certo efeito (por exemplo, fazer

---

[138] AMERICANO, Jorge. *Comentários ao Código de Processo Civil. Arts. 675 a 807*. 2. ed. São Paulo: Saraiva, 1960, 3 v., p. 289-290.

[139] CÂMARA, Alexandre Freitas. *Lições de direito processual civil*. Rio de Janeiro: Freitas Bastos, 1998, v. I, p. 220.

[140] Ibidem, p. 220-221.

com que um bem, na sucessão em razão da morte de seu titular, se transfira para o patrimônio de um seu amigo). Nesta hipótese, o ato é mero instrumento destinado à consecução de um fim, qual seja, a produção do efeito. Ato jurídico *stricto sensu* no primeiro exemplo, negócio jurídico no segundo, eis a diferença entre as duas figuras.[141]

Ao fato jurídico *(stricto sensu)* que exerce influência no processo chama-se fato processual, categoria de pequena relevância prática, que são os eventos que independem da vontade humana, mas que podem influir no processo, como a morte de uma das partes, que dá ensejo à suspensão do processo (CPC, art. 265, inc. I).

Ao ato jurídico que exerce influência no processo chama-se ato do processo, que se divide em ato do processo *stricto sensu* e ato processual. O que os diferencia é o sujeito que os pratica, pois os atos processuais são praticados exclusivamente pelas partes e pelo órgão jurisdicional. Desta forma, e não havendo que se reconhecer a existência de atos jurídicos que, embora não sejam praticados por nenhum desses sujeitos, são processualmente relevantes, não se pode deixar de reconhecer a existência desta outra categoria de atos jurídicos, capazes de exercer influência no processo, mas que não se incluem entre os atos processuais, como, por exemplo, o depoimento da testemunha e a informação prestada por uma repartição pública em resposta a ofício enviado pelo juízo.[142]

Giuseppe Chiovenda definiu como atos jurídicos processuais os que têm importância jurídica em respeito à relação processual, ou seja, os atos que têm por consequência imediata a constituição, a conservação, o desenvolvimento, a modificação ou a definição de uma relação processual. Afirma que podem ser atos da parte ou dos órgãos jurisdicionais.[143]

Ato processual, portanto, é toda manifestação de vontade humana que tem por fim criar, modificar, conservar ou extinguir a relação jurídica processual, podendo ser incluídas em tal categoria as manifestações de quaisquer dos sujeitos processuais, e não apenas das partes, pois todas visam ao mesmo objetivo.[144] Cândido Rangel Dinamarco define ato processual como "conduta humana voluntária, realizada no processo por um dos seus sujeitos e dotada da capacidade de produzir efeitos sobre este".[145] [146]

---

[141] CÂMARA, Alexandre Freitas. *Lições de direito processual civil*. Rio de Janeiro: Freitas Bastos, 1998, v. I, p. 221.

[142] Ibidem, p. 221-222.

[143] CHIOVENDA, Giuseppe. *Instituições de Direito Processual Civil, vol. III. A relação ordinária de cognição (continuação)*. São Paulo: Saraiva & Cia, 1945, p. 27-28.

[144] WAMBIER, Luiz Rodrigues; ALMEIDA, Flávio Renato Correia de; TALAMINI, Eduardo. *Curso avançado de processo civil*. 8. ed. São Paulo: Revista dos Tribunais, 2006, v. I, p. 164.

[145] DINAMARCO, Cândido Rangel. *Instituições de Direito Processual Civil*. 4. ed. rev. e atual. e com as remissões ao Código Civil de 2002. São Paulo: Malheiros, 2004, v. II, p. 473.

[146] James Goldschmidt define atos das partes como "os que dão vida à situação jurídica processual, quer dizer, os que criam, modificam ou extinguem as perspectivas, possibilidades e deveres processuais, ou a liberação destas. Os atos das partes são atos jurídicos, isto é, de transcendência jurídica" (GOLDSCHMIDT, James. *Direito processual civil*. Campinas: Bookseller, 2003, p. 269).

Podemos citar como exemplos de ato de constituição do processo a demanda, que dá impulso à atuação do Estado-juiz. Como ato processual que tem por finalidade a conservação do processo, podemos mencionar a medida cautelar, provimento judicial que tem por finalidade garantir a efetividade do processo. Já um ato de desenvolvimento do processo é a audiência preliminar prevista pelo artigo 331 do CPC. Ato de modificação do processo é a alteração objetiva da demanda, como a do pedido, por exemplo, e ato extintivo do processo é a decisão que decreta sua extinção.

O artigo 158 do CPC diz que "os atos das partes, consistentes em declarações unilaterais ou bilaterais de vontade, produzem imediatamente a constituição, a modificação ou a extinção de direitos processuais".

O dispositivo, ao falar em atos consistentes em declarações unilaterais ou bilaterais de vontade que produzem de imediato a constituição, a modificação ou a extinção de direitos processuais, refere-se aos atos dispositivos, ou de causação, que se manifestam através do encontro de vontades ou de declarações unilaterais. São os negócios jurídicos processuais, tendentes a adquirir, resguardar, transferir, modificar ou extinguir direitos, nos termos do artigo 185 do Código Civil de 2002 (artigo 85 do Código Civil de 1916). A ideia é afirmada por José Frederico Marques, que diz:

> Em se tratando de atos jurídicos jurídico-processuais, esses direitos, como é evidente, são direitos de natureza processual.
>
> Com a norma exarada no citado art. 158, o Código de Processo Civil caracterizou, com ênfase, a natureza de declaração dispositiva, ou de negócio jurídico, dos atos processuais de causação. Assim sendo, entroncam-se tais atos, em seu disciplinamento, nas regras contidas no Código Civil – com as adaptações necessárias – sobre os atos jurídicos.
>
> Os efeitos desses atos, uma vez praticados, são imediatos. Quando, no entanto, traduzir-se algum deles em "desistência da ação", o efeito só se produzirá depois de homologado o ato por sentença (Código de Processo Civil, art. 158, parágrafo único).
>
> Se do ato resultarem efeitos diretos sobre o litígio, dando causa a que este seja resolvido ou encerrado, há necessidade de sentença homologatória, com o controle jurisdicional, portanto, do ato praticado.[147]

Diz o autor que a homologação judicial dá aos atos de causação referidos no artigo 158 do Código força de ato estatal, semelhante à que tem a sentença definitiva ou de mérito, solucionando o litígio e subordinando as partes ao negócio jurídico processual, porque sobre ele incidiu a tutela jurisdicional do Estado por meio da sentença homologatória.[148]

Assim, os atos ditos "judiciais" aos quais se refere o artigo 486 do CPC devem ser entendidos como "atos processuais", mas os atos processuais que não

---

[147] MARQUES, José Frederico. *Manual de direito processual civil*. 6. ed. São Paulo: Saraiva, 1978, v. I, p. 310.

[148] Idem. *Manual de direito processual civil*. 2. ed. São Paulo: Saraiva, 1976, v. III, p. 35.

dependem de sentença são os atos jurídicos praticados em juízo pelas "partes", sendo regidos pelo direito material.[149]

Partes, nos termos do artigo 158 do CPC não são apenas o autor e o réu, mas também os terceiros intervenientes sobre os quais tratam os artigos 56 a 80 do Código e o Ministério Público, exceto quando atuar como fiscal da lei, pois todos praticam atos de declaração de vontade que produzem a constituição, a modificação ou extinção de direitos processuais.[150]

Quanto à classificação dos atos processuais, Alexandre Freitas Câmara destaca não haver consenso na doutrina quanto ao melhor critério que a estabeleça. Ressalta que parte dos autores preconiza a existência de um critério subjetivo, que classifica os atos de acordo com a pessoa que os pratica, e outros defendem um critério objetivo, elaborando uma classificação baseada nos fins visados por cada ato. Embora adote o critério subjetivo, diz que "as duas formas de classificar os atos processuais antes se complementam do que se excluem", o que já o levou a sustentar, em outro trabalho, uma forma de classificação que levava em conta os dois critérios.[151]

Segundo o autor, os atos processuais podem ser classificados em atos das partes e atos do órgão jurisdicional. Os atos das partes podem ser de quatro espécies: a) atos postulatórios, divididos em requerimentos e pedidos; b) atos dispositivos; c) atos instrutórios e d) atos reais. Já os atos do órgão jurisdicional dividem-se em: a) atos do juiz e b) atos dos auxiliares da justiça.[152]

Os que interessam ao presente estudo são os atos dispositivos, que são declarações de vontade destinadas a dispor da tutela jurisdicional. Podem ser unilaterais, quando praticados por apenas uma das partes, como o reconhecimento do pedido, a renúncia à pretensão ou a desistência da ação, e bilaterais, praticados por ambas as partes, como a transação e a convenção para suspensão do processo.

Arruda Alvim diz que os atos processuais podem ser classificados em: a) ato judicial e b) ato postulatório das partes ou de terceiros intervenientes no processo. Afirma, ainda, que como atos judiciais são caracterizados não apenas os atos do juiz *(stricto sensu)*, como também os dos auxiliares da Justiça *(lato sensu)*, citando como exemplos os elencados no Livro I, Título V (Dos Atos Processuais), Capítulo I (Da Forma dos Atos Processuais), Seção V (Dos Atos do Escrivão ou do Chefe de Secretaria), nos artigos 166 a 171 do CPC.[153]

---

[149] MAGRI, Berenice Soubhie Nogueira. *Ação anulatória – Art. 486 do CPC*. 2. ed. São Paulo: Revista dos Tribunais, 2004, p. 80.

[150] WAMBIER, Luiz Rodrigues; ALMEIDA, Flávio Renato Correia de; TALAMINI, Eduardo. *Curso avançado de processo civil*. 8. ed. São Paulo: Revista dos Tribunais, 2006, v. I, p. 167.

[151] CÂMARA, Alexandre Freitas. *Lições de direito processual civil*. Rio de Janeiro: Freitas Bastos, 1998, v. I, p. 223-224.

[152] Ibidem, p. 224-225.

[153] ARRUDA ALVIM NETTO, José Manoel de. *Manual de direito processual civil*. 10. ed. São Paulo: Revista dos Tribunais, 2006, 1 v., p. 435.

O autor destaca a relevância do critério subjetivo, que distingue os atos do juiz dos atos das partes, porquanto inconfundíveis, na medida em que o Código de Processo Civil os situa em posições distintas. Embora ambos estejam previstos no Livro I, Título V (Dos Atos Processuais), Capítulo I (Da Forma dos Atos Processuais), os atos das partes vêm regulados na Seção II (arts. 158 a 161), e os atos do juiz estão previstos na Seção III (arts. 162 a 165).

Diz Arruda Alvim que o critério objetivo, apesar de menos didático, é mais científico, porquanto embasado no ato em si considerado e na função por ele exercida no processo. Quanto ao artigo 158 do Código de Processo Civil, aduz que as chamadas declarações unilaterais incluem os atos de postulação propriamente ditos, bem como as meras manifestações de vontade. Já as declarações bilaterais de vontade não se constituem, tecnicamente, em atos processuais, porém em negócios jurídicos processuais.[154]

Cita como exemplo de declarações unilaterais o disposto no inciso II do artigo 269 do CPC, o reconhecimento jurídico do pedido, que dá ensejo à extinção do processo com formação de coisa julgada material, assim como a renúncia ao direito sobre o qual se funda a ação (CPC, art. 269, inc. V), que acarreta na mesma consequência. No campo das declarações bilaterais de vontade ou negócio jurídico processual, menciona a transação (CPC, art. 269, inc. III), que, igualmente, dá ensejo à extinção do processo com resolução do mérito e formação de coisa julgada material. Esse instituto é, ainda, regrado pelos artigos 840 a 850 do Código Civil.[155]

Portanto, se esses atos judiciais produzem seus efeitos desde logo, a decisão que põe termo ao procedimento calcada apenas neles nada dispõe, apenas confirmando o fim do processo, não havendo, desta forma, julgamento que gere a formação de coisa julgada material, circunstância que afasta o cabimento da ação rescisória como ação autônoma de impugnação. Terá cabimento, contudo, a ação anulatória, na qual o objetivo da parte, como diz Luiz Fux, "dirige-se ao ato em si,

---

[154] Chiovenda já dizia que dos mais discutidos na doutrina é o conceito de negócio jurídico processual, pois verificam-se atos das partes que alguns consideram como negócios jurídicos processuais, ao passo que outros consideram como provas ou alegações, como ocorre com a confissão, por exemplo (CHIOVENDA, Giuseppe. *Instituições de direito processual civil*, vol. III. *A relação ordinária de cognição (continuação)*. São Paulo: Saraiva & Cia, 1945, p. 33-34). Cândido Rangel Dinamarco ressalta ser forte na doutrina a negativa da existência dos chamados *negócios jurídicos processuais*. Afirma que o processo não é um contrato ou um negócio jurídico e que em seu âmbito inexiste o primado da autonomia da vontade, pois ao mesmo tempo em que a lei permite a alteração de certos comandos jurídicos por ato voluntário das partes, não lhes deixar margem para o autoregramento que é inerente aos negócios jurídicos. Diz Dinamarco que a escolha voluntária não vai além de se direcionar em um sentido ou em outro, sem liberdade para construir o conteúdo específico de cada um dos atos realizados, de sorte que os sujeitos podem, por exemplo, optar pelo juízo arbitral, nas não podem eles mesmos regular esse processo, seu cabimento, sua eficácia e exeqüibilidade da sentença que será proferida, da mesma forma que podem inverter convencionalmente o ônus probatório previsto na lei, mas dentro dos limites nela estabelecidos ou podem, ainda escolher o foro, sem, contudo, ditar regras sobre o regime do foro escolhido (se de competência absoluta ou relativa) (CHIOVENDA, Giuseppe. *Instituições de direito processual civil*. 4. ed. rev. e atual. e com as remissões ao Código Civil de 2002. São Paulo: Malheiros, 2004, v. II, p. 472).

[155] ARRUDA ALVIM NETO, José Manoel de. *Manual de direito processual civil*. 10. ed. São Paulo: Revista dos Tribunais, 2006, 1 v., p. 436.

nunca à sentença que se limita a reconhecer a aptidão daquela manifestação para fazer cessar a atividade jurisdicional de composição do litígio".[156]

O que se impugna mediante o uso da ação anulatória não é o ato jurisdicional em si mesmo (sentença ou acórdão), mas sim o ato praticado entre as partes e, quando muito, meramente homologado judicialmente, como veremos a seguir.

Portanto, constatada a ocorrência de eventual vício no ato de direito material praticado pelas partes e pretendendo-se impugná-lo, o meio processual adequado é o da ação anulatória. Aqui, o vício não reside no ato jurisdicional, hipótese na qual seria cabível a ação rescisória como meio processual destinado à sua impugnação, desde que presente pelo menos uma das hipóteses previstas no artigo 485 do CPC.[157]

Nesse sentido, citamos acórdão do Tribunal de Justiça do Estado de São Paulo:

> Os atos judiciais a que se refere o art. 486 do CPC são aqueles atos praticados no processo pelas partes, encerrando declarações de vontade, aos quais não há necessidade de seguir-se qualquer decisão ou se segue decisão simplesmente homologatória.[158]

José Arnaldo Vitagliano, autor de dissertação sobre ação anulatória e coisa julgada, defende que o ato judicial de que cogita o artigo 486 do CPC é ato do juiz ou da parte, praticado no processo, ou seja, perante o juiz. Sustenta que ato processual é ato judicial, com a diferença de que apenas o segundo pode ser oriundo de autoridade judicante, ao passo que o primeiro pode ser praticado pelas partes e demais sujeitos do processo.[159]

Entendemos, entretanto, não ser esta a melhor interpretação do artigo 486 do CPC no que concerne aos atos judiciais passíveis de desconstituição por ação anulatória, quando afirma Vitagliano que a Lei estaria a se referir a atos do juízo.

Isto porque ato praticado por órgão judicial é insuscetível de ataque pela via restrita da ação anulatória. Primeiro, pelo próprio teor da redação do dispositivo, pois se pode dizer que um ato do juiz *não consiste* em sentença, ou então que *não constitui* sentença, porém jamais que "não depende" de sentença. Segundo, se interpretássemos o "não depende" como equivalente a *não consistem* ou *não constituem*, chegaríamos à interpretação absurda de que o artigo 486 autorizaria a impugnação de todos os atos do órgão judicial que não fossem sentença, como as

---

[156] FUX, Luiz. *Curso de direito processual civil*. 2. ed. Rio de Janeiro: Forense, 2004, p. 868.
[157] BUENO, Cássio Scarpinella. In: MARCATO, Antônio Carlos (Coord.) [et. al...]. *Código de Processo Civil interpretado*. 2. ed. São Paulo: Atlas, 2005, p. 1536-1537.
[158] SÃO PAULO. Tribunal de Justiça do Estado de São Paulo. 5ª Câmara. Apelação nº 75-202-1. Relator: Des. Márcio Bonilha. Julgado em: 19.06.1986, RJTJSP 105/174. In: PAULA, Alexandre de. *Código de Processo Civil anotado*. 6. ed. São Paulo: Revista dos Tribunais, 1994, v. III, p. 1884.
[159] VITAGLIANO, José Arnaldo. *Coisa julgada e ação anulatória*. Curitiba: Juruá, 2005, p. 83-84.

decisões interlocutórias e os despachos de mero expediente, que sabidamente não são passíveis de *rescisão* (*rectius*, desconstituição), nos termos da lei civil.[160][161]

No mesmo sentido, José Frederico Marques diz que, como o texto do artigo 486 do Código de Processo Civil fala em atos judiciais (e não em atos processuais), parece claro que se refere somente a atos em que intervém o juiz, mas não para afastar a possível anulação de atos do processo, e sim para indicar os atos do juiz que não podem constituir objeto de ação rescisória. Conclui afirmando que "quando o ato judicial depende de sentença, porque nela é que o ato se formaliza, não se aplica o art. 486: ou a sentença, por si só, pode ser objeto da rescisória, ou, então, não poderá ser anulada".[162][163]

Assim, os "atos judiciais" aos quais se refere o texto da Lei como independentes de sentença, considerados atos processuais, são atos jurídicos praticados pelas partes em juízo, ou em lugar das partes em juízo, e serão sempre regulados pelo direito material.[164] Tais atos envolvem declaração de vontade das partes e, por conta desse elemento volitivo, possuem aptidão para criar, alterar ou extinguir direitos processuais.[165]

Entretanto, merece destaque a ponderação feita por Berenice Soubhie Nogueira Magri, de que os atos anuláveis aos quais se refere o artigo 486 do CPC englobam os praticados por terceiros.[166]

Embora o artigo 472 do CPC determine que "a sentença faz coisa julgada às partes entre as quais é dada, não beneficiando, nem prejudicando terceiros", estes

---

[160] MOREIRA, José Carlos Barbosa. *Comentários ao Código de Processo Civil, Lei nº 5.869, de 11 de janeiro de 1973, vol V*: arts. 476 a 565. 13. ed. Rio de Janeiro: Forense, 2006, p. 157-158.

[161] COSTA, Coqueijo. *Ação rescisória*. 5. ed. São Paulo: LTr, 1987, p. 87, trata do artigo 486 do CPC afirmando "eis aí a ação anulatória de ato judicial praticado no processo, pelas partes (nunca por órgão oficial), envolvendo declaração de vontade, homologado ou não, que é desconstituído por outra ação que não a rescisória".

[162] MARQUES, José Frederico. *Manual de direito processual civil*. 2. ed. São Paulo: Saraiva, 1976, v. III, p. 266.

[163] Pontes de Miranda diz que "todos os atos de promoção e incoação do processo, de formação da relação jurídica processual, de definição ou definitivação do processo, de desenvolvimento ou de terminação da relação jurídica processual e de terminação do processo (nem sempre contemporâneas) são *atos processuais*. Há atos que vêm de fora, do direito material pré-processual, ou do direito material da *res in iudicium deducta*, e entram no processo, *revestindo-se* de processuailidade, como a remoção do juiz, a condenação do juiz por suborno ou por outro crime semelhante, a transação extrajudicial, e o compromisso. O que vai ser processual realizar-se-á dentro do processo. O que é de direito material continua preso, lá fora, a esse direito (procuração judicial, consentimento do marido para a mulher estar em juízo ou da mulher para o pleito do marido). O ato processual de revestimento é, na maioria dos casos, a *homologação* (e.g., Código de Processo Civil, arts. 267, VIII, e 26 da Lei nº 9.099, de 26 de setembro de 1995). A homologação é expediente de *processualização* (ou de *estabilização*, se empregarmos a expressão "processo" em sentido amplíssimo que abranja o processo do Código de Processo Civil e dos juízes arbitrais)". (PONTES DE MIRANDA, Francisco Cavalcanti. *Tratado da ação rescisória das sentenças e de outras decisões*. 1. ed. atualizado por Vilson Rodrigues Alves. Campinas: Bookseller, 1998, p. 406.

[164] PONTES DE MIRANDA, Francisco Cavalcanti. *Comentários ao Código de Processo Civil*. 3. ed. São Paulo: Forense, 2002, t. 6, p. 262.

[165] SANTOS, Nelton dos. In: MARCATO, Antônio Carlos (Coord.). [et. al...]. *Código de Processo Civil interpretado*. 2. ed. São Paulo: Atlas, 2005, p. 452.

[166] MAGRI, Berenice Soubhie Nogueira. *Ação anulatória – Art. 486 do CPC*. 2. ed. São Paulo: Revista dos Tribunais, 2004, p. 70-73.

podem ser atingidos pela decisão judicial ou por sua fundamentação, sempre que, de qualquer modo, possam ser afetados em sua esfera jurídica, casos nos quais poderão intervir no processo alheio relativamente a esta decisão.

O processo de conhecimento se desenvolve tendo como sujeitos o juiz e as partes que, originariamente, formaram a relação jurídica processual, isto é, o autor, que propôs a ação, e o réu, contra quem a ação foi proposta. Tal quadro não se altera em casos de litisconsórcio, seja ativo, passivo ou misto, na medida em que a relação jurídica processual continua triangularizada entre os três sujeitos processuais.

Casos há, contudo, em que terceiros intervêm no processo alheio. Alguns remanescem terceiros apesar de terem passado a integrar o processo (assistentes), e outros, a partir do momento em que passam a integrar o processo, assumem a condição de parte, como, por exemplo, o denunciado à lide e o nomeado à autoria.[167]

Sobre a questão, Luiz Rodrigues Wambier, Flávio Renato Correia de Almeida e Eduardo Talamini explicam que a regra geral é de que a sentença somente produza efeitos entre o autor e o réu, princípio esse que deve ser observado genericamente pelo direito positivo. Contudo, ponderam, tal desiderato é quase impossível de ser alcançado, na medida em que a sentença por vezes dispõe a respeito de relações jurídicas que, em si mesmas, são entrelaçadas e encadeadas.

Dizem:

> Há circunstâncias, todavia, em que os efeitos podem alcançar terceiros, diretamente, quando se tratar, por exemplo, da existência de afirmações de direito simultâneas e mutuamente excludentes a respeito do mesmo objeto, ou indiretamente, quando o terceiro tiver de suportar algum tipo de efeito, ainda que por via oblíqua (efeito indireto), da sentença que for proferida entre A e B.[168]

Segundo os autores, os institutos da intervenção de terceiros dividem-se em dois grandes grupos: o daqueles que a lei denomina espécies do gênero intervenção de terceiros (oposição, nomeação à autoria, denunciação da lide e chamamento ao processo) e o daqueles em que a doutrina vê a genuína intervenção de terceiros (assistência simples e litisconsorcial).

A assistência tem previsão nos artigos 50 a 55 do CPC[169] e, embora seja regulada pelo Código no mesmo capítulo destinado ao litisconsórcio, é típica mo-

---

[167] WAMBIER, Luiz Rodrigues; ALMEIDA, Flávio Renato Correia de; TALAMINI, Eduardo. *Curso avançado de processo civil*. 8. ed. São Paulo: Revista dos Tribunais, 2006, v. I, p. 241.

[168] Ibidem, p. 242.

[169] Art. 50. Pendendo uma causa entre duas ou mais pessoas, o terceiro, que tiver interesse jurídico em que a sentença seja favorável a uma delas, poderá intervir no processo para assisti-la. Parágrafo único. A assistência tem lugar em qualquer dos tipos de procedimento e em todos os graus da jurisdição; mas o assistente recebe o processo no estado em que se encontra.

Art. 51. Não havendo impugnação dentro de 5 (cinco) dias, o pedido do assistente será deferido. Se qualquer das partes alegar, no entanto, que falece ao assistente interesse jurídico para intervir a bem do assistido, o juiz:

I – determinará, sem suspensão do processo, o desentranhamento da petição e da impugnação, a fim de serem autuadas em apenso; II – autorizará a produção de provas; III – decidirá, dentro de 5 (cinco) dias, o incidente.

dalidade de intervenção de terceiro, única na qual este, após intervir, não assume a posição de autor ou réu. Terá cabimento sempre que o terceiro demonstrar possuir interesse jurídico no julgamento, isto é, quando a relação jurídica de que ele faz parte guardar algum nexo com aquele objeto do processo.[170]

A diferença entre o assistente simples e o litisconsorcial é a maior ou menor intensidade do vínculo entre o terceiro e a relação material objeto do processo no qual intervém.

O assistente simples poderá suprir as omissões do assistido, exceto quanto ao que dispõe o artigo 53 do CPC, já citado. Não poderá, por isso, dispor do direito material pertencente ao assistido, nem aditar a inicial ou reconvir. Poderá, no entanto, complementar a contestação, trazendo aos autos elementos não trazidos pelo assistido, podendo, ainda, caso este seja revel, deduzir toda a matéria de defesa passível de arguição, produzir as provas que entender necessárias e até mesmo recorrer, se o assistido não o fizer.

Já o assistente litisconsorcial tem interesse jurídico próprio, qualificado pela circunstância de que sua própria pretensão (ou melhor, a pretensão que lhe diz respeito, mas que não formulou), que poderia ter sido deduzida em juízo contra o adversário do assistido, mas não o foi, será julgada pela sentença, razão pela qual assume, quando intervém no processo alheio, posição idêntica à do litisconsorte.[171]

O assistente litisconsorcial e os demais intervenientes no processo através de oposição, nomeação à autoria, denunciação da lide e chamamento ao processo passam a ser partes no processo, podendo integrar tanto o pólo ativo quanto o passivo, como litisconsortes ou não, sendo-lhes permitido praticar os ditos "atos judiciais", considerados como atos por eles praticados em juízo. Portanto, o assistente litisconsorcial e os terceiros intervenientes, praticando "atos processuais"

Art. 52. O assistente atuará como auxiliar da parte principal, exercerá os mesmos poderes e sujeitar-se-á aos mesmos ônus processuais que o assistido. Parágrafo único. Sendo revel o assistido, o assistente será considerado seu gestor de negócios.

Art. 53. A assistência não obsta a que a parte principal reconheça a procedência do pedido, desista da ação ou transija sobre direitos controvertidos;'casos em que, terminando o processo, cessa a intervenção do assistente.

Art. 54. Considera-se litisconsorte da parte principal o assistente, toda vez que a sentença houver de influir na relação jurídica entre ele e o adversário do assistido. Parágrafo único. Aplica-se ao assistente litisconsorcial, quanto ao pedido de intervenção, sua impugnação e julgamento do incidente, o disposto no art. 51.

Art. 55. Transitada em julgado a sentença, na causa em que interveio o assistente, este não poderá, em processo posterior, discutir a justiça da decisão, salvo se alegar e provar que: I – pelo estado em que recebera o processo, ou pelas declarações e atos do assistido, fora impedido de produzir provas suscetíveis de influir na sentença; II – desconhecia a existência de alegações ou de provas, de que o assistido, por dolo ou culpa, não se valeu.

[170] BEDAQUE, José Roberto dos Santos. In: MARCATO, Antônio Carlos (Coord.). [et. al...]. *Código de Processo Civil Interpretado*. 2. ed. São Paulo: Atlas, 2005, p. 158.

[171] WAMBIER, Luiz Rodrigues; ALMEIDA, Flávio Renato Correia de; TALAMINI, Eduardo. *Curso avançado de processo civil*. 8. ed. São Paulo: Revista dos Tribunais, 2006, v. I, p. 244.

em juízo, poderão sofrer anulação desses atos por meio da ação anulatória, regulada pelo artigo 486 do Código de Processo Civil.[172]

Ovídio Araújo Baptista da Silva diz que, para a classificação dos chamados *atos processuais das partes*, devemos incluir no conceito de partes outros sujeitos da relação processual cuja função não corresponde rigorosamente ao conceito de parte normalmente utilizado. Afirma que, por essa razão, praticam atos processuais, além do autor e do réu e litisconsortes, também os assistentes simples e o representante do Ministério Público, mesmo que não atue como parte na demanda.[173]

Por isso, Berenice Soubhie Nogueira Magri observa que os atos praticados em juízo pelas partes ou terceiros juridicamente interessados, passíveis de anulação pela ação prevista no artigo 486 do CPC, podem ser praticados por procuradores devidamente constituídos. Destaca, também, que a denominação "parte" é utilizada apenas no processo de conhecimento, sendo comum, em processos de outra natureza, denominação diversa, como no processo cautelar, em que se empregam as expressões "requerente" e "requerido", na execução, em que se chamam "exequente" e "executado", ou "credor" e "devedor", por exemplo.[174]

2.1.2. Atos judiciais seguidos de "sentença meramente homologatória"

Consiste a homologação em julgamento sobre o que até então se passou. Examina-se o pretérito, para se atribuir certo efeito a algum ato, daí por que em toda homologação há preclusão, que apenas a interposição de um recurso ou outro remédio jurídico pode romper.[175]

O Código de Processo Civil vigente somente se refere às sentenças *meramente* homologatórias (como o Código de 1939 aludia às *simplesmente* homologatórias) por não terem conteúdo próprio.

Como diz Pedro Batista Martins:

> Realmente, seu conteúdo outro não é que o ato jurídico realizado pelas partes, como, por exemplo, a transação. O julgamento homologatório é puramente formal, pois que o juiz, ao proferi-lo, se limita a fiscalizar o preenchimento das formalidades extrínsecas. Valendo, não por si mesmas, mas pelo ato jurídico que certificam, tais sentenças não operam a coisa julgada em sentido formal e material, não sendo, por isso, rescindíveis.
>
> A sentença, em sentido técnico-jurídico, é um ato jurisdicional, que contém uma declaração de vontade apta a produzir a coisa julgada; a sentença homologatória, porém, é um ato jurí-

---

[172] MAGRI, Berenice Soubhie Nogueira. *Ação anulatória – Art. 486 do CPC*. 2. ed. São Paulo: Revista dos Tribunais, 2004, p. 72.

[173] BAPTISTA DA SILVA, Ovídio Araújo. *Curso de processo civil, vol. I. Processo de conhecimento*. 7. ed. Rio de Janeiro: Forense, 2005, p. 184.

[174] MAGRI, Berenice Soubhie Nogueira. *Ação anulatória – Art. 486 do CPC*. 2. ed. São Paulo: Revista dos Tribunais, 2004, p. 74.

[175] PONTES DE MIRANDA, Francisco Cavalcanti. *Comentários ao Código de Processo Civil*. 3. ed. São Paulo: Forense, 2002, t. 6, p. 259.

dico processual que não tem a mesma eficácia, porque nela não se contém um julgamento sobre matéria contenciosa. O juiz, em tais casos, se limita a verificar se o ato processual preenche as formalidades legais para sacramentá-lo.[176]

Homologar é tornar o ato que se examina semelhante, adequado ao que deveria ser. A lição é de Pontes de Miranda, ao dizer que:

> Quem cataloga classifica; quem homologa identifica. Ser homólogo é ter a mesma razão de ser, o que é mais do que ser análogo, e menos do que ser o mesmo. A homologação pode ser simples julgamento sobre estarem satisfeitos os pressupostos de forma, ou sobre simples autenticidade. A escala vai da simples resolução com apreciação dos requisitos exteriores até a homologação que desce ao exame dos pressupostos de fundo, como se dá com a homologação da transação. Há homologações integrativas da forma, ou simplesmente verificativas, e homologações integrativas de fundo.[177]

Diz, ainda, conforme vimos na análise do conceito, que a sentença de homologação é ato processual *transparente* e que, se é decretada a nulidade ou anulado o negócio jurídico da transação, por alguma das causas que o direito material prevê, cai a homologação, porque a eficácia anulatória, *por dentro* do ato jurídico

---

[176] MARTINS, Pedro Batista. *Recursos e processos de competência originária dos tribunais*. Atualizado pelo Prof. Alfredo Buzaid. Rio de Janeiro: Revista Forense, 1957, p. 108. Menciona, ainda, antigos julgados proferidos ainda sob a vigência do Código de 1939 (p. 109-110): "O parág. Único do art. 800 do Cód. de Proc. Civil é explícito ao estatuir que os atos judiciais que não dependem de sentença, ou em que ela fôr simplesmente homologatória, poderão ser rescindidos como os atos jurídicos em geral, nos termos da lei civil. É que, nesses casos, não se defronta matéria contenciosa, em ordem a produzir coisa julgada. Assim, aos prejudicados cabe o uso da ação anulatória ou de nulidade, que se processa perante a autoridade judicial competente de primeira instância. Conhecido é o ensinamento de que não produzem coisa julgada os atos de jurisdição voluntária ou graciosa, tais como o de simples homologação de partilha, nomeação ou remoção de tutores e curadores, etc. (João Monteiro, *Processo Civil*, I, 156; Gusmão, *Coisa Julgada*, pág. 20), por isso que, em tais casos, não se armou um litígio, no qual a sentença tenha de pôr termo, resolvendo de modo definitivo a relação de direito controvertida" (Acórdão unânime das Câmaras Reunidas do Tribunal de Justiça de São Paulo, de 23-10-943, *in Rev. Forense*, vol. 95, pág. 370). "Para a anulação das sentenças de caráter meramente homologatório é incabível a ação rescisória. De dizer a lei que os atos e sentenças nela mencionados poderão ser rescindidos como os atos jurídicos em geral e, nos termos da lei civil, se tem procurado inferir duas conseqüências inaceitáveis: 1.ª) que tais atos poderão ser rescindidos nos casos mencionados na lei substantiva, e não sòmente naqueles que menciona o art. 798 do Código processual como capazes de autorizar a ação rescisória; e 2.ª) que a sua rescisão pode ser pedida, quer por ação anulatória, quer por ação rescisória. Entretanto, o exame atento do dispositivo citado exclui essa inteligência. Aquêle dispositivo teve em vista deixar expresso que tais atos, a que falta conteúdo jurisdicional, e que se apresentam jurisdicionais apenas formalmente, são rescindíveis segundo os têrmos mais amplos da lei civil e, conseqüentemente, através doutra ação (anulatória), que não a rescisória reservada a casos excepcionais nos quais se tenha por objeto atacar as sentenças pròpriamente ditas, infirmando o seu objeto de coisa julgada. A lei não criou, com o emprêgo da palavra *poderão*, a faculdade de utilizar a rescisória ou anulatória. O que se quis dizer ali foi que a rescisão de tais atos *poderia ser* pedida nos casos em que a lei civil prevê a rescisão de quaisquer atos jurídicos e pelas vias processuais utilizáveis em tais casos. Aliás, ainda quando se pudesse admitir dúvidas no que respeita às sentenças homologatórias, porque denominadas sentenças pela lei, não seria admiti-las em relação aos outros atos judiciais, para decretação de cuja nulidade o uso da rescisória importaria desvirtuação do seu caráter peculiar. Ora, o texto legal, englobando numa só disposição ambas as hipóteses (a dos atos judiciais independentes de sentença e das meramente homologatórias), é manifesto que quis equiparรa-las quanto aos casos e meios de ajuizamento" (Acórdão do Tribunal de Justiça do Rio Grande do Norte, na ação rescisória nº 7).

[177] PONTES DE MIRANDA, Francisco Cavalcanti. *Tratado da ação rescisória das sentenças e de outras decisões*. 1. ed. atualizado por Vilson Rodrigues Alves. Campinas: Bookseller, 1998, p. 410; *Comentários ao Código de Processo Civil*. 3. ed. São Paulo: Forense, 2000, t. 6, p. 259.

global (homologação e negócio jurídico homologado), cinde (rescinde) o ato jurídico envolvente, sendo esta a razão pela qual o artigo 486 do CPC tem a redação que lhe deu o legislador, da mesma forma que ocorreu com o Código de 1939, no parágrafo único do artigo 800.[178]

Jorge Americano destaca que nem mesmo nos casos em que o juiz apenas intervém para autenticar o ato, poder-se-ia falar em ação rescisória, pois não há, neles, julgamento, não sendo mais que atos jurídicos exercitados perante o juízo, mas sem o julgamento do juízo, afirmando que atos dessa natureza verificam-se em juízo, exercendo o escrivão a função de tabelião, somente para emprestar-lhes o caráter de atos públicos. Destaca, ainda, a desnecessidade da propositura da ação rescisória para a rescisão (entenda-se, anulação) do ato que somente veio a conhecimento do Poder Judiciário para garantia, em jurisdição graciosa, e não para verdadeiro julgamento:

> Os atos jurídicos, judiciais ou extrajudiciais, que apenas dependem de homologação, sujeitam-se a mero julgamento formal.
>
> Nêles, o juízo que homologa exerce função assecuratória e fiscalizadora, indagando formalmente os documentos, e perquirindo da capacidade das partes, bem como da legitimidade do ato em face da lei e dos têrmos do processo. Todavia, nestas funções, a sua ação assecuratória e fiscalizadora não é diversa, em sua essência, da que devem exercer ordinariamente as próprias partes.[179]

Para Sálvio de Figueiredo Teixeira, não estão sujeitas à ação rescisória: a) as decisões interlocutórias; b) as sentenças terminativas, que não apreciam o mérito, incluindo as que anulam o processo; c) as sentenças proferidas em procedimentos de jurisdição voluntária, dentre as quais as "meramente" homologatórias; d) as sentenças proferidas no processo cautelar (salvo o disposto na parte final do art. 810, ou seja, acolhimento da alegação de decadência ou de prescrição do direito do autor); e) os atos judiciais que não dependem de sentença (arrematação, adjudicação) ou nos quais há equívoca referência à sentença (casos, por exemplo), de remição.[180]

Para Pinto Ferreira, sentença homologatória é aquela que se restringe e se limita a conferir o ato das partes, que não se origina do órgão judicial, mas tem

---

[178] PONTES DE MIRANDA, Francisco Cavalcanti. *Tratado da ação rescisória das sentenças e de outras decisões*. 1. ed. atualizado por Vilson Rodrigues Alves. Campinas: Bookseller, 1998, p. 411.

[179] AMERICANO, Jorge. *Comentários ao Código de Processo Civil. Arts. 675 a 807*. 2. ed. São Paulo: Saraiva, 1960, 3 v., p. 290.

[180] TEIXEIRA, Sávio de Figueiredo. *Código de Processo Civil anotado*. 7. ed. São Paulo: Saraiva, 2003, p. 346. Ao entendimento desse autor, ressalvamos que, quanto às decisões interlocutórias, é possível o ajuizamento de ação rescisória. Basta imaginarmos caso em que, havendo cumulação de pedidos, o juiz rejeita algum deles mediante decisão interlocutória, reconhecendo prescrição ou decadência. O caso será de nítido provimento de mérito, que autoriza a propositura da ação prevista no artigo 485 do CPC. Nesse sentido, confira-se CÂMARA, Alexandre Freitas. *Ação rescisória*. Rio de Janeiro: Lumen Juris, 2007, p. 55-56.

uma força e eficácia equivalentes às que teria caso resultasse ou fosse proveniente do próprio órgão judicial, equiparando-se na sua força, eficácia e energia.[181][182]

Ernane Fidélis dos Santos diz que as sentenças meramente homologatórias são as proferidas nos processos de jurisdição voluntária, nos quais não há sentença a ser rescindida, na medida em que a atividade judicial não decide mérito, no sentido processual de litígio, mas simplesmente integra o negócio ou situação jurídica dos particulares. O Autor traz mais exemplos de sentenças meramente homologatórias:

> Pede-se ao juiz autorização para venda de bem de incapaz. Concedida, a sentença transita e a venda se faz. O interessado, depois, querendo rescindir o negócio, mesmo que seja com fundamento em nulidade do ato integrativo (procedimento nulo, por exemplo, por defeito de citação), deve atacar o contrato e não propriamente a sentença, pois que ela, integrando o negócio, é apenas elemento do ato e não o ato em si mesmo.[183]

É através da homologação que o Estado confere eficácia ao que se deliberou, quanto à lide, no negócio jurídico processual. Como estão em foco direitos disponíveis, a solução da lide, que o juiz aprova por meio do ato homologatório, é a que foi escolhida pelas partes. Nesse mister, cumpre ao juiz examinar a regularidade e a admissibilidade da declaração de vontade para, a seguir, homologá-la ou não. Assim, a homologação é sentença que incide sobre a lide, para imprimir força de ato estatal ao que ficou estruturado em negócio processual regular e válido. É por força da homologação que o negócio jurídico produz efeitos também fora do processo que com ele se encerrou.[184]

Luiz Guilherme Marinoni afirma que a sentença homologatória, por não ser capaz de examinar o conteúdo do conflito, não é apta a criar lei no caso concreto. Diz, ainda, que não tendo a sentença homologatória carga declaratória suficiente para certificar a vontade da lei no caso concreto, não produz coisa julgada material, limitando-se a reconhecer que, formalmente, o ato realizado amolda-se aos ditames legais, concluindo que toda a força decorrente das sentenças homologatórias, na realidade, não está precisamente na sentença, mas sim no ato jurídico

---

[181] FERREIRA, Luís Pinto. *Teoria e prática dos recursos e da ação rescisória no processo civil.* São Paulo: Saraiva, 1982, p. 288.

[182] Nesse sentido, Cássio Scarpinella Bueno (MARCATO, Antônio Carlos (Coord.). [et. al...]. *Código de Processo Civil interpretado.* 2. ed. São Paulo: Atlas, 2005, p. 1537) diz que os atos *meramente* homologatórios não devem ser entendidos como uma categoria diferente dos atos jurisdicionais. Primeiro, porque os atos passíveis de anulação com fundamento no artigo 486 são atos das partes e não o ato do juiz em si mesmo considerado. Segundo, porque não existe qualquer distinção que possa ser traçada entre atos homologatórios e atos *meramente* homologatórios. Pondera que, para essa segunda hipótese prevista no artigo 486 surge uma dificuldade: Os atos homologatórios mais "conhecidos" são os que reconhecem a desistência da ação, o reconhecimento do pedido, a transação ou a renúncia à pretensão. À exceção do primeiro (CPC, art. 158, parágrafo único e 267, inciso III), todos os outros ensejam a extinção do processo com resolução de mérito (CPC, art. 269, II, III e V, respectivamente), surgindo a necessidade de distinguirem-se as hipóteses em que terão cabimento a ação anulatória, prevista no artigo 486, e a ação rescisória, especialmente quanto à hipótese do inciso VIII do artigo 485.

[183] SANTOS, Ernane Fidélis dos. *Manual de direito processual civil.* 8. ed. São Paulo: Saraiva, 2001, v. 1, p. 657-658.

[184] MARQUES, José Frederico. *Manual de direito processual civil.* 2. ed. São Paulo: Saraiva, 1976, v. III, p. 35.

perfeito que ela reconhece. Sustenta que o que se torna imutável, em razão da sentença homologatória, não é, exatamente, a sentença, mas o ato jurídico realizado, que, por enquadrar-se na categoria de ato jurídico perfeito, recebe o mesmo *status* que a coisa julgada.[185]

Na mesma esteira de José Carlos Barbosa Moreira, Thereza Alvim[186] diz parecer-lhe infrutífera qualquer tentativa de diferenciarem-se as *sentenças meramente homologatórias* das sentenças homologatórias que não o sejam *meramente*, aduzindo que a sentença é homologatória quando se limita a imprimir a ato não oriundo do órgão judicial força igual à que ele teria se dele emanasse, e que o advérbio "meramente" não tem por propósito criar qualquer subespécie de sentenças homologatórias, sendo apenas um realce do adjetivo.[187]

Assim, por não produzirem coisa julgada material é que as sentenças homologatórias não são passíveis de rescisão, mas apenas de anulação do ato jurídico subjacente, por meio da ação a que alude o artigo 486 do CPC.

Coqueijo Costa destaca que a sentença homologatória não é rescindida, porque não tem conteúdo próprio. Diz que a anulação é que a esvazia. Desconstituída a homologação, continua o processo, como se não tivesse havido o efeito extintivo. Diz, ainda, que a expressão meramente não tem significação jurídica.[188]

Divergindo de Coqueijo Costa, Francisco Antônio de Oliveira diz que a expressão "meramente homologatória", utilizada pelo Código Buzaid, tem significado jurídico próprio e definido, de se referir àquelas sentenças que não enfrentam o mérito da causa, não gerando, assim, a formação de coisa julgada material.[189]

Citamos precedente do Superior Tribunal de Justiça acerca do tema:

> [...]
> Os atos processuais que independem de sentença ou em que for meramente homologatória, sem julgamento de mérito, podem ser anulados como os atos jurídicos em geral, nos termos do direito material. Hipótese em que a ação anulatória é o meio hábil para desconstituir transação homologada em juízo, de acordo com o disposto pelo art. 486 do CPC.
> [...][190]

---

[185] MARINONI, Luiz Guilherme. *Curso de processo civil – Manual do processo de conhecimento*. 5. ed. São Paulo: Revista dos Tribunais, 2006, p. 656.

[186] ALVIM, Thereza. Notas sobre alguns aspectos controvertidos da ação rescisória. *Revista de Processo*, São Paulo, n. 39, ano X, p. 15, jul.-set. 1985.

[187] MOREIRA, José Carlos Barbosa. *Comentários ao Código de Processo Civil, Lei nº 5.869, de 11 de janeiro de 1973, vol V:* arts. 476 a 565. 13. ed. Rio de Janeiro: Forense, 2006, p. 160.

[188] COSTA, Coqueijo. *Ação rescisória*. 5. ed. São Paulo: LTr, 1987, p. 84.

[189] OLIVEIRA, Francisco Antônio de. *Ação rescisória, enfoques trabalhistas (doutrina, jurisprudência e súmulas)*. São Paulo: Revista dos Tribunais, 1992, p. 216.

[190] BRASÍLIA. Superior Tribunal de Justiça. 2ª Turma. Recurso especial 281-SP. Relator: Min. Miguel Ferrante. Julgado em: 30.08.1989, DJU., de 02 de outubro de 1989. Disponível em: <www.stj.gov.bt>. Acesso em: 10 out. 2007.
Extrai-se do voto: Ora, ao contrário do alegado, a assertiva do acórdão de que a decisão homologatória de acordo não põe termo ao processo com julgamento do mérito, podendo ser desconstituído por via anulatória, encontra embasamento no artigo 486 do Código de Processo Civil, *in verbis*: [...] Com propriedade, aduz a

Ao acompanhar o voto proferido pelo D. Relator, o E. Ministro Vicente Cernicchiaro afirmou que a transação não tem por pressuposto lide; necessariamente não aprecia o *meritum causae*, bem como que a transação não é reconhecimento das teses da contraparte, mas simplesmente ato jurídico que põe termo a uma divergência que pode ou não estar ocorrente em um processo, pelo que se opera simplesmente coisa julgada formal, de sorte que a sua desconstituição, portanto, obedece à sistemática da anulação dos atos jurídicos em geral. Conclui que não sendo, assim, sentença de mérito, desnecessária e imprópria mesmo seria a ação rescisória.

Há casos, entretanto, em que, embora o Código de Processo Civil se refira a sentença homologatória, como no ocorre no artigo 966, que trata da demarcação

ilustre Subprocuradora-Geral da República, Dr³ Yedda de Lourdes Pereira, em lúcida manifestação sobre o tema: "Homologando o acordo, o Juiz se restringe a confirmar e oficializar o ato. Há o predomínio da vontade das partes sobre a do Juiz. Ele não examina se o direito foi bem ou mal aplicado, não julga a situação e quando se fala em julgar não se pode esquecer que este ato envolve conteúdo analítico, valorativo ou crítico. Ao firmar acordo, a vontade particular é equivalente à do Juiz, quando este faz composição da lide. Ela extingue o processo com julgamento do mérito, sem que o poder decisório do Juiz tenha sido manifestado, como prevê o código no artigo 269, III. Ocorre aqui o que Carnelluti chamou de "equivalente jurisdicional", isto é, a composição da lide se faz sem a interferência do Juiz, mas com resultado igual ao que se teria alcançado por seu intermédio. Neste sentido é plenamente justificável o disposto no C.P.C., art. 269, quando prevê a extinção do processo com julgamento do mérito porque assim evitou que a relação levada a Juízo, pelo fato de resultar de composição entre as partes, sem interferência do Juiz, pudesse ser reaberta a qualquer momento pelos interessados, impedindo o fim do processo. Se o acordo põe termo à disputa, ele não analisa o mérito para afirmar quem detém o melhor direito ou se esse suposto direito existe, por ser função do Juiz. Daí ser a decisão meramente homologatória ou confirmatória. Conseqüentemente não se pode admitir que a homologatória faça coisa julgada material, mas apenas formal e, como tal, revisível como os demais atos jurídicos. Esta posição é admissível se considerarmos que a sentença de mérito julga a essência do pedido, sem se deter nos aspectos processuais ou meramente formais, como acentuou Seabra Fagundes ao esclarecer que mérito é tudo que diz respeito à substância do pedido, tendo em vista a qualidade das partes ou a existência do direito ajuizado. Se o Juiz não impõe a sua vontade, não aplica o direito ou decide as omissões, não se pode admitir a coisa julgada material. E a coisa julgada material, como lembra Ada Grinover, em notas à obra de Liebman (Eficácia e Autoridade da Sentença) – é fenômeno específico da sentença de mérito (fls. 70, 2ª ed.). Se a homologação do acordo não analisou o direito à desapropriação ou das partes e sua conformação processual, não se revestiu da força da coisa julgada material. Assim não desfruta da imutabilidade da autoridade da coisa julgada. A interpretação dos preceitos aduzidos não pode se afastar dos fundamentos que presidiram a elaboração dos códigos, que só podem ser extraídos através de uma visão sistemática. É oportuno lembrar que uma corrente de juristas entende que em certas homologatórias há um conteúdo crítico decisório, mas estas são aquelas que se fundaram em acordo para decidir, como informa Galeno de Lacerda, ao sustentar o cabimento da anulatória para a sentença homologatória e a rescisória somente quando a transação for fundamento da sentença, o que ocorre quando posta pelo réu como matéria de defesa ou quando, após a transigência das partes e antes da sua homologação, o litígio recender, levando o Juiz a dirimí-lo. O Professor Ernane Fidelis Santos adverte ainda que o artigo 485 trata da sentença normal de acolhimento ou rejeição do pedido, onde o Juiz, com fundamento em confissão, transação ou desistência, acolhe ou não a pretensão do autor. Não cogita do ato em si, mas da sentença que o leva por base (Estudos de Direito Processual Civil). A Suprema Corte, no acórdão proferido no RE 100.466-5-SP, entendeu também desta forma, como declara a decisão ementada nos seguintes termos: "Ação objetivando a anulação de transação homologada judicialmente. Aplicação do art. 486 do Código de Processo Civil. Não vinga a alegação de afronta aos arts. 269, inciso III e 485, inciso VIII, do invocado diploma. A sentença simplesmente homologatória de transação apenas formaliza o ato resultante de vontade das partes. Na espécie a ação não é contra a sentença, que se restringe à homologação, em que há um conteúdo decisório próprio do Juiz. Insurge-se a autora contra o que foi objeto da manifestação de vontade das partes, a própria transação, alegando vício de coação. Quando a sentença não aprecia o mérito do negócio jurídico de direito material, é simplesmente homologatória, não ensejando a ação rescisória. A ação para desconstituir-se a transação homologada é a comum, de nulidade ou anulatória (art. 486 do Código de Proc. Civil) D.J. de 28.2.86, p. 2350)."

de terras *(assinado o auto pelo juiz, arbitradores e agrimensor, será proferida a sentença homologatória da demarcação)*, não se está diante de sentença meramente homologatória, rescindível como os atos jurídicos em geral, nos termos da lei civil, como autoriza o art. 486. Em tal hipótese, entendemos que seria caso de ação rescisória, pois a expressão homologação é pertinente à demarcação em si, e não a uma declaração de vontade, conforme reconheceu, recentemente, o Superior Tribunal de Justiça:

> *Querela nullitatis.* Ação de demarcação. Sentença homologatória do auto de demarcação.
> 1. Não cabe a ação do art. 486 do Código de Processo Civil para anular a sentença homologatória do auto de demarcação prevista no art. 966 do Código de Processo Civil.
> 2. Recurso especial conhecido e provido.[191]

A ideia é reafirmada por Ernane Fidélis dos Santos, ao sustentar que há sentenças homologatórias de característica jurisdicional, não sendo de simples integração administrativa do ato das partes. Cita como exemplo justamente a segunda fase da divisão de terras particulares, que termina sempre com a homologação dos trabalhos de campo realizados pelos técnicos. Afirma que, se referidos trabalhos não foram feitos por acordo das partes, mesmo não havendo controvérsia, a sentença homologatória é de jurisdição contenciosa e não voluntária.[192]

O efeito que produz a sentença *meramente* homologatória poderá ser declaratório, constitutivo ou condenatório, conforme a natureza do ato homologado.

2.2. Fundamentos invocáveis

Como vimos na análise do conceito de ação anulatória no capítulo anterior, a expressão "lei civil" a que alude o artigo 486 do CPC significa, em

---

[191] BRASÍLIA. Superior Tribunal de Justiça. 3ª Turma. Recurso especial 776.242-SC. Relator: Min. Carlos Alberto Menezes Direito, j. 07.12.2006, *DJU.*, de 26 de fevereiro de 2007. Disponível em: <www.stj.gov.br>. Acesso em: 21 out. 2007. O D. Relator assentou que: "A questão é saber se esse ato homologatório do auto de demarcação é suscetível de ataque pela via do art. 486 do Código de Processo Civil. Sem dúvida que a menção do dispositivo à atos judiciais, 'que não dependem de sentença, ou em que esta for meramente homologatória' não facilita o trabalho do intérprete. Veja-se, por exemplo, os casos mencionados no art. 485, VIII, do Código de Processo Civil. Mas, de qualquer modo, no meu entender, é necessário que haja ato das partes, o que não me parece ser o caso da homologação prevista no art. 966 do Código de Processo Civil. O esquema processual da ação demarcatória desenvolve-se em duas etapas ou fases, sendo que a primeira delas, contenciosa, é encerrada com a sentença que, julgando procedente o pedido, determinará o traçado da linha, conforme a perícia, nos termos do que dispõe o art. 958 do Código de Processo Civil. Depois de passada em julgado a sentença, inicia-se a segunda fase, a executiva, que começa com os trabalhos de campo do agrimensor, seguindo-se o relatório por ele elaborado que virá aos autos, tendo as partes oportunidade de manifestar-se em 10 dias, daí passando-se ao auto de demarcação, a teor do art. 965, e terminando com a sentença homologatória da demarcação. Isso bem demonstra que a sentença homologatória da demarcação não está subordinada ao art. 486, seja porque não é ato das partes que pode ser anulado como 'os atos jurídicos em geral, nos termos da lei civil'. Com razão, portanto, a parte recorrente."

[192] SANTOS, Ernane Fidélis dos. *Manual de direito processual civil.* 8. ed. São Paulo: Saraiva, 2001, v. 1, p. 658.

verdade, direito material, tanto que certos autores reputam-na até mesmo injustificável.[193]

Berenice Soubhie Nogueira Magri diz que não é problema de *direito processual*, mas sim de *direito material* saber quando serão anuláveis por meio da ação anulatória os atos que não dependem de sentença ou chancelados por sentença meramente homologatória e que, para tanto, é necessário saber-se a natureza do ato judicial e se este está eivado de vício de nulidade nos termos do direito material.[194]

O fato de o artigo 486 falar em "atos judiciais", significando "atos processuais", praticados, portanto, pelas partes, poderia induzir, em análise menos aprofundada, à equivocada conclusão de que os fundamentos invocáveis para sua anulação seriam os relativos às nulidades do processo.

Berenice Soubhie Nogueira Magri esclarece que:

> O fundamento da ação anulatória de "ato judicial" (*rectius*: "ato processual"), homologado ou não, consubstancia-se em exceção às regras relativas às nulidades dos atos processuais, pois diz respeito às nulidades atinentes ao *direito material* e não ao *direito processual*, ao contrário do que ocorre, *v.g*, com a ação rescisória, que tem como fundamento para seu cabimento as hipóteses do *art. 485* do Estatuto Processual, que retratam *"nulidades de ordem processual"*.[195]

Os possíveis fundamentos da ação anulatória, assim, não devem ser buscados nos incisos do artigo 485 do CPC, pois tal dispositivo disciplina o cabimento da ação rescisória de sentença, e não o cabimento da ação anulatória de ato que, em si, não é sentencial, embora possa ser "sentencializado" pela homologação. O objeto da ação anulatória não é sentença, mas sim ato da parte, homologado por sentença.[196]

Assim, considerando o que foi exposto na análise do conceito de ação anulatória formulado no item 1.2, sobre o efetivo significado da expressão "lei civil", contida no artigo 486, como sendo "direito material", para que o ato processual possa ser anulado através da ação anulatória, deverá estar maculado dos vícios de nulidade conforme as regras do direito material.

---

[193] BORGES, Marcos Afonso. *Comentários ao Código de Processo Civil*. São Paulo: Editora Universitária de Direito, 1975, v. II, p. 196.

[194] MAGRI, Berenice Soubhie Nogueira. *Ação anulatória – Art. 486 do CPC*. 2. ed. São Paulo: Revista dos Tribunais, 2004, p. 98. Afirma que o fundamento para o cabimento da ação anulatória em determinada hipótese decorre do exame do "ato judicial", dependente ou não de homologação, a fim de que se possa concluir pela possibilidade de sua anulação em face das regras de direito material (p. 99). Semelhante sustentação é feita por MOREIRA, José Carlos Barbosa. *Comentários ao Código de Processo Civil, Lei nº 5.869, de 11 de janeiro de 1973, vol V:* arts. 476 a 565. 13. ed. Rio de Janeiro: Forense, 2006, p. 162) e por YARSHELL, Flávio Luiz. *Tutela jurisdicional*. São Paulo: Atlas, 1999, p. 80.

[195] MAGRI, op. cit., p. 99.

[196] MOREIRA, José Carlos Barbosa. *Comentários ao Código de Processo Civil, Lei nº 5.869, de 11 de janeiro de 1973, vol V:* arts. 476 a 565. 13. ed. Rio de Janeiro: Forense, 2006, p. 162-163.

Ocorre que as nulidades do direito processual não são norteadas pelos mesmos princípios que regem o sistema das nulidades do direito material.

A autonomia do direito processual e sua localização em plano distinto daquele ocupado pelo direito material, entretanto, não significam que um e outro se encontrem confinados em compartimentos estanques, por duas razões: a primeira é o fato de o processo ser uma das vias pelas quais o direito material transita rumo à realização da justiça em casos concretos, como um instrumento a serviço do direito material. A segunda é que existem faixas de estrangulamento, ou momentos de intersecção, entre o plano substancial e o processual do ordenamento jurídico.[197]

Embora o direito processual civil, como ramo autônomo do direito, tenha disposições próprias no que concerne às nulidades, no Livro I, Capítulo V, artigos 243 a 250 do Código, o que permite a declaração de nulidade de certos atos em conformidade com tais disposições, se o ato processual praticado pelas partes em juízo estiver maculado por vícios de nulidade previstos no direito material, terá cabimento então a ação anulatória do artigo 486, visando à desconstituição de tal ato.

Por isso, Berenice Soubhie Nogueira Magri conclui:

> Daí a razão da ação anulatória disposta no art. 486 do CPC dizer respeito à nulidade do ato praticado em juízo *nos termos do que dispõe o direito material (concernente ao tema das nulidades)*. O objetivo dessa ação anulatória *é a desconstituição do ato eivado de vício de nulidade do direito material*, distinguindo-se, assim, totalmente, das demais ações que têm por fundamento a nulidade processual.[198]

As nulidades do direito material (em sentido amplo) vêm, normalmente, dispostas no que enuncia o direito civil.

O ato processual será anulável quando realizado em desconformidade com uma norma jurídica dispositiva (que pode ser afastada por vontade dos interessados), caso, por exemplo, da penhora de frutos dos bens inalienáveis, que são relativamente impenhoráveis.[199]

Em contrapartida, será nulo o ato processual quando contrariar disposição contida em norma jurídica cogente (de ordem pública, que não pode ser afastada pela vontade de quem quer que seja), como ocorre com as decisões judiciais desprovidas de fundamentação.[200]

De Plácido e Silva diz que se o ato é nulo, não se admite suprimento, pois sua ineficácia, pela rescisão dada por sentença ou pronunciada de ofício, retirará

---

[197] DINAMARCO, Cândido Rangel. *Instituições de direito processual civil*. 4. ed. rev. e atual. e com as remissões ao Código Civil de 2002. São Paulo: Malheiros, 2004, v. I, p. 43.

[198] MAGRI, Berenice Soubhie Nogueira. *Ação anulatória – Art. 486 do CPC*. 2. ed. São Paulo: Revista dos Tribunais, 2004, p. 106.

[199] CÂMARA, Alexandre Freitas. *Ação rescisória*. Rio de Janeiro: Lumen Juris, 2007, p. 36.

[200] Ibidem, p. 36.

dele toda a eficácia. Entretanto, ressalva, se o ato for anulável, será passível de ratificação, seja expressa, seja tácita. E, se a ratificação ocorrer, por qualquer das formas indicadas na lei, o ato se torna validamente perfeito, valendo como de direito.[201]

A nulidade do ato processual será relativa quando a norma cogente desrespeitada se destinar a tutelar interesses particulares das partes,[202] ao passo que a nulidade será absoluta quando a norma se destina a tutelar interesse público.[203]

A questão é esclarecida na obra de Galeno Lacerda, que sustentou que o que caracteriza o sistema das nulidades processuais é que elas se distinguem em razão da natureza da norma violada, em seu aspecto teleológico.[204]

Diz que se na norma prevalecerem fins ditados pelo interesse público, a violação provoca nulidade absoluta, insanável, do ato, devendo vício de tal ordem ser declarado de ofício, podendo, ainda, ser invocado por qualquer das partes.

Afirma, contudo, que quando a norma desrespeitada tutelar, preferencialmente, o interesse da parte, o vício do ato é sanável, surgindo daí as figuras da nulidade relativa e da anulabilidade.[205]

Diz que:

> O critério que as distinguirá repousa, ainda, na natureza da norma. Se ela for cogente, a violação produzirá nulidade relativa. Como exemplo podemos apontar a ilegitimidade processual provocada pela falta de representação, assistência ou autorização (art. 84 do C. P. C.). Sendo imperativa a norma que ordena a integração da capacidade, não pode o juiz tolerar-lhe o desrespeito. Como ela visa a proteger o interêsse da parte, a conseqüência é que o vício poderá ser sanado. Daí decorre a faculdade de o juiz proceder de-ofício, ordenando o saneamento, pela repetição ou ratificação do ato, ou pelo suprimento da omissão.[206]

Já a anulabilidade, segundo Galeno Lacerda, é vício resultante da violação de norma dispositiva, razão pela qual, como o ato permanece na esfera de disposição da parte, a sua anulação somente pode ocorrer mediante reação do interessado, sendo vedada ao juiz qualquer provisão de ofício. Sustenta que essa reação, provados seus fundamentos, tem a virtude de tornar, para o juiz, o vício insanável, quando se tratar de ilegitimidade do próprio órgão judicial, como na incompetência relativa e no desrespeito ao compromisso. Quando, porém, houver possibilidade de saná-lo por ato da parte contrária, deverá o juiz ordenar o suprimento, como na falta de caução, ou de pagamento de despesas do processo anterior. Diz

---

[201] SILVA, de Plácido e. *Comentários ao Código de Processo Civil*. 4. ed. Rio de Janeiro: Revista Forense, 1956, 5 v., p. 61-62.

[202] Caso, por exemplo, de demanda que verse sobre direitos reais imobiliários sem a autorização conjugal ou suprimento judicial, conforme artigo 11, parágrafo único, do CPC.

[203] Como ocorre no caso de ser proferida decisão sem que se respeitem as garantias constitucionais do contraditório e da ampla defesa.

[204] LACERDA, Galeno. *Despacho saneador*. 2. ed. Porto Alegre: Sérgio Antônio Fabris, 1985, p. 72.

[205] Ibidem, p. 72.

[206] Ibidem, p. 72.

que, ao contrário do que ocorre com a nulidade relativa, em todos estes casos o saneamento depende apenas de omissão do interessado.[207]

Conclui que essa análise prova a diversidade de soluções do direito processual civil, em relação ao direito privado, no que concerne aos vícios do ato jurídico, embora permaneçam as mesmas as categorias fundamentais da teoria geral. Portanto, a incapacidade absoluta, que no direito privado é causa de nulidade insanável, no processo civil é nulidade relativa, do mesmo modo que as anulabilidades se revestem, no direito processual, de aspectos peculiares.[208]

2.3. Nulidades do direito material como fundamento da ação anulatória

No Código Civil de 1916, o legislador atribuiu a denominação "ato jurídico", indistintamente, a todos os fatos humanos voluntários. O artigo 81 do Código Civil de 1916 determinava que "todo o ato lícito, que tenha por fim imediato adquirir, resguardar, transferir, modificar ou extinguir direitos, se denomina ato jurídico".

Assim, todo ato humano voluntário que estivesse revestido das condições impostas pela lei, que produzisse efeitos jurídicos, intitulava-se ato jurídico, pois não era levada em conta a dimensão que a vontade ocupava e tampouco a liberdade para produção de efeitos jurídicos.

Isso decorria da influência da chamada teoria unitária, que não traçava qualquer distinção entre o ato jurídico e o negócio jurídico, outorgando a ambos idêntico tratamento. Por tal razão, a expressão "ato jurídico", utilizada no Código Civil de 1916 passou a ser compreendida em um sentido amplo, porquanto passível de desdobramento em dois outros significados: o ato jurídico em sentido estrito e o negócio jurídico.[209]

No ato jurídico, assim, sempre haverá um movimento de vontade, ao passo que no fato jurídico pode prescindir-se deste elemento psíquico.

Diferentemente, o Código Civil em vigor (Lei nº 10.406 de 2002) trata, no Livro III Dos Fatos Jurídicos, no Título I Do Negócio Jurídico, no Título II dos Atos Jurídicos Lícitos e no Título III dos Atos Ilícitos, substituindo a expressão genérica "atos jurídicos" pela expressão específica "negócio jurídico", determinando, no artigo 185 que "aos atos jurídicos lícitos, que não sejam negócios jurídicos, aplicam-se, no que couber, as disposições do Título anterior".[210]

---

[207] LACERDA, op. cit., p. 73.

[208] Ibidem, p. 73-74.

[209] TEPEDINO, Gustavo; BARBOZA, Heloísa Helena; MORAES, Maria Celina Bodin de. *Código Civil Interpretado conforme a Constituição da República*. Rio de Janeiro: Renovar, 2004, v. I, p. 207.

[210] Rita de Cássia Corrêa de Vasconcellos destaca que, no tocante às causas de nulidade (absoluta ou relativa), o Código Civil de 2002 realmente inovou. Salienta que as primeiras alterações são de ordem metodológica e ter-

Gustavo Tepedino, Heloísa Helena Barboza e Maria Celina Bodin de Moraes definem fato jurídico como sendo o acontecimento humano ou natural, capaz de produzir efeitos jurídicos, provocando o nascimento, a modificação ou a extinção de relações jurídicas e dos direitos a ela inerentes.[211]

Quanto às espécies, os fatos jurídicos podem dividir-se em fatos humanos voluntários ou eventos naturais.

Os eventos naturais, ou fatos jurídicos naturais, se caracterizam pela independência em relação à vontade do homem, não sendo, contudo, estranhos a ele, pois atingem as relações jurídicas, das quais o homem é sujeito.[212] Advêm da simples manifestação da natureza, podendo ser chamados de ordinários, cuja verificação é comum (nascimento, morte, abandono do álveo, avulsão, etc) e de extraordinários, cujo conteúdo remete ao acaso, como o caso fortuito e a força maior.

Já os fatos humanos voluntários, ou fatos jurídicos voluntários, resultam da atuação humana, positiva ou negativa, e influem sobre as relações de direito, variando as consequências em razão da qualidade da conduta e da intensidade da vontade.[213] Podem ser divididos em duas classes: os fatos lícitos ou atos jurídicos lícitos (*lato sensu*) e os fatos ilícitos.[214]

Gustavo Tepedino, Heloísa Helena Barboza e Maria Celina Bodin de Moraes destacam que:

> Os fatos jurídicos, ou atos jurídicos *lato sensu* particularizam-se pela atuação da vontade da parte em sua constituição e na produção de seus efeitos, dando origem a duas espécies: a) ato jurídico *stricto sensu*, cuja declaração de vontade é dirigida para a produção de efeitos previamente determinados em lei, imodificáveis pela ação volitiva (v. comentário ao art. 185); b) negócio jurídico, caracterizado pela declaração de vontade dirigida à regulamentação de interesses, ou seja, para a produção de efeitos permitidos em lei e desejados pelo agente. Afirma-se que o ato jurídico *stricto sensu* tem sua eficácia determinada *ex lege*, enquanto o negócio jurídico tem eficácia *ex voluntate* (Francisco Amaral, Direito Civil, p. 324).

---

minológicas, sendo substituída a expressão genérica "ato jurídico" por "negócio jurídico", pois as regras contidas no Título I do Livro III tratam, precisamente, dos atos de vontade que visam a um fim não contrário à ordem jurídica. Também passou o Código de 2002 a intitular "Da invalidade do negócio jurídico" o Capítulo V (intitulado, no CC/1916, "Das Nulidades"), que disciplina tanto a nulidade absoluta quanto a relativa (anulabilidade) (VASCONCELLOS, Rita de Cássia Corrêa de. Os fundamentos da ação anulatória do Art. 486 do CPC, à luz do novo Código Civil. Revista de Processo, São Paulo: Revista dos Tribunais, n. 120, ano 30, p. 99, fev. 2005.

[211] TEPEDINO; BARBOZA; MORAES., op cit., p. 208.

[212] PEREIRA, Caio Mário da Silva. Instituições de direito civil. Vol. 1. Introdução ao direito civil, Teoria geral do direito civil. 20. ed. rev. e atual. de acordo com o Código Civil de 2002. Atualizadora Maria Celina Bodin de Moraes. Rio de Janeiro: Forense, 2004, p. 459.

[213] Ibidem, p. 459.

[214] Sílvio Rodrigues ensina que, dentro do gênero amplo dos fatos jurídicos, devemos separar, de um lado, os eventos alheios à atividade humana e os que chamamos *fatos jurídicos em sentido estrito*; e, de outro, os atos humanos, nos quais se distinguem os chamados *atos jurídicos*, que, por serem lícitos, geram os efeitos almejados pelo agente – dos atos ilícitos – que geram efeitos diversos daqueles queridos por seu autor (RODRIGUES, Silvio. Direito civil. Parte geral. 32. ed. atualizada de acordo com o novo Código Civil (Lei n. 10.406, de 10-1-2002). São Paulo: Saraiva, 2002, v. I, p. 157).

De outra parte, têm-se os aludidos fatos ilícitos, genericamente considerados fatos contrários à ordem jurídica. Distinguem-se em atos antijurídicos e atos ilícitos, estes tecnicamente dotados de elementos peculiares para a sua configuração e geradores do dever de reparação (v. art. 186).[215]

Sílvio Rodrigues define negócio jurídico como "ato de vontade que, por se conformar com os mandamentos da lei e a vocação do ordenamento jurídico, confere ao agente os efeitos por ele almejados",[216] de sorte que, se a manifestação de vontade provier de agente capaz, tiver objeto lícito e obedecer à forma prescrita em lei (artigo 104 do CC/2002), gerará os efeitos pretendidos pelas partes, alcançando a proteção do Poder Público.

O mesmo Autor analisa os pressupostos de validade do negócio jurídico referidos no citado artigo 104 do CC/2002 (art. 82 do CC/1916), citados no parágrafo anterior.[217]

Diz que, entre os elementos essenciais do negócio jurídico figura, em primeiro lugar, a vontade humana, pois se trata, fundamentalmente, de um ato de vontade. Contudo, por tratar-se a vontade de um elemento de caráter subjetivo, ela se revela por meio de declaração, que constitui, assim, elemento essencial. A lei civil, visando a proteger determinadas pessoas, as coloca na condição de incapazes, conferindo-lhes alguns meios de defesa, por não terem elas atingido um grau adequado de maturidade, ou por força de alguma moléstia ou limitação pessoal que as impeça de cuidar eficazmente de seus interesses. Por isso, os absolutamente incapazes têm sua vontade desprezada pela lei, que, na intenção de protegê-los, exige que sejam representados nos atos jurídicos de que participem.

O segundo elemento, leciona, tem a ver com a idoneidade do objeto, em relação ao negócio que se tem em vista.

O terceiro elemento ao qual se refere o Autor é a forma, quando da substância do ato, pois sem ela o ato nem sequer existe. Conforme o artigo 107 do Código Civil, *"a validade da declaração de vontade não dependerá de forma especial, senão quando a lei expressamente a exigir"*. Em determinados casos, como, por exemplo, a compra e venda de imóveis, a lei exige uma forma especial. Tal requisito, quando exigido por lei, tem por finalidade facilitar sua prova, garantir maior autenticidade ao ato, dificultar que a vontade do agente esteja viciada por dolo ou coação e até mesmo chamar atenção da parte que pratica o ato de sua seriedade.

O principal fator que diferencia o ato e o negócio jurídico é a presença de liberdade na construção do negócio que assenta principalmente na existência de uma declaração de vontade, destinada a dar vida à relação jurídica desejada pelas partes. A esta vontade, amparada e garantida pelo ordenamento jurídico, e apta a

---

[215] TEPEDINO, Gustavo; BARBOZA, Heloísa Helena; MORAES, Maria Celina Bodin de. *Código Civil Interpretado conforme a Constituição da República*. Rio de Janeiro: Renovar, 2004, v. I, p. 209-210.
[216] RODRIGUES, Sílvio. *Direito civil. Parte geral*. 32. ed. atualizada de acordo com o novo Código Civil (Lei n. 10.406, de 10-1-2002). São Paulo: Saraiva, 2002, v. I, p. 170 e 283.
[217] Ibidem, p. 171-176.

produzir os efeitos jurídicos almejados, se denomina vontade negocial. Miguel Maria de Serpa Lopes explica as diferenças existentes entre fato jurídico, ato jurídico e negócio jurídico:

> Enquanto o fato jurídico é um acontecimento produtor de uma modificação no mundo jurídico voluntário ou não, enquanto o ato jurídico é um ato voluntário, mas em que a vontade pode não executar uma função criadora ou modificativa ou extintiva de uma determinada situação jurídica, como uma declaração de nascimento perante o Oficial do Registro, abrangendo até o próprio ato ilícito, o negócio jurídico é sempre eminentemente manifestação de vontade produzindo efeitos jurídicos, isto é, destinada a produzir os efeitos jurídicos atribuídos pela ordem jurídica, não podendo compreender senão os atos ilícitos, suscetíveis de um determinado tratamento pela ordem jurídica.
>
> É tipicamente um negócio em que prepondera a manifestação da vontade, mas uma manifestação da vontade destinada diretamente a dar vida a uma relação jurídica tutelada pelo direito.[218]

Os negócios jurídicos podem ser analisados em três planos distintos, concernentes à sua existência, validade e eficácia, valendo-se o direito civil de três noções autônomas, por vezes indistintamente tratadas: os pressupostos (fatos jurídicos anteriores indispensáveis à sua configuração), os elementos (componentes do negócio, como as peças de uma engrenagem, as frações que o compõem) e os requisitos (qualidades que se exigem dos elementos) do negócio.[219]

O negócio jurídico, como espécie do gênero ato jurídico *lato sensu*, é fenômeno gerado pela manifestação de vontade do homem no intercâmbio social. Para que a declaração de vontade atinja o efeito almejado pelo agente, é indispensável sua passagem pelos três planos do mundo jurídico (da existência, da validade e da eficácia), que explicaremos com base na doutrina de Humberto Theodoro Júnior:[220]

No plano da existência, destaca-se que, antes de ser encarado como ato jurídico, o ato deve existir como realidade material, isto é, como um conjunto de dados fáticos que corresponda ao tipo jurídico. Os elementos que devem estar presentes para que se configure o negócio jurídico são os gerais (agente e declaração de vontade) e os categoriais, que são os exigidos para cada negócio.

Já no plano da validade, superada a premissa da existência da declaração de vontade, deve ser pesquisada sua perfeição, ou seja, se contém ou não algum vício invalidante. Ocorrerá a nulidade (art. 171 do CC/2002) quando faltar ao negócio jurídico um dos seus requisitos essenciais de validade, previstos no artigo 104 do Código Civil vigente.

---

[218] LOPES, Miguel Maria de Serpa. *Curso de direito civil, vol. I:* introdução, parte geral e teoria dos negócios jurídicos. 6. ed. rev. e atualizada por José Serpa Santa Maria. Rio de Janeiro: Freitas Bastos, 1988, p. 369.

[219] TEPEDINO, Gustavo; BARBOZA, Heloísa Helena; MORAES, Maria Celina Bodin de. *Código Civil interpretado conforme a Constituição da República.* Rio de Janeiro: Renovar, 2004, v. I, p. 313.

[220] THEODORO JÚNIOR, Humberto. *Comentários ao novo Código Civil, vol. III, t. I:* Livro III – Dos fatos jurídicos: do negócio jurídico. 2. ed. Rio de Janeiro: Forense, 2003, p. 412-420.

O plano da eficácia é aquele em que, no mundo jurídico, os fatos jurídicos produzem os seus efeitos, criando as situações ou relações jurídicas, em conformidade com o que projetara a vontade negocial.

Se o ato estiver inquinado de algum defeito que desatenda ao mandamento legal, ou então se divorcie da finalidade social que deve lhe inspirar, deixará de produzir os efeitos almejados pelas partes, pois ou não adquirirá validade, ou poderá ser declarado ineficaz. A nulidade, portanto, consiste apenas no reconhecimento da existência de um vício que impede um ato de ter existência legal, ou de produzir efeito.[221]

O Código Civil de 2002 não trata do ato inexistente, diante de sua inaptidão para produzir consequências jurídicas, na medida em que jamais existiu. O legislador trata das nulidades dos atos jurídicos no Livro III, Título I, intitulado "Do Negócio Jurídico" abordando a questão da sua invalidade no Capítulo V, nos artigos 166 a 184 do Código Civil de 2002, correspondentes aos artigos 145 a 158 do Código Civil de 1916.

O artigo 166 do Código Civil vigente diz que:

É nulo o negócio jurídico quando:
I – celebrado por pessoa absolutamente incapaz;
II – for ilícito, impossível ou indeterminável o seu objeto;
III – o motivo determinante, comum a ambas as partes, for ilícito;
IV – não revestir a forma prescrita em lei;
V – for preterida alguma solenidade que a lei considere essencial para a sua validade;
VI – tiver por objetivo fraudar lei imperativa;
VII – a lei taxativamente o declarar nulo, ou proibir-lhe a prática, sem cominar sanção.

Como refere Caio Mário da Silva Pereira, "a matéria é muito obscurecida, carece de boa exposição dogmática, e alimenta acentuada desarmonia entre os escritores, não somente no que se refere à fixação dos conceitos, como ainda no que diz respeito à terminologia, que é algo desencontrada e imprecisa".[222]

Por esta razão, enfrentaremos as nulidades do direito civil sem maior profundidade, visando a expor ao leitor aquilo que dispõe a lei e que interessa ao estudo da ação anulatória, sem qualquer pretensão de esgotar ou de construir quaisquer inovações quanto ao ponto.

A invalidade, inaptidão genérica do negócio para produzir seus efeitos naturais, é gênero, no qual se distinguem duas espécies: a nulidade e a anulabilidade. Entre os vários critérios de distinção comumente adotados, o mais destacado é a

---

[221] RODRIGUES, Sílvio. *Direito civil. Parte geral.* 32. ed. atualizada de acordo com o novo Código Civil (Lei n. 10.406, de 10-1-2002). São Paulo: Saraiva, 2002, v. I, p. 284.

[222] PEREIRA, Caio Mário da Silva. *Instituições de direito civil. Vol. 1. Introdução ao direito civil, teoria geral do direito civil.* 20. ed. rev. e atualizada de acordo com o Código Civil de 2002. Atualizadora Maria Celina Bodin de Moraes. Rio de Janeiro: Forense, 2004, p. 629.

causa de cada um: enquanto na nulidade há uma afronta mais grave, por conta de um motivo de interesse público, a anulabilidade resulta de uma desconformidade de menor gravidade, tutelando-se um interesse particular. Sustenta-se também, caracterizando a nulidade, a legitimidade mais ampla para invocá-la, podendo ser pronunciada até mesmo de ofício pelo juiz (art. 168 do CC/2002)[223] e a insuscetibilidade de confirmação ou convalescimento pelo tempo (art. 169),[224] além do polêmico critério distintivo da retroatividade dos efeitos de sua declaração.[225]

O artigo 171 do Código Civil diz que: "Além dos casos expressamente declarados na lei, é anulável o negócio jurídico: I – por incapacidade relativa do agente; II – por vício resultante de erro, dolo, coação, estado de perigo, lesão ou fraude contra credores".

Nestes casos, não há prevalência do interesse público, mas sim do interesse particular dos agentes contratantes. Embora o negócio jurídico não seja perfeito, seus defeitos poderão ser sanados pelas partes, nos termos do artigo 172[226], pelo suprimento de autorização (art. 176)[227] ou pelo decurso do tempo (arts. 178 e 179).[228]

Aqui, como diz Caio Mário da Silva Pereira, o ato é imperfeito, mas não tão grave, nem profundamente defeituoso, razão pela qual a lei oferece ao interessado a alternativa de pleitear a obtenção de sua ineficácia, ou deixar que seus efeitos decorram normalmente, como se não houvesse irregularidade.[229]

Por isso, afirmam Gustavo Tepedino, Heloísa Helena Barboza e Maria Celina Bodin de Moraes, diferenciando as nulidades das anulabilidades, que além de seu fundamento distinto,

> [...] outros traços característicos distinguem a anulabilidade da nulidade, como a já mencionada possibilidade de convalescimento, a legitimidade mais restrita, a impossibilidade de sua pronúncia de ofício pelo juiz e a bastante controvertida ausência de efeitos retroativos de sua declaração.[230]

---

[223] Art. 168. As nulidades dos artigos antecedentes podem ser alegadas por qualquer interessado, ou pelo Ministério Público, quando lhe couber intervir.

[224] Art. 169. O negócio jurídico nulo não é suscetível de confirmação, nem convalesce pelo decurso do tempo.

[225] TEPEDINO, Gustavo; BARBOZA, Heloísa Helena; MORAES, Maria Celina Bodin de. *Código Civil interpretado conforme a Constituição da República*. Rio de Janeiro: Renovar, 2004, v. I, p. 309.

[226] Art. 172. O negócio anulável pode ser confirmado pelas partes, salvo direito de terceiro.

[227] Art. 176. Quando a anulabilidade do ato resultar da falta de autorização de terceiro, será validado se este a der posteriormente.

[228] Art. 178. É de quatro anos o prazo de decadência para pleitear-se a anulação do negócio jurídico, contado: I – no caso de coação, do dia em que ela cessar; II – no de erro, dolo, fraude contra credores, estado de perigo ou lesão, do dia em que se realizou o negócio jurídico; III – no de atos de incapazes, do dia em que cessar a incapacidade. Art. 179. Quando a lei dispuser que determinado ato é anulável, sem estabelecer prazo para pleitear-se a anulação, será este de dois anos, a contar da data da conclusão do ato.

[229] PEREIRA, Caio Mário da Silva. *Instituições de direito civil. Vol. 1. Introdução ao direito civil, teoria geral do direito civil*. 20. ed. rev. e atualizada de acordo com o Código Civil de 2002. Atualizadora Maria Celina Bodin de Moraes. Rio de Janeiro: Forense, 2004, p. 639-640.

[230] TEPEDINO, Gustavo; BARBOZA, Heloísa Helena; MORAES, Maria Celina Bodin de. *Código Civil interpretado conforme a Constituição da República*. Rio de Janeiro: Renovar, 2004, v. I, p. 309.

Portanto, os atos praticados pelas partes em juízo, quando padecerem de anulabilidades (nulidades relativas, previstas no artigo 171 do CC/2002), serão anulados por meio da ação a que alude o artigo 486 do Código de Processo Civil.

Da mesma forma, embora menos comum, nada impede que os referidos "atos judiciais" eivados de nulidades (nulidades absolutas) sejam igualmente decretados nulos, através da ação anulatória. A assertiva se justifica porque o ato, para ser decretado nulo, não necessita, em tese, de ação própria para desconstituí-lo, na medida em que não produziu e nem produz qualquer efeito, pois a nulidade opera de pleno direito, podendo ser desconstituído através de decretação de sua nulidade no próprio processo, a qualquer tempo, inclusive de ofício, por se tratar de norma de ordem pública (arts. 168, parágrafo único, e 177 do CC/2002 e arts. 146, parágrafo único e 152 do CC/1916).[231]

O posicionamento acima exposto parece correto porque, se não se entendesse cabível a propositura da ação anulatória prevista no artigo 486 do CPC para decretar nulos os atos jurídicos eivados de vício de nulidade absoluta, jamais teria cabimento tal ação com fundamento na ausência de forma prescrita em lei, como pode ocorrer, por exemplo, com a arrematação e a adjudicação.

Berenice Soubhie Nogueira Magri conclui que:

> [...] o art. 486 do CPC diz respeito, de regra, aos casos de anulabilidade (nulidade relativa) do "ato judicial" dependente ou não de sentença "meramente homologatória", "nos termos da lei civil", entendida esta expressão atinente a todas as regras de direito material, privado ou público. Contudo, não obstante seja mais comum ajuizar-se essa ação anulatória quando se tratar de vício de *nulidade relativa*, nada impede que também se ajuíze ação anulatória do *ato nulo (nulidade absoluta)*, caso não tenha sido decretada a sua nulidade *no próprio processo, de ofício, ou a requerimento das partes*.[232]

Pelo que expusemos acima, concordamos com a ponderação.

2.4. Defeitos dos negócios jurídicos como fundamento da ação anulatória

Como já vimos, a ação anulatória do art. 486 tem por base os vícios de vontade e os vícios sociais catalogados na lei civil, que, muitas vezes, são motivos de invalidade dos atos processuais da parte (não do órgão oficial).[233]

O Código Civil prevê no Livro III, Título I, Capítulo IV, os defeitos dos negócios jurídicos.

---

[231] MAGRI, Berenice Soubhie Nogueira. *Ação anulatória – Art. 486 do CPC*. 2. ed. São Paulo: Revista dos Tribunais, 2004, p. 118-119.

[232] Ibidem, p. 122.

[233] Sobre a relevância da vontade como elemento essencial do negócio jurídico, confira-se: TRABUCCHI, Alberto. *Istituzioni di diritto civile*. Trentesima Terza Edizione. Padova: Cedam, 1992, p. 135-137.

O artigo 171 do Código Civil de 2002 (correspondente ao artigo 147 do CC/1916) determina que, "além dos casos expressamente declarados na lei, é anulável o negócio jurídico: I – por incapacidade relativa do agente; II – por vício resultante de erro, dolo, coação, estado de perigo, lesão ou fraude contra credores".

O ato jurídico é ato da vontade humana capaz de gerar relações na órbita do direito. Desta forma, se o ato jurídico é, fundamentalmente, um ato de vontade, para que ele se aperfeiçoe é fundamental que essa vontade seja manifestada de forma livre e consciente. Assim não ocorrendo, falta o elemento principal do ato jurídico, que se tornará, portanto, suscetível de ser tornado sem efeito. Se o consentimento, reflexo da manifestação volitiva, vem inquinado de um vício que o macula, a lei, com o propósito de proteger quem o manifestou, permite-lhe promover a declaração de ineficácia do ato gerado pela anuência defeituosa.[234]

Os defeitos do negócio jurídico são as imperfeições que neles podem surgir, decorrentes de anomalias na formação da vontade ou na sua declaração.[235] Possuem natureza diversa, tendo o legislador os agrupado porque todos possibilitam a anulação do ato viciado, embora possam ser da vontade e de ordem social.

O Código Civil elenca como vícios de vontade (ou do consentimento) o erro, o dolo, a coação, o estado de perigo e a lesão. A classificação se justifica porque tais defeitos incidem sobre a vontade do agente, impedindo que esta seja manifestada conforme o verdadeiro desejo do declarante. Já a fraude é considerada vício social, pois o ato do devedor de alienar seu patrimônio é consciente e deliberado, visando a fraudar credores. Da mesma forma, a simulação pode ser considerada um vício social, porque no negócio simulado a vontade manifestada pelo declarante não coincide com sua verdadeira intenção.

O artigo 352 do Código de Processo Civil regula a rescisão (ou anulação) da confissão por vício de vontade, ao prever que: "a confissão, quando emanar de erro, dolo ou coação, pode ser revogada: I – por ação anulatória, se pendente o processo em que foi feita; II – por ação rescisória, depois de transitada em julgado a sentença, da qual constituir o único fundamento".

Já o artigo 1.029 do Estatuto de Processo Civil diz que "a partilha amigável, lavrada em instrumento público, reduzida a termo nos autos do inventário ou constante de escrito particular homologado pelo juiz, pode ser anulada, por dolo, coação, erro essencial ou intervenção de incapaz".

Esses dispositivos serão analisados detalhadamente nos itens 5.1 e 5.2, respectivamente.

---

[234] RODRIGUES, Sílvio. *Direito civil. Parte geral.* 32. ed. atualizada de acordo com o novo Código Civil (Lei n. 10.406, de 10-1-2002). São Paulo: Saraiva, 2002, v. I, p. 184.

[235] AMARAL, Francisco. *Direito civil. Introdução.* 5. ed. rev. atual. e aumentada de acordo com o novo Código Civil. Rio de Janeiro: Renovar, 2003, p. 497.

2.4.1. Erro

O erro, como vício de vontade, era previsto no Código Civil de 1916 nos artigos 86 a 91. No Código Civil de 2002, a matéria vem regulada nos artigos 138 a 144.

Trata-se de fundamento que também pode dar ensejo à propositura da ação anulatória visando à desconstituição de "ato judicial".

Define-se o erro como uma falsa representação da realidade que influencia de modo determinante a manifestação de vontade, a qual não se formaria, ou se formaria diversamente, se o equívoco não existisse.[236] [237]

Como se percebe pela enunciação da Seção I do Capítulo IV do Código, o legislador trata indistintamente o erro e a ignorância, consistente esta na ausência completa de conhecimento de um pressuposto ou elemento essencial do negócio jurídico a ser celebrado.[238]

O erro pode ser de duas espécies: a) o erro essencial (ou substancial) e acidental e b) erro de fato e erro de direito.

O artigo 139 do Código Civil diz que:

O erro é substancial quando:

I – interessa à natureza do negócio, ao objeto principal da declaração, ou a alguma das qualidades a ele essenciais;

II – concerne à identidade ou à qualidade essencial da pessoa a quem se refira a declaração de vontade, desde que tenha influído nesta de modo relevante;

III – sendo de direito e não implicando recusa à aplicação da lei, for o motivo único ou principal do negócio jurídico.

Caio Mário da Silva Pereira define o erro substancial como o "que diz respeito à natureza do ato, ao objeto principal da declaração, ou a algumas qualidades a ele essenciais", aduzindo, ainda, que para ser considerado como defeito viciador da vontade o erro há de constituir uma opinião errada sobre condições essenciais determinantes da manifestação de vontade, cujas consequências não são realmente queridas pelo agente.[239]

---

[236] TEPEDINO, Gustavo; BARBOZA, Heloísa Helena; MORAES, Maria Celina Bodin de. *Código Civil interpretado conforme a Constituição da República*. Rio de Janeiro: Renovar, 2004, v. I, p. 268.

[237] Semelhante é a definição de erro de Alberto Trabucchi: *"una falsa rappresentazione della realtà che concorre a determinare la volontà del soggeto"* (TRABUCCHI, Alberto. *Istituzioni di diritto civile*. Trentesima Terza Edizione. Padova: Cedam, 1992, p. 143).

[238] Humberto Theodoro Júnior diz que o erro se dá quando o quando o agente tem um falso conhecimento da realidade, ou seja, aquilo que entrou no seu psiquismo está em desacordo com a realidade objetiva. Já no caso da ignorância, o agente pratica o negócio jurídico não sob falso conhecimento, mas sim no total não-conhecimento da realidade, embora a discussão seja puramente acadêmica, porque erro e ignorância têm os mesmos efeitos, no plano dos vícios do consentimento (THEODORO JÚNIOR, Humberto. *Comentários ao novo Código Civil, vol. III, t. I: Livro III – Dos fatos jurídicos: do negócio jurídico*. 2. ed. Rio de Janeiro: Forense, 2003, p. 36).

[239] PEREIRA, Caio Mário da Silva. *Instituições de direito civil. Vol. 1. Introdução ao direito civil, teoria geral do direito civil*. 20. ed. rev. e atualizada de acordo com o Código Civil de 2002. Atualizadora Maria Celina Bodin de Moraes. Rio de Janeiro: Forense, 2004, p. 519-520.

Ao contrário do Código Civil de 1916, que não exigia expressamente a escusabilidade do erro para a anulação do negócio jurídico, o CC/2002 prevê no artigo 138 que "são anuláveis os negócios jurídicos, quando as declarações de vontade emanarem de erro substancial que poderia ser percebido por pessoa de diligência normal, em face das circunstâncias do negócio".

Também inovou o atual Código Civil em relação ao anterior ao prever o erro de direito que, embora já desenvolvido na doutrina e na jurisprudência, carecia de previsão legal. O erro pode não recair sobre circunstâncias de fato, mas ser de direito, ou seja, vincular-se ao desconhecimento da norma jurídica ou das consequências jurídicas do acordo de vontades. Em tal hipótese, o erro consiste no falso conhecimento do direito aplicável, ou de sua interpretação, frustrando as expectativas nas quais se baseou a manifestação de vontade. Entretanto, o erro de direito somente vicia a vontade quando é o motivo determinante da declaração, isto é, quando o agente manifestou a vontade em razão da errônea compreensão da norma jurídica.[240]

Álvaro Villaça de Azevedo pondera que o inciso II do artigo 139 inclui o erro de direito como substancial, "quando é causa anulatória do negócio jurídico, desde que não implique recusa à aplicação da lei e que seja o motivo único ou principal do referido negócio". Afirma ainda, que, no Código de 1916, em princípio, apenas o erro de fato figurava como causa de anulação do negócio jurídico, mas que era viável, conforme as circunstâncias, que o erro de direito levasse à anulação do negócio, embora nem sempre isso ocorresse.[241]

Já o erro de fato ocorre quando o equívoco se verifica relativamente a um acontecimento qualquer ou a qualquer de suas circunstâncias, envolvendo negócio, pessoa ou coisa.[242]

Orlando Gomes diz que o erro de direito não deve ser confundido com o erro sobre as consequências jurídicas do ato, pois neste o agente ignora certos efeitos que a lei atribui, por via geral, à sua declaração de vontade. Afirma que o erro sobre as consequências jurídicas do fato não é relevante para viciar a vontade, pelo que não pode ser invocado na transação, na confissão, nem nos casos em que conduziria à violação de lei de ordem pública.[243]

Diferenciados o erro de fato e o erro de direito, entendemos que somente o primeiro autoriza a propositura de ação anulatória de transação ou de confissão.

Para a prova do erro, todos os meios de prova admitidos em direito são permitidos.

---

[240] TEPEDINO, Gustavo; BARBOZA, Heloísa Helena; MORAES, Maria Celina Bodin de. *Código Civil interpretado conforme a Constituição da República*. Rio de Janeiro: Renovar, 2004, v. I, p. 273.

[241] AZEVEDO, Álvaro Villaça de. *Código Civil comentado:* negócio jurídico, atos jurídicos lícitos, atos ilícitos: artigos 104 a 188, volume II. Coordenador Álvaro Villaça de Azevedo. São Paulo: Atlas, 2003, p. 187.

[242] Ibidem, p. 188.

[243] GOMES, Orlando. *Introdução ao direito civil*. Obra premiada pelo Instituto dos Advogados da Bahia. 13. ed. Rio de Janeiro: Forense, 1998, p. 420.

Aqui, o prazo para a propositura da ação a que alude o artigo 486 do CPC será de 4 (quatro) anos, contados da data em que se realizou o negócio jurídico, nos termos do inciso II do artigo 178 do CC/2002.[244]

Há também o erro acidental, previsto no artigo 142 do CC/2002[245] (art. 91 do CC/1916), que ocorrerá quando não se referir ao núcleo essencial da declaração, não ensejando discrepância que justifique a anulação do negócio. Em tais casos, o conhecimento exato da realidade não mudaria o sentido da declaração de vontade. Trata-se de modalidade de erro que se refere às qualidades secundárias ou acessórias da pessoa, ou do objeto da declaração, não sendo pertinente à sua essência.[246]

Exemplo que se pode referir de erro acidental é o relativo ao estado civil de determinada pessoa, contemplada em ato de última vontade, que não justificaria a anulação da disposição testamentária, desde que possível identificar o beneficiado almejado pelo testador.

É também considerado acidental o erro de cálculo, previsto no artigo 143 do CC/2002 (sem correspondência na Lei Civil anterior), dando ensejo apenas à devida retificação, sem contaminar o negócio.

Sílvio Rodrigues ressalva que:

> Se for acidental o erro, isto é, se for um erro de menor importância, não há margem para a ação anulatória. Da mesma forma, se quem errou o fez por sua própria culpa, se o engano em que incidiu adveio de sua própria negligência, imprudência ou imperícia, não se pode beneficiar com a anulação, antes deve agüentar as conseqüências do negócio malsinado.[247]

Portanto, o erro acidental não é considerado vício de consentimento, por não recair sobre a essência do ato.

2.4.2. Dolo

O dolo era previsto no Código Civil de 1916 nos artigos 92 a 97. No Código vigente, é regulado pelos artigos 145 a 150.

Trata-se de outro vício do consentimento que dá ensejo à propositura de ação anulatória, com base nos artigos 178, inciso II, do CC/2002 e 486 do CPC.

---

[244] Art. 178. É de quatro anos o prazo de decadência para pleitear-se a anulação do negócio jurídico, contado:... II – no de erro, dolo, fraude contra credores, estado de perigo ou lesão, do dia em que se realizou o negócio jurídico;

[245] Art. 142. O erro de indicação da pessoa ou da coisa, a que se referir a declaração de vontade, não viciará o negócio quando, por seu contexto e pelas circunstâncias, se puder identificar a coisa ou pessoa cogitada.

[246] TEPEDINO, Gustavo; BARBOZA, Heloísa Helena; MORAES, Maria Celina Bodin de. *Código Civil interpretado conforme a Constituição da República*. Rio de Janeiro: Renovar, 2004, v. I, p. 275-276.

[247] RODRIGUES, Sílvio. *Direito civil. Parte geral*, 32. ed. atualizada de acordo com o novo Código Civil (Lei n. 10.406, de 10-1-2002). São Paulo: Saraiva, v. I, 2002, p. 187.

Segundo Orlando Gomes, o dolo consiste em manobras ou maquinações efetuadas com o propósito de obter uma declaração de vontade que não seria emitida se o declarante não fosse enganado.[248]

É o mesmo que má-fé. Diferentemente do erro, analisado linhas atrás, que consiste num equívoco espontâneo da própria vítima, no dolo há um erro provocado intencionalmente.[249]

O dolo pode ser principal ou acidental.

O artigo 145 do CC/2002 (art. 92 do CC/1916) determina que: "são os negócios jurídicos anuláveis por dolo, quando este for a sua causa", referindo-se ao dolo principal, também chamado de *dolus causam*, ou seja, aquele que dá causa ao negócio jurídico, sem o qual este não se teria concluído. Por atingir essencialmente o consentimento, é considerado um vício que acarreta a anulabilidade do negócio. Deve-se utilizar o critério do homem médio, pois os artifícios usados não devem ser grosseiros, de sorte que possam ser descobertos por uma atenção comum. Todavia, dever-se-ão levar em consideração as características específicas da vítima dentro de um critério de razoabilidade.[250]

O dolo que leva à anulação do negócio jurídico é o dolo principal e mau (*dolus malus*), em que se concretiza o prejuízo à vítima com a manobra ardilosa, pois o dolo bom (*dolus bonus*) não chega a causar prejuízo,[251] pois qualquer pessoa pode detectá-lo com certa facilidade, como ocorre, por exemplo, com a publicidade exagerada, que exalta por demais a qualidade de um produto, sem chegar a enquadrar-se, contudo, como enganosa.[252]

O artigo 146 do Código Civil vigente (art. 93 do CC/1916) diz que "o dolo acidental só obriga à satisfação das perdas e danos, e é acidental quando, a seu despeito, o negócio seria realizado, embora por outro modo", ou seja, o dolo acidental ou incidente (*dolus incidens*) não é suficiente para anular o negócio, por não incidir em aspecto essencial do conteúdo da declaração de vontade, pois a

---

[248] GOMES, Orlando. *Introdução ao direito civil. Obra premiada pelo Instituto dos Advogados da Bahia.* 13. ed. Rio de Janeiro: Forense, 1998, p. 421.

[249] Humberto Theodoro Júnior sustenta que o dolo civil é a conduta de quem, intencionalmente, provoca, reforça ou deixa subsistir uma idéia errônea em outra pessoa, com a consciência de que tal erro terá um valor determinante na emissão de sua declaração de vontade. Ressalva, entretanto, que, para que o dolo afete a validade do negócio, é preciso que seja grave e, portanto, que assuma a condição de motivo determinante da declaração de vontade, ou seja, para representar fator de anulabilidade do negócio, haverá de ter sido a causa (THEODORO JÚNIOR, Humberto. *Comentários ao novo Código Civil, vol. III, t. I:* Livro III – Dos fatos jurídicos: do negócio jurídico. 2. ed. Rio de Janeiro: Forense, 2003, p. 114-115).

[250] TEPEDINO, Gustavo; BARBOZA, Heloísa Helena; MORAES, Maria Celina Bodin de. *Código Civil interpretado conforme a Constituição da República.* Rio de Janeiro: Renovar, 2004, v. I, p. 278-279.

[251] Humberto Theodoro Júnior afirma que o *dolus bonus* tende a desaparecer, na medida em que cada vez mais a concepção moderna das obrigações contratuais impõe a ambos os contratantes o dever de lealdade e boa fé, devendo prevalecer a transparência nas disposições convencionais (THEODORO JÚNIOR, Humberto. *Comentários ao novo Código Civil, vol. III, t. I:* Livro III – Dos fatos jurídicos: do negócio jurídico. 2. ed. Rio de Janeiro: Forense, 2003, p. 120).

[252] AZEVEDO, Álvaro Villaça de. *Código Civil comentado:* negócio jurídico, atos jurídicos lícitos, atos ilícitos: artigos 104 a 188. Coordenador Álvaro Villaça de Azevedo. São Paulo: Atlas, 2003, v. II, p. 205.

celebração teria ocorrido independentemente do emprego de artifícios astuciosos. Caberá ao responsável, apenas, arcar com o pagamento de indenização por perdas e danos ou com a redução da prestação acordada.

Há, ainda, a chamada reticência ou omissão dolosa, prevista no artigo 147 do CC/2002 (art. 94 do CC/1916), que se configura quando existe o silêncio intencional de uma das partes a respeito de fato ou qualidade que a outra parte haja ignorado, desde que provado que sem tal omissão o negócio não se teria celebrado.

No que concerne ao dolo de terceiro, previsto no artigo 148 do CC/2002 (art. 95 do CC/1916), este poderá causar a anulação do negócio jurídico, "se a parte a quem aproveite dele tivesse ou devesse ter conhecimento; em caso contrário, ainda que subsista o negócio jurídico, o terceiro responderá por todas as perdas e danos da parte a quem ludibriou".

O artigo 149 do Código Civil vigente (art. 96 do CC/1916) determina, na primeira parte, que o dolo do representante legal de uma das partes só obrigará o representado a responder civilmente até a importância do proveito que teve. Na segunda parte, diz que se o dolo for do representante convencional, o representado responderá solidariamente com ele por perdas e danos.

Por fim, o artigo 150 do CC/2002 (art. 97 do CC/1916) estatui que, procedendo ambas as partes com dolo, nenhuma poderá alegá-lo visando à anulação do negócio jurídico, nem tampouco reclamar indenização.

À semelhança do que ocorre com o erro, o dolo poderá ser provado por todos os meios de prova em direito admitidos, sendo da vítima o ônus da prova.

O dolo, embora não se presuma, pode ser provado por meio de presunções, apenas não se admitindo o dolo resultante do próprio ato *(in re ipsa)*. A anulação de ato por dolo, a exemplo do que ocorre com os "atos judiciais", somente poderá ser pleiteada através de ação anulatória, que tem procedimento ordinário e prazo decadencial de 4 (quatro) anos contados do dia em que se realizou o negócio, com base no mesmo inciso II do artigo 178 do CC/2002, antes invocado.[253]

Humberto Theodoro Júnior destaca que se trata de prazo decadencial e não prescricional, pelo que não se sujeita, em regra, às suspensões e interrupções previstas para a prescrição (arts. 207 e 208). Diz também que não se altera a contagem do prazo decadencial pelo fato de o dolo ter sido praticado pelo contratante ou por terceiro, no momento ou antes da consumação do negócio jurídico.[254]

---

[253] MAGRI, Berenice Soubhie Nogueira. *Ação anulatória – Art. 486 do CPC*. 2. ed. São Paulo: Revista dos Tribunais, 2004, p. 133.
[254] THEODORO JÚNIOR, Humberto. *Comentários ao novo Código Civil, vol. III, t. I:* Livro III – Dos fatos jurídicos: do negócio jurídico. 2. ed. Rio de Janeiro: Forense, 2003, p. 133.

2.4.3. Coação

Outro fundamento previsto na lei civil que poderá anular "ato judicial" é a coação, vício do consentimento de que tratavam os artigos 98 a 101 do Código Civil de 1916 e tratam os artigos 151 a 155 do CC/2002.[255]

A coação é qualquer ameaça física ou moral com a qual se constrange alguém à prática de um ato jurídico. Para sua configuração como vício da vontade, alguns requisitos devem estar presentes.

Para ensejar a anulação do negócio jurídico, a coação deve ser a sua causa determinante, ou seja, o negócio não teria sido realizado se não tivesse ocorrido o elemento coator, muito embora seja possível que tenha ocorrido a ameaça, mas o coagido tenha realizado o negócio jurídico sem a força coatora, por não ter sido esta a causa determinante. Assim, a coação pode ter ocorrido para impor um negócio que o coagido, independentemente dela, teria realizado, porém em condições diversas. Portanto, pode-se configurar a coação acidental, quando o negócio jurídico se realizaria igualmente, embora de maneira diferente. Em tal hipótese, o vício não se mostra capaz de anular o negócio jurídico, embora surja o dever de ressarcimento do prejuízo, da mesma forma que ocorre com o dolo acidental.

Ainda, além de ser causa determinante da realização do negócio, o temor há de ser considerável, devendo incutir na vítima um sentimento de medo justificado e grave, podendo ser moral, se a ameaça se dirige contra a vida, liberdade ou honra da vítima ou de qualquer pessoa de sua família (*vis compulsiva*). Outrossim, poderá o temor ser patrimonial, se a coação disser respeito aos seus bens, como a ameaça de incendiar um prédio pertencente à vítima, por exemplo, podendo, também, ser física (*vis absoluta*).[256]

O artigo 152 do CC/2002 (correspondente ao art. 99 do CC/1916) diz que deverão ser considerados o sexo, a idade, a condição, a saúde, o temperamento do paciente e todas as demais circunstâncias que possam influir na gravidade da coação.

O artigo 153 do Código Civil vigente (art. 100 do CC/1916) determina que não se considera coação a ameaça do exercício normal de um direito, nem o simples temor reverencial.

---

[255] Art. 151. A coação, para viciar a declaração da vontade, há de ser tal que incuta ao paciente fundado temor de dano iminente e considerável à sua pessoa, à sua família, ou aos seus bens. Parágrafo único. Se disser respeito a pessoa não pertencente à família do paciente, o juiz, com base nas circunstâncias, decidirá se houve coação. Art. 152. No apreciar a coação, ter-se-ão em conta o sexo, a idade, a condição, a saúde, o temperamento do paciente e todas as demais circunstâncias que possam influir na gravidade dela. Art. 153. Não se considera coação a ameaça do exercício normal de um direito, nem o simples temor reverencial. Art. 154. Vicia o negócio jurídico a coação exercida por terceiro, se dela tivesse ou devesse ter conhecimento a parte a que aproveite, e esta responderá solidariamente com aquele por perdas e danos. Art. 155. Subsistirá o negócio jurídico, se a coação decorrer de terceiro, sem que a parte a que aproveite dela tivesse ou devesse ter conhecimento; mas o autor da coação responderá por todas as perdas e danos que houver causado ao coacto.

[256] TEPEDINO, Gustavo; BARBOZA, Heloísa Helena; MORAES, Maria Celina Bodin de. *Código Civil interpretado conforme a Constituição da República*. Rio de Janeiro: Renovar, 2004, v. I, p. 285.

O temor que caracteriza a coação também deve dizer respeito a um dano iminente, pois a ameaça que produz efeitos num futuro distante não se mostra suficiente para coagir alguém a negociar, de forma a configurar o vício na vontade do agente.

Destaca-se que o Código Civil de 1916 não continha previsão semelhante à que consta do parágrafo único do artigo 151 da Lei Civil vigente, no sentido de que, se disser respeito a pessoa não pertencente à família do paciente, o juiz, com base nas circunstâncias, decidirá se houve coação.

Nos termos do inciso I do artigo 178 do Código Civil vigente, o prazo decadencial para a propositura de ação anulatória é de 4 (quatro) anos, contados da data em que cessar a coação.

Como da coação decorre, também, o direito à indenização, a vítima terá à sua disposição duas ações: a de anulação por vício de consentimento e a de ressarcimento dos prejuízos sofridos, cada qual sujeita a um prazo distinto. Para a primeira ação, como já dito, o prazo é de 4 (quatro) anos e é decadencial, ao passo que para a segunda é de 3 (três) anos e é prescricional. Como este é suscetível de interrupção e aquele não, é possível que o direito de propor a ação anulatória se extinga antes de desaparecer a pretensão indenizatória, ou vice-versa.[257]

2.4.4. Estado de perigo

Trata-se de figura jurídica não contemplada no Código Civil de 1916, e que vem prevista no Código Civil de 2002 no artigo 156, que determina: "configura-se o estado de perigo quando alguém, premido da necessidade de salvar-se, ou a pessoa de sua família, de grave dano conhecido pela outra parte, assume obrigação excessivamente onerosa".

Destacamos que na coação a ameaça ou violência provém de uma pessoa interessada na prática do ato. No estado de perigo, diferentemente, a ameaça decorre de simples circunstâncias de fato, que exercem influência na manifestação da vontade do agente que, premido pela necessidade de salvar-se, ou a pessoa de sua família, de grave dano, assume negócio em condição excessivamente desvantajosa.[258]

Em tais circunstâncias, o contrato torna-se iníquo, porque uma das partes se aproveita da conjuntura adversa para extrair vantagem injusta por conta da necessidade da outra.[259]

---

[257] THEODORO JÚNIOR, Humberto. *Comentários ao novo Código Civil, vol. III, t. I:* Livro III – Dos fatos jurídicos: do negócio jurídico. 2. ed. Rio de Janeiro: Forense, 2003, p. 187.
[258] TEPEDINO, Gustavo; BARBOZA, Heloísa Helena; MORAES, Maria Celina Bodin de. *Código Civil interpretado conforme a Constituição da República.* Rio de Janeiro: Renovar, 2004, v. I, p. 291-292.
[259] THEODORO JÚNIOR, Humberto. *Comentários ao novo Código Civil, vol. III, t. I:* Livro III – Dos fatos jurídicos: do negócio jurídico. 2. ed. Rio de Janeiro: Forense, 2003, p. 204.

O estado de perigo é uma espécie de estado de necessidade, de sentido mais amplo. Por estar em estado de necessidade, uma pessoa pode negar auxílio a outra, em um incêndio, para salvar a própria vida. Assim, alguém, ante o estado de risco de não se salvar ou a pessoa querida, parente ou amigo, anui em dispor de patrimônio excessivo, para tentar superar a dificuldade, agindo sob uma espécie de pressão psicológica, exercida por circunstância externa.[260]

Humberto Theodoro Júnior pondera que, na essência, o mecanismo de que se vale o contratante beneficiário para obter da vítima do perigo a vantagem que jamais alcançaria sem este, não difere do que ocorre quando o contratante faz uso da coação moral. Do mesmo modo que na *vis compulsiva*, o declarante submetido ao estado de perigo não tem, praticamente, condições de declarar livremente sua vontade negocial.[261]

O parágrafo único do referido artigo 156 determina que "tratando-se de pessoa não pertencente à família do declarante, o juiz decidirá segundo as circunstâncias".

Nelson Nery Júnior e Rosa Maria de Andrade Nery elencam como elementos caracterizadores do estado de perigo:

> (...) I) elementos objetivos: a) a ameaça de grave dano à própria pessoa ou a pessoa de sua família; b) a atualidade do dano; c) onerosidade excessiva da obrigação; e II) elementos subjetivos: d) a crença do declarante de que realmente se encontra em perigo; e) o conhecimento do perigo pela outra parte.[262]

Sobre os efeitos do estado de perigo, Humberto Theodoro Júnior afirma que:

> Pela maior gravidade da conduta do beneficiário, não se lhe reconhece a faculdade, presente no caso da lesão, de salvar o negócio jurídico mediante reequacionamento das prestações. Se houve aproveitamento de grave perigo pessoal para extrair a declaração negocial, a vítima tem, nos termos do art. 156 do Código, o irrestrito direito de anular todo o negócio.[263]

Assim, nos casos em que o "ato judicial" for praticado por agente em estado de perigo, terá cabimento a ação anulatória, com base nos artigos 486 do CPC e 171, inciso I, do CC/2002, no prazo decadencial de 4 (quatro) anos previsto no inciso II do artigo 178, ou seja, contados do dia em que se realizou o negócio

---

[260] AZEVEDO, Álvaro Villaça de. *Código Civil* comentado: negócio jurídico, atos jurídicos lícitos, atos ilícitos: artigos 104 a 188. Coordenador Álvaro Villaça de Azevedo. São Paulo: Atlas, 2003, v. II, p. 232.

[261] THEODORO JÚNIOR, op. cit., p. 209.

[262] NERY JÚNIOR, Nelson; NERY, Rosa Maria de Andrade. *Código Civil comentado e legislação extravagante*. 3. ed. São Paulo: Revista dos Tribunais, 2005, p. 248.

[263] THEODORO JÚNIOR, op. cit., p. 215. Sílvio Rodrigues, contudo, pondera que a mera anulação do negócio, alforriando o declarante de qualquer obrigação, conduz a resultado por igual injusto, pois este obtém um enriquecimento indevido e sem causa, que corresponde a um empobrecimento por parte do outro contratante (RODRIGUES, Silvio. *Direito civil. Parte geral*. 32. ed. atualizada de acordo com o novo Código Civil (Lei n. 10.406, de 10-1-2002). São Paulo: Saraiva, 2002, v. I, p. 223).

jurídico, que igualmente não se sujeita às suspensões e interrupções aludidas nos artigos 206 e 207 do CC/2002, que dizem respeito à prescrição.

2.4.5. Lesão

A exemplo do estado de perigo, analisado no tópico anterior, o instituto da lesão, previsto no artigo 157 do Código Civil de 2002, não era previsto no Código Civil de 1916.

Diz o dispqositivo:

> Art. 157. Ocorre a lesão quando uma pessoa, sob premente necessidade, ou por inexperiência, se obriga a prestação manifestamente desproporcional ao valor da prestação oposta.
> § 1º Awprecia-se a desproporção das prestações segundo os valores vigentes ao tempo em que foi celebrado o negócio jurídico.
> § 2º Não se decretará a anulação do negócio, se for oferecido suplemento suficiente, ou se a parte favorecida concordar com a redução do proveito.

Gustavo Tepedino, Heloísa Helena Barboza e Maria Celina Bodin de Moraes afirmam que, como defeito do negócio jurídico, "a lesão contratual é a desproporção existente entre as prestações de um contrato, verificada no momento da realização do negócio, havendo para uma das partes um aproveitamento indevido decorrente da situação de inferioridade da outra parte". Sustentam que a consagração do instituto da lesão no Código Civil é informada pelos princípios da boa-fé objetiva e do equilíbrio econômico das prestações, mitigando o princípio da força obrigatória dos contratos.[264]

A lesão que o Código Civil admite como vício do conhecimento, capaz de gerar a anulabilidade do negócio jurídico, exige que a sua pactuação tenha sido fruto de premente necessidade ou de inexperiência de uma das partes como circunstâncias determinantes das prestações avençadas de forma desproporcional.[265]

Caio Mário da Silva Pereira justifica a inserção do instituto no ordenamento jurídico brasileiro afirmando que a lesão contém a inspiração da equidade que ditou as disposições originárias no direito romano, apresentando-se como meio técnico de reprimir no terreno do contrato a exploração usurária de um contratante por outro.[266]

Portanto, para que se configure a lesão: a) o contrato deve ser, necessariamente, comutativo, equivalendo-se as prestações; b) a desproporção entre as prestações deve se verificar no momento da celebração do contrato, e não poste-

---

[264] TEPEDINO, Gustavo; BARBOZA, Heloísa Helena; MORAES, Maria Celina Bodin de. *Código Civil interpretado conforme a Constituição da República*. Rio de Janeiro: Renovar, 2004, v. I, p. 294.
[265] THEODORO JÚNIOR, Humberto. *Comentários ao novo Código Civil, vol. III, t. I: Livro III – Dos fatos jurídicos: do negócio jurídico*. 2. ed. Rio de Janeiro: Forense, 2003, p. 225.
[266] PEREIRA, Caio Mário da Silva. *Instituições de direito civil. Vol. 1. Introdução ao direito civil, teoria geral do direito civil*. 20. ed. rev. e atualizada de acordo com o Código Civil de 2002. Atualizadora Maria Celina Bodin de Moraes. Rio de Janeiro: Forense, 2004, p. 544.

riormente, pois, se naquele momento não tiver havido disparidade entre os valores, não terá ocorrido lesão; c) a desproporção deve ser considerável.[267]

Trata-se a lesão de vício do consentimento que dá ensejo à anulação de "ato jurídico" com base no artigo 171, inciso II do Código Civil/2002,[268] conjugado com o artigo 486 do Código de Processo Civil, no prazo decadencial de 4 (quatro) anos, que também não se sujeita às suspensões e interrupções aludidas nos artigos 206 e 207 do CC/2002, que dizem respeito à prescrição.

2.4.6. Fraude contra credores

A fraude contra credores tem previsão nos artigos 158 a 165 do Código Civil de 2002 (106 a 113 do CC/1916) e é causa de anulabilidade do "ato judicial".

Diz-se haver fraude contra credores quando o devedor insolvente, ou na iminência de tornar-se tal, pratica atos suscetíveis de diminuir seu patrimônio, reduzindo, desse modo, a garantia que este representa, para resgate de suas dívidas. As regras que regem o instituto se inspiram num princípio maior formador de todo o Direito das Obrigações, ou seja, no princípio de que o patrimônio do devedor responde por suas dívidas.[269]

O instituto é caracterizado por dois elementos: a) o objetivo (*eventus damni*), que consiste no ato prejudicial ao credor, por tornar o devedor insolvente ou por ter agravado ainda mais este estado e b) o subjetivo (*consilium fraudis*), consubstanciado na intenção do devedor, ou deste aliado com terceiro, de prejudicar o credor, ilidindo os efeitos da cobrança.[270]

Trata-se de ato por meio do qual a pessoa, deliberada e maliciosamente, consciente de dívida que possui, diminui seu patrimônio no intuito de prejudicar credores.

Contudo, a fraude contra credores somente estará caracterizada quando for insolvente o devedor, ou quando se tratar de pessoa que, por força dos referidos atos de disposição do patrimônio, tornar-se insolvente, pois, enquanto solvente o devedor, ampla será sua liberdade de dispor dos seus bens. Afinal, a prerrogativa de aliená-los é inerente ao direito de propriedade.

---

[267] RODRIGUES, Silvio. *Direito civil. Parte geral.* 32. ed. atualizada de acordo com o novo Código Civil (Lei n. 10.406, de 10-1-2002). São Paulo: Saraiva, 2002, v. I, p. 224-225.

[268] Álvaro Villaça de Azevedo diz que chama de lesão-vício o instituto da lesão, que difere da lesão enorme ou objetiva e da lesão por usura, que causam, estas últimas, nulidade do negócio jurídico, ao contrário da primeira que ocasiona sua anulabilidade (AZEVEDO, Álvaro Villaça de. *Código Civil Comentado:* negócio jurídico, atos jurídicos lícitos, atos ilícitos: artigos 104 a 188. Coordenador Álvaro Villaça de Azevedo. São Paulo: Atlas, 2003, v. II, p. 234).

[269] RODRIGUES, Silvio. *Direito civil. Parte geral.* 32. ed. atualizada de acordo com o novo Código Civil (Lei n. 10.406, de 10-1-2002). São Paulo: Saraiva, 2002, v. I, p. 228.

[270] TEPEDINO, Gustavo; BARBOZA, Heloísa Helena; MORAES, Maria Celina Bodin de. *Código Civil interpretado conforme a Constituição da República.* Rio de Janeiro: Renovar, 2004, v. I, p. 297.

Em regra, a fraude contra credores pode aparecer em atos de transmissão gratuita de bens ou de remissão de dívidas, atos a título oneroso, pagamento antecipado de dívidas vincendas e constituição de direitos de preferência a um ou alguns dos credores quirografários, por exemplo.[271]

No direito civil, o ato fraudulento poderá ser revogado por meio da chamada ação pauliana, que é ação judicial anulatória. Já os "atos jurídicos" praticados em juízo ou inseridos no processo regularmente serão anulados através da ação anulatória prevista no artigo 486 do Código de Processo Civil.[272]

A fraude contra credores é causa de anulabilidade do ato, pois o artigo 165 do Código Civil diz que "anulados os negócios fraudulentos, a vantagem resultante reverterá em proveito do acervo sobre que se tenha de efetuar o concurso de credores".[273]

Consigna-se, contudo, que parte considerável da doutrina reputa equivocada a qualificação da fraude contra credores como causa de anulabilidade do negócio jurídico, entendendo correta sua catalogação no campo da ineficácia, pois, ao tempo em que o Código de 1916 entrou em vigor, a doutrina brasileira ainda não havia desenvolvido a teoria da ineficácia como fenômeno distinto da nulidade e da anulabilidade. Os defensores de tal entendimento ressaltam, ainda, que o Diploma antigo levou em conta o conflito de interesses entre o poder de dispor do devedor e o direito à garantia patrimonial com que conta o credor para, declarando anulável o ato daquele, prejudicial à garantia deste, sanar o prejuízo, restabelecendo a garantia patrimonial violada.[274]

Entretanto, foge ao propósito do presente estudo equacionar a questão, bastando que se diga que a fraude a credores não dá ensejo à propositura da ação anulatória do artigo 486 do CPC.

Nesse sentido, Berenice Soubhie Nogueira Magri esclarece que, "embora semelhante, a 'ação pauliana' não se funda no art. 486 do CPC, até porque a ação

---

[271] RODRIGUES, Silvio. *Direito civil. Parte geral*. 32. ed. atualizada de acordo com o novo Código Civil (Lei n. 10.406, de 10-1-2002). São Paulo: Saraiva, 2002, v. I, p. 230.

[272] MAGRI, Berenice Soubhie Nogueira. *Ação anulatória – Art. 486 do CPC*. 2. ed. São Paulo: Revista dos Tribunais, 2004, p. 138.

[273] Nelson Nery Júnior e Rosa Maria de Andrade Nery, sobre o regime jurídico da fraude contra credores, afirmam que: "Tanto no CC/1916 quanto no atual CC, o regime jurídico da fraude contra credores é o da anulabilidade do ato ou negócio fraudulento. Trata-se de vício social do negócio jurídico, já que não este possui nenhum engano quanto à manifestação de vontade (as partes quiseram o que declararam). No entanto, como finalidade do negócio, direta ou indiretamente, com ou sem intenção, é a de fraudar o direito dos credores do alienante, qualifica-se como vício *social*, impondo-lhe a lei o sistema da anulabilidade. Esse regime jurídico é dado por *opção legislativa* e nada tem a ver com o negócio intrinsecamente considerado. Daí por que se nos afigura *contra legem* a interpretação feita por parte da doutrina brasileira, de considerar a fraude contra credores causa de ineficácia do negócio jurídico fraudulento" (NERY JÚNIOR, Nelson; NERY, Rosa Maria de Andrade. *Código Civil comentado e legislação extravagante*. 3. ed. São Paulo: Revista dos Tribunais, 2005, p 255).

[274] THEODORO JÚNIOR, Humberto. *Comentários ao novo Código Civil, vol. III, t. I: Livro III – Dos fatos jurídicos: do negócio jurídico*. 2. ed. Rio de Janeiro: Forense, 2003, p. 14-21.

própria deste dispositivo legal independe do ajuizamento prévio de outra ação de conhecimento ou execução".[275]

Diferente, contudo, seria a hipótese de alienação resultante de transação com dação em pagamento homologada pelo juiz, na qual seria cabível a ação anulatória prevista no artigo 486 do CPC.

2.4.7. Simulação

A simulação era prevista no Código Civil de 1916 nos artigos 102 a 105, que a consideravam capaz de tornar o ato anulável. Contudo, na simulação não há defeito na vontade, mas sim no ato concreto de sua declaração, para o fim de se obter efeito diferente do que a lei estabelece.[276] Por esta razão, no Código Civil de 2002 o instituto não mais se encontra previsto como defeito do negócio jurídico, mas sim como causa de Invalidade do Negócio Jurídico,[277] no Capítulo V, artigo 167, produzindo negócio nulo:

> Art. 167. É nulo o negócio jurídico simulado, mas subsistirá o que se dissimulou, se válido for na substância e na forma.
>
> § 1º Haverá simulação nos negócios jurídicos quando:
>
> I – aparentarem conferir ou transmitir direitos a pessoas diversas daquelas às quais realmente se conferem, ou transmitem;
>
> II – contiverem declaração, confissão, condição ou cláusula não verdadeira;
>
> III – os instrumentos particulares forem antedatados, ou pós-datados.
>
> § 2º Ressalvam-se os direitos de terceiros de boa-fé em face dos contraentes do negócio jurídico simulado.

O instituto, portanto, não é mais disciplinado entre as causas de anulação dos negócios, como ocorria ao tempo da lei anterior, pois, a rigor, na simulação não há deficiência do elemento volitivo, como ocorre no erro, no dolo e na coação. Pelo contrário, os agentes simuladores têm plena consciência em seu agir, e almejam, com a realização do negócio, infringir a lei ou interesse de terceiro.[278]

A simulação é uma declaração enganosa da vontade, no intuito de produzir efeito diverso daquele ostensivamente indicado. O negócio simulado é, portanto, aquele que oferece uma aparência diversa do efetivo querer das partes, que fingem

---

[275] MAGRI, Berenice Soubhie Nogueira. *Ação anulatória – Art. 486 do CPC*. 2. ed. São Paulo: Revista dos Tribunais, 2004, p. 138.

[276] AMARAL, Francisco. *Direito civil. Introdução*. 5. ed. rev. atual. e aum. de acordo com o novo Código Civil. Rio de Janeiro: Renovar, 2003, p. 531.

[277] Nelson Nery Júnior e Rosa Maria de Andrade Nery dizem que a norma dá o regime jurídico da nulidade ao negócio simulado, e que no sistema revogado o regime era o da anulabilidade (NERY JÚNIOR, Nelson; NERY, Rosa Maria de Andrade. *Código Civil comentado e legislação extravagante*. 3. ed. São Paulo: Revista dos Tribunais, 2005, p. 258).

[278] TEPEDINO, Gustavo; BARBOZA, Heloísa Helena; MORAES, Maria Celina Bodin de. *Código Civil interpretado conforme a Constituição da República*. Rio de Janeiro: Renovar, 2004, v. I, p. 312.

um negócio que na realidade não desejam realizar.[279] Diferentemente da reserva mental, há, na simulação, um acordo de vontades visando a enganar terceiros, e não uma atitude pessoal do agente, pretendendo enganar o declaratário através de declaração não conforme à real vontade do declarante.[280]

Tem-se na simulação, a celebração de um negócio que aparentemente está em conformidade com a ordem jurídica que o disciplina, mas que, na realidade, não visa ao efeito que juridicamente deveria produzir, por se tratar de uma declaração enganosa da vontade.

A simulação decorre da confluência de três elementos: a) intencionalidade da divergência entre a vontade interna e a declarada; b) intuito de enganar; c) conluio entre os contratantes (acordo simulatório). A intencionalidade da divergência entre a vontade interna e a declarada é a principal característica do negócio jurídico simulado.[281] Reside no fato de as partes quererem a aparência do negócio jurídico praticado, estipulando, por vezes, um contrato com a intenção firme de que este não corresponda ao que realmente pretendem obter. O acordo simulatório *(pactum simulationis)* é o conluio entre declarante e o declaratário acerca da divergência entre o que se estipula e a efetiva relação jurídica que nasce.[282]

Quanto às espécies de simulação, Nelson Nery Júnior e Rosa Maria de Andrade Nery explicam que:

> A simulação pode ser unilateral (o negócio jurídico simulado é unilateral) ou bilateral (o negócio jurídico simulado é bilateral). Pode ainda: a) aparentar negócio jurídico que não existe – negócio aparente (simulação absoluta); b) aparentar conferir ou transferir direitos a pessoa diversa daquela a que realmente se conferem ou transferem – interposição de pessoa (simulação relativa) (CC 167 § 1º, I); c) conter declaração, confissão ou condição não verdadeira (falsidade ideológica) (CC 167 § 1º, II); d) caracterizar-se quando o instrumento particular for antedatado ou pós-datado (CC 167 § 1º, III).[283]

Assim, a simulação será absoluta quando sob o ato simulado não se encontrar qualquer outra relação negocial efetiva entre as partes. Por outro lado, será relativa a simulação quando houver dois negócios: um simulado, ostensivo, aparente, mas que não representa o verdadeiro intento das partes e outro, dissimulado, oculto, que constitui a relação jurídica verdadeira.

Há, entretanto, a simulação inocente, que não tem por fim prejudicar terceiros ou violar disposições de lei, não constituindo, assim, defeito do ato jurídico, por força da liberdade de contrato, pois, sendo lícito o negócio, nada impede que

---

[279] RODRIGUES, Sílvio. *Direito civil. Parte geral.* 32. ed. atualizada de acordo com o novo Código Civil (Lei n. 10.406, de 10-1-2002). São Paulo: Saraiva, 2002, v. I, p. 294.

[280] AMARAL, Francisco. *Direito civil. Introdução.* 5. ed. rev. atual. e aum. de acordo com o novo Código Civil. Rio de Janeiro: Renovar, 2003, p. 532.

[281] NERY JÚNIOR, Nelson; NERY, Rosa Maria de Andrade. *Código Civil comentado e legislação extravagante.* 3. ed. São Paulo: Revista dos Tribunais, 2005, p. 258.

[282] AMARAL, Francisco. *Direito civil. Introdução.* 5. ed. rev. atual. e aum. de acordo com o novo Código Civil. Rio de Janeiro: Renovar, 2003, p. 533.

[283] NERY JÚNIOR; NERY, op. cit., p. 258.

as partes alcancem os efeitos almejados através de um meio indireto quando poderiam ter optado por um meio direto. Por exemplo, se a lei não veda ao homem solteiro doar bens à sua concubina, não poderá tornar sem efeito a venda simulada que ele eventualmente lhe fizer.[284]

O artigo 167 do Código Civil, ao determinar ser nulo o negócio simulado, confere ao prejudicado ação anulatória do negócio.

Tratando-se de simulação absoluta, anulado o negócio, são as partes transportadas para o estado em que antes dele se encontravam (CC, art. 182), nada subsistindo, porquanto o negócio simulado não passava de uma aparência, e como tal foi destruído.

Sendo relativa a simulação, ou seja, implicando a existência de dois ajustes, um simulado e outro dissimulado, a lei proclama destruído o primeiro e subsistente o segundo.

Em duas hipóteses o ato simulado será anulável, e não nulo: quando praticado por pessoa relativamente incapaz e quando, a viciar o negócio jurídico, houver um defeito tal como o erro, o dolo, a coação, o estado de perigo, a lesão ou a fraude.[285]

2.4.8. Reserva mental

O instituto tem previsão no artigo 110 do Código Civil vigente, no Livro III *Dos Fatos Jurídicos*, Título I *Do Negócio Jurídico*, Capítulo I e não era previsto na legislação anterior, muito embora já existisse na doutrina e na jurisprudência.

Reserva mental é a emissão de uma declaração tendo por único objetivo enganar o declaratário. São elementos constitutivos da reserva mental: a) uma declaração não querida em seu conteúdo, sendo que essa divergência entre a vontade real e a declarada pode ser intencional ou não intencional; b) propósito de enganar o declaratário ou mesmo terceiros.[286]

Duas situações podem ocorrer: a) ou o agente comunica esse fato ao destinatário do negócio, ou, de outra forma, este conhece a ressalva; b) ou o destinatário não a conhece.

No primeiro caso, de ser conhecida do destinatário a ressalva, o negócio não é válido. Contudo, desconhecendo o destinatário a ressalva, válido é o negócio, pois essa ressalva não pode produzir efeitos se ficou escondida na mente de seu autor.[287]

---

[284] RODRIGUES, Sílvio. *Direito civil. Parte geral*. 32. ed. atualizada de acordo com o novo Código Civil (Lei n. 10.406, de 10-1-2002). São Paulo: Saraiva, 2002, v. I, p. 298-299.
[285] Ibidem, p. 302.
[286] NERY JÚNIOR, Nelson; NERY, Rosa Maria de Andrade. *Código Civil comentado e legislação extravagante*. 3. ed. São Paulo: Revista dos Tribunais, 2005, p. 228.
[287] AZEVEDO, Álvaro Villaça de. *Código Civil* comentado: negócio jurídico, atos jurídicos lícitos, atos ilícitos: artigos 104 a 188. Coordenador Álvaro Villaça de Azevedo. São Paulo: Atlas, 2003, v. II, p. 65.

Como na reticência existe o propósito de enganar, o artigo 110 do CC/2002 é expresso ao determinar a completa invalidade dessa reserva mental conhecida só por seu autor. Aliás, o princípio é de que toda reserva ou ressalva deve ser expressa, para que a outra parte da relação jurídica e qualquer outro interessado no negócio jurídico possam conhecê-la.

Berenice Soubhie Nogueira Magri afirma ser admissível a ação anulatória do artigo 486 do CPC para anular "ato judicial" declarado com reserva mental. Diz que "admite-se a anulação do 'ato judicial' com defeito de 'reserva mental', mas somente quando ilícita e conhecida, caso em que se assemelha, quanto aos efeitos, à simulação".[288]

---

[288] MAGRI, Berenice Soubhie Nogueira. *Ação anulatória – Art. 486 do CPC*. 2. ed. São Paulo: Revista dos Tribunais, 2004, p. 142.

3. Aspectos processuais e procedimentais

3.1. Legitimidade

Têm legitimidade para a propositura da ação anulatória aqueles que possuam interesse processual e legitimidade, nos termos do artigo 3º do Código de Processo Civil.

Frisa-se que os legitimados para a propositura da ação anulatória decorrem do direito material, não havendo correspondência necessária com o rol dos legitimados para a ação rescisória constante do artigo 487 do CPC.[289] [290]

Se o ato que se quer anular estiver maculado de vício de nulidade absoluta, terá legitimidade para a sua propositura não apenas a parte interessada em anulá-lo, mas também o terceiro juridicamente interessado e o Ministério Público nas causas em que intervenha (artigos 168 do CC/2002 e 146 do CC/1916), conforme a regra geral das nulidades prevista nos artigos 166 do CC/2002 e 145 do CC/1916. Entretanto, a nulidade absoluta poderá ser declarada de ofício no próprio processo pendente, circunstância que minimiza a necessidade de oferecimento de ação anulatória em tais hipóteses. Entretanto, mesmo assim poderá a ação regulada pelo artigo 486 do CPC ser ajuizada após o término do processo em que se praticou o ato nulo, caso a nulidade não tenha sido apreciada durante o seu trâmite.[291]

Estando, contudo, eivado de vício de nulidade relativa, apenas as partes e os terceiros juridicamente interessados serão legitimados à sua propositura, conforme consta dos artigos 177 do CC/2002 e 152 do CC/1916.

Quanto à legitimidade passiva, tratando-se de atos bilaterais, a ação anulatória deverá ser dirigida contra a outra parte, se quem ajuizou a ação foi uma das

---

[289] Art. 487. Tem legitimidade para propor a ação: I – quem foi parte no processo ou o seu sucessor a título universal ou singular; II – o terceiro juridicamente interessado; III – o Ministério Público: a) se não foi ouvido no processo, em que lhe era obrigatória a intervenção; b) quando a sentença é o efeito de colusão das partes, a fim de fraudar a lei.

[290] MARCATO, Antônio Carlos (Coord.). [et. al.]. *Código de Processo Civil interpretado*. 2. ed. São Paulo: Atlas, 2005, p. 1538.

[291] MAGRI, Berenice Soubhie Nogueira. *Ação anulatória – Art. 486 do CPC*. 2. ed. São Paulo: Revista dos Tribunais, 2004, p. 166.

partes que praticou o ato em juízo. Poderá, ainda, no caso de ato praticado por terceiro juridicamente interessado, ser proposta contra ambos.[292]

Nos casos de ação anulatória que tenha por objeto a anulação de transação homologada em juízo, do que trataremos no item 5.1, legitimam-se os figurantes do negócio jurídico em questão, ou as partes do processo no qual a transação ocorreu.

3.2. Prazo

Ao contrário da ação rescisória, que pode, nos termos do artigo 495 do Código de Processo Civil, ser proposta no prazo decadencial de até dois anos contados do trânsito em julgado da decisão que se quer rescindir, a ação anulatória, por não visar à anulação da sentença, mas sim de *atos judiciais*, praticados pelas partes, desconstituindo o ato decisório por via reflexa, não está sujeita ao prazo previsto na Lei Instrumental, mas sim aos prazos ditados pelo direito material, que, conforme a natureza do ato violado, podem ser decadenciais ou prescricionais.

Reiterando o que já afirmáramos quando da análise do conceito de ação anulatória, o que o artigo 486 do CPC chama de "lei civil", na verdade significa direito material, privado ou público, que se refira ao ato jurídico em exame para a anulabilidade (rescindibilidade, para utilizar os termos do Código), de sorte que os prazos estão previstos não apenas nos artigos 205 e 206 do Código Civil, mas também em outros diplomas legais que disponham acerca de prazos prescricionais.

Pontes de Miranda, comentando o artigo 486 do CPC, emite opinião um tanto confusa sobre o ponto, sugerindo que o prazo para a propositura da ação anulatória seria o mesmo da ação rescisória:

> A ação, no tocante ao ato jurídico, sobre o país o qual se pôs a decisão judicial *transparente*, pode ter o seu prazo prescripcional, ou no seu prazo preclusivo (*e. g.*, se a alegação fosse de vício redibitório), ou não estar sujeita a prazo. Se a alegação fosse de vício redibitório, regeria outra regra jurídica com prazos preclusivos. Se a eiva é de nulidade ou de inexistência, não há prazo. Mas, em qualquer das outras espécies, que concernem ao ato jurídico (*verbis* "meramente homologatória"), é preciso que não haja decorrido o prazo preclusivo da ação rescisória, que é de dois anos.
>
> [...]
>
> Se não expirou o prazo para a rescisão do julgado, nem para a desconstituição do jurídico, e no prazo do art. 495, que é concernente a qualquer ação rescisória.[293]

---

[292] MAGRI, Berenice Soubhie Nogueira. *Ação anulatória – Art. 486 do CPC*. 2. ed. São Paulo: Revista dos Tribunais, 2004, p. 167.

[293] PONTES DE MIRANDA, Francisco Cavalcanti. *Comentários ao Código de Processo Civil*. 3. ed. São Paulo: Forense, 2002, t. 6, p. 263.

Ulderico Pires dos Santos, ao tratar da ação anulatória, mesmo reconhecendo a imprecisão terminológica do uso da expressão "rescindidos" pelo art. 486 do CPC, diz que o prazo para a propositura é de dois anos, cuja contagem é feita a partir do primeiro dia útil imediato àquele em que a decisão homologatória se tornou insuscetível de recurso ordinário.[294]

Luiz Fux,[295] concordando em ser o prazo de dois anos, afirma que "sob o prisma lógico-jurídico, não teria sentido conferir um prazo maior para a ação anulatória do que aquele previsto no artigo 495 do CPC", embora reconheça não ser este o entendimento preponderante na doutrina. Assim sustenta partindo da premissa de que, tanto numa quanto noutra hipótese, está em jogo o fim precípuo de garantir a paz e a estabilidade social, defendendo que "é mister, então, interpretar-se que a remissão à lei material pertine, apenas, aos motivos da anulação, não ao prazo, que deve ser o previsto no capítulo onde se encontra regulada a ação anulatória", de sorte que, em prol da estabilidade e segurança sociais e em prestígio do caso julgado, e em que pese as regras de hermenêutica reclamarem interpretação sistemática e finalística, não lhe parece haver possibilidade de afastar a incidência do prazo bienal para a propositura da ação anulatória, porquanto *"irmã gêmea"* da rescisória.

Diz, ainda, que os prazos estabelecidos pelo legislador para a desconstituição de partilha amigável, de um ano, conforme parágrafo único do artigo 1.029 do CPC, e para a partilha judicial, de dois anos, conforme artigo 1.030 do mesmo Diploma Legal, apontam para o acerto da tese dos prazos especiais quando o ato de disponibilidade está encartado na relação processual.

Afirma não haver paridade na jurisprudência quanto ao ponto, citando julgados nos quais se sustenta que, "para anular a partilha, os herdeiros dela excluídos, que não participaram do inventário, devem utilizar-se da ação de nulidade ou petição de herança vintenárias, e não da rescisória" (STF – RTJ, 108/217 e RT, 567/235), ao passo que noutros preconiza-se que "timbrada a natureza judicial da partilha, com a adjudicação de bem a menor, a sentença só pode ser desconstituída por meio de ação rescisória" (RSTJ, 65/344).[296]

Barbosa Moreira diz:

> Resta observar que *não* se aplica à ação anulatória de ato processual fundada em vício de vontade (nem *in genere*, a qualquer ação regida pelo art. 486) o disposto no art. 495 acerca do prazo decadencial da rescisória. A menos que haja regra especial (como a do art. 1.029, parágrafo único, do vigente Código Civil), incide o art. 178, n[os] I e II, deste último diploma, tal qual já incidia o art. 178, § 9º, nº V, do antigo Código: não obstante se referisse a "contratos" a parte inicial do texto, devia entender-se que a norma era aplicável genericamente aos *atos*

---

[294] SANTOS, Ulderico Pires dos. *Teoria e prática da ação rescisória*. Rio de Janeiro: Forense, 1978, p. 34-35.
[295] FUX, Luiz. *Curso de direito processual civil*. 2. ed. Rio de Janeiro: Forense, 2004, p. 871.
[296] Ibidem, p. 872.

jurídicos, segundo aliás transparecia da redação da letra *b*, *verbis* "o ato ou o contrato". O prazo era e é, pois, de quatro anos.[297]

No mesmo sentido, Berenice Soubhie Nogueira Magri diz que o prazo para a propositura da ação anulatória não será o decadencial de 2 (dois) anos, previsto no artigo 495 do CPC, mas sim o prazo prescricional ditado pelo direito material, pelo que poderá ser ora maior, ora menor que o prazo da ação rescisória.[298]

A opinião de que o prazo para a propositura da ação anulatória é ditado pelo direito material e de que não guarda qualquer relação com o prazo decadencial estabelecido no artigo 495 é acompanhada por Sérgio Gilberto Porto[299], Alexandre Alves Lazzarini[300] e Cássio Scarpinella Bueno[301].

Entendemos que o prazo para a propositura da ação anulatória poderá ser prescricional ou decadencial conforme a natureza do vício do qual padecer o ato que se pretende anular. Por isso, sustentamos que o prazo será ditado pelo direito material, não guardando relação com o prazo fixado pelo Código de Processo Civil para a ação rescisória, pois o que se pretende desconstituir é o ato trazido para o processo, e não a decisão judicial propriamente dita.

3.3. Competência

Tendo em vista que a ação anulatória não tem por objeto atacar atos do juízo, mas sim atos praticados pelas partes em juízo, deverá ser sempre ajuizada em primeiro grau de jurisdição, perante o juízo no qual o ato foi praticado ou homologado.[302]

Não se confundindo a ação anulatória com a ação rescisória, não têm aplicabilidade as regras pertinentes à competência para processamento e julgamento desta, que determinam ser competente o juízo hierarquicamente superior ao que proferiu a sentença ou o acórdão rescindendo.

---

[297] MOREIRA, José Carlos Barbosa. *Comentários ao Código de Processo Civil, Lei nº 5.869, de 11 de janeiro de 1973, vol V*: arts. 476 a 565. 13. ed. Rio de Janeiro: Forense, 2006, p. 165.
[298] MAGRI, Berenice Soubhie Nogueira. *Ação anulatória – Art. 486 do CPC*. 2. ed. São Paulo: Revista dos Tribunais, 2004, p. 167-168.
[299] PORTO, Sérgio Gilberto. *Coisa julgada civil*. 3. ed. São Paulo: Revista dos Tribunais, 2006, p. 174.
[300] LAZZARINI, Alexandre Alves. *Notas sobre a Ação Anulatória no Direito de Família*. In Repertório de Jurisprudência e Doutrina sobre Direito de Família. Vol. III. São Paulo: Revista dos Tribunais, 1996, p. 123.
[301] BUENO, Cássio Scarpinella. In: MARCATO, Antônio Carlos (Coord.) [*et. al.*]. *Código de Processo Civil interpretado*. 2. ed. São Paulo: Atlas, 2005, p. 1538.
[302] Nesse sentido, COSTA, Coqueijo. *Ação rescisória*. 5. ed. São Paulo: LTr, 1987, p. 84; CÂMARA, Alexandre Freitas. *Ação rescisória*. Rio de Janeiro: Lumen Juris, 2007, p. 273; OLIVEIRA, Francisco Antônio de. *Ação rescisória, enfoques trabalhistas (doutrina, jurisprudência e súmulas)*. São Paulo: Revista dos Tribunais, 1992, p. 218; MARTINS, Sandro Gilbert. *A defesa do executado por meio de ações autônomas. Defesa heterotópica*. 2: ed. rev. atual. e ampl. São Paulo: Revista dos Tribunais, 2005, p. 262.

O artigo 108 do CPC determina que "a ação acessória será proposta perante o juiz competente para a ação principal".

Nelson Nery Júnior e Rosa Maria de Andrade Nery lecionam no mesmo sentido:

> Competência. Como a ação anulatória é acessória da ação onde foi praticado o ato, a competência para processá-la e julgá-la é do juízo da homologação (CPC 108).No mesmo sentido: Barbosa Moreira, Coment, nº 95, p. 165; Magri, Ac. anul., nº 6, p. 127/128.
> Competência. Ação anulatória de ato jurídico (CPC 486). A ação anulatória de ato jurídico deve ser processada e julgada no juízo que homologou o acordo que se pretende invalidar (TJSP, Câm. Esp. CComp 33404-0/0, rel. Dirceu de Mello, v.u. j. 13/2/1997).[303][304]

Sobre o artigo 486 e a competência para processar e julgar ação anulatória, Barbosa Moreira afirma que:

> Não se confundindo com a rescisória a ação de que trata o dispositivo ora em exame, não se lhe aplicam as regras de competência pertinentes àquela. A ação anulatória de ato "judicial" pode ser proponível perante órgão em primeiro grau. Dado o vínculo de acessoriedade entre ela e a ação em cujo curso se praticou o ato impugnado, incide a regra do art. 108: será competente para a ação anulatória o mesmo juízo que esteja processando, ou tenha processado, a outra causa.[305]

Tal solução, conforme sustentou o jurista, atende à *ratio legis* e afigura-se vantajosa do ponto de vista prático, seja pela probabilidade de que o referido juízo se encontre em melhores condições para apreciar a matéria, seja em atenção às repercussões que o processo da ação anulatória pode ter sobre o outro, no caso de pendência simultânea (dada a possibilidade de propositura independentemente de trânsito em julgado), e que decerto gerariam maiores complicações procedimentais, se cada qual corresse perante um órgão distinto.

Citamos:

---

[303] NERY JÚNIOR, Nelson; NERY, Rosa Maria de Andrade. *Código de Processo Civil comentado e legislação extravagante*. 9. ed. São Paulo: Revista dos Tribunais, 2006, p. 688.

[304] CONFLITO DE COMPETÊNCIA. ARREMATAÇÃO. AÇÃO ANULATÓRIA. AUTARQUIA FEDERAL. INVALIDAÇÃO DE ATO EXECUTÓRIO. COMPETÊNCIA DO JUÍZO DA EXECUÇÃO. 1. "De nosso sistema processual civil retira-se o princípio segundo o qual compete ao juízo em que se praticou o ato executivo processar e julgar as causas tendentes a desconstituí-lo. Assim o é para os embargos à execução por carta (CPC, art. 747) e para os embargos de terceiro (CPC, art. 1.049), devendo-se adotar o mesmo princípio quando o ato executivo é atacado por ação autônoma, cuja natureza e finalidade são idênticas às dos referidos embargos. Precedentes do STJ e do STF" (CC 40.102/RS, Rel. Min. Teori Albino Zavascki, DJU de 19.04.04). 2. A ação anulatória de arrematação movida pelo INSS, autarquia federal, deve ser aforada no juízo da execução que praticou o ato executivo vergastado, não incidindo na hipótese o art. 109, I, da CF/88, pois da regência constitucional sobre o Poder Judiciário não emerge qualquer hierarquia entre a Justiça Federal e a Justiça Comum Estadual. 3. A um juízo federal de primeira instância não é dado o poder de revisar atos decisórios praticados por um juízo estadual dentro de sua competência. 4. Conflito conhecido para declarar competente o Juízo de Direito suscitado. (BRASÍLIA. Superior Tribunal de Justiça. 1ª Seção. Conflito de Competência n. 39.827-SP. Relator: Min. Castro Meira, j. 25.08.2004, *DJU*., de 27 de setembro de 2004, p. 178. Disponível em: <www.stj.gov.br>. Acesso em: 10 out. 2007).

[305] MOREIRA, José Carlos Barbosa. *Comentários ao Código de Processo Civil, Lei nº 5.869, de 11 de janeiro de 1973, vol V:* arts. 476 a 565. 13. ed. Rio de Janeiro: Forense, 2006, p. 166.

A competência para a ação rescisória de atos judiciais que não dependem de sentença ou em que esta é meramente homologatória (art. 486 do CPC) é dos juízes singulares, de primeiro grau, originariamente, não sendo atribuída a nenhum outro órgão judiciário.[306]

Por outro lado, sendo a ação anulatória ajuizada incidentalmente ao processo em que foi praticado o ato das partes pretendido anular, incidirá o artigo 105 do CPC[307], ou seja, as ações poderão ser reunidas por conexão ou continência.

3.4. Efeitos da propositura

Não apenas o julgamento, mas também a simples propositura da ação anulatória, por vezes produz efeitos sobre o processo no qual se praticou o ato impugnado.

José Carlos Barbosa Moreira aborda cada uma das hipóteses.[308]

A primeira é de a demanda prevista no artigo 486 do CPC ser proposta ainda no curso do processo no qual se praticou (ou se *processualizou*) o ato pretendido desconstituir. Em tal hipótese, desde que a sentença de mérito dependa do julgamento da ação anulatória, poderá ser determinada a suspensão do processo, nos termos do artigo 265, inciso IV, alínea "a", do CPC (Suspende-se o processo: IV – quando a sentença de mérito: a) depender do julgamento de outra causa, ou da declaração da existência ou inexistência da relação jurídica, que constitua o objeto principal de outro processo pendente). É o que ocorre quando se pleiteia a invalidação da renúncia à pretensão deduzida, do reconhecimento jurídico do pedido ou da transação. Muito embora o Código determine que o julgamento de uma ação com base em alguma destas hipóteses implica resolução de mérito, existe evidente relação de dependência, pois a homologação está condicionada à validade do ato, pendente de discussão na ação de anulação. Em tais casos, como já visto, poderá o juiz determinar sejam as ações reunidas, com base no artigo 105 do CPC.

Transitada em julgado a decisão proferida na ação anulatória, se rejeitado o pleito, nada obstará que o juiz do processo principal homologue o ato, declarando-o válido; se decretada a procedência da ação de anulação, o processo primitivo prosseguirá, como se não houvera o ato que restou desconstituído.

A segunda hipótese de ajuizamento da ação anulatória é após o trânsito em julgado da sentença proferida em processo primitivo. Se procedente for o pedido de anulação do ato homologado, não poderá subsistir a sentença homologatória,

---

[306] SÃO PAULO. Primeiro Tribunal de Alçada Cível de São Paulo. AgRg 251800. Relator: Sydney Sanches. RF 278/223.

[307] Art. 105. Havendo conexão ou continência, o juiz, de ofício ou a requerimento de qualquer das partes, pode ordenar a reunião de ações propostas em separado, a fim de que sejam decididas simultaneamente.

[308] MOREIRA, op. cit., p. 166-167. No mesmo sentido, Alexandre Freitas Câmara (CÂMARA, Alexandre Freitas. *Ação rescisória*. Rio de Janeiro: Lumen Juris, 2007, p. 274).

ainda que a ação não a tenha visado diretamente. Em tal caso, a sentença não é rescindida, mas, como não passava de um envoltório do ato homologado, a anulação deste a esvazia. O processo primitivo, então, retomará sua marcha, percorrendo novamente o *iter* desde o ato invalidado, ou passando às fases que este porventura o tenha impedido de alcançar.

A terceira hipótese é a ação anulatória que tem por objeto ato praticado em processo de execução, como a renúncia ao crédito, prevista no inciso III do artigo 794 do CPC. Anulado o ato, a execução retomará sua marcha, a partir do último ato anterior ao que se invalidou, caindo, naturalmente, a sentença que tenha decretado a extinção do feito.

Ao analisar a defesa do executado por meio de ações autônomas, também chamada de defesa heterotópica, Sandro Gilbert Martins aborda os efeitos da propositura da ação prevista no artigo 486 sobre o processo executivo.[309]

Afirma que, em casos como os de partilha amigável feita por instrumento particular (CPC, art. 1.029) e de separação por mútuo consentimento, a ação anulatória pode ser proposta antes mesmo de a execução ter sido iniciada ou então quando esta já estiver em curso, devendo ambas tramitarem juntas, seja por prevenção, seja por conexão, diante da prejudicialidade, na medida em que estão umbilicalmente ligadas ao título executivo judicial.

Já nos casos de pretensão de se desconstituírem atos realizados em processos executivos, pode a ação anulatória ser proposta quando ainda pendente a execução em que foi praticado o ato ou após findo o processo ou fase. Destaca ainda o autor que, em qualquer destas hipóteses, diante do liame prejudicial, pode a execução ser suspensa *sine die*, a requerimento do executado via antecipação de tutela, liminarmente ou não.

3.5. Procedimento

A ação prevista no artigo 486 do Código de Processo Civil é processo de conhecimento e por isso não segue o procedimento nem as regras típicas previstas para a ação rescisória nos artigos 491 a 494 CPC, estando subsumida, destarte, ao procedimento comum, ordinário ou sumário (nesse último caso, se o valor da causa não exceder a 60 salários mínimos, conforme inciso I do artigo 275 do CPC), resguardada a hipótese de o Código ou lei processual extravagante preverem procedimento especial.

---

[309] MARTINS, Sandro Gilbert. *A defesa do executado por meio de ações autônomas. Defesa heterotópica.* 2. ed. rev. atual. e ampl. São Paulo: Revista dos Tribunais, 2005, p. 262-265. Conforme o autor, a expressão *heterotópica*, utilizada para designar-se as ações prejudiciais à execução se explica por serem encontradas em tópicos próprios, não inseridos no Livro II do CPC, que trata do processo de execução (p. 149).

Entendemos, ainda, conforme será demonstrado no item 5.9, e na esteira do que sustenta Berenice Soubhie Nogueira Magri,[310] ser cabível a ação anulatória prevista no artigo 486 do CPC nos processos que tramitam perante os Juizados Especiais Cíveis e Criminais, tratados na Lei 9.099/95, tendo em vista o disposto no seu artigo 3º:

> Art. 3º O Juizado Especial Cível tem competência para conciliação, processo e julgamento das causas cíveis de menor complexidade, assim consideradas:
> I – as causas cujo valor não exceda a quarenta vezes o salário mínimo;
> II – as enumeradas no art. 275, inciso II, do Código de Processo Civil;
> III – a ação de despejo para uso próprio;
> IV – as ações possessórias sobre bens imóveis de valor não excedente ao fixado no inciso I deste artigo.
> [...]
> § 2º Ficam excluídas da competência do Juizado Especial as causas de natureza alimentar, falimentar, fiscal e de interesse da Fazenda Pública, e também as relativas a acidentes de trabalho, a resíduos e ao estado e capacidade das pessoas, ainda que de cunho patrimonial.

O mesmo vale para os Juizados Especiais Federais, previstos pela Lei nº 10.259/01, cujo artigo 1º preconiza o cabimento da Lei 9.099/95 naquilo que não conflitar com suas disposições.

Enquanto a rescisória é ação de procedimento especial de competência originária de tribunal, a ação anulatória é da competência de juiz de primeiro grau e segue o procedimento comum.[311] Alexandre Alves Lazzarini afirma que o procedimento da ação anulatória será o comum, e não o da rescisória.[312] Semelhante é o entendimento de Rogério Lauria Tucci[313] e de Coqueijo Costa.[314]

Por conseguinte, embora a petição inicial deva observar, necessariamente, os requisitos arrolados pelos artigos 282 e 283 do CPC, o proponente da ação anulatória não está obrigado a efetuar o depósito de 5% sobre o valor da causa previsto no inciso II do referido artigo 488, a título de multa, caso a ação seja declarada inadmissível, ou julgada improcedente, pois tal disposição se aplica apenas à ação rescisória.

---

[310] MAGRI, Berenice Soubhie Nogueira. *Ação anulatória – Art. 486 do CPC*. 2. ed. São Paulo: Revista dos Tribunais, 2004, p. 158-159.

[311] SOUZA, Bernardo Pimentel. *Introdução aos recursos cíveis e à ação rescisória*. 4. ed. São Paulo: Saraiva, 2007, p. 507.

[312] LAZZARINI, Alexandre Alves. Notas sobre a ação anulatória no direito de família. In: *Repertório de jurisprudência e doutrina sobre direito de família*. São Paulo: Revista dos Tribunais, 1996, v. III, p. 123.

[313] TUCCI, Rogério Lauria. *Curso de direito processual civil*. São Paulo: Saraiva, 1989, v. III, p. 247.

[314] COSTA, Coqueijo. *Ação rescisória*. 5. ed. São Paulo: LTr, 1987, p. 84.

3.6. Instrução probatória

Os princípios constitucionais do contraditório e da ampla defesa compreendem o poder que as partes possuem de se valerem de todos os meios de prova possíveis e legalmente adequados à comprovação dos fatos que legitimem seu direito.

Sendo a ação anulatória ação ordinária de procedimento comum, de rito ordinário ou sumário, as provas serão, no primeiro caso, aquelas previstas no Livro I (Do Processo de Conhecimento), Título VIII (Do Procedimento Ordinário), Capítulo VI (Das Provas), artigos 332 e seguintes do CPC, ou seja, todos os meios de prova admitidos pelo ordenamento processual civil. Sendo sumário o rito, há também ampla liberdade de produção probatória, respeitados os princípios da imediatidade e da concentração que o norteiam.

Proposta a ação anulatória perante os Juizados Especiais, existirá a mesma amplitude probatória, ressalvado o disposto nos artigos 32 a 34 da Lei 9.099/95[315], no sentido de que todas as provas serão produzidas em audiência e de limitação das testemunhas ao número de 3 (três).

3.7. Sentença e efeitos

A ação anulatória é de natureza desconstitutiva, ou constitutiva negativa de ato judicial.

Acolhida a pretensão à anulação, produz a sentença o efeito peculiar ao desfazimento do ato jurídico, qual seja o reposicionamento do interessado na posição em que, anteriormente à sua efetivação, se encontrava.[316]

Berenice Soubhie Nogueira Magri diz que, julgada procedente a ação anulatória, o ato não será apenas declarado nulo, mas sim desconstituído, apagado do mundo jurídico. Afirma que nas hipóteses de sentença "meramente homologatória", a ação não visa diretamente à sentença. Por consequência, essa sentença homologatória não subsistirá porque se tornará vazia, razão pela qual não se trata de rescisão de sentença, que nestes casos, é um simples invólucro sentencial do ato, desprovida de força para subsistir se o ato que a constituiu for desfeito.[317]

---

[315] Art. 32. Todos os meios de prova moralmente legítimos, ainda que não especificados em lei, são hábeis para provar a veracidade dos fatos alegados pelas partes. Art. 33. Todas as provas serão produzidas na audiência de instrução e julgamento, ainda que não requeridas previamente, podendo o Juiz limitar ou excluir as que considerar excessivas, impertinentes ou protelatórias. Art. 34. As testemunhas, até o máximo de três para cada parte, comparecerão à audiência de instrução e julgamento levadas pela parte que as tenha arrolado, independentemente de intimação, ou mediante esta, se assim for requerido.

[316] TUCCI, Rogério Lauria. *Curso de direito processual civil*. São Paulo: Saraiva, 1989, v. 3, p. 247.

[317] MAGRI, Berenice Soubhie Nogueira. *Ação anulatória – Art. 486 do CPC*. 2. ed. São Paulo: Revista dos Tribunais, 2004, p. 170.

Afirma que não se trata apenas de declarar a nulidade de determinado ato praticado em juízo, mas de desconstituí-lo em razão de estar eivado de vício de nulidade (absoluta ou relativa), e que a sentença de procedência da ação anulatória tem natureza constitutiva negativa.[318]

Também Pontes de Miranda afirma que as decisões que decretam a nulidade e a anulabilidade são constitutivas negativas, pois, após a sua eficácia, nada existe no mundo jurídico, no tocante à *res deducta*.[319] No mesmo sentido leciona Coqueijo Costa.[320]

Diferentemente, José Arnaldo Vitagliano defende que a ação anulatória seria ação declaratória, por meio da qual se pretende a declaração de nulidade do ato então *sub judice* e a retomada ao *status quo ante* na relação jurídica que resultou do ato anulado.[321] A afirmação, contudo, é incompleta, pois deixa de considerar o evidente efeito constitutivo negativo da sentença que julga procedente a ação anulatória.

Por isso, Cássio Scarpinella Bueno destaca que, diferentemente do que ocorre com a ação rescisória, (superação do *judicium rescindens*) mencionado nos artigos 488, inciso I, e 494, a admissibilidade da anulatória não viabiliza o "rejulgamento da causa" (*judicium recissorium*), pois tal ação limita-se a invalidar (ou declarar nulos) os atos praticados pelas partes e, nessa qualidade, introduzidos no processo.[322]

Em contrapartida, decretada a improcedência da ação anulatória, a sentença terá natureza declaratória negativa, no sentido de que o proponente da demanda não tinha direito à desconstituição do ato praticado pelas partes em juízo.

Quanto aos efeitos da sentença, Berenice Soubhie Nogueira Magri afirma que a decisão que julgar procedente a ação anulatória proposta com base no artigo 486 do CPC terá, normalmente, efeito *"ex nunc"*, ou seja, produzirá efeitos a partir da sentença, sem retroagir. Apenas excepcionalmente terá efeito *"ex tunc"*, o que ocorrerá nos casos em que o direito material com base no qual o ato foi desconstituído o determinar. Sendo, entretanto, julgada improcedente a ação anulatória, dada a natureza declaratória negativa da sentença, serão também *"ex tunc"* seus efeitos.[323]

Respeitosamente, discordamos da douta processualista no que diz respeito aos efeitos da sentença que julga procedente a ação anulatória, pois, em tais casos,

---

[318] MAGRI, Berenice Soubhie Nogueira. *Ação anulatória – Art. 486 do CPC*. 2. ed. São Paulo: Revista dos Tribunais, 2004, p. 171.

[319] PONTES DE MIRANDA, Francisco Cavalcanti. *Tratado das ações. Tomo IV – Ações constitutivas*. 1. ed. atualizado por Vilson Rodrigues Alves. Campinas: Bookseller, 1999, p. 91.

[320] COSTA, Coqueijo. *Ação rescisória*. 5. ed. São Paulo: LTr, 1987, p. 83.

[321] VITAGLIANO, José Arnaldo. *Coisa julgada e ação anulatória*. Curitiba: Juruá, 2005, p. 82.

[322] BUENO, Cássio Scarpinella. In: MARCATO, Antônio Carlos (Coord.). [et. al...]. *Código de Processo Civil interpretado*. 2. ed. São Paulo: Atlas, 2005, p. 1538.

[323] MAGRI, op. cit., p. 172.

é difícil conceber-se, reconhecendo-se a nulidade do ato praticado pelas partes, que a decisão que o decretou tenha efeitos somente dali em diante.

Podemos exemplificar mencionando o caso de uma transação na qual um dos acordantes comprometeu-se a pagar uma dívida ao outro de forma parcelada. Proposta a ação anulatória mediante a alegação de que o devedor fora coagido a acordar, e decretada a procedência da demanda, entendemos incabível sustentar-se que, por força do efeito desconstitutivo, apenas as parcelas com vencimento posterior à decisão poderiam ser exigidas de volta por quem as pagou. Ora, é nítido que um ato que teve origem em vontade viciada será anulado desde que foi praticado, e não apenas da sentença que decretou sua nulidade em diante.

Importante destacar que a sentença proferida no julgamento da ação anulatória, seja de procedência, seja de improcedência, faz coisa julgada material, podendo dar ensejo, inclusive, à propositura de ação rescisória, caso presentes os requisitos que a autorizam.

3.8. Recursos

A sentença proferida na ação anulatória, ação ordinária, implica resolução de mérito, estando sujeita aos mesmos recursos cabíveis no processo de conhecimento, nos termos dispostos no Livro I, Título X, do CPC.

Terá cabimento a apelação, nos termos do artigo 513 do CPC quando comum o procedimento e o recurso inominado, conforme artigo 41 da Lei 9.099/95, sendo a ação anulatória processada perante os Juizados Especiais.

Já na Justiça do Trabalho, nos casos em que a ação anulatória tiver cabimento, a sentença deverá ser atacada através de recurso ordinário, nos termos do artigo 893, inciso II, da Consolidação das Leis do Trabalho.

4. Institutos afins

4.1. Da ação rescisória

A ação rescisória tem previsão no artigo 485 do Código de Processo Civil:

Art. 485. A sentença de mérito, transitada em julgado, pode ser rescindida quando:

I – se verificar que foi dada por prevaricação, concussão ou corrupção do juiz;

II – proferida por juiz impedido ou absolutamente incompetente;

III – resultar de dolo da parte vencedora em detrimento da parte vencida, ou de colusão entre as partes, a fim de fraudar a lei;

IV – ofender a coisa julgada;

V – violar literal disposição de lei;

VI – se fundar em prova, cuja falsidade tenha sido apurada em processo criminal ou seja provada na própria ação rescisória;

VII – depois da sentença, o autor obtiver documento novo, cuja existência ignorava, ou de que não pôde fazer uso, capaz, por si só, de lhe assegurar pronunciamento favorável;

VIII – houver fundamento para invalidar confissão, desistência ou transação, em que se baseou a sentença;

IX – fundada em erro de fato, resultante de atos ou de documentos da causa;

§ 1º Há erro, quando a sentença admitir um fato inexistente, ou quando considerar inexistente um fato efetivamente ocorrido.

§ 2º É indispensável, num como noutro caso, que não tenha havido controvérsia, nem pronunciamento judicial sobre o fato.

Não analisaremos cada uma das hipóteses de cabimento da ação rescisória, por não ser este o tema central do presente estudo. Assim, apenas destacaremos alguns conceitos e noções fundamentais que nos permitam demonstrar as semelhanças e as diferenças existentes entre esse instituto e o da ação anulatória, na medida em que ambos constituem ações autônomas de impugnação, capazes de desconstituir decisões judiciais transitadas em julgado, ainda que a ação prevista no artigo 486 do CPC o faça de forma indireta.

No sistema europeu, os recursos ditos ordinários são os que se utilizam contra decisões que não transitaram em julgado, e os extraordinários destinam-se a atacar sentenças que formaram coisa julgada. Disso decorre a absorção, pelo regime europeu, da ação rescisória pelos recursos extraordinários.[324]

Na França, o sistema equivalente à retratação romana surgiu com a *requête civile*, que era uma ação proposta perante o tribunal que proferiu o julgamento e não perante o juiz de primeiro grau, e que ataca diretamente o mérito da questão. Era recurso diverso do de cassação e provinha da antiga *proposition d'erreur*.[325]

No Direito italiano, a ação rescisória, como no direito brasileiro, igualmente tem natureza de meio de impugnação *stricto sensu*, sendo, outrossim, dotada de um duplo juízo (rescindente e rescisório).[326] Chamada de *revocazione*, a ação tem previsão nos artigos 395[327] e seguintes do Códice de Procedura Civile, com prazo para requerimento da revogação de 30 dias do descobrimento do dolo, falsidade ou conluio, ou da recuperação de documento, ou do dia em que transitou em julgado a própria sentença que declarou o dolo do juiz.

Na Itália (como também na França), a incompetência absoluta do juiz e a violação da lei são fundamentos da *revocazione*.[328]

A expressão rescisória provém, etimologicamente, do latim, verbo *rescindere*, que significa derrubar, deitar por terra, anular, invalidar.

No ordenamento brasileiro, anteriormente ao Código de Processo Civil de 1939 (Decreto-Lei 1.608, de 18 de setembro de 1939), no Livro VI, Título III, que regulava a ação rescisória nos artigos 798 a 801, diversos códigos estaduais continham disposições sobre o instituto.[329]

Na doutrina antiga, Jorge Americano conceituava a ação rescisória como "a acção pela qual se pede a decretação da nullidade ou illegalidade de uma sentença que extrinsecamente passou em julgado e, por via de consequencia, o novo julgamento da especie nella apreciada."[330]

Pontes de Miranda, por sua vez, refere que na ação rescisória há *julgamento de julgamento*. É processo sobre outro processo, remédio processual autônomo,

---

[324] COSTA, Coqueijo. *Ação rescisória*. 5. ed. São Paulo: LTr, 1987, p. 12.

[325] Ibidem, p. 12.

[326] LUISO, Francesco Paolo. *Diritto processuale civile*. Terza Edizione. Milano: Giuffrè, 2000, v. II, p. 459.

[327] Art. 395. *Le sentenze pronunciate in grado d'apello o in unico grado possano essere impugnate per revocazione*.

[328] VALLE, Christino Almeida do. *Teoria e prática da ação rescisória*. 2. ed. Rio de Janeiro: Aide, 1984, p. 249.

[329] BRASIL, Ávio. *Rescisória de julgados*. 2. ed. Rio de Janeiro: Livraria Tupã, 1949, p. 74-75. O autor menciona as disposições da ação rescisória em ordenamentos anteriores ao CPC de 1939: Ordenações do Reino, Livro III, título 75, n. 1; Regulamento 737, artigo 680; decreto n. 3.084, parte V, arts. 1º e 3º; Código de Processo Civil de Minas Gerais, art. 173; do Espírito Santo, art. 1.126; de Pernambuco, art. 162; do Ceará, art. 1.296; do Rio Grande do Sul, art. 504; do Rio de Janeiro, art. 2.276; do Maranhão, art. 1.032; do Distrito Federal, art. 302; de Santa Catarina, art. 1.829; de São Paulo, art. 348; Anteprojeto, art. 998; Projeto Levi-Carneiro, art. 369, ns. I a IV; Projeto Pereira-Braga – Filadelfo Azevedo, art. 496, ns. I a VII.

[330] AMERICANO, Jorge. *Estudo theorico e pratico da acção rescisoria dos julgados no direito brasileiro*. 3. ed. Correcta e Augmentada. São Paulo: Saraiva & Comp., 1936, p. 38.

no qual não se examina o direito de alguém, mas sim a sentença passada em julgado, a prestação jurisdicional já entregue.[331]

José Carlos Barbosa Moreira diz que: "Chama-se rescisória à ação por meio da qual se pede a desconstituição de sentença trânsita em julgado, com eventual rejulgamento, a seguir, da matéria nela julgada".[332]

Em estudo mais recente, Alexandre Freitas Câmara definiu a ação rescisória como demanda autônoma de impugnação de provimentos de mérito transitados em julgado, com eventual rejulgamento da matéria neles apreciada.[333] Conforme Vicente Greco Filho, a ação rescisória tem natureza constitutiva negativa porque modifica o mundo jurídico, desfazendo a sentença transitada em julgado, podendo conter também outra eficácia quando a parte pede novo julgamento em substituição do rescindido.[334]

A propositura da ação rescisória exige a cumulação de três requisitos, que são: a) decisão (e não somente sentença)[335] de mérito com trânsito em julgado[336]; b) não decurso do prazo decadencial de dois anos (CPC, art. 495) e c) enquadramento na previsão legal (incisos do artigo 485 e artigo 1.030 do CPC[337]).[338]

Trata-se de demanda autônoma, e não de um recurso, porquanto dá início a um processo autônomo, que tem por objeto a desconstituição de um provimento jurisdicional transitado em julgado.[339] O Código de Processo Civil não a elenca entre os recursos previstos no artigo 496. Além disso, o *caput* do artigo 485 do CPC afirma a possibilidade de rescisão dos provimentos de mérito desde que já tenham eles transitado em julgado.

---

[331] PONTES DE MIRANDA, Francisco Cavalcanti. *Comentários ao Código de Processo Civil*. Rio de Janeiro: Revista Forense, 1949, v. IV, p. 494.

[332] MOREIRA, José Carlos Barbosa. *Comentários ao Código de Processo Civil, Lei nº 5.869, de 11 de janeiro de 1973, vol V:* arts. 476 a 565. 13. ed. Rio de Janeiro: Forense, 2006, p. 100.

[333] CÂMARA, Alexandre Freitas. *Ação rescisória*. Rio de Janeiro: Lumen Juris, 2007, p. 30.

[334] GRECO FILHO, Vicente. *Direito processual civil brasileiro*. 15. ed. São Paulo: Saraiva, 2002, v. II, p. 403.

[335] Sobre a questão da possibilidade de rescindir-se decisão de mérito, que não seja sentença, Tesheiner indaga: "*Quid juris*, se o juiz decide o mérito em decisão interlocutória? Assim, por exemplo, se o juiz, ao sanear o processo, repele a preliminar de prescrição, o que constitui decisão de mérito, nos termos do artigo 269, IV, do CPC. Dessa decisão, que, nos termos do Código, não constitui sentença, cabe ação rescisória? A resposta, em nosso entendimento, é afirmativa. (TESHEINER, José Maria Rosa. *Ação rescisória e meios autônomos de impugnação*. Disponível em: <http://www.tex.pro.br>. Acesso em: 27 maio 2007).

[336] A doutrina antiga chegou a debater a possibilidade de se ajuizar a ação rescisória enquanto pendente a demanda, ainda que minoritariamente. Veja-se: VIDIGAL, Luis Eulálio de Bueno. *Da ação rescisória dos julgados*. São Paulo: Saraiva, 1948, p. 34.

[337] Art. 1.030. É rescindível a partilha julgada por sentença: I – nos casos mencionados no artigo antecedente; II – se feita com preterição de formalidades legais; III – se preteriu herdeiro ou incluiu quem não o seja.

[338] TEIXEIRA, Sálvio de Figueiredo. Ação rescisória. Apontamentos. *Revista dos Tribunais,* São Paulo, n. 646, ano 78, nov. 1989, p. 7.

[339] Trata-se de ação constitutiva negativa, que produz uma sentença desconstitutiva, quando julgada procedente. (WAMBIER, Luiz Rodrigues; ALMEIDA, Flávio Renato Correia de; TALAMINI, Eduardo. *Curso avançado de processo civil*. 8. ed. São Paulo: Revista dos Tribunais, 2006, v. I, p. 606).

Irretocável, neste aspecto, a doutrina de Rogério Lauria Tucci.[340]

Teresa Celina de Arruda Alvim Pinto, em palestra sobre a ação rescisória, assentou que:

> É comum afirmar-se que, na esfera dos direitos materiais, os atos anuláveis são atacáveis por meio de *ações desconstitutivas*, que têm efeito dali para frente, e os atos nulos, são atacáveis por meio de ações declaratórias, e têm efeitos, portanto, retroativos. No entanto, isso não ocorre na seara do Direito Processual Civil, em que até as *sentenças nulas*, para que sejam atacadas, demandam a ação de natureza *desconstitutiva*. Isto porque no Direito Processual Civil, mesmo as sentenças nulas produzem *coisa julgada* e, na verdade, elas só serão atacadas depois que se desconstituir essa espécie de "barreira" protetora, que se forma ao redor delas, que é a coisa julgada. Assim, ainda que de sentença *nula* se trate, é necessário que, primeiramente, se desconstitua a coisa julgada que se produziu, para que só num segundo momento, se atinja a *sentença, propriamente dita.*[341]

Como se vê, o objeto da ação rescisória será sempre a pretensão de desconstituir-se provimento de mérito transitado em julgado.

Casos haverá, porém, em que se cumulará a tal objetivo o de rejulgamento da matéria decidida na sentença pretendida desconstituir, pois, em algumas hipóteses, desconstituída (rescindida) a decisão, a matéria que nela fora julgada ficará desprovida de resolução, impondo-se ao próprio órgão julgador da ação rescisória dar àquela causa original um novo julgamento. Tal rejulgamento, destarte, é eventual, ou seja, nem sempre ocorrerá no mesmo processo em que se julgou a ação rescisória, pois, em certos casos, deverá o feito retornar ao juízo prolator da decisão rescindida para que profira ele nova sentença, ou, ainda, poderá ocorrer de a causa original simplesmente não mais poder ser julgada novamente.[342] [343]

Alexandre Freitas Câmara diz, ainda, ser absolutamente essencial, para a adequada compreensão do conceito de ação rescisória, que se afirme que a mesma não tem por objeto a pretensão à anulação (ou à declaração de nulidade) de

---

[340] TUCCI, Rogério Lauria. *Curso de direito processual civil*. São Paulo: Saraiva, 1989, v. 3, p. 211. Explicita que a) a ação rescisória é disciplinada nos artigos 485 e seguintes, como *ação*, como o próprio Código a denomina, inclusive, como causa de competência originária dos tribunais (arts. 487 a 495 e 491 a 494); b) como toda ação, a rescisória tem início através de petição inicial, conforme artigos 264 e 488 a 490 do Código. Sendo deferido o processamento, ocorrerá a citação do(s) réu(s) e a determinação de prazo para que contestem a demanda; c) após o decurso do prazo para resposta, com ou sem contestação, exceção ou reconvenção, passa-se à observância do rito ordinário, estatuído no Livro I, Título VIII, permitindo-se a produção de quaisquer provas pretendidas pelas partes, nos termos dos artigos 491 e 492 do Código e d) o prazo para a interposição de recursos inicia-se com a publicação do ato decisório, ou da intimação do procurador do sucumbente (CPC, art. 506), ao passo que o atinente à propositura da ação rescisória principia com o trânsito em julgado da decisão de mérito e é de dois anos.

[341] PINTO, Teresa Celina de Arruda Alvim. Ação rescisória. Palestra proferida em setembro de 1985, em Curso de Extensão Universitária promovido pela Faculdade de Direito de São Bernardo do Campo. *Revista de Processo*, São Paulo, n. 40, ano 10, p. 136, 1985.

[342] Hipótese, por exemplo, de ação rescisória julgada procedente para o efeito de se reconhecer ofensa à coisa julgada (CPC, art. 485, inc. IV). Rescindida a sentença, repristina-se a decisão anterior, sendo evidente que a causa não seria novamente julgada, sob pena de incorrer-se em nova ofensa.

[343] CÂMARA, Alexandre Freitas. *Ação rescisória*. Rio de Janeiro: Lumen Juris, 2007, p. 30-31.

sentença transitada em julgado, equívoco que reputa bastante comum. Defende o Autor o acerto de dizer-se que a ação rescisória tem por propósito rescindir o pronunciamento jurisdicional impugnado.[344]

De outra parte, como vimos no Capítulo 2, os vícios processuais são sanados pela eficácia sanatória geral da coisa julgada, de sorte que, uma vez transitada em julgado a sentença, não mais se poderá reconhecer a invalidade dos atos processuais viciados ainda que se trate de um vício insanável.

Os vícios insanáveis somente o são ao longo do processo no qual se manifestaram, de sorte que, ocorrido o trânsito em julgado da sentença, todas as invalidades restarão sanadas, como forma de preservação do processo como ato de império estatal e de garantia da segurança jurídica.

Contudo, em casos mais graves, expressamente indicados na lei, ocorrendo o trânsito em julgado e, por conseguinte, a sanação do vício, surge a rescindibilidade, ou seja, o provimento jurisdicional torna-se rescindível, podendo vir a ser desconstituído através de pronunciamento judicial que poderá ser proferido no processo instaurado quando do ajuizamento da ação rescisória.[345]

Teresa Arruda Alvim Wambier, contudo, adverte não ser correta a afirmação de que a nulidade, após o trânsito em julgado, se transformaria em rescindibilidade, pois a rescindibilidade não é um vício, mas sim um estado de sujeição à ação rescisória, de sorte que a sentença nula, uma vez tendo produzido coisa julgada material, torna-se também rescindível.[346]

Importante frisar que é requisito indispensável ao cabimento da ação rescisória a existência de uma sentença de mérito transitada em julgado.[347]

Vicente Greco Filho adverte ser a coisa julgada material a coisa julgada da sentença que gera o interesse processual para a propositura da ação rescisória e que, não havendo sentença de mérito, haverá a carência de ação, e que, se a sen-

---

[344] CÂMARA, op. cit., p. 31.
[345] Ibidem, p. 37.
[346] WAMBIER, Teresa Arruda Alvim. *Controle das decisões judiciais por meio de recursos de estrito direito e de ação rescisória. Recurso especial, recurso extraordinário e ação rescisória: o que é uma decisão contrária à lei?* São Paulo: Revista dos Tribunais, 2001, p. 273.
[347] Teresa Arruda Alvim Wambier destaca que, embora o trânsito em julgado seja, efetivamente, requisito para a propositura de ação rescisória, nem sempre o defeito que se aponta para dar ensejo à ação rescisória diz respeito ao mérito da decisão, citando, como exemplo, casos em que tal ação autônoma de impugnação for proposta por afronta à lei processual no curso do feito. (WAMBIER, Teresa Arruda Alvim. *Controle das decisões judiciais por meio de recursos de estrito direito e de ação rescisória. Recurso especial, recurso extraordinário e ação rescisória: o que é uma decisão contrária à lei?* São Paulo: Revista dos Tribunais, 2001, p. 260-261). Embora em tal obra não trate da ação anulatória, afirma a Autora que todas as sentenças de que tratam os incisos do artigo 269 do CPC são rescindíveis, na medida em que operam coisa julgada material. Defende que as exceções são as decisões proferidas ações de alimentos e em procedimentos de jurisdição voluntária, na medida em que não formam coisa julgada material, o mesmo ocorrendo com a ação popular julgada improcedente por falta de provas, ou nas ações coletivas, em determinadas circunstâncias e em relação a quem não tenha integrado o processo. De qualquer sorte, como veremos no item 5.1, a ilustre processualista manifesta entendimento no sentido de que a sentença que homologa transação é rescindível, e não anulável.

tença for meramente homologatória, terá cabimento ação ordinária baseada nos fundamentos previstos na lei civil (erro, dolo e coação).[348]

Além desse pressuposto, a propositura da ação rescisória tem outro requisito específico, subdividido em vários:

a) decorrente de fatos relativos à função ou à pessoa do juiz, tais como a incompetência absoluta e o impedimento (art. 485, II) ou a prevaricação, a concussão e a corrupção por ele praticada (art. 485, I);

b) derivado de fato relacionado com o direito objetivo, ou seja, de sentença ou acórdão proferido contra o direito, em tese (art. 485, V);

c) decorrente de ato jurisdicional contraditório com outro ato jurisdicional precedente, ofensivo, portanto, à coisa julgada (art. 485, IV);

d) resultante de fatos processuais ou extraprocessuais em que, de qualquer forma, foi fundamentado o julgamento, como dolo da parte vencedora ou colusão entre as partes (art. 485, III), prova falsa (art. 485, VI), confissão, desistência ou transação inválida (art. 485, VIII), assim como erro de fato a respeito de ato ou de documento da causa (art. 485, IX);

e) obtenção de documento novo.[349]

O propósito da admissão dessas hipóteses de rescindibilidade decorre da tentativa de conferir ao jurisdicionado a decisão mais justa e hígida possível. Assim, a assepsia jurisdicional impõe-se sempre que presente qualquer das hipóteses reconhecidas pelo legislador como contaminantes da justa jurisdição anunciada pela Constituição Federal.[350]

Destaca-se, no entanto, que não apenas as sentenças eivadas de vício dão ensejo à propositura da ação rescisória. Como exemplo, podemos citar o inciso VII do artigo 485 do CPC, que autoriza o manejo da ação rescisória pela parte com base em documento novo cuja existência ignorava, ou do qual não pôde fazer uso, capaz, por si só, de assegurar-lhe pronunciamento favorável.

Quanto à alegação corriqueiramente vista em doutrina sobre a necessidade de haver coisa julgada material para que seja admissível a ação rescisória, um aspecto merece ser brevemente destacado: o artigo 485 do CPC não fala na coisa julgada material como requisito para o cabimento de ação rescisória, mas apenas em sentença de mérito.

---

[348] GRECO FILHO, Vicente. *Direito processual civil brasileiro*. 15. ed. São Paulo: Saraiva, 2002, v. II, p. 403.
[349] TUCCI, Rogério Lauria. *Curso de direito processual civil*. São Paulo: Saraiva, 1989, v. 3, p. 212-213.
[350] PORTO, Sérgio Gilberto. *Ação rescisória atípica:* instrumento de defesa da ordem jurídica. Possibilidade e alcance. Porto Alegre: 2007. Tese (Doutorado em Direito) – Faculdade de Direito, Pontifícia Universidade Católica do Rio Grande do Sul, 2007, p. 109.

Sustentam a necessidade de existência de coisa julgada material, entre outros, Sérgio Gilberto Porto,[351] Alexandre Freiras Câmara,[352] Cássio Scarpinella Bueno[353] e José Carlos Barbosa Moreira.[354]

Em sentido contrário, e isolado, Pontes de Miranda não deu valor à expressão *de mérito*, contida no artigo 485 do CPC de 1973, afirmando que quando a sentença tem força apenas formal de coisa julgada, também caberia ação rescisória, que, segundo sustenta, nada tem a ver com o conceito de coisa julgada material.[355] Ao assim sustentar, certamente tomou por base o autor o CPC de 1939. Diz:

> Aliás – e esse é outro ponto da máxima relevância –, é confusão de graves conseqüências indagar-se de ser a sentença dotada, ou não, de eficácia de coisa julgada material, para depois responder se é, ou não, rescindível. A rescindibilidade das sentenças nada tem com a produção da força, ou, sequer, do efeito de coisa julgada material. A coisa julgada, de que se trata, quando se permite a ação tendente à rescisão da sentença passada em julgado, é a coisa julgada formal, a força formal de coisa julgada.[356]

Afirma, ainda:

---

[351] Ibidem, p. 40-44. Afirma, mesmo respeitando entendimentos diversos, ser adequada a orientação que vincula o exame de mérito ao julgamento do conflito de interesses, quando o juiz acolhe ou rejeita o pedido com capacidade de produzir coisa julgada material. Sustenta, outrossim, que no sistema atual e enquanto viger o presente CPC, para que se fale em coisa julgada, deverá haver necessariamente enfrentamento da questão de fundo, exame da causa de pedir. Diz também que a sentença de mérito se identifica como aquela que enfrenta as razões de suporte substancial da demanda, disciplinando, em definitivo, a relação controvertida, desde que transitada em julgado, pelo que apenas as sentenças de mérito, com trânsito em julgado, são passíveis de rescindibilidade, por serem as únicas que têm capacidade de adquirir coisa julgada material.

[352] CÂMARA, Alexandre Freitas. *Ação rescisória*. Rio de Janeiro: Lumen Juris, 2007, p. 57-58. O autor afirma que somente será cabível ação rescisória se houver formação de coisa julgada material, não sendo necessário tenham sido utilizados todos os recursos cabíveis contra o provimento judicial que se quer rescindir. Diz que o fato de somente caber ação rescisória contra provimentos que tenham alcançado a coisa julgada material é suficiente para excluir seu cabimento contra provimentos judiciais que não os proferidos em processos de conhecimento de natureza contenciosa. Sustenta, outrossim, que não há coisa julgada nos processos de execução, cautelar e de jurisdição voluntária, embora algumas sentenças de mérito, proferidas em processos cognitivos, não tenham aptidão para formar coisa julgada material, como é o caso da ação popular ou da ação civil pública julgadas improcedentes por insuficiência de provas.

[353] BUENO, Cássio Scarpinella. In: MARCATO, Antônio Carlos (Coord.). [et. al...]. *Código de Processo Civil interpretado*. 2. ed. São Paulo: Atlas, 2005, p. 1524.

[354] MOREIRA, José Carlos Barbosa. *Comentários ao Código de Processo Civil, Lei nº 5.869, de 11 de janeiro de 1973, vol V:* arts. 476 a 565. 13. ed. Rio de Janeiro: Forense, 2006, p. 110-111. Ressalta que os dizeres do artigo 269 servem como orientação para a interpretação do *caput* do artigo 485 do CPC, onde aparece a expressão *"de mérito"*. Frisa que, em ambos os casos, a expressão tem idêntica acepção, de designar as sentenças sobre as quais se possa formar a coisa julgada material. Diz que, diversamente do que ocorria ao tempo em que vigia o Código de 1939, hoje seria inadmissível construir-se a ação rescisória como ação dirigida contra a coisa julgada no sentido puramente formal. Afirma que ocorre justamente o contrário, sendo o critério decisivo para aferir-se a rescindibilidade a aptidão da sentença para adquirir *auctoritas rei iudicatae*, razão pela qual se tem entendido incabível a ação rescisória contra decisão de jurisdição voluntária. Sustenta, ainda, não importar que a sentença contenha verdadeiro julgamento (aplicação do direito aos fatos segundo a convicção do juiz), ou se restrinja a chancelar a solução dada ao litígio por ato dispositivo das partes ou de uma delas.

[355] PONTES DE MIRANDA, Francisco Cavalcanti. *Comentários ao Código de Processo Civil*. 3. ed. São Paulo: Forense, 2002, t. 6, p. 162 e 174; *Tratado da ação rescisória das sentenças e de outras decisões*. 1. ed. atualizado por Vilson Rodrigues Alves. Campinas: Bookseller, 1998, p. 171-173.

[356] PONTES DE MIRANDA, op. cit., p. 166.

As ações de jurisdição voluntária que o Código de Processo Civil aponta (art. 1.112), e são apenas algumas (cf. art. 1.103), têm sentença de que cabe apelação e transitam em julgado. É erro grave dizer-se, como se tem dito em comentários ao Código de 1973, que a ação rescisória só é de sentença proferida em processos de jurisdição contenciosa.[357]

Neste particular, discordamos de Pontes de Miranda e nos aliamos ao entendimento dos autores referidos acima, por ser nítida a exigência, pelo Código de 1973, da existência de coisa julgada material para que se autorize a propositura da ação rescisória. Ademais, nos processos em que não há formação de coisa julgada material, mas apenas formal, a questão debatida pode ser novamente apreciada, independentemente da propositura de ação rescisória.

Acreditamos que Pontes de Miranda tenha feito as afirmações acima transcritas ainda influenciado pelo que dispunha o Código de Processo Civil de 1939, que não fazia a distinção que fazem os artigos 267 e 269 da Lei atual.

Traçadas estas breves considerações a respeito da ação rescisória, importa destacar alguns aspectos relevantes que a diferenciam da ação anulatória prevista no artigo 486 do CPC, didaticamente sintetizados por Milton João Betenheuser Júnior.[358]

O primeiro deles é a característica da decisão impugnada, pois enquanto na ação rescisória tem-se um meio hábil para rescindir sentença que faz coisa julgada material, na ação anulatória reside a possibilidade de desconstituir ato praticado pelas partes em juízo, bem como de desconstituir tal ato, se homologado por sentença, que, em tal caso, não faz coisa julgada material.

O segundo aspecto é o objeto da impugnação. A ação rescisória, como já dito, visa a atacar sentença de mérito transitada em julgado, ao passo que a ação anulatória tem por escopo a anulação (ou rescisão, para utilizarem-se as palavras da Lei) de atos processuais praticados pelas partes em juízo, e não de atos praticados pelo juiz, elencados no artigo 162 do CPC, já abordados.

Acerca da diferenciação do objeto da ação rescisória e da ação anulatória, citamos julgado antigo do Supremo Tribunal Federal:

> O objeto da ação rescisória é a *sentença* de mérito que, formalmente, transitou em julgado. A ação anulatória objetiva o anulamento de atos praticados no processo, a respeito dos quais não se pronuncia nenhuma sentença, ou que se pronuncia uma sentença meramente homologatória. Na rescisão há julgamento de julgamento; ao contrário, na ação anulatória não há julgamento, e sim o do direito material invocado pelas partes. Anula-se o ato homologado e não a sentença homologadora.[359]

---

[357] PONTES DE MIRANDA, Francisco Cavalcanti. *Tratado da ação rescisória das sentenças e de outras decisões*. 1. ed. atualizado por Vilson Rodrigues Alves. Campinas: Bookseller, 1998, p. 174.

[358] BETENHEUSER JÚNIOR, Milton João. Hipóteses polêmicas de cabimento da ação rescisória em face da ação anulatória prevista no Art. 486 do CPC. In: NERY JÚNIOR, Nelson; WAMBIER, Teresa Arruda Alvim (Coords). *Aspectos polêmicos e atuais dos recursos cíveis e assuntos afins*. São Paulo: Revista dos Tribunais, 2000, v. 4, p. 839.

[359] BRASÍLIA. Supremo Tribunal Federal. 1ª Turma. Recurso extraordinário n. 74-625-SP. Relator: Min. Antônio Nader. Julgado em: 10.03.1981, DJU., de 27 de março de 1981, p. 2.534. In: PAULA, Alexandre de. *Código de Processo Civil anotado*. 6. ed. São Paulo: Revista dos Tribunais, 1994, v. III, p. 1879.

O terceiro ponto que nos permite diferenciar os institutos ora comparados é o fundamento legal, que na ação rescisória encontra-se em normas de direito processual, dispostas no artigo 485 do CPC. Já a ação anulatória tem por fundamento legal normas de direito material, pois visa à anulação de atos das partes que foram processualizados, ou seja, inseridos no processo, necessitem estes ou não de sentença homologatória.

O quarto aspecto merecedor de relevo é o trânsito em julgado, requisito necessário e indispensável para que a ação rescisória tenha cabimento, somado ao da existência de coisa julgada material, ao passo que a ação anulatória pode ser proposta antes mesmo de proferida a sentença, justamente por não ser seu objeto a desconstituição do ato decisório, mas sim do ato judicializado.

Frisa-se, ainda, que a ação anulatória não tem como requisito o depósito prévio de 5% sobre o valor da causa, exigido no artigo 488, inciso II, do CPC.[360]

Outrossim, a ação rescisória, por força de disposição expressa contida no artigo 489 do Código de Processo Civil, não tem o condão de suspender a execução da sentença rescindenda, senão por meio de uma ação cautelar ou da concessão de antecipação de tutela, desde que presentes os respectivos requisitos legais. Modo contrário, e conforme abordamos no Capítulo 3, item 3.4, a propositura da ação anulatória de forma incidental poderá suspender o andamento do processo principal, com base no que dispõe o artigo 265, inciso IV, alínea "a", do CPC.

No que respeita à competência para processar e julgar a ação rescisória, tocará esta sempre ao Tribunal, ao órgão hierarquicamente superior ao que proferiu a decisão rescindenda, ao passo que a ação anulatória, como analisado no Capítulo 3, item 3.3, será julgada pelo próprio juízo que homologou o ato praticado pelas partes ou em que este foi homologado.

Finalmente, quanto ao procedimento, a ação rescisória tem rito próprio, previsto nos artigos 491 a 494 do Código de Processo Civil[361], enquanto a ação anu-

---

[360] Art. 488. A petição inicial será elaborada com observância dos requisitos essenciais do art. 282, devendo o autor: I – cumular ao pedido de rescisão, se for o caso, o de novo julgamento da causa; II – depositar a importância de 5% (cinco por cento) sobre o valor da causa, a título de multa, caso a ação seja, por unanimidade de votos, declarada inadmissível, ou improcedente. Parágrafo único. Não se aplica o disposto no nº II à União, ao Estado, ao Município e ao Ministério Público. Salientamos que, no Processo do Trabalho, a exigência legal é de que o depósito para a propositura da ação rescisória seja de 20% sobre o valor da causa, salvo prova de miserabilidade jurídica, após a edição da Lei n. 11.495/2007, que alterou o artigo 836 da CLT.

[361] Art. 491. O relator mandará citar o réu, assinando-lhe prazo nunca inferior a 15 (quinze) dias nem superior a 30 (trinta) para responder aos termos da ação. Findo o prazo com ou sem resposta, observar-se-á no que couber o disposto no Livro I, Título VIII, Capítulos IV e V. Art. 492. Se os fatos alegados pelas partes dependerem de prova, o relator delegará a competência ao juiz de direito da comarca onde deva ser produzida, fixando prazo de 45 (quarenta e cinco) a 90 (noventa) dias para a devolução dos autos. Art. 493. Concluída a instrução, será aberta vista, sucessivamente, ao autor e ao réu, pelo prazo de 10 (dez) dias, para razões finais. Em seguida, os autos subirão ao relator, procedendo-se ao julgamento: I – no Supremo Tribunal Federal e no Tribunal Federal de Recursos, na forma dos seus Regimentos Internos; II – nos Estados, conforme dispuser a norma de Organização Judiciária. Art. 494. Julgando procedente a ação, o tribunal rescindirá a sentença, proferirá, se for o caso, novo julgamento e determinará a restituição do depósito; declarando inadmissível ou improcedente a ação, a importância do depósito reverterá a favor do réu, sem prejuízo do disposto no art. 20.

latória, nos termos já expostos no Capítulo 3, item 3.5, seguirá o procedimento comum.

Coqueijo Costa afirma que:

> Em vários aspectos a ação anulatória distingue-se da ação rescisória. A ela não se aplica o prazo decadencial de dois anos, do art. 495 do CPC, mas o da prescrição do direito material. A anulatória se propõe no órgão de 1º grau, enquanto ao rescisória só cabe nos Tribunais. Seu procedimento é o ordinário ou o sumaríssimo. A ação anulatória pode ser aforada pendente o feito principal – podendo eventualmente suspender o curso deste – ou é ajuizada depois de transitar em julgado a sentença, e a anulação do ato homologado leva de roldão a sentença homologatória, que, embora não rescindida, fica esvaziada de conteúdo, redundando no prosseguimento do processo primitivo principal. Na execução, passa-se a mesma coisa. Enfim: a rescisória visa a *res iudicata*; a anulatória, o ato da parte, homologado ou não.[362]

Outro aspecto que merece destaque para que bem se diferencie a ação anulatória da ação rescisória diz respeito ao já transcrito inciso III do artigo 485 do CPC, que autoriza o cabimento desta quando a sentença de mérito transitada em julgado "resultar de dolo entre a parte vencedora em detrimento da parte vencida, ou de colusão entre as partes, a fim de fraudar a lei".

Analisaremos brevemente este inciso apenas para esclarecer e demonstrar que o dolo nele referido não se confunde com o dolo negocial que serve de fundamento à propositura da ação anulatória fundada em vício do consentimento, como exposto no Capítulo 2, item 2.3.

De fato, o dolo de que trata o inciso acima transcrito não é o dolo negocial, que poderia ser encontrado no ato judicial, o que autorizaria, em tese, o manuseio da ação anulatória, mas sim o dolo processual, que, pautando a conduta de um dos litigantes, permitiria seu enquadramento em alguma das hipóteses previstas no artigo 17 do CPC.[363]

A ideia é reafirmada por Milton João Betenheuser Júnior, ao sustentar que se está diante de dolo processual, situação por força da qual a decisão não é decorrente desse dolo, embora seu conteúdo, seu fundamento e conclusão se expliquem em razão dele. Afirma que o dolo não é o tratado pelo Código Civil, caracterizado este em manobras ou maquinações feitas com o propósito de obter uma declaração de vontade que não seria emitida se o declarante não fosse enganado.[364]

---

[362] COSTA, Coqueijo. *Ação rescisória*. 5. ed. São Paulo: LTr, 1987, p. 84.
[363] Nesse sentido leciona Sálvio de Figueiredo Teixeira (Ação rescisória. Apontamentos. *Revista dos Tribunais*, n. 646, ano 78, p. 9, nov. 1989) dizendo que o dolo que pode levar à rescisão da sentença está caracterizado nos dispositivos em que o Código de Processo Civil define a responsabilidade das partes por danos processuais, cujas modalidades se encontram indicadas no artigo 17. Ressalva, contudo, que tal dispositivo não exaure todas as hipóteses de atividade dolosa, que podem ser incalculáveis, podendo, inclusive, impedir ou dificultar a plena atuação da causa, influenciando negativamente o convencimento do julgador. Destaca, ainda, que deve haver nexo entre o dolo processual e o resultado da decisão rescindenda.
[364] BETENHEUSER JÚNIOR, Milton João. Hipóteses polêmicas de cabimento da ação rescisória em face da ação anulatória prevista no Art. 486 do CPC. In: NERY JÚNIOR, Nelson; WAMBIER, Teresa Arruda Alvim (Coords.). *Aspectos polêmicos e atuais dos recursos cíveis e assuntos afins*. São Paulo: Revista dos Tribunais, 2000, v. 4, p. 841.

A diferença principal entre os conceitos citados acima reside na circunstância de que, no dolo civil, o ato não teria sido emitido sem a ocorrência do dolo, ao passo que a decisão decorrente de dolo (processual) entre as partes, que autoriza a propositura da ação rescisória, seria o desfecho natural da causa, independentemente do ardil.

A segunda parte do inciso III faz menção à *"colusão entre as partes, a fim de fraudar a lei"*, pelo que se deve entender o arranjo feito entre as partes para valerem-se do processo para obtenção de fins ilícitos, conduta que, aliás, vem arrolada pelo artigo 17 do CPC, em seu inciso III, como caso que autoriza a averbação do litigante como improbo.

Exemplo que podemos citar de processo fraudulento é o da ação de nulidade ou anulação de matrimônio, proposta por um dos cônjuges em prévio concerto com o outro, mediante a invocação de fatos inverídicos e a produção de falsas provas, sem a impugnação pelo réu, no intuito de dissolver-se o vínculo conjugal fora das hipóteses legais.[365]

Não tendo o juiz da causa percebido o intuito das partes e proferindo sentença favorável a seus interesses, afrontando o artigo 129 do CPC (Convencendo-se, pelas circunstâncias da causa, de que autor e réu se serviram do processo para praticar ato simulado ou conseguir fim proibido por lei, o juiz proferirá sentença que obste aos objetivos das partes), caberá a ação rescisória com base no inciso ora comentado, para a qual inclusive o Ministério Público detém legitimidade, nos termos da alínea 'a' do inciso III do artigo 487 do CPC.

Entendemos, assim, que terá cabimento a ação rescisória com base no inciso V caso se pretenda atacar sentença de mérito transitada em julgado que contrarie a Lei, seja de direito material, seja de direito processual, não sendo admissível, em tais hipóteses, a ação anulatória, porquanto destinada a desconstituir atos processuais praticados pelas partes, homologados por sentença meramente homologatória, contanto que contrários ao direito material, nos termos do artigo 486 do CPC.

Já o inciso VIII do artigo 485 do CPC, que determina o cabimento da rescisória quando "houver fundamento para invalidar confissão, desistência ou transação, em que se baseou a sentença" será tratado no próximo capítulo, no item 5.1 (cabimento da ação anulatória contra decisão que homologa desistência, transação, confissão, reconhecimento jurídico do pedido e renúncia ao direito sobre o qual se funda a ação), de forma mais aprofundada, porquanto objeto de acirradas controvérsias doutrinárias e jurisprudenciais.

Por fim, trataremos brevemente acerca de eventual "fungibilidade" da qual se poderia, eventualmente, cogitar entre a ação anulatória e a ação rescisória, tendo em vista o fato de serem ambas empregadas como forma de impugnação de decisões já transitadas em julgado, ao lado do mandado de segurança, este em casos

---

[365] MOREIRA, José Carlos Barbosa. *Comentários ao Código de Processo Civil, Lei nº 5.869, de 11 de janeiro de 1973, vol V*: arts. 476 a 565. 13. ed. Rio de Janeiro: Forense, 2006, p. 127.

excepcionais, como visto no Capítulo 1, item 1.3. O tema sugere a existência de múltiplos meios de acesso ao Poder Judiciário, todos aptos a conduzir à tutela dos direitos no âmbito jurisdicional.

Colocamos a expressão "fungibilidade" entre aspas por se tratar de princípio inerente aos recursos, formas de insurgência contra as decisões judiciais antes da ocorrência do trânsito em julgado, e não às ações autônomas de impugnação, categoria na qual a ação anulatória tem enquadramento, ainda que possa ser proposta antes mesmo da sentença.

O princípio da fungibilidade está presente no âmbito recursal por força do artigo 810 do CPC de 1939, que dispunha que, salvo em casos de má-fé ou de erro grosseiro, a parte não será prejudicada pela interposição de um recurso por outro.

Embora o Código de Processo Civil vigente não tenha reproduzido este dispositivo, a jurisprudência o referenda, invocando, inclusive, o princípio da instrumentalidade das formas.

Contudo, para que tenha cabimento a aplicação do princípio da fungibilidade no âmbito recursal, é necessário que haja dúvida objetiva acerca da admissibilidade de determinado recurso. Essa espécie de dúvida deverá ser atual, pois o direito evolui e problemas que já se mostraram graves restam, por vezes, solucionados pela jurisprudência dominante, fundada em argumentos respeitáveis.[366] Além desse requisito, não poderá haver erro grosseiro na interposição do recurso e o recurso "errado" deverá ter sido interposto dentro do prazo previsto para o recurso "correto".

Luiz Guilherme Marinoni alerta para eventuais problemas de ordem procedimental que a aplicação do princípio da fungibilidade em matéria recursal pode ocasionar, especialmente quando se está em dúvida quanto aos recursos de agravo e de apelação. Afinal, o recurso de agravo é interposto diretamente perante o tribunal, mediante a juntada de documentos que formam o instrumento, ao passo que a apelação é oferecida no juízo inferior. Por tal razão, o autor destaca que:

> [...] a aplicação da fungibilidade, nesses casos, pode ser insuficiente, na medida em que a interposição da apelação, quando for cabível o agravo, pode gerar também seu não conhecimento em face da desobediência de regras específicas, impostas para regular a apresentação do agravo (como é o caso do art. 525, I, do CPC, que prevê a necessidade de instrução da petição de agravo com peças consideradas essenciais).[367]

Sugere Marinoni que a solução mais adequada seria determinar-se à parte recorrente a adequação da petição e da tramitação do recurso aos ditames corretos para o procedimento previsto para o recurso efetivamente cabível.

---

[366] ASSIS, Araken de. *Manual dos recursos*. São Paulo: Revista dos Tribunais, 2007, p. 92.
[367] MARINONI, Luiz Guilherme. *Curso de processo civil – Manual do processo de conhecimento*. 5. ed. São Paulo: Revista dos Tribunais, 2006, p. 524.

Entretanto, não é demais repetir-se que a ação anulatória e a ação rescisória são diferentes em seu objeto, em seus pressupostos de admissibilidade, quanto à competência, quanto ao prazo e quanto ao rito.[368]

Ademais, se o sistema recursal do Processo Civil Brasileiro conserva o princípio da fungibilidade recursal, ainda que não mais previsto em lei, por outro lado, não há previsão sobre "fungibilidade de ações", salvo casos isolados do processo cautelar, nos termos do artigo 805 do CPC[369] [370] e também das ações possessórias, conforme prevê o artigo 920 do mesmo Diploma Legal.[371]

A ideia é reafirmada por Berenice Soubhie Nogueira Magri, ao dizer que:

> [...] em face do princípio da fungibilidade das ações só ser pertinente aos casos previstos em lei, à luz do disposto nos arts. 128 e 460 do CPC, mostra-se também totalmente inadmissível a fungibilidade da ação rescisória em ação anulatória, ou vice-versa.[372]

Diante do que já expusemos acima, entendemos estar correto este entendimento.

Milton João Betenheuser Júnior[373] e Rita de Cássia Corrêa de Vasconcellos[374] divergem, sustentando que o princípio da instrumentalidade do processo, consubstanciado no ideal de efetividade, deve ser a marca maior do moderno processo civil brasileiro, como instrumento de acesso à ordem jurídica justa. Ambos mencionam, ainda, o princípio da inafastabilidade do controle jurisdicional e afirmam que o princípio da fungibilidade apresenta dimensão suficientemente ampla, a

---

[368] José Arnaldo Vitagliano, quanto à impossibilidade de se aplicar o princípio da fungibilidade ao caso ora analisado, observou, ainda, que: "O juiz singular jamais poderá determinar o processamento e julgar uma ação rescisória no lugar de uma anulatória, ou seja, jamais poderá receber e transformar uma ação ajuizada como anulatória e, aplicando o princípio da fungibilidade, determinar seu prosseguimento como rescisória, isso por ser absolutamente incompetente para tal mister; da mesma forma, o tribunal, uma vez ajuizada uma ação rescisória, jamais poderá determinar seu processamento e proceder com seu julgamento sendo incabível esta ação, tornando-a anulatória, a seguir o rito ordinário, em segunda instância" (VITAGLIANO, José Arnaldo. *Coisa julgada e ação anulatória*. Curitiba: Juruá, 2005, p. 200).

[369] Art. 805. A medida cautelar poderá ser substituída, de ofício ou a requerimento de qualquer das partes, pela prestação de caução ou outra garantia menos gravosa para o requerido, sempre que adequada e suficiente para evitar a lesão ou repará-la integralmente. (Redação dada pela Lei nº 8.952, de 13.12.1994).

[370] Flávio Luiz Yarshell diz que no caso das medidas cautelares a fungibilidade recai sobre o provimento cautelar, de modo a, por eficácia jurídica e prática diversa da pleiteada ou anteriormente ordenada, lograr-se o mesmo objetivo de preservar a utilidade e a eficácia do provimento principal (YARSHELL, Flávio Luiz. *Tutela jurisdicional*. São Paulo: Atlas, 1999, p. 118).

[371] Novamente Flávio Luiz Yarshell esclarece que, nestes casos, a fungibilidade diz respeito, simultaneamente, à causa de pedir e, por conseqüência, ao pedido, com reflexos diretos sobre o provimento e sobre todos os atos tendentes a lhe dar eficácia prática (YARSHELL, op. cit., p. 118).

[372] MAGRI, Berenice Soubhie Nogueira. *Ação anulatória – Art. 486 do CPC*. 2. ed. São Paulo: Revista dos Tribunais, 2004, p. 245.

[373] BETENHEUSER JÚNIOR, Milton João. Hipóteses polêmicas de cabimento da ação rescisória em face da ação anulatória prevista no Art. 486 do CPC. In: NERY JÚNIOR, Nelson; WAMBIER, Teresa Arruda Alvim (Coords.). *Aspectos polêmicos e atuais dos recursos cíveis e assuntos afins*. São Paulo: Revista dos Tribunais, 2000, v. 4, p. 849-851.

[374] VASCONCELLOS, Rita de Cássia Corrêa de. Os fundamentos da ação anulatória do Art. 486 do CPC, à luz do novo Código Civil. *Revista de Processo*, São Paulo: Revista dos Tribunais, n. 120, ano 30, p. 110, fev. 2005.

ponto de abranger a possibilidade de receber uma ação por um recurso e vice-versa, e, até mesmo, uma ação por outra, ainda que de natureza jurídica diversa.

Também Ana Maria Simões Lopes Quintana, embora reconheça adequada a ação anulatória para desconstituição da homologação do acordo, entende aplicável o princípio da fungibilidade entre esta ação e a rescisória, especialmente por força da controvérsia jurisprudencial que envolve a questão. Quanto ao fato de terem procedimentos e competências diversas, diz que tal pode ser contornado, bastando a remessa dos autos ao órgão jurisdicional competente, sem prejuízo, ainda, de eventual emenda de petição inicial.[375]

Muito respeitando as assertivas expostas acima, delas discordamos.

Entendemos que a propositura de uma ação ao invés de outra deverá implicar extinção do feito sem resolução do mérito por carência de ação, o que, nos termos do artigo 268 do CPC,[376] não impede que seja proposta a demanda correta, desde que isto ocorra ainda dentro do prazo hábil para tanto.

Embora realmente a ideia de ações fungíveis não possa ser completamente descartada, especialmente em virtude do alargamento das vias de acesso ao Poder Judiciário e da universalidade e efetividade da tutela jurisdicional, a fungibilidade de que trata o sistema recursal não é propriamente dos fundamentos ou dos pedidos deduzidos pelo recorrente, o que não afetaria a admissibilidade recursal sob o ângulo do cabimento do recurso, mas sim sob a ótica da regularidade formal, podendo obstar seu conhecimento. Em princípio, o órgão jurisdicional *ad quem* fica adstrito aos termos da impugnação, isto é, aos limites da devolução, por força da incidência, também no âmbito recursal, do princípio dispositivo.[377]

Assim, a fungibilidade recursal refere-se apenas à possibilidade de "corrigir-se", ou de se adequar a forma e a competência para processar e julgar determinado recurso, preservando-se os fundamentos e a pretensão recursal manifestados, o que não nos parece ser possível em se tratando da ação anulatória e da ação rescisória, diante de todas as particularidades que diferenciam cada qual.

Flávio Luiz Yarshell ressalta que, em qualquer dos casos nos quais se admitir a incidência do princípio da fungibilidade, será necessária a existência de amparo legal, ainda que implícito, submetendo-se ao regime da tipicidade, devendo o juiz atentar, também, para o objetivo da tutela pretendida, de modo que a fungibilidade atue no sentido de ser exarado um tipo de provimento apto a desempenhar a mesma função de outro, sob pena de, não apenas subverter o princípio da demanda,

---

[375] QUINTANA, Ana Maria Simões Lopes. *Ação anulatória de transação*. Porto Alegre: 2007. Dissertação (Mestrado em Direito) – Faculdade de Direito, Pontifícia Universidade Católica do Rio Grande do Sul, 2007, p. 74-75.

[376] Art. 268. Salvo o disposto no art. 267, V, a extinção do processo não obsta a que o autor intente de novo a ação. A petição inicial, todavia, não será despachada sem a prova do pagamento ou do depósito das custas e dos honorários de advogado.

[377] YARSHELL, Flávio Luiz. *Tutela jurisdicional*. São Paulo: Atlas, 1999, p. 117.

como ainda ferir a garantia do contraditório, surpreendendo-se a parte adversa com o teor da decisão exarada.[378]

A argumentação ora expendida reforça a conclusão do Autor, que, ao analisar a ação anulatória, afirma que:

> Nem mesmo pode-se falar em uma fungibilidade ou "superabundância" de "ações" – rescisória e anulatória – nas hipóteses previstas pelo inciso VIII do art. 485 do CPC, dadas as diferentes aplicações de cada um desses meios impugnativos. Além disso, sendo adequada a via processual da ação rescisória – para a qual há regras particulares de competência, pressupostos processuais e julgamento —, por exclusão, fica afastado o manejo da dita "ação anulatória".[379]

No Superior Tribunal de Justiça, não tem sido aceita a ação rescisória ao invés da ação anulatória para atacar decisão homologatória de transação:

> Ação Anulatória. Transação. Sentença meramente homologatoria.
> Arts. 485, VIII, e 486 do CPC.
> O avençado pelas partes em acordo judicial, homologado pelo juiz sem nenhum conteúdo decisório, e desconstituível como os atos jurídicos em geral, na forma do art. 486 do CPC.
> Recurso Especial não conhecido.[380]

Citamos também:

---
[378] YARSHELL, Flávio Luiz. *Tutela jurisdicional*. São Paulo: Atlas, 1999, p. 119.
[379] Ibidem, p. 81.
[380] BRASÍLIA. Superior Tribunal de Justiça. 4ª Turma. Recurso especial n. 143-059-SP. Relator: Min. Barros Monteiro. Julgado em: 11.06.1997, DJU. de 03 de novembro de 1997, p. 56326. Disponível em: <www.stj.gov.br>. Acesso em: 21 out. 2007. Extrai-se do voto: Trata-se de pretensão a anular-se sentença meramente homologatória (ato jurídico judicializado), hipótese que se subsume à previsão constante do art. 486 do Código de Processo Civil. A ação adequada para tanto é a anulatória, tal como proposta, na conformidade com a jurisprudência não só desta Casa como também do C. Supremo Tribunal Federal. Se o Juiz na sentença nada decidiu, limitando-se a "autenticar a vontade das partes e a conferir eficácia executiva à transação ou ao reconhecimento do pedido", é caso de ação anulatória do próprio ato de disposição praticado pelas partes. Ocorre aí simples homologação, sem nenhum conteúdo decisório (REsp n° 13.102-O/SP, relator Ministro Athos Carneiro). Do aludido precedente colhe-se a expressiva ementa, que se amolda às inteiras ao caso ora em apreciação: "AÇÃO ANULATÓRIA DE RECONHECIMENTO DO PEDIDO, HOMOLOGADO POR SENTENÇA. ARTIGO 486 DO CPC. NÃO INCIDÊNCIA DO ART. 485, VIII, DO CPC. Tratando-se de sentença simplesmente homologatória da vontade das partes, que extinguem a lide por ato de disposição daqueles direitos no processo convertidos, cabível é a ação anulatória do art. 486 do Código de Processo Civil, pois a parte se insurge contra o próprio ato de disposição alegando vícios que invalidariam 'os atos jurídicos em geral, nos termos da lei civil'. A ação rescisória, do art. 485, VIII, do CPC, é admissível contra sentença proferida em jurisdição contenciosa, em que a transação, o reconhecimento do pedido, a renúncia ou a confissão serem como 'fundamento' do *decisum* influindo no conteúdo do comando judicial" (in DJU de 08.03.93). Tal orientação tem sido reiterada por ambas as Turmas que integram a Segunda Seção deste Tribunal: RSTJ vol. 19, págs. 367-371; REsp n 9.651-SP, relator Ministro Cláudio Santos; REsp n° 38.434- 6/SP, relator Ministro Torreão Braz. Igual o entendimento manifestado pela Suprema Corte: "A sentença simplesmente homologatória de transação apenas formaliza o ato resultante da vontade das partes. Na espécie, a ação não é contra a sentença, que se restringe à homologação, em que não há conteúdo decisório próprio do Juiz. Insurge-se a autora contra o que foi objeto da manifestação de vontade das partes, a própria transação, alegando vício de coação. Quando a sentença não aprecia o mérito do negócio jurídico de direito material, é simplesmente homologatória, não ensejando ação rescisória. A ação para desconstituir se a transação homologada é a comum, de nulidade ou anulatória (art. 486 do Código Proc. Civil)" (RTJ 117/219). Nesses termos, o V. Acórdão atribuiu exata inteligência aos arts. 485, inc. VIII, e 486 ambos da lei processual civil. Do quanto foi exposto, não conheço do recurso."

Sentença homologatória de transação. Ação para desconstituí-la. CPC, artigos 269, III, 485, VIII, e 486. A sentença meramente homologatória de acordo entre as partes é rescindível como os atos jurídicos em geral, nos ternos do art. 486 do CPC. A ação rescisória a que alude o art. 485, inc. VIII, do CPC somente é cabível na hipótese em que a sentença, apreciando exceção oposta pelo réu, decide matéria já transigida, quando tem natureza nitidamente jurisdicional, ou na hipótese em que, antes de homologada a transação, ressurgir conflito entre as partes. O art. 269, III, do CPC apenas equipara a sentença homologatória, em seus efeitos à sentença de mérito, não lhe conferindo, porém, a autoridade de coisa julgada material. Recurso não conhecido.[381]

Essa argumentação fica ainda mais robustecida quando se imaginam exemplos, na medida em que a admissibilidade da ação anulatória está jungida, em regra, à inexistência de coisa julgada material. Assim, a propositura de ação rescisória sem que tal requisito tenha sido implementado implicará decisão extintiva por evidente carência de ação.

Em sentido inverso, não se pode admitir o oferecimento de ação rescisória quando o objeto da pretensão deduzida em juízo é a desconstituição de ato praticado pelas partes, e não do ato sentencial, porquanto não haveria enquadramento nos incisos do artigo 485 do CPC. Esclarecemos, ainda, que no caso da decisão que homologa transação, que analisaremos no item 5.1, embora elencada pelo Código como decisão de mérito, o enfrentamento deste, normalmente, não ocorre, justamente pelo que o artigo 486 chama tal sentença de *meramente homologatória*.

Em conclusão, embora a ação rescisória esteja ao lado da ação anulatória no Código (este regulada, aliás, nos artigos pertinentes àquela, talvez por não ter o legislador encontrado melhor lugar para inseri-la), os institutos são bastante diferentes em seu objeto, pedido, causa de pedir, rito, prazo, pressupostos de admissibilidade, legitimidade e competência, de sorte que a ação prevista no artigo 485 do CPC não poderá jamais ser proposta em lugar da regulada pelo artigo 486.[382]

4.2. Da *querela nullitatis*

A *querela nullitatis insanabilis*, também chamada de *actio nullitatis*, é ação ordinária de procedimento comum, ordinário ou sumário (conforme o valor da causa), de competência do juízo cível de primeira instância, que tem cabimento, em regra, nos casos de processos de conhecimento contaminados por ausência

---

[381] BRASÍLIA. Superior Tribunal de Justiça. 4ª Turma. Recurso especial n. 38.434-SP. Relator: Min. Antônio Torreão Braz, j. 08.03.1994, DJU. de 25 de abril de 1994. In: TEIXEIRA, Sálvio de Figueiredo. *Código de Processo Civil anotado*. 7. ed. São Paulo: Saraiva, 2003, p. 347-348.

[382] Nesse sentido, diz Bernardo Pimentel Souza que: "...a rescisória não pode ser proposta no lugar da anulatória, nem a ação do artigo 486 pode ser ajuizada quando for apropriada a rescisória, sob pena de extinção liminar dos respectivos processos, consoante combinação dos artigos 267, incisos I e VI, 295 e 490, todos do Código de Processo Civil, por carência de ação" (SOUZA, Bernardo Pimentel. *Introdução aos recursos cíveis e à ação rescisória*. 4. ed. São Paulo: Saraiva, 2007, p. 507).

ou nulidade da citação que acarretaram a revelia do demandado, por ser a citação válida pressuposto de desenvolvimento e de validade da relação processual.

Trata-se de instituto de criação canônica, que remonta à *exceptio nullitatis* das Decretais e à *actio nullitatis* do direito processual medieval.[383] Adroaldo Furtado Fabrício diz que o direito intermédio, no seu vezo conhecido de vestir institutos germânicos com a terminologia romana e colori-los com a técnica judicial romana, produziu um remédio específico para a impugnação dos erros de procedimento, já que a *appellatio* se havia firmado a partir do período da *cognitio extra ordinem* como via de ataque principalmente (se bem que não exclusivamente) ao julgamento de mérito.

Diz que assim surgiu a *querela nullitatis*, que não assumia a feição completa da *actio*, mas gozava de autonomia como *imploratio officii judicis* e tinha por objetivo a correção do *error in procedendo* e que seu aparecimento correspondeu a uma ideia mais expandida de preclusibilidade, alargada a decisões cujo vício até então se havia considerado como oponível a todo tempo, independentemente do prazo e da forma.[384]

O artigo 213 do Código de Processo Civil define citação como "ato pelo qual se chama a juízo o réu ou o interessado a fim de se defender". Já o artigo 214 diz que, "para a validade do processo é indispensável a citação inicial do réu". O artigo 263, por sua vez, enuncia que:

> [...] considera-se proposta a ação, tanto que a petição inicial seja despachada pelo juiz, ou simplesmente distribuída, onde houver mais de uma vara. A propositura da ação, todavia, só produz, quanto ao réu, os efeitos mencionados no art. 219 depois que for validamente citado.

Cândido Rangel Dinamarco diz:

> Quando, por duas vezes, a lei põe a citação *válida* como fato determinante dos efeitos da litispendência sobre o demandado (arts. 219 e 263), ela está a exigir a *efetividade* da citação

---

[383] WAMBIER, Teresa Arruda Alvim; MEDINA, José Miguel Garcia. *O dogma da coisa julgada. Hipóteses de relativização.* São Paulo: Revista dos Tribunais, 2003, p. 210.

[384] FABRÍCIO, Adroaldo Furtado. Réu revel não citado, *querela nullitatis* e ação rescisória. *Revista de Processo*, São Paulo: Revista dos Tribunais, 1987, v. 48, p. 29. Cita, ainda, acórdão proferido pela Quarta Câmara Cível do Tribunal de Alçada Cível de São Paulo, *in* RT 386/211, quando vigente o Código de Processo Civil de 1939, assim ementado:"Subsiste em nosso direito, como último resquício da *querela nullitatis insanabilis*, a ação declaratória de nulidade, quer mediante embargos à execução quer por procedimento autônomo, de competência funcional do juízo do processo original. A sobrevivência, em nosso direito, da *querela nullitatis*, em sua formação primitiva, restrita aos vícios da citação inicial, corresponde a uma tradição histórica, cujo acerto, na moderna conceituação da relação jurídica processual, adquire flagrante atualidade. Na evolução do direito luso-brasileiro, a *querela nullitatis*, evoluiu até os contornos atuais da ação rescisória, que limitou a antiga prescrição trintanária para o lapso qüinqüenal de decadência. Todos os vícios processuais, inclusive os da sentença, uma vez transitada em julgado, passaram a ser relativos e, desde que cobertos pela *res judicata*, somente serão apreciáveis em ação rescisória, específica à desconstituição do julgado. Um deles, porém, restou indene à transformação da *querela nullitatis* em ação rescisória: a falta de citação inicial, que permaneceu como nulidade *ipso jure*, com todo o vigor de sua conceituação absoluta de tornar insubsistente a própria sentença transitada em julgado."

e a sua *regularidade*. Citação não feita ou citação inválida acabam sendo a mesma coisa, para esse fim – ambas são um nada jurídico.[385]

A citação é, assim, a garantia primeira e maior do contraditório processual, pois sem ela o processo não assume a feição de *actum tria personarum*, sendo procedimento unilateral, porquanto negada a garantia constitucional do contraditório.[386]

Como ensina Francesco Paolo Luiso, no caso de falta de renovação da citação, restaria ausente um pressuposto processual e, consequentemente, irreparavelmente viciada a ação, impondo-se sua extinção.[387]

Adroaldo Furtado Fabrício diz que não é a citação em si mesma que importa, mas sim a finalidade à qual ela se presta, na medida em que apresenta dupla finalidade: a convocação do réu a juízo e a sua cientificação do teor da demanda formulada. Após o cumprimento desta finalidade, com o demandado presente e ciente da postulação, abre-se mão da forma e até mesmo da existência material da citação. Contudo, a falta ou a nulidade do ato assume grande importância se o citando permanece em silêncio e indiferença, caindo em revelia, pois eventual sentença que se venha a proferir em seu desfavor constitui violência a seu direito. Afirma:

> O defeito em menção é suficientemente grave para permanecer, ao longo do processo, imune a todas as preclusões, inclusive à maior delas, que é a coisa julgada, ou, quiçá, para impedir que esta se constitua. Seja por uma, seja por outra dessas razões, certo é que a lei permite erigir a correspondente objeção mesmo no ulterior processo de execução daquela sentença, pela via dos embargos. Isso significa que o vício sobrevive à sentença e à coisa julgada, se é que esta se formou – porque o vício é também da sentença, como de toda a relação processual írrita. O art. 741, I, do CPC, protege, pois, o executado que fora revel no processo de conhecimento onde não se lhe fizera citação válida.[388]

Tal disposição foi repetida pelo inciso I do artigo 475-L,[389] que instituiu a impugnação ao cumprimento da sentença, e pela nova redação do inciso I do próprio artigo 741,[390] ambos do CPC, ditados pela Lei nº 11.232/05.

---

[385] DINAMARCO, Cândido Rangel. *Instituições de direito processual civil*. 4. ed. rev. e atual. e com as remissões ao Código Civil de 2002. São Paulo: Malheiros, 2004, v. II, p. 51.

[386] Sandro Gilbert Martins afirma que o defeito em questão é de "primeira grandeza", e sua problemática envolve a perspectiva de ataque à sentença proferida em processo no qual foi omitida, ou, se realizada, foi nula a citação do réu que, portanto, quedou-se revel. (MARTINS, Sandro Gilbert. *A defesa do executado por meio de ações autônomas. Defesa heterotópica*. 2. ed. rev. atual. e ampl. São Paulo: Revista dos Tribunais, 2005, p. 265).

[387] LUISO, Francesco Paolo. *Diritto processuale civile*. Terza Edizione. Milano: Giuffrè, 2000, v. II, p. 18.

[388] FABRÍCIO, Adroaldo Furtado. Réu revel não citado, 'querela nullitatis' e ação rescisória. *Revista de Processo*, São Paulo: Revista dos Tribunais, v. 48, p. 31, 1987.

[389] Art. 475-L. A impugnação somente poderá versar sobre: I – falta ou nulidade da citação, se o processo correu à revelia; [...]

[390] Art. 741. Na execução contra a Fazenda Pública, os embargos só poderão versar sobre: I – falta ou nulidade da citação, se o processo correu à revelia; [...]

Ocorre que tais dispositivos não são suficientes para amparar todos os réus vencidos à revelia, na medida em que nem todas as sentenças de procedência são passíveis de execução ensejadora de embargos ou de impugnação, mas apenas as de natureza condenatória. Além disso, mesmo que o uso de tais remédios seja cabível, ambos se submetem a prazos preclusivos.

Por isso, perdura no direito brasileiro a *querela nullitatis insanabilis*, sujeita à via ordinária, quando constatada a inexistência de citação da parte ensejando uma execução, procedida de forma contrária aos princípios constitucionais do contraditório, da ampla defesa e do devido processo legal, o que autoriza a parte interessada a ajuizar uma ação declaratória de nulidade do processo no qual não houve a citação, mesmo que superado o prazo para a ação rescisória.[391]

O artigo 771, alínea "f", do Código de Processo Civil português prevê instituto similar à *querela nullitatis* no direito lusitano: "A decisão transitada em julgado só pode ser objeto de revisão nos seguintes casos: ...f) Quando, tendo corrido a acção e a execução à revelia, por falta absoluta de intervenção do réu, se mostre que faltou a sua citação ou é nula a citação feita".

Nos casos em que couber a *querela nullitatis*, ação ordinária e autônoma, pode a parte interessada postular em juízo a declaração de nulidade da sentença, independentemente de sua rescisão (que demanda o prévio depósito de 5% do valor da causa, conforme o inciso II do artigo 488, a título de multa, caso a ação seja, por unanimidade de votos, declarada inadmissível, ou improcedente), do uso de embargos (para cuja admissibilidade se impunha a garantia do juízo) ou de impugnação (à qual, usualmente, somente se atribui efeito suspensivo se, igualmente, garantido o juízo).

Bernardo Pimentel Souza, contudo, diz ser incabível a ação rescisória como forma de desconstituir-se sentença proferida em processo de conhecimento que correu à revelia, se causada pela inexistência ou pela nulidade da citação do réu, afirmando que:

> [...] trata-se, a rigor, de sentença inexistente,[392] tanto que não adquire a *auctoritas rei iudicate* e pode ser impugnada até mesmo após o biênio que geralmente enseja a formação

---

[391] FUX, Luiz. *Curso de direito processual civil*. 2. ed. Rio de Janeiro: Forense, 2004, p. 872.

[392] Com a mesma opinião, na doutrina: CALMON DE PASSOS. *Rescisória*, p. 337; MONIZ DE ARAGÃO. *Comentários*. Volume II, 8ª ed., 1995, p. 259; e LIEBMAN. *Estudos*. 2001, p. 141 *usque* 146: "Primeiro e fundamental requisito para a existência de um processo sempre foi, é, e sempre será, a citação do réu, para que possa ser ouvido em suas defesas". "Sem esse ato essencial não há verdadeiramente processo, nem pode valer a sentença que vai ser proferida" (p. 141). Como bem sustentou o memorável processualista, existem "vícios maiores, vícios essenciais, vícios radicais, que sobrevivem à coisa julgada e afetam a sua própria existência. Neste caso a sentença, embora se tenha tornado formalmente definitiva, é coisa vã, mera aparência e carece de efeitos no mundo jurídico" (p. 142). Portanto, "a falta de citação, é ainda hoje motivo de nulidade absoluta ou de inexistência da sentença" (p. 145). "E a razão é que a falta de citação infringe de tal modo os supremos princípios do processo, ofende tão profundamente o direito reconhecido a todo cidadão de defender-se perante o juiz que vai julgá-lo, que torna radicalmente nulo, juridicamente inexistente o processo, igualmente nula e inexistente a sentença proferida. É este o único caso em que sobrevive nos nossos dias de sentença 'que é per Direito nenhuma, nunca em tempo algum passa em cousa julgada, mas em todo tempo se pode opor contra ela, que é nenhuma e de nenhum efeito'" (p. 145 e 146). "Qual seria, em verdade, o processo adequado para a declaração de tal

da denominada *coisa soberanamente julgada*. E, se não há o trânsito em julgado, não é admissível ação rescisória, conforme se infere do artigo 485 do Código de Processo Civil vigente. A propósito, merece ser prestigiado o verbete n. 7 da Súmula do Tribunal de Justiça de Santa Catarina: *"Ação declaratória é meio processual hábil para se obter a declaração de nulidade do processo que tiver corrido à revelia do réu por ausência de citação ou por citação nulamente feita"*. É a intitulada *querela nullitatis*, que subsiste no nosso direito,[393] conforme se infere do artigo 4º, inciso I, do Código de Processo Civil. Como a referida sentença juridicamente inexistente, jamais adquire a *auctoritas res iuditace*, nem enseja a formação da coisa soberanamente julgada, é possível concluir que a ação declaratória autônoma também não está sujeita a prazo, podendo ser ajuizada a qualquer tempo.[394] Então,

---

nulidade? Não há outra resposta que esta: em todo e qualquer processo é adequado para constatar e declarar que um julgamento meramente aparente é na realidade inexistente e nenhum efeito. A nulidade pode ser alegada em defesa contra quem pretende tirar da sentença um efeito qualquer; assim como pode ser pleiteada em processo principal, meramente declaratório. Porque não se trata de reformar ou anular uma decisão defeituosa, função esta reservada privativamente a uma instância superior; e sim de reconhecer simplesmente que de nenhum efeito um ato juridicamente inexistente" (p. 146). Com esteio na lição do eminente processualista, o Professor VICENTE GRECO FILHO também sustenta a tese defendida no texto: "Liebman classificou a sentença proferida sem a citação do réu ou com nulidade desta como sentença inexistente, daí a possibilidade de o juiz da execução obstar as medidas constritivas do devedor independentemente da ação rescisória. Como inexistente, ela pode ser desconhecida por qualquer juiz, ainda que de inferior à do juiz que proferiu a sentença exeqüenda. A falta ou nulidade da citação do réu e a circunstância de que o processo tenha ocorrido à sua revelia impediram a própria formação da relação processual, e daí ser a sentença um mero simulacro ou aparência de ato jurisdicional" (Direito, Volume III, 12ª ed., 1997, p. 113). Também no mesmo sentido do texto: "Como o vício de citação gera inexistência e não nulidade, será impróprio o ajuizamento de ação rescisória, pois nada haverá a rescindir. O correto será a ação declaratória de inexistência por falta de citação, denominada querela nulitatis insanabilis, que não tem prazo para ser aforada" (MARCUS VINÍCIUS RIOS GONÇALVES. Novo curso. Volume I, 2004, p. 106). Ainda a respeito do tema, merece ser conferida a conclusão do Professor ALFREDO BUZAID, lançada no voto proferido no RE n. 96.696/RJ, que conduziu a 1ª Turma do Supremo Tribunal Federal: "Se aqueles em cujo nome está transcrito o título de domínio não foram citados para a ação de usucapião, o processo é para eles juridicamente inexistente. Nunca, em tempo algum, a sentença pode atingi-los e a fortiori a coisa julgada". "Não se lhes pode impor a propositura de ação rescisória, porque contra eles não há sentença nem coisa julgada" (*In:* RTJ, volume 104, p. 826). Em sentido contrário, há abalizada doutrina: ADROALDO FABRÍCIO FURTADO (sic), *In:* AJURIS, volume 42, p. 29; ALEXANDRE FREITAS CÂMARA, *Lições*. Volume II. 2. ed. 1999, p. 345 e 346; e BARBOSA MOREIRA, *Comentários*. Volume V. 8. ed. 1999, p. 106 e 107, nota 17. *(Nota de roda-pé original).*

[393] De acordo: AC 94.01.00139-1/DF, 3ª Turma do TRF da 1ª Região, *in* Diário da Justiça de 28 de maio de 1999, p. 525: "PROCESSUAL CIVIL. AÇÃO DE DECLARAÇÃO DE NULIDADE INSANÁVEL (QUERELA NULLITATIS INSANABILIS). CONCEITO. EXISTÊNCIA NO DIREITO PROCESSUAL BRASILEIRO. DECLARAÇÃO DE NÃO OPONIBILIDADE DOS EFEITOS DA SENTENÇA PARA O RÉU NÃO CITADO. INEXISTÊNCIA DE RES JUDICATA. APELAÇÃO PROVIDA. 1. A ação declaratória de nulidade insanável – querela nullitatis insanabilis, apesar de ter tido origem no direito medieval, subsiste no direito processual brasileiro, como ação ordinária autônoma, para declarar a não oponibilidade dos efeitos da sentença proferida contra o réu não citado para a ação, tornando inválido o processo contra ele (Art. 214 do CPC e Art. 5º, LIV e LV, da CF). 2. A sentença proferida contra réu não citado para a ação, por ser inválido o processo, isto é, inexistente, não transita em julgado. 3. A CEF, por ser depositária dos bens, objeto da Ação Declaratória de Outorga de Consentimento Presumido de Doação, ajuizada contra Terceiros Interessados, na qual não foi citada, tem interesse processual em ver declarado, pela Justiça Federal, seu foro natural, que a relação jurídica decorrente da sentença proferida em processo inválido (Art. 214 do CPC e Art. 5º, LIV e LV, da CF) não lhe é oponível, bem como o título executivo dela resultante. 4. Apelação provida, para que seja examinado o mérito do pedido". (Nota de roda-pé original).

[394] Com a mesma opinião: CALMON DE PASSOS. *Rescisória*. p. 336, 337 e 338: "Igualmente sustentamos que é inexistente a sentença dada contra quem não foi citado. A ausência de citação impede a formação da relação processual em ângulo, pelo que o suposto réu se coloca fora da jurisdição do magistrado e liberto da sujeição da coisa julgada. E diziam as Ordenações que era nenhuma a sentença dada sem a parte ser primeiro citada. E hoje ainda é nenhuma a mesma sentença. E se sua inexistência pode ser argüida nos embargos do executado,

além da impossibilidade jurídica *ex vi* do *caput* do artigo 485, a rescisória igualmente não cumpre outra condição da ação: interesse de agir, pois não há necessidade da utilização da via derradeira da rescisória para o réu revel obter o resultado prático desejado. Com efeito, diante da possibilidade de o revel propor a ação declaratória autônoma de procedimento comum, não há necessidade da ação rescisória.[395]

Adroaldo Furtado Fabrício, diz tratar-se de concurso de remédios jurídico-processuais, dispondo o executado de qualquer um deles, à sua escolha, enquanto não ocorra alguma forma de preclusão a respeito de cada qual.[396]

Já Teresa Arruda Alvim Wambier e José Miguel Garcia Medina, acerca das sentenças que não transitam em julgado por serem juridicamente inexistentes, afirmam que não teria sentido a criação de uma *categoria* designada de pressupostos processuais de existência, sem que se dissesse que, ausentes estes pressupostos, estar-se-ia diante de uma situação de inexistência jurídica. Por isso, aduzem que, em tais hipóteses, ausente a coisa julgada, não teria cabimento a ação rescisória, diante da não implementação dos requisitos exigidos pelo artigo 485 do CPC.[397]

Vicente Greco Filho ressalta haver casos em que a sentença inexiste, podendo ser afastada por qualquer juiz, independentemente de ação rescisória, como os de simulacros de sentenças, citando como exemplo a sentença proferida por alguém não investido na função jurisdicional ou em processo no qual não houve citação, caso no qual o réu poderia, a rigor, em impugnação ou embargos à execução, alegar o vício, não ficando excluída a possibilidade de oferecimento de ação declaratória que visa à declaração de sua ineficácia, chamada *querela nullitatis*.[398]

---

nada obsta a que ela possa ser oposta em outra oportunidade qualquer" (p. 337). "Em tôdas as circunstâncias estudadas, independe a sentença de ser rescindida. Em qualquer tempo a ela se pode opor a argüição de ser nenhuma. Em embargos, na execução; na oposição que se ofereça à pretensão que nela procure ter assento. E se acaso rescisória for proposta, deve ela ser repelida liminarmente, com a declaração de inexistência do julgado" (p. 338). "E mais, o ato inexistente é impugnável em qualquer tempo e em qualquer processo" (p. 336). Também em sentido semelhante, na doutrina: OVÍDIO BAPTISTA DA SILVA. Sobrevivência da querela nullitatis. In Revista Forense, volume 333, p. 118: "Por outro lado – é uma conseqüência necessária da natureza dessas nulidades –, a utilização da ação autônoma declaratória (ou desconstitutiva) da nulidade, não estará sujeita a nenhum prazo preclusivo. Em tais casos, podendo a nulidade ser argüida no recurso, caso não o seja, a omissão não impedirá o exercício da ação de nulidade, em qualquer tempo" também no mesmo sentido do texto: "Como o vício de citação gera inexistência e não nulidade, será impróprio o ajuizamento da ação rescisória, pois nada haverá a rescindir. O correto será a ação declaratória de inexistência por falta de citação, denominada querela nullitatis insanabilis, que não tem prazo para ser aforada" (MARCUS VINÍCIUS RIOS GONÇALVES. Novo curso. Volume I, 2004, p. 106). Ainda em sentido semelhante, na jurisprudência: REsp n. 7.550/RO: "Nula a citação, não se constitui a relação processual e a sentença não transita em julgado, podendo, a qualquer tempo, ser declarada nula, em ação com esse objetivo, ou em embargos à execução, se o caso (CPC, art. 741, I)" *(Nota de roda-pé original)*.

[395] SOUZA, Bernardo Pimentel. *Introdução aos recursos cíveis e à ação rescisória*. 4. ed. São Paulo: Saraiva, 2007, p. 510-511.

[396] FABRÍCIO, Adroaldo Furtado. "Réu revel não citado, 'querela nullitatis' e ação rescisória". *Revista de Processo*, São Paulo: Revista dos Tribunais, v. 48, p. 40, 1987.

[397] WAMBIER, Teresa Arruda Alvim; MEDINA, José Miguel Garcia. *O dogma da coisa julgada. Hipóteses de relativização*. São Paulo: Revista dos Tribunais, 2003, p. 28-29.

[398] GRECO FILHO, Vicente. *Direito processual civil brasileiro*. 15. ed. São Paulo: Saraiva, 2002, v. II, p. 403.

Eduardo Talamini diz que a *actio nullitatis* destina-se à constatação da *inexistência* da sentença, sendo exercitável "a qualquer tempo", pois, sendo principalmente de cunho declaratório, não se sujeita a prazos de prescrição ou de decadência. Ressalta estarem legitimados à sua propositura tanto o vencido quanto o vencedor, que pode ter interesse na eliminação de eventual incerteza criada pela aparência de sentença.[399]

Segundo tais Autores, a principal diferença existente entre a *querela* ou *actio nullitatis* e a ação rescisória é que aquela visa a impugnar sentença inexistente, consistindo numa ação declaratória de inexistência jurídica, e não de nulidade. Já a rescisória, por sua vez, busca atingir, por meio da desconstituição da coisa julgada, a nulidade da sentença. A distinção é relevante por se tratar de duas categorias diferentes de sentença que padecem de vícios diferentes.[400]

Embora a *querela nullitatis* não seja o tema central do presente estudo, não podemos deixar de tratar, ainda que brevemente, do dissenso existente na doutrina sobre a natureza do vício de falta ou nulidade de citação. Como vimos acima, alguns doutrinadores entendem tratar-se de inexistência da sentença, enquanto outros vêem no caso nulidade de pleno direito.

Mesmo respeitando as opiniões que colacionamos acima, de processualistas renomados e de incontestável qualidade, discordamos da ideia de que a falta ou nulidade da citação impliquem a prolação de sentença inexistente. Acreditamos tratar-se de sentença nula.

Ampara a opinião de tratar-se de nulidade da sentença José Maria Rosa Tesheiner. Afirma que a ineficácia explica melhor a sentença proferida em processo que correu à revelia, com falta ou nulidade da citação inicial, por ser possível que a ação haja sido proposta contra vários réus, em litisconsórcio facultativo simples. Assim, se apenas um deles não foi citado, a sentença é existente, válida e eficaz com relação a todos; só não pode ser oposta ao que não foi citado, o que caracteriza exatamente a ineficácia.

Diz que se declara a ineficácia a qualquer tempo (conclusão idêntica à de Teresa Wambier, que utiliza o conceito de inexistência, nesse caso), mas que a declaração depende de alegação do interessado (no que dela diverge, afastando a possibilidade de declaração de ofício, decorrência natural de reconhecer-se a inexistência). Afinal, o réu não citado pode aceitar a sentença, deixando, por exemplo, de alegar nulidade nos embargos à execução que venha a opor, de modo que o conceito de ineficácia descreve com exatidão o que ocorre na hipótese.[401]

No mesmo sentido, Adroaldo Furtado Fabrício diz que a sentença, em tais casos, será nula. Sustenta tratar-se de ato processual levado a cabo onde, quando,

---

[399] TALAMINI, Eduardo. *Coisa julgada civil e sua revisão*. São Paulo: Revista dos Tribunais, 2005, p. 368.
[400] WAMBIER, Teresa Arruda Alvim. *Nulidades do processo e da sentença*. 6. ed. rev. atual. e ampl. de acordo com a Reforma Processual 2006/2007. São Paulo: Revista dos Tribunais, 2007, p. 477.
[401] TESHEINER, José Maria Rosa. *Pressupostos processuais e nulidades no processo civil*. São Paulo: Saraiva, 2000, p. 24.

como e por quem devia ser praticado, dentro de uma estrutura processual constituída (ainda que irregularmente), portanto existindo, embora contaminado por vício que lhe é originalmente externo: o processo mesmo que a gerou é radicalmente nulo, pois a citação é requisito de sua validade, nos termos do artigo 214 do CPC. Afirma, ainda, que:

> Ver-se aí inexistência implicaria abertura perigosa do conceito, a ponto de o tornar incontrolável, difuso e por isso mesmo inservível a qualquer finalidade prática. Lembrando-se de que nulidade é a cominação legal para a espécie, não é demais repetir, também, que a opção legislativa se tem de supor consciente, pois a noção de ato inexistente foi igualmente contemplada pelo mesmo diploma normativo. A sentença proferida sem citação válida encerra suficiente componência de juridicidade para penetrar no mundo do direito, até porque o princípio *audiatur et altera pars* não é absoluto, comportando exceções consagradas em todas as legislações processuais modernas, bastando que se refiram às decisões liminares e aos procedimentos monitórios. Assim, o déficit de que padece o processo onde não se fez citação hábil diz respeito à validade, não à existência, sem embargo do volume e da autoridade das opiniões em contrário.[402]

Também Araken de Assis e Edson Ribas Malachini defendem tratar-se de nulidade do processo e da sentença.[403]

Parte da doutrina sustenta tratar-se de demanda de declaração de ineficácia da sentença. É o que sustenta Alexandre Freitas Câmara, ao argumento de que os juristas antigos não faziam a distinção entre os planos da existência, validade e eficácia, como hoje se faz:

> A meu juízo, é inegável o fato de que as sentenças impugnáveis através da querela nullitatis existem. Aliás, fossem elas inexistentes e sequer seria preciso cogitar de remédios processuais destinados a atacá-las, já que a inexistência não convalesce jamais.
>
> Tais sentenças, quando proferidas, são inegavelmente nulas. A nulidade, porém, desaparece com seu trânsito em julgado. Isto se dá, conforme se pôde ver em passagem anterior deste livro, por força da eficácia sanatória geral da coisa julgada. Não vejo como se possa, então, falar em reconhecimento de nulidade após o trânsito em julgado da sentença. Inegavelmente, porém, tais sentenças têm vícios que impedem que as mesmas produzam seus efeitos.[404]

Entendemos acertado o entendimento de Alexander dos Santos Macedo, no sentido de que, sendo necessário o ajuizamento de uma ação (embargos de devedor, ação rescisória ou *querela nullitatis*) para decretar-se a invalidade da sentença e do processo, o caso não é de inexistência, mas sim de nulidade *ipso iure*, pois o processo e a sentença existem. Afinal, caso não existissem, sequer seria

---

[402] FABRÍCIO. Adroaldo Furtado. "Réu revel não citado, 'querela nullitatis' e ação rescisória". *Revista de Processo*, São Paulo: Revista dos Tribunais, v. 48, p. 33, 1987.

[403] ASSIS, Araken de; MALACHINI, Edson Ribas. *Comentários ao Código de Processo Civil, vol. 10:* do processo de execução, arts. 736 a 795 (Coordenação de Ovídio A. Baptista da Silva). São Paulo: Revista dos Tribunais, 2001, p. 123-127.

[404] CÂMARA, Alexandre Freitas. *Ação rescisória.* Rio de Janeiro: Lumen Juris, 2007, p. 280-281.

necessário o ajuizamento de qualquer ação para declarar a nulidade daquele ou para rescindir esta, bastando uma petição simples.[405]

A essência da *querela nullitatis* está no fato de que, se nula foi a citação, o processo deve ser renovado a partir da convocação do réu a juízo, pois nesses casos não se terá constituído validamente a relação processual, razão pela qual a sentença não transita em julgado, podendo, a qualquer tempo, ser declarada nula, seja através da querela, seja por meio de impugnação à execução.[406]

A arguição da *querela nullitatis* é dirigida ao próprio juízo prolator da decisão, sem necessidade de dirigir-se a órgão hierarquicamente superior, além de não se submeter aos prazos preclusivos dos embargos e da impugnação e decadencial da ação rescisória.

A admissibilidade da *querela nullitatis* é reconhecida de longa data pelo Supremo Tribunal Federal:

> Ação declaratória de nulidade de sentença por ser nula a citação do réu revel na ação em que ela foi proferida. 1. Para a hipótese prevista no artigo 741, I, do atual CPC – que é a da falta ou nulidade de citação, havendo revelia – persiste, no direito positivo brasileiro – a "querela nullitatis", o que implica dizer que a nulidade da sentença, nesse caso, pode ser declarada em ação declaratória de nulidade, independentemente do prazo para a propositura da ação rescisória, que, em rigor, não é cabível para essa hipótese. 2. Recurso extraordinário conhecido, negando-se-lhe, porém, provimento.[407]

Há controvérsia sobre a natureza da sentença proferida na *querela nullitatis*. É frequente a afirmação de tratar-se se uma ação declaratória, conforme refere Adroaldo Furtado Fabrício no artigo citado linhas atrás.

Independentemente da natureza que se queira atribuir à sentença proferida na querela de nulidade, cujo estudo não pretendemos esgotar, o fato é que se trata

---

[405] MACEDO, Alexander dos Santos. *Da querela nullitatis. Sua subsistência no direito brasileiro*. 3. ed. Rio de Janeiro: Lumen Juris, 2005, p. 47-48.

[406] FUX, Luiz. *Curso de direito processual civil*. 2. ed. Rio de Janeiro: Forense, 2004, p. 872.

[407] BRASÍLIA. Supremo Tribunal Federal. Tribunal Pleno. Recurso extraordinário 97.589-SC. Relator: Min. Moreira Alves. Julgado em: 17.11.1982, DJU. de 03 de março de 1983, p. 07883. Disponível em: <www.stf.gov.br>. Acesso em: 10.outubro.2007. Contou do voto condutor do acórdão: "Com efeito, transitada em julgado a sentença de mérito, o meio normal de rescindi-la é a ação rescisória. No entanto, o nosso direito positivo em se tratando de falta ou nulidade de citação, se a ação correu à revelia, não a exige, por entender que, nesse caso, não se trata de rescisão de sentença (que o juiz da execução não poderia fazê-la incompetente que o é para tanto), mas de nulidade absoluta da sentença, que pode ser declarada por meio de embargos à execução ou de ação declaratória, ambos independentemente da observância dos requisitos da ação rescisória. Não se trata – e bem de ver – de exceção à ação rescisória, mas, sim de hipótese para a qual não é exigível ação dessa natureza, por não se tratar de vício dependente de rescisão, mas de vício de nulidade absoluta, e, portanto, insanável. Por isso mesmo, é que essa nulidade absoluta e conseqüentemente, insanável é atacável, expressamente, por meio de embargos à execução, independentemente da observância do prazo de decadência da rescisória.". Alfredo Buzaid, que acompanhou o voto, sintetizou que: "Em suma, para invalidar os efeitos de sentença nula por vício insanável de falta de citação ou de citação inicial nulamente feita, desde que o processo correu à revelia não há mister propor ação rescisória. A ação rescisória, fundada no art. 485, IV, do CPC, pressupõe sentença proferida em processo que se iniciou e se desenvolveu válida e regularmente, mas que é rescindível, por contrariar eficácia própria da sentença, que a torna imutável, indiscutível (CPC, art. 467) e obrigatória para todos os juízes de futuros processos (Chiovenda, Instituições de Direito Processual Civil, v.I, nº 117) (*in* ob. cit. pp. 786-787)."

de ação autônoma de impugnação que subsiste em nosso sistema jurídico, conforme amplamente reconhecido pelos Tribunais.

A sobrevivência da *querela nullitatis* no direito brasileiro justifica-se pelo teor do artigo 741, inciso I, do Código de Processo Civil,[408] vigente na época em que o julgado citado acima foi proferido.

Até a entrada em vigor da Lei nº 11.232/05, ocorrida em 26/06/2006, a defesa do executado na ação fundada em título judicial ocorria por meio da ação de embargos do executado, previstos no artigo 741 do Código de Processo Civil, que tinham natureza de processo autônomo e visavam à cassação da sentença transitada em julgado, independentemente do ajuizamento da ação rescisória e do prazo bienal estabelecido no artigo 495 do CPC.

A partir de então, foi abolida a necessidade de instauração de um novo processo, passando o devedor a oferecer sua defesa nos próprios autos do processo no qual foi formulado o requerimento executivo, por meio da chamada impugnação (artigo 475-L),[409] sobre cuja natureza jurídica, objeto de controvérsias, não nos manifestaremos.

O artigo 741 do CPC permaneceu, entretanto, vigente, só que regulando os embargos à execução contra a Fazenda Pública.

Contudo, por serem os embargos do executado e a impugnação exclusivamente destinados aos casos em que proferida sentença condenatória, não se poderia deixar de considerar a necessidade de garantir-se remédio para quem ficou revel (sem ter sido regularmente citado), em processo no qual a sentença for meramente declaratória ou constitutiva.[410]

Ademais, o prazo para oferecimento de embargos, quando cabíveis, é peremptório e preclusivo, podendo estes (ou a impugnação, nos casos de cumprimento de sentença, considerando-se as inovações trazidas pela Lei nº 11.232/05) serem rejeitados por defeito de forma ou legitimidade.

Ainda, não faz sentido exigir-se do lesado que aguarde a iniciativa do credor em promover a execução da sentença para, somente então, fazer uso da *querela*

---

[408] Dizia o artigo: "Art. 741. Quando a execução se fundar em sentença, os embargos serão recebidos com efeito suspensivo se o devedor alegar: I – falta ou nulidade de citação do processo de conhecimento, se a ação lhe correu à revelia; ..."

[409] Art. 475-L. A impugnação somente poderá versar sobre: I – falta ou nulidade da citação, se o processo correu à revelia; II – inexigibilidade do título; III – penhora incorreta ou avaliação errônea; IV – ilegitimidade das partes; V – excesso de execução; VI – qualquer causa impeditiva, modificativa ou extintiva da obrigação, como pagamento, novação, compensação, transação ou prescrição, desde que superveniente à sentença. § 1º Para efeito do disposto no inciso II do caput deste artigo, considera-se também inexigível o título judicial fundado em lei ou ato normativo declarados inconstitucionais pelo Supremo Tribunal Federal, ou fundado em aplicação ou interpretação da lei ou ato normativo tidas pelo Supremo Tribunal Federal como incompatíveis com a Constituição Federal. § 2º Quando o executado alegar que o exeqüente, em excesso de execução, pleiteia quantia superior à resultante da sentença, cumprir-lhe-á declarar de imediato o valor que entende correto, sob pena de rejeição liminar dessa impugnação.

[410] CÂMARA, Alexandre Freitas. *Ação rescisória*. Rio de Janeiro: Lumen Juris, 2007, p. 276.

nullitatis, pelo que deve ser permitida sua propositura de forma autônoma e em caráter preventivo.[411]

Alexandre Freitas Câmara sustenta que, durante o prazo decadencial ao qual se submete o direito à rescisão da sentença, a parte interessada poderia escolher entre a propositura de ação destinada a tal fim ou a *querela nullitatis*, mas que, ultrapassado o prazo bienal, a primeira delas se tornaria incabível, bem como que, no caso de sentença condenatória, teria cabimento a segunda ação, ou então os embargos do executado, concluindo que no direito vigente, em que a defesa do executado (enquanto judicial o título) se faz por impugnação, e não mais por embargos (ressalvado o caso da execução contra a Fazenda Pública), aquele entendimento continua, *mutatis mutandis*, a prevalecer. Portanto, o interessado pode escolher entre a *querela nullitatis* e a ação rescisória (durante o curso do prazo a que se refere o art. 495 do CPC) ou, ultrapassado aquele biênio, será possível o ajuizamento, apenas, da *querela nullitatis*. Diz que, além disso, se a sentença tiver eficácia de título executivo, será possível ajuizar-se a *querela nullitatis* ou oferecer-se impugnação à execução (ou, ainda, no caso de ser executada a Fazenda Pública, esta poderá optar entre a *querela nullitatis* e os embargos do executado, na forma do art. 741, I, do CPC, na redação que lhe deu a Lei nº 11.232/2005).[412]

Acerca do prazo para a propositura da *querela nullitatis*, Ovídio Araújo Baptista da Silva diz que sua utilização não se submete a nenhum prazo preclusivo, podendo ser proposta a qualquer tempo, ao argumento de que a eficácia sanatória dos recursos não poderia tornar uma sentença de conteúdo possível ou incerto isenta de uma nulidade, pelo que o sistema jurídico que excluir uma ação que a declare cometerá pecado mortal contra a razão e a lógica jurídica.[413]

Contudo, ressalvamos que a *querela nullitatis* somente terá cabimento no caso de não haver citação, nem comparecimento do réu, ou quando a citação for nula e revel for o réu, pois a sentença será nula de pleno direito, e não só rescindível. Por isso mesmo, o revel é autorizado a pedir-lhe a decretação da nulidade, fora da ação rescisória, nos simples embargos do devedor, ou por meio da *querela nullitatis*.

Fica, assim, a advertência do E. Ministro Castro Filho, de que, se a parte comparece ao processo, ainda que para arguir a nulidade da citação, e sua arguição é rejeitada, declarando-se válido o ato citatório, o remédio jurídico adequado é a rescisória. Apenas a sentença *nulla ipso iure*, que alguns preferem chamar de

---

[411] FABRÍCIO. Adroaldo Furtado. "Réu revel não citado, 'querela nullitatis' e ação rescisória". *Revista de Processo*, São Paulo: Revista dos Tribunais, v. 48, p. 36, 1987.

[412] CÂMARA, op. cit., p. 277.

[413] BAPTISTA DA SILVA, Ovídio. Sobrevivência da querela nullitatis. *Revista Forense*, n. 333, ano 92, p. 117-118, jan.-fev.-mar. 1996. No mesmo sentido, Teresa Arruda Alvim Wambier e José Miguel Garcia Medina afirmam que essa é a principal diferenciação entre as sentenças nulas e as inexistentes, pois enquanto aquelas, para serem desconstituídas, por meio de ação rescisória, ficam sujeitas ao prazo decadencial do artigo 495 do CPC, estas, como são inexistentes, assim podem ser declaradas a qualquer tempo (*O dogma da coisa julgada. Hipóteses de relativização*. São Paulo: Revista dos Tribunais, 2003, p. 212).

sentença "inexistente", proferida à revelia do réu, não sofre o efeito da coisa julgada e desafia a *querela nullitatis*.[414]

No que concerne à fungibilidade entre a *querela nullitatis* e a ação rescisória nos casos em que a citação for nula ou inexistente, Teresa Arruda Alvim Wambier e José Miguel Garcia Medina têm entendimento de que, com base no princípio da instrumentalidade das formas, deve-se, nos casos de inexistência ou nulidade de citação, admitir a fungibilidade entre a *querela nullitatis* e a ação rescisória.[415] A lição é respaldada pela jurisprudência majoritária.[416] Contudo, não aprofundaremos esta questão, por não ser objeto do presente estudo, deixando apenas o registro de que a questão não é pacífica,[417] [418] mas deve ser frisado que o prazo da rescisória é de apenas dois anos, contados do trânsito em julgado, ao passo que a *querela nullitatis* pode ser proposta a qualquer tempo.

Por isso, embora a *querela nullitatis* seja, como a ação anulatória, forma de impugnação de sentença cujo cabimento é admitido mesmo após o trânsito em

---

[414] BRASÍLIA. Superior Tribunal de Justiça. 3ª Turma. Recurso especial n. 459-381-SP. Relator: Min. Castro Filho. Julgado em: 22.05.2003, *DJU*., de 16 de junho de 2003, p. 338. Disponível em: <www.stj.gov.br>. Acesso em: 21 out. 2007.

[415] WAMBIER, Teresa Arruda Alvim; MEDINA, José Miguel Garcia. *O dogma da coisa julgada. Hipóteses de relativização*. São Paulo: Revista dos Tribunais, 2003, p. 234-239..

[416] Theotonio Negrão e José Roberto Ferreira Gouvêa, após exporem a controvérsia, afirmam entendimento de estarem corretos os acórdãos que admitem tanto a ação de nulidade como a ação rescisória para a desconstituição do julgado proferido em processo no qual não houve a citação válida réu. Destacam, ainda, a possibilidade de oferecimento de oposição à execução com base nos artigos 475-L, I, e 741, I, além do Mandado de Segurança, ressalvando, apenas, que, escolhido um desses meios, os demais se fecham (NEGRÃO, Theotonio; GOUVÊA, José Roberto Ferreira. *Código de processo civil e legislação processual em vigor*. 39. ed. São Paulo: Saraiva, 2007, p. 613).

[417] Ação Rescisória. Demanda direcionada ao reconhecimento da nulidade de ação de usucapião em razão da falta de citação da cônjuge de um dos proprietários do imóvel, assim como em razão da citação editalícia de réus residentes em local certo e conhecido. Impropriedade do manejo da ação rescisória. Possibilidade de recebimento da ação como querela nullitatis, em atenção ao princípio da instrumentalidade. Precedente do Tribunal de Justiça do Rio Grande do Sul. Elementos dos autos que demonstram, efetivamente, a falta de citação de cônjuge de um dos titulares do domínio do imóvel usucapiendo. Hipótese de recebimento da ação como declaratória de nulidade e de procedência do pedido. Ação recebida como declaratória de nulidade e julgada procedente. Unânime. (PORTO ALEGRE. Tribunal de Justiça do Rio Grande do Sul. 18ª Câmara Cível. Ação Rescisória nº 70013971056. Relator: Desembargador Cláudio Augusto Rosa Lopes Nunes. Julgado em: 05.07.2007. Disponível em: <www.tj.rs.gov.br>. acesso em: 19 out. 2007).
PROCESSUAL CIVIL. USUCAPIÃO. CITAÇÃO. CONFRONTANTE. AUTOR. RESCISÓRIA. DESCABIMENTO. 1 – Se o móvel da ação rescisória é a falta de citação de confrontante (ora autor), em ação de usucapião, a hipótese é de ação anulatória (*querella nulitatis*) e não de pedido rescisório, porquanto falta a este último pressuposto lógico, vale dizer, sentença com trânsito em julgado em relação a ele. Precedentes deste STJ. 2 – Recurso conhecido em parte e, nesta extensão, provido para decretar a extinção do processo rescisório sem julgamento de mérito (art. 267, VI do CPC). (BRASÍLIA. Superior Tribunal de Justiça. 4ª Turma. Recurso Especial nº 62.853-GO (19950014604-5). Relator: Ministro Fernando Gonçalves. Julgada em: 19.02.2004. Disponível em: <www.tj.rs.gov.br>. Acesso em: 24 dez. 2007).

[418] Osmar Mendes Paixão Côrtes se posiciona terminantemente contrário à admissibilidade da ação rescisória por não haver sentença de mérito a ser desconstituída, pois a decisão não chegou a existir em relação à parte defeituosamente citada (Ação rescisória contra decisão em processo no qual inocorreu citação ou a citação foi nula – Discussão sobre o seu cabimento. In: NERY JÚNIOR, Nelson; WAMBIER, Teresa Arruda Alvim (Coords). *Aspectos polêmicos e atuais dos recursos cíveis e assuntos afins*. São Paulo: Revista dos Tribunais, 2000, v. 7, p. 558-559).

julgado, os dois institutos não se confundem, embora, isoladamente, sejam considerados iguais.

Discordamos, por isso, de José Luiz Bayeux Filho, que se refere à ação anulatória prevista no artigo 486 do CPC como sendo a *querela nullitatis*. Embora o artigo intitulado *"A ação anulatória do art. 486, essa incompreendida..."*[419] analise a ação anulatória com base no parágrafo único do CPC de 1939 e no artigo 486 do Código atual, discorrendo sobre seu cabimento, legitimidade e peculiaridades com boa didática, chama-a, equivocadamente, pelo nome atribuído à ação que tem por objeto a anulação de sentença, e não de atos judiciais que não dependem de sentença e aos quais se segue sentença meramente homologatória.

Inúmeros julgados, contudo, incorrem no equívoco de confundir a ação anulatória prevista no artigo 486 do CPC com a *querela nullitatis*. Citamos alguns precedentes do E. Tribunal de Justiça do Estado do Rio Grande do Sul nos quais a *querela nullitatis* foi proposta com base no artigo 486 do CPC:

> APELAÇÃO CÍVEL. AÇÃO ANULATÓRIA DE SENTENÇA. ALEGAÇÃO DE VÍCIO NA CITAÇÃO. INDEFERIMENTO DA INICIAL. DESCABIMENTO. Em consonância com a jurisprudência predominante e doutrina, entendo viável o reconhecimento da nulidade da sentença por meio da presente demanda, com fundamento no artigo 486 do CPC – *querella nulitatis* –, tendo em vista que a causa de pedir se funda em vício na citação. POR UNANIMIDADE, DERAM PROVIMENTO AO RECURSO PARA DESCONSTITUIR A SENTENÇA.[420]

> APELAÇÃO CÍVEL. AÇÃO ANULATÓRIA DE SENTENÇA. AÇÃO DE USUCAPIÃO. VÍCIO NA CITAÇÃO. INDEFERIMENTO DA INICIAL. DESCABIMENTO. ART. 486 DO CPC. Consoante entendimento maciço da doutrina e jurisprudência, é plenamente viável a anulação da sentença proferida em ação de usucapião, já transitada em julgado, por meio de ação de conhecimento, na forma do art. 486 do Código de Processo Civil (querella nulitatis), quando a causa de pedir se fundar na ocorrência de vício ou inexistência da citação. Descabimento

---

[419] BAYEUX FILHO, José Luiz. A ação anulatória do art. 486, essa incompreendida... *Revista do Advogado*, publicada pela AASP – Associação dos Advogados de São Paulo, n. 36, p. 65-68, 1992.

[420] PORTO ALEGRE. Tribunal de Justiça do Estado do Rio Grande do Sul. 15º Câmara Cível. Apelação cível n. 70015948912. Relator: Desembargador Ângelo Maraninchi Giannakos. Julgado em: 23.05.2007. Disponível em: <www.tj.rs.gov.br>. Acesso em: 24 dez. 2007. Constou do voto: "Todavia, inobstante o entendimento daquele juízo, em consonância com a jurisprudência predominante e doutrina, entendo viável o reconhecimento da nulidade da sentença por meio da presente demanda, com fundamento no art. 486 do CPC – *querella nulitatis* –, tendo em vista que a causa de pedir se funda em vício na citação. Nesse sentido, colaciono o seguinte precedente de relatoria do eminente Des. Otávio Augusto de Freitas Barcellos, que muito bem apanhou a matéria: Ação rescisória. Alegada ausência de citação. Caso de ação anulatória e não rescisória. A ausência de citação conduz à inexistência de sentença, hipótese em que não há o que rescindir. A *querela nullitatis* é, em essência, impugnação voltada para os casos de inexistência jurídica do processo ou da sentença e tem expressa previsão legal no art. 741, Inc. I, do cpc, que trata dos embargos à execução decorrentes da ausência ou nulidade de citação no processo de conhecimento. Demonstrado, no caso em concreto, o conhecimento inequívoco acerca da existência da ação de despejo, seja pelo comparecimento de oficial de justiça munido de mandado de verificação e imissão de posse para o caso de confirmação do abandono, bem como não negada a inadimplência de alugueres, o manejo indiscriminado da rescisória, no caso, se apresenta como manobra processual com caráter nitidamente protelatório, a ensejar repriment o para litigância de má-fé. Ação julgada inadmissível, com averbação de pena por prática de dolo processual. Unânime. (Ação Rescisória nº 70013640818, Décima Quinta Câmara Cível, Tribunal de Justiça do RS, Relator: Otávio Augusto de Freitas Barcellos, Julgado em 27/09/2006) (*omissis*)

do manejo de ação rescisória. Sentença extintiva reformada. Recurso provido. Sentença desconstituída.[421]

Neste caso, entendemos que há equívoco ao se fundamentar a *querella nullitatis* no artigo 486 do CPC, pois enquanto esta ação tem por fim a anulação de atos praticados pelas partes em juízo, aquela visa à anulação da sentença em si, e não do ato que foi *processualizado*, conforme já analisamos.

Embora ambas as ações sejam de rito ordinário, há, ainda, a diferença de prazo, pois a *querela nullitatis* pode ser aforada a qualquer tempo, ao passo que a ação anulatória segue os prazos ditados pelo direito material, conforme a natureza do ato pretendido desconstituir.

---

[421] PORTO ALEGRE. Tribunal de Justiça do Estado do Rio Grande do Sul. 18ª Câmara Cível. Apelação Cível n. 70014150775. Relator: Desembargador Pedro Celso Dal Pra. Julgado em: 30.03.2006. Disponível em: <www.tj.rs.gov.br>. Acesso em: 24 dez. 2007.

5. Casuística

5.1. Confissão, desistência, transação, reconhecimento jurídico do pedido e renúncia ao direito sobre o qual se funda a ação

No capítulo 4, no ponto destinado à ação rescisória, vimos que o artigo 485 do CPC autoriza, em seu inciso VIII, a rescisão da sentença de mérito transitada em julgado quando "houver fundamento para invalidar confissão, desistência ou transação, em que se baseou a sentença", o que é inovação do Código Buzaid em relação ao Código de Processo Civil de 1939, que não continha previsão semelhante.

Também analisamos o cabimento da ação anulatória para rescisão (*rectius*, anulação) dos atos judiciais seguidos de *"sentença meramente homologatória"*, muitas vezes de desistência, transação, confissão, reconhecimento jurídico do pedido e de renúncia ao direito sobre o qual se funda a ação.

Cumpre-nos, então, enfrentar, nestas hipóteses, quando cada uma destas ações terá cabimento, distinção esta de fundamental relevância para o presente estudo, tendo em vista sua repercussão no meio forense e doutrinário.

Não nos parece haver dúvidas de que a ação anulatória será a medida processual adequada quando se pretender impugnar os atos praticados pelas partes em juízo durante o curso do processo, ou seja, antes do trânsito em julgado ou até mesmo da prolação da decisão que os venha a homologar, quando dependerem da chancela judicial.

Há, no entanto, severa controvérsia quanto à forma de se impugnarem os atos judiciais que não dependem de sentença após o trânsito em julgado das decisões *meramente homologatórias*, notadamente nos casos de a) desistência da ação, b) transação, c) reconhecimento jurídico do pedido, d) renúncia ao direito sobre o qual se funda a ação e e) confissão, pois, como já dito, o inciso VIII do artigo 485 do CPC prevê como uma das hipóteses de cabimento da ação rescisória "a existência de fundamento para invalidar confissão, desistência ou transação em que se baseou a sentença".

É sabido que a propositura da ação rescisória tem como pressuposto a formação de coisa julgada material pela decisão pretendida impugnar.

Ocorre, contudo, que nos casos de reconhecimento do pedido, renúncia e transação, a sentença a ser proferida será homologatória, ou melhor, *meramente homologatória* de ato das partes, para utilizarem-se os termos do artigo 486 do CPC, o que determinaria, em tese, o cabimento da ação anulatória.

Antônio Macedo de Campos afirma que sentença homologatória é apenas ato processual de encerramento do processo, ato supérfluo e desnecessário, pois, se as partes transacionaram, a transação existiria, independentemente da sentença que a homologou, o que afasta o cabimento da ação rescisória.[422]

Cássio Scarpinella Bueno procura solucionar a questão mediante o critério de ter ocorrido ou não o trânsito em julgado da decisão, bem como de ter o mérito da causa sido enfrentado ou não:

> A doutrina concorda que a impugnação dos atos *durante o curso do processo*, isto é, antes do trânsito em julgado da decisão que os homologar, rende ensejo, unicamente, ao ajuizamento da ação anulatória do art. 486. Depois de transitada em julgado a decisão homologatória, o caso será de rescisória, unicamente, diante do proferimento de decisão de *mérito*. Assim, um critério seguro para distinguir ambas as hipóteses é o que leva em conta o *momento* de impugnação do ato. Se pretendida sua extirpação do mundo jurídico enquanto pendente o processo em que o ato produziu ou produzirá seus efeitos, a hipótese é de ação anulatória, justamente porque não há coisa julgada enquanto houver litispendência. Caso contrário, isto é, desde que transitada em julgado a decisão homologatória do ato, a hipótese é de rescisória. É esse, ademais, o critério adotado pelo art. 352, I e II, do CPC, que pode ser tomado de empréstimo para adequar os dispositivos em exame.[423] [424]

Pondera, no entanto, que em todos os casos em que o proferimento da decisão homologatória (*meramente homologatória*, na letra da lei) não for de mérito e, sistematicamente, não tiver aptidão de transitar em julgado, o caso será de ação *anulatória*, excluída a possibilidade do ajuizamento da rescisória. Diz, por isso, caber a ação anulatória, por exemplo, nos casos de jurisdição voluntária, desde que não haja qualquer litígio entre as partes, para anular atos praticados ao longo do processo de execução, como, por exemplo, a arrematação e a adjudicação, desde que não tenha havido a oposição de embargos, denotando controvérsia entre as partes e consequente prolação de decisão de mérito.[425]

---

[422] CAMPOS, Antônio Macedo de. *Ação rescisória de sentença*. 1. ed. São Paulo: Sugestões Literárias 1976, p. 125.

[423] MARCATO, Antônio Carlos (Coord.). [et. al...]. *Código de processo civil interpretado*. 2. ed. São Paulo: Atlas, 2005, p. 1537.

[424] Bernardo Pimentel Souza também se filia à corrente que sustenta que a confissão, a renúncia à pretensão, o reconhecimento do pedido e a transação homologada por decisão ainda não transitada em julgado podem ser impugnados com êxito por meio de ação anulatória, nos termos do artigo 486 do CPC, e que, após o trânsito em julgado, a decisão homologatória somente pode ser desconstituída através de ação rescisória (SOUZA, Bernardo Pimentel. *Introdução aos recursos cíveis e à ação rescisória*. 4. ed. São Paulo: Saraiva, 2007, p. 500).

[425] MARCATO, op. cit., p. 1537-1538.

Embora a opinião acima exposta seja acompanhada por parte respeitável da doutrina, entendemos não ser esta a melhor interpretação quanto à comparação do inciso VIII do art. 485 com o art. 486 do Código de Processo Civil.

Como vimos na análise das noções fundamentais acerca da ação anulatória, Luiz Fux, reconhecendo o largo dissenso doutrinário e jurisprudencial, traz duas conclusões importantes, no mesmo sentido do que preconiza Cássio Scarpinella Bueno: a primeira é de que "onde há julgamento como ato intelectivo e de soberania do Judiciário não cabe ação anulatória". A segunda é de que "somente os atos de disponibilidade das partes que impliquem encerramento do processo com a composição da lide é que se sujeitam à anulação". Sustenta que a primeira delas serve para afastar a perplexidade gerada pelo inciso VIII do artigo 485 do CPC, que prevê o cabimento da ação rescisória para sentença de mérito que se funda em ato de disponibilidade processual, pois sendo a sentença ato de julgamento, quando engendrada a manifestação de liberdade, o juiz simplesmente chancela o ato e dispensa-se de "julgar". Pondera que, apesar disso, não pode ser desconsiderada a hipótese em que vários atos processuais são praticados no processo e o juiz, para decidir, considera apenas o ato de disponibilidade, quando poderia basear-se em vários fundamentos, fixando-se na conduta de renúncia ou de reconhecimento, mercê de a parte enfrentar a pretensão deduzida pela parte adversa com outros argumentos.[426]

Diz Fux ser para esses casos que a lei prevê a ação rescisória, ou seja, quando o juiz, podendo valer-se de todo o contexto da atuação das partes para julgar, leva em consideração apenas o ato de liberalidade e que, assim agindo, estará fundando sua sentença no negócio processual em si, exsurgindo, então, para a parte, o interesse em desconstituir a sentença por defeito do ato em que se baseou, ou seja, por meio da ação anulatória. Destaca:

> Mas, repita-se: nesta hipótese, há julgamento, e como a parte não pode voltar-se contra a motivação da decisão, (art. 469, I, do CPC), cumpre-lhe impugnar a sentença por vício do ato que a fundamenta, a despeito das demais manifestações dos autos e que poderiam ensejar uma decisão do juiz noutro sentido.
>
> Destarte, se houver, v.g., reconhecimento integral do pedido, julgamento não haverá cabendo à parte impugnar o ato em si, através de anulação.[427]

Berenice Soubhie Nogueira Magri diz que o fundamento para invalidar, por meio da ação rescisória, atos como a confissão, o reconhecimento jurídico do pedido, a renúncia ao direito sobre o qual se funda a ação e a transação, a que alude o inciso VIII do artigo 485 somente terá cabimento quando estes atos tenham servido de base para se proferir sentença de mérito transitada em julgado.[428]

---

[426] FUX, Luiz. *Curso de direito processual civil*. 2. ed. Rio de Janeiro: Forense, 2004, p. 868-869.
[427] *Op. cit.*, p.868-869.
[428] MAGRI, Berenice Soubhie Nogueira. *Ação anulatória – Art. 486 do CPC*. 2. ed. São Paulo: Revista dos Tribunais, 2004, p. 217.

Entendemos que, para os artigos 485, inciso VIII, e 486 do CPC coexistirem em harmonia, a confissão a que o primeiro dispositivo se refere deve ser, além de simples meio de prova, reconhecimento jurídico do pedido e que a desistência deve ser entendida também como renúncia ao direito sobre o qual se funda a ação.[429]

Quanto à confissão, primeira hipótese contemplada no inciso VIII do artigo 485 do CPC, frisamos que a sentença somente poderá ser rescindida se ela for a prova principal tomada por base nas razões de decidir, tal como ocorre nos casos de prova falsa, do inciso IV do mesmo artigo.

A origem do inciso VIII do artigo 485 é o direito português.

As regras concernentes ao instituto da "confissão, desistência e transação" no Código de Processo Civil português encontram-se dispostas nos artigos 287 a 301, insertos na Seção IV, que dispõe sobre as causas de extinção da instância. O artigo 287 determina: "A instância extingue-se com: a) O julgamento; b) O compromisso arbitral; c) A deserção; d) A desistência, confissão ou transacção; e) A impossibilidade ou inutilidade superveniente da lide; f) Revogada".

O Código de Processo Civil português, no artigo 771, alínea *d*, exige, para a revisão da sentença, que "tenha sido declarada nula ou anulada, por sentença já transitada, a confissão, a desistência ou transação em que a decisão se fundasse". Na alínea *e*, o mesmo artigo admite a revisão da coisa julgada "quando seja nula a confissão, desistência ou transação, por violação do preceituado nos arts. 37 e 297, sem prejuízo do que dispõe o nº 5 do art. 300".[430]

O artigo 214 do Código Civil de 2002 diz que "a confissão é irrevogável, mas pode ser anulada se decorreu de erro de fato ou de coação".

O artigo 348 do Código de Processo Civil prevê que "há confissão, quando a parte admite a verdade de um fato, contrário ao seu interesse e favorável ao adversário. A confissão é judicial ou extrajudicial".

Já o artigo 352 do mesmo Código regula a rescisão (ou anulação) da confissão por vício de vontade, ao determinar que: "A confissão, quando emanar de erro, dolo ou coação, pode ser revogada: I – por ação anulatória, se pendente o processo em que foi feita; II – por ação rescisória, depois de transitada em julgado a sentença, da qual constituir o único fundamento".[431]

---

[429] Berenice Soubhie Nogueira Magri sustenta o mesmo entendimento (Ibidem, p. 217).

[430] Segundo José Carlos Barbosa Moreira, o instituto a que se referiam tanto o artigo 306 quanto o 771, 4º, do Código luso, era, na verdade, o reconhecimento jurídico do pedido, e não a confissão do autor, contemplada nos artigos 292 e seguintes sob a denominação imprópria de "confissão", como causa de extinção do processo, ou, como diz aquele Diploma, de instância. Destaca, no entanto, que no ordenamento jurídico brasileiro não há lugar sequer para confusão terminológica entre as duas figuras, pois a confissão é meio de prova através do qual qualquer das partes admite como verdadeiro um fato contrário ao seu interesse, ao passo que o reconhecimento jurídico do pedido está previsto no artigo 269 do CPC como uma das causas que implicam resolução do mérito (MOREIRA, José Carlos Barbosa. *Comentários ao código de processo civil, Lei nº 5.869, de 11 de janeiro de 1973, vol V: arts. 476 a 565*. 13. ed. Rio de Janeiro: Forense, 2006, p. 142).

[431] O Código do Processo Civil e Comercial do Estado do Rio Grande do Sul (Lei nº 65 de 16 de janeiro de 1908) tratou da confissão nos artigos 399 a 415. Os arts. 400 e 401 dizem que a confissão só pode ser feita por pessoa

Antônio Carlos de Araújo Cintra diz que o erro a que se refere o artigo 352 do Código é o resultante do desconhecimento ou do conhecimento defeituoso dos fatos sobre os quais recai a confissão. Afirma que, para se caracterizar o erro, não basta que a confissão se afaste da verdade dos fatos, sendo necessário que isso ocorra em razão do desconhecimento ou do conhecimento defeituoso dos fatos pelo confitente.[432]

Frisamos que, nos casos em que a ação rescisória embasada no inciso VIII do artigo 485 visar à desconstituição da sentença com base na existência de fundamento para invalidar confissão emanada de dolo, não se trata do mesmo dolo a que se refere o inciso III do artigo 485, que significa dolo processual. O dolo a que se refere o inciso II do artigo 352 é o dolo previsto na lei civil, como analisamos no item 2.4.2.

A coação, por fim, pode dar ensejo à anulação da confissão quando representar violência ou grave ameaça que tenha incutido no confitente fundado temor de dano à sua pessoa, à sua família ou a seus bens, iminente e considerável, conforme artigos 151 do Código Civil e 344 do Código Penal.[433]

Não se podem confundir os defeitos da confissão mencionados pelo artigo 352 do CPC com outros vícios dos quais tal ato possa padecer. A confissão feita por quem não estava legitimado ou não tinha poderes para confessar, ou então quando relativa a direitos indisponíveis, não dá ensejo à propositura de ação anulatória. Antônio Carlos de Araújo Cintra, comentando o artigo 352 do Código de Processo Civil, explica que:

> A declaração feita por quem não estava legitimado nem tinha poderes para confessar não vale como confissão e, eventualmente, dependendo de sua forma, da qualidade do declarante e da maneira pela qual ingressou no processo, poderá ser tida como prova testemunhal ou documental de livre apreciação pelo juiz, não havendo, em princípio, por que pretender anulá-la. Tampouco haverá razão para anular confissão de fatos relativos a direitos indisponíveis que sempre serão objeto de livre apreciação judicial. Em qualquer desses casos, se, a final, se der a eficácia própria da confissão àquelas declarações, a sentença que assim decidiu, tendo transitado em julgado, poderá ser rescindida, não com base no inciso II do artigo ora examinado, mas sim com apoio no inciso VIII do artigo 485 do Código de Processo Civil.[434]

---

que esteja na livre administração de seus bens, ou seja, por quem pode obrigar-se, pois, sendo livre, clara, certa, com expressa causa, constitui prova plena e autoriza a condenação de preceito. Ainda, a confissão não será válida quando for feita com erro, dolo ou violência. (VERGARA, Oswaldo. *Código do processo civil e comercial do Estado do Rio Grande do Sul*. 3. ed. Porto Alegre: Livraria do Globo, 1936).
No Código de Processo do Estado da Bahia (Lei nº 1121 de 21 de agosto de 1915), a matéria era regulada nos artigos 166 a 179, de teor bastante semelhante aos dispositivos do Código do Rio Grande do Sul. (ESPINOLA, Eduardo. *Código do processo do Estado da Bahia anotado*. Bahia: Typ Bahia, 1916, v. I, p. 524-528).

[432] CINTRA, Antônio Carlos de Araújo. *Comentários ao código de processo civil, Lei nº 5.869, de 11 de janeiro de 1973, vol IV*: arts. 332 a 475. 3. ed. Rio de Janeiro: Forense, 2008, p. 71.

[433] Ibidem, p. 72.

[434] CINTRA, Antônio Carlos de Araújo. *Comentários ao código de processo civil, Lei nº 5.869, de 11 de janeiro de 1973, vol IV*: arts. 332 a 475. 3. ed. Rio de Janeiro: Forense, 2008, p. 72.

Há na doutrina controvérsia relativa à interpretação da expressão "confissão" referida pelo inciso VIII do artigo 485 do CPC.

Aqui, ao que pode parecer, o legislador terá dito menos do que queria, pois pode ela ser entendida tanto como meio de prova quanto como reconhecimento jurídico do pedido (art. 269, inciso II, do CPC), que, como afirmou Clito Fornaciari Júnior é "ato unilateral através do qual o réu reconhece, total ou parcialmente, a juridicidade da pretensão contra ele formulada pelo autor, possibilitando a extinção do processo com julgamento de mérito".[435][436]

Bernardo Pimentel Souza afirma que o vocábulo confissão deve ser interpretado em sentido amplo, abrangendo a confissão propriamente dita, prevista nos artigos 348 e seguintes do Código de Processo Civil, bem como o reconhecimento do pedido, tratado no artigo 269, inciso II, da mesma Lei.[437] Diz, ainda, que apenas a confissão prevista no artigo 348 ensejaria a propositura de ação rescisória, pois a confissão ficta a que se refere o artigo 319 não dá ensejo à desconstituição do julgado.

Não é esta, contudo, a opinião de Clito Fornaciari Júnior, que diz existirem diferenças nítidas entre a confissão e o reconhecimento jurídico do pedido, embora os institutos tenham sido, sempre, objeto de confusões.

Diz que confissão é a aceitação da verdade dos fatos contrários ao interesse do confitente, e é um meio de prova, conforme os artigos 348 e seguintes do CPC, que pode emanar tanto do autor como do réu e versa, exclusivamente, sobre fatos, ao passo que o reconhecimento jurídico do pedido é ato privativo do réu e abrange os fatos e as consequências jurídicas pretendidas pelo autor. Afirma, ainda, que com a confissão o juiz não fica adstrito a julgar contra aquele que confessou, porquanto relacionada a fatos, ainda que se tornem incontroversos, por estarem provados contra o confitente. Afinal, deles poderão não emergir as consequências pretendidas pelo autor da demanda e, mesmo havendo a confissão, pode haver desistência. Já nos casos em que ocorrer o reconhecimento jurídico do pedido, o juiz fica vinculado, devendo, normalmente, julgar a causa procedente.[438]

James Goldschmidt afirma que a confissão (admissão de fatos) é declaração de uma das partes, formulada judicialmente, na qual se afirma de forma categórica e expressa ser verdadeiro um fato que a parte adversa alegou e que teria de provar.

---

[435] FORNACIARI JÚNIOR, Clito. *Reconhecimento jurídico do pedido*. São Paulo: Revista dos Tribunais, 1977, p. 7.

[436] No sentido de equiparar a confissão ao reconhecimento do pedido como hipótese de autorização para a propositura de ação rescisória, Cássio Scarpinella Bueno (MARCATO, Antônio Carlos (Coord.) [et. al...]. *Código de processo civil interpretado*. 2. ed. São Paulo: Atlas, 2005, p. 1530).

[437] SOUZA, Bernardo Pimentel. *Introdução aos recursos cíveis e à ação rescisória*. 4. ed. São Paulo: Saraiva, 2007, p. 500.

[438] FORNACIARI JÚNIOR, Clito. *Reconhecimento jurídico do pedido*. São Paulo: Revista dos Tribunais, 1977, p. 10-11.

Sustenta serem diferentes a confissão e o reconhecimento do pedido porque aquela diz respeito apenas a fatos.[439]

Semelhante é a opinião de José Carlos Barbosa Moreira, para quem a confissão, que versa exclusivamente sobre fatos e que pode ser feita por qualquer das partes não se confunde com o reconhecimento da procedência do pedido, que tem por objeto a própria pretensão do autor e somente pode emanar do réu, ou de algum dos litisconsortes passivos.[440][441] Sustenta que a confissão é simples meio de prova e consiste na admissão, por qualquer das partes, da verdade de um fato contrário ao seu interesse e favorável ao adversário e o reconhecimento do pedido, previsto no inciso II do artigo 269 do CPC, é um dos fatos capazes de produzir a resolução de mérito.[442]

Em outra obra, embora tenha sustentado entendimento semelhante, no sentido de que o artigo 352 se refere à confissão propriamente dita, Barbosa Moreira diz que "não há óbice, porém, a que se interprete extensivamente o termo "confis-

---

[439] GOLDSCHMIDT, James. *Direito processual civil*. Campinas: Bookseller, 2003, p. 238-239. Afirma, ainda, que tanto a renúncia como o reconhecimento do pedido são revogáveis até a última audiência em que se trate dos fatos, com consentimento da parte contrária. Ressalva que, quando houver confissão implícita dos fatos, a revogação será regida pelo § 290 do Código de Processo Civil Alemão, e que em nenhum caso são aplicáveis as disposições do Código Civil relativas à nulidade e anulabilidade das declarações de vontade.

[440] MOREIRA, José Carlos Barbosa. *O novo processo civil brasileiro*. 23. ed. Rio de Janeiro: Forense, 2007, p 59.

[441] Semelhante é a opinião de Coqueijo Costa, para quem o reconhecimento jurídico do pedido é figura processual que extingue o processo com julgamento (*rectius*, resolução) de mérito, tendo cabimento apenas nas causas em que seria admissível a transação, o direito em litígio seja disponível e haja capacidade das partes para transigir. Diz, ainda, que o reconhecimento leva inexoravelmente à procedência, ao passo que a confissão nem sempre. Sobre o artigo 352, inciso II do CPC, diz que o dispositivo alicerça a ação rescisória para invalidar confissão por erro, dolo ou coação, enquanto nas demais hipóteses, é pertinente o art. 485, inciso VIII, do Código (confissão simulada, por exemplo). Afirma que para a rescisória fulcrada no art. 352, inc. II do CPC (proveniente de erro, dolo ou coação, portanto), a confissão deverá ser o único fundamento da sentença, sendo a ação, ainda, restrita ao confitente, ao passo que o art. 485, VIII não impõe tamanho rigor, sendo legitimados não apenas o confitente, mas a parte, o sucessor, o terceiro e o Ministério Público. Já na ação anulatória baseada no artigo 352, visa-se à própria confissão e por isso deverá a demanda ser proposta antes do trânsito em julgado da sentença do processo onde foi feita, com base no inciso I, do qual será ação conexa e prejudicial ao processo principal. Diz, ainda, que a ação rescisória visa à decisão de mérito, baseada na confissão, embora ambas (confissão e dispositivo) sejam fulminadas com a sentença rescindente. Aduz, por fim, que a ação anulatória para invalidar confissão é incidental, ao passo que a rescisória somente terá cabimento havendo coisa julgada material. Mais adiante, ao tratar especificamente da ação anulatória, afirma que "o art. 485, VIII, prevê a rescisão de sentença fundada em confissão, renúncia, transação, reconhecimento do pedido ou conciliação. Não cabe, em tais hipóteses, ação anulatória" (*Ação rescisória*. 5. ed. São Paulo: LTr, 1987, p. 72-74 e p. 84). No mesmo sentido, Marcos Afonso Borges afirma categoricamente que "não há como se confundir reconhecimento do pedido com desistência e confissão" (*Comentários ao Código de Processo Civil*. São Paulo: Editora Universitária de Direito, 1975, v. II, p. 191). Ernane Fidélis dos Santos diz que o reconhecimento do pedido não se confunde nunca com a confissão, seja a expressa, seja a ficta, que se consubstancia na não contestação dos fatos alegados. Entende que a confissão se refere a fatos, sem importar reconhecimento do direito e adesão ao pedido (*Estudos de direito processual civil*. Uberlândia: Edições da Faculdade de Direito da Universidade de Uberlândia, 1975, p. 114). Eduardo Talamini, por sua vez, embora reconheça a existência da controvérsia, afirma que a confissão é meio de prova e não de disposição de direitos (*Coisa julgada civil e sua revisão*. São Paulo: Revista dos Tribunais, 2005, p. 182).

[442] MOREIRA, José Carlos Barbosa. *Comentários ao Código de Processo Civil, Lei nº 5.869, de 11 de janeiro de 1973, vol V*: arts. 476 a 565. 13. ed. Rio de Janeiro: Forense, 2006, p. 142.

são", no inciso VIII, para fazê-lo abranger também a figura do reconhecimento, como é da lógica do sistema".[443]

Ao abordar os efeitos da confissão e do reconhecimento da procedência do pedido, diz que:

> Pertence à teoria geral do processo o estudo da natureza, dos requisitos da validade, das espécies e da eficácia do reconhecimento; no presente contexto, é oportuno assinalar que ele só acarreta a extinção da fase cognitiva do processo quando *total*, ou seja, abrangente de todo o pedido; e que o juiz, na sentença, fica dispensado de outra fundamentação além da verificação de que o reconhecimento, para ele vinculativo, ocorreu validamente, devendo condenar o réu, ademais, ao pagamento das processuais e honorários de advogado (art. 26).[444]

Manoel Antônio Teixeira Filho afirma que confissão e reconhecimento do pedido não são expressões sinônimas, pois, enquanto aquela se refere a fatos, este diz com o próprio pedido.[445]

Também Rogério Lauria Tucci critica a letra do Código, no sentido de que a confissão é apenas um meio de prova e de que o reconhecimento jurídico do pedido e a renúncia ao direito sobre que se funda a ação deveriam ter sido contemplados pelo inciso VIII do artigo 485 do CPC. Diz que, assim não ocorrendo, faz crer o Código que seria admissível o uso da ação rescisória contra sentença terminativa, atinente apenas ao objeto formal do processo, sem análise do mérito.[446]

Desta forma, caso se sustente que o inciso VIII do artigo 485 do CPC não abrange a confissão propriamente dita, mas sim o reconhecimento do pedido, os únicos defeitos daquela que autorizarão a propositura da ação rescisória serão os vícios de vontade, previstos no inciso II do artigo 352 do Código, e a falsidade. Entretanto, se o aludido inciso VIII também disser respeito à confissão propriamente dita, qualquer fundamento apto a invalidá-la justificará o uso da ação rescisória contra a sentença que nela se baseou.

Por isso, Eduardo Talamini afirma que, como o inciso VIII do artigo 485 do CPC é genérico ao se referir aos motivos que autorizam a rescisão da confissão, mais adequado é o entendimento que inclui a confissão propriamente dita no seu âmbito.[447]

Sérgio Gilberto Porto diz que, "quer a confissão apresente os fundamentos expressados no *caput* do art. 352, quer outro motivo não expressamente elencado

---

[443] MOREIRA, José Carlos Barbosa. *Comentários ao Código de Processo Civil, Lei nº 5.869, de 11 de janeiro de 1973, vol V:* arts. 476 a 565. 13. ed. Rio de Janeiro: Forense, 2006, p. 142-143.
[444] Idem. *O novo processo civil brasileiro.* 23. ed. Rio de Janeiro: Forense, 2007, p. 96.
[445] TEIXEIRA FILHO, Manoel Antônio. *Ação rescisória no processo do trabalho.* 3. ed. São Paulo: LTr, 1991, p. 263.
[446] TUCCI, Rogério Lauria. *Curso de direito processual civil.* São Paulo: Saraiva, 1989, v. 3, p. 228.
[447] TALAMINI, Eduardo. *Coisa julgada civil e sua revisão.* São Paulo: Revista dos Tribunais, 2005, p. 183.

pela lei, será a ação rescisória que busca a invalidade da sentença processada na forma dos arts. 485 e seguintes do CPC".[448]

Destaca, ainda, que o inciso VIII do artigo 485 do CPC não contém a restrição imposta pelo *caput* do artigo 352, ao limitar as hipóteses de revogação da confissão às hipóteses de erro, dolo e coação. Por isso, diz que pode a ação rescisória, com base no inciso VIII do artigo 485, fundar-se em outras alegações que não aquelas expressamente elencadas no artigo 352 do Código, como é o caso da rescisória ajuizada quando a confissão for efetivada por procurador que não detinha poderes para tanto.[449]

Por fim, afirma que não basta que a confissão apresente vício para poder ser invalidada, devendo constituir o único fundamento sobre o qual se embasa a sentença.[450]

Já Marcos Afonso Borges diz que é necessário, para que seja rescindível a sentença, que o seu dispositivo ou conclusão tenha na confissão um de seus alicerces, não sendo preciso que constitua o seu único fundamento (art. 352, inciso II), porque tal requisito, consoante disposição do *caput* do artigo 352, limita-se às hipóteses de erro, dolo ou coação; sendo outro o motivo de invalidade, basta que a confissão seja fundamento indispensável da decisão.[451]

Igualmente, Ernane Fidélis dos Santos sustenta que a expressão "confissão" diz respeito à confissão de fatos e não ao reconhecimento jurídico do pedido, e que a "desistência" quer dizer renúncia de direito e não da ação, que é matéria processual, concluindo que o inciso VIII do artigo 485 não se refere à rescisão de decisão que homologou tais atos, mas sim de outra que decide nova lide, com fundamento em confissão, reconhecimento jurídico do pedido, renúncia do direito ou transação.[452]

Francesco Paolo Luiso salienta a importância de se valorar o conteúdo de uma declaração, se favorável ou desfavorável a quem a profere, para o efeito de se estabelecer ou não a confissão:

> Per stabilire se la dichiarazione della parte ha natura confessoria, è necessario individuare il criterio per valutare quando un fatto è sfavorevole e quando non lo è, perché solo nel primo caso si ha una dichiarazione confessoria. In realtà i fatti, di per sé, non sono né favorevoli né sfavorevoli: i fatti storici sono un elemento neutro. Per determinare la portata confessoria

---

[448] PORTO, Sérgio Gilberto. *Coisa julgada civil*. 3. ed. São Paulo: Revista dos Tribunais, 2006, p. 159.

[449] PORTO, Sérgio Gilberto. *Comentários ao código de processo civil, vol. 6: do processo de conhecimento*, arts. 444 a 495 (Coordenação de Ovídio A. Baptista da Silva). São Paulo: Revista dos Tribunais, 2000, p. 331-332. O autor faz a mesma referência em sua tese doutoral (*Ação rescisória atípica: instrumento de defesa da ordem jurídica. Possibilidade e alcance*. Porto Alegre: 2007. Tese (Doutorado em Direito), Faculdade de Direito, Pontifícia Universidade Católica do Rio Grande do Sul, 2007, p. 125).

[450] PORTO, op. cit., 2000, p. 332.

[451] BORGES, Marcos Afonso. *Comentários ao código de processo civil*. São Paulo: Editora Universitária de Direito, 1975,v. II, p. 191.

[452] SANTOS, Ernane Fidélis dos. *Manual de direito processual civil*. 8. ed. São Paulo: Saraiva, 2001, v. I, p. 659.

di una dichiarazione, bisogna collocare il fatto dichiaratto nella struttura della fattispecie del diritto dedotto nel processo. Si deve quindi vedere se il fatto dichiarato integra l'esistenza o l'inesistenza di un fatto constitutivo, oppure di un'eccezione. Se colui, che fa valere il diritto in giudizio, dichiara l'esistenza di un fatto constitutivo o l'inesistenza di un'eccezione, la dichiarazione à a lui favorevole, per cui non integra una confessione, così pure, se la parte, contro cui il diritto à fatto valere, dichiara l'esistenza di un'eccezione o línesistenza di un fatto constitutivo, la dichiarazione à e lei favorevole, e non integra una confessione.[453]

Quanto ao cabimento de ação rescisória ou de ação anulatória para anular a confissão, Thereza Alvim esclarece tratar-se a confissão de matéria de prova, razão pela qual o inciso VIII do artigo 485 deve ser conjugado com o já transcrito artigo 352 do CPC. Afirma que, se se fizer uso da ação anulatória para revogar a confissão, estar-se-á desconstituindo um ato jurídico unilateral, por vício de vontade. Já quando a lei estabelece o cabimento da ação rescisória, estar-se-á discutindo a própria decisão, cujo fundamento exclusivo tenha sido a confissão. Diz:

> Entretanto, não se pode fugir do entendimento de que o ato jurídico – confissão – também foi desconstituído. A ação rescisória, pois, nessa medida, acumula função típica da ação anulatória com as que lhe são típicas, isto é, rescisão do julgamento anterior e possibilidade de novo julgamento, conforme a hipótese.
>
> Descartada fica a idéia de que a confissão não necessitaria anulação em sendo o julgado, nela fundado, rescindido. Esse posicionamento decorre do próprio texto do já referido art. 352, ao estabelecer as formas de "revogação da confissão": ação anulatória ou ação rescisória.[454]

Em outra obra, Barbosa Moreira, analisando a dicotomia existente entre o cabimento da ação rescisória ou da ação anulatória nos casos de que trata o artigo 352 do CPC, afirmou que esta somente será cabível no curso do processo, antes do trânsito em julgado da sentença homologatória, após o que o remédio adequado será a ação rescisória.[455] Quanto ao inciso VIII do artigo 485 do CPC, diz que onde está escrito "confissão, desistência ou transação", deve ler-se "confissão, reconhecimento jurídico do pedido, renúncia ou transação". Assinala, ainda, que a redação do artigo 352 e seus incisos é muito defeituosa, e que a ação rescisória

---

[453] LUISO, Francesco Paolo. *Diritto processuale civile*. Terza Edizione. Milano: Giuffrè, 2000, v. II, p. 134. Em vernáculo: "Para estabelecer se a declaração da parte tem natureza confessional, é necessário individualizar o critério para avaliar quando um fato é desfavorável e quando não o é, porque somente no primeiro caso haverá uma declaração confessional. Em realidade, os fatos, por si sós, não são favoráveis nem desfavoráveis: os fatos históricos são um elemento neutro. Para determinar a condição confessória de uma declaração, é necessário colocar o fato declarado na estrutura do efeito jurídico deduzido no processo. Se deve logo verificar se o fato declarado integra a existência ou inexistência de um fato constitutivo, ou mesmo de uma exceção. Se aquele que faz valer o direito em juízo declara a existência de um fato constitutivo, ou a inexistência de uma exceção, a declaração lhe é favorável, por não integrar uma confissão; também assim, se a parte contra a qual o direito foi feito valer declara a existência de uma exceção ou a inexistência de um fato constitutivo, a declaração lhe é favorável e não integra uma confissão".

[454] ALVIM, Thereza. Notas sobre alguns aspectos controvertidos da ação rescisória. *Revista de Processo*, São Paulo, n. 39, ano X, p. 13, jul.-set. 1985.

[455] MOREIRA, José Carlos Barbosa. *Comentários ao código de processo civil, Lei nº 5.869, de 11 de janeiro de 1973, vol V*: arts. 476 a 565. 13. ed. Rio de Janeiro: Forense, 2006, p. 161.

não visa a revogar (anular) a confissão, mas a rescindir a sentença que nela se baseou, o que é muito diferente, concluindo não haver como excluir-se o cabimento da ação rescisória contra a sentença baseada na confissão, pois a redação do inciso VIII é genérica, aludindo a qualquer fundamento para invalidar o ato.[456]

Entendemos, assim, estar correto o entendimento de que a ação rescisória somente terá cabimento com base no inciso VIII do artigo 485 do CPC se a confissão invalidada por erro, dolo ou coação, nos termos do inciso II do artigo 352 do mesmo Diploma Legal, constituir o único fundamento no qual se embasou a sentença.

Esta é a posição sustentada por Berenice Soubhie Nogueira Magri,[457] Antônio Carlos de Araújo Cintra[458] e também por Rogério Lauria Tucci, que afirma que "se, além da confissão defeituosa, por um desses vícios, a sentença lastrear-se em outros fundamentos, inviável delineia-se a pretensão rescisória lastreada do art. 485, VIII".[459]

Deve ser também destacado que, após o trânsito em julgado da sentença de mérito baseada somente na confissão inválida, apenas terá cabimento a ação rescisória, devendo ser descartada a ação anulatória, cujo cabimento ocorrerá nos casos em que a sentença que teve por base confissão emanada de erro, dolo ou coação ainda não tiver transitado em julgado.[460]

Sendo proposta, entretanto, ação anulatória visando à revogação da confissão enquanto pendente de julgamento definitivo o processo em que ela ocorreu, a demanda baseada no artigo 486 do CPC deverá ser proposta no mesmo juízo perante o qual se deu a confissão, por força do que dispõem os artigos 106 e 219 do CPC, reunindo-se os autos por conexão entre as causas, que deverão ser decididas simultaneamente (art. 105 do CPC).[461] Em tal caso, dado seu caráter de prejudicialidade, a ação anulatória deverá ser julgada em primeiro lugar.

O prazo para a propositura de ação anulatória visando à anulação de confissão é de 4 (quatro) anos, nos termos dos incisos I e II do artigo 178 do Código

---

[456] MOREIRA, José Carlos Barbosa. *Comentários ao código de processo civil, Lei nº 5.869, de 11 de janeiro de 1973, vol V:* arts. 476 a 565. 13. ed. Rio de Janeiro: Forense, 2006, p. 144.

[457] MAGRI, Berenice Soubhie Nogueira. *Ação anulatória – Art. 486 do CPC.* 2. ed. São Paulo: Revista dos Tribunais, 2004, p. 222-223.

[458] CINTRA, Antônio Carlos de Araújo. *Comentários ao código de processo civil, Lei nº 5.869, de 11 de janeiro de 1973, vol IV:* arts. 332 a 475. 3. ed. Rio de Janeiro: Forense, 2008, p. 72.

[459] TUCCI, Rogério Lauria. *Curso de direito processual civil.* São Paulo: Saraiva, 1989, v. 3, p. 229.

[460] Confira-se a lição de Nelson Nery Júnior e Rosa Maria de Andrade Nery em comentário ao inciso II do artigo 352 do CPC: "5. Rescisória: O CPC 485 VIII não contém a restrição que este artigo apresenta. Pelos termos do CPC 485 VIII pode ser postulada a rescisória, tanto em caso de nulidade quanto de qualquer espécie de anulabilidade da confissão. Transitada em julgado a sentença de mérito em processo em que se deu a confissão viciada, o prazo para o exercício do direito à rescisão é de dois anos (CPC 495), desde que a referida confissão seja o único fundamento em que se baseou a sentença ou acórdão. Não se aplica, no caso, o prazo decadencial de quatro anos, previstos no CC 178 I e II e no CC/1916 178 § 9º V *a* e *b*" (*Código de processo civil comentado e legislação extravagante.* 9. ed. São Paulo: Revista dos Tribunais, 2006, p. 544).

[461] Art. 105. Havendo conexão ou continência, o juiz, de ofício ou a requerimento de qualquer das partes, pode ordenar a reunião de ações propostas em separado, a fim de que sejam decididas simultaneamente.

Civil. Contudo, nos casos em que for cabível a ação rescisória, o prazo e demais requisitos serão os previstos pelo Código na parte que dela trata.

Detém legitimidade ativa para propor a ação anulatória ou a ação rescisória o confitente e, uma vez iniciada a ação, seus herdeiros, nos termos do parágrafo único do artigo 352 do CPC.[462]

A desistência, segunda hipótese de rescisão da sentença de mérito com base no inciso VIII do artigo 485 do CPC, é instituto que, nos termos do próprio artigo 267, acarreta a extinção do feito sem resolução de mérito, pelo que nos parece ter havido um erro do legislador.[463]

Desistência da ação é o ato por meio do qual o autor abre mão do processo, deixando a salvo, contudo, o direito material que constituía sua pretensão. É ato privativo do autor.[464]

Afinal, se desistência da ação é termo adequado para dispor-se não do direito material subjacente à ação, mas apenas e tão somente para dispor da ação, mediante a extinção do processo sem resolução do mérito, trata-se de caso em que a sentença produz unicamente coisa julgada formal.

A renúncia à pretensão, por sua vez, diferentemente da desistência, representa a disponibilidade do possível direito material pelo autor. Sua proximidade ao reconhecimento é bem maior que a da desistência. É instituto que equivale, de certa forma, ao reconhecimento jurídico do pedido, por parte do réu.[465]

Contudo, a referência legal poderia dirigir-se à desistência da ação, com fundamento no art. 267, inciso VIII do CPC, que não implica resolução de mérito (afastando, assim, o cabimento da ação rescisória); à renúncia ao direito sobre o qual se funda a ação pelo autor, nos termos do artigo 269, inciso V do CPC ou

---

[462] Antônio Carlos de Araújo Cintra diz que "apenas o confitente pode propor a anulação da confissão emanada de erro, dolo ou coação, seja através de ação anulatória, seja por via de rescisória. Mas, uma vez iniciada a ação, os herdeiros do confitente poderão lhe dar prosseguimento. Parece-nos que essa restrição não se aplica à ação rescisória fundada no inciso VIII do artigo 485 do Código de Processo Civil, incidindo a regra constante do artigo 487 do estatuto processual" (CINTRA, op. cit., p. 73).

[463] O Código do Processo e Comercial do Estado do Rio Grande do Sul tratava da desistência ou transação no Capítulo X, que previa, no artigo 353, que "Em qualquer estado da causa, poderá o autor desistir de todo o pedido ou de parte dele, precedendo consentimento do réu, si a lide já estiver contestada". Comentando o dispositivo, Oswaldo Vergara diz que, se a transação recair sobre direitos contestados em juízo, dar-se-á: I – Por têrmo nos autos, assinado pelos transigentes e homologado pelo juiz; II – Por instrumento público, nas obrigações em que a lei o exige, ou particular, nos em que ela o admite. Afirma que a transação produz entre as partes o efeito de cousa julgada e só se rescinde por dolo, violência, erro essencial, quanto à pessoa ou coisa controversa. O artigo 354, por sua vez, determinava que "E' facultado também às partes transigir livremente sobre a causa, qualquer que seja o estado dela". Em nota ao citado artigo, Vergara refere que "Da sentença homologatória da transação não cabe recurso", conforme Ac. S. T. E. de 10.12.29 – Decs. p. 318 (*Código do Processo Civil e Comercial do Estado do Rio Grande do Sul*. 3. ed. Porto Alegre: Livraria do Globo, 1936, p. 162-163).

[464] FORNACIARI JÚNIOR, Clito. *Reconhecimento jurídico do pedido*. São Paulo: Revista dos Tribunais, 1977, p. 12.

[465] WAMBIER, Teresa Arruda Alvim. *Nulidades do processo e da sentença*. 6. ed. Rev. Atual. e ampl. de acordo com a Reforma Processual 2006/2007. São Paulo: Revista dos Tribunais, 2007, p. 113.

ainda ao reconhecimento, partido do próprio réu, da procedência do pedido, conforme inciso II do artigo 269.[466]

Clito Fornaciari Júnior diz que o Código de Processo Civil não se filia à melhor técnica quando se refere à "renúncia ao direito sobre que se funda a ação", como se, apesar da necessidade do processo, o direito fosse pacífico e cristalino, o que, na verdade, não ocorre. Afirma tratar-se a renúncia de ato unilateral, para o qual é irrelevante o consentimento do réu. Somente terá cabimento quando o direito controvertido for disponível. Ocorrendo a renúncia, haverá a formação de coisa julgada material.[467]

Do mesmo modo, Teresa Arruda Alvim Wambier diz que "parece não haver outro remédio (como há em relação ao termo confissão), senão dizer-se, simplesmente, que o legislador errou", justamente porque a desistência da ação enseja a extinção do processo sem resolução de mérito, de sorte que, no inciso VIII do artigo 485 do CPC, quis o legislador dizer "renúncia ao direito" sobre que se funda a ação, este sim dando origem a sentença de mérito.[468]

Assim, se a ação rescisória só tem cabimento para desconstituir sentenças de mérito transitadas em julgado, o inciso VIII do artigo 267, ao se referir à desistência, parece querer mencionar renúncia ao direito material sobre o qual se funda a ação, que implica prolação de decisão de mérito, que forma, portanto, coisa julgada material. Por tal razão, sustentam alguns doutrinadores que a desistência pode ser entendida como renúncia ao direito sobre o qual se funda a ação (art. 269, inciso V, do CPC).[469] [470]

É o que preconiza Luís Eulálio de Bueno Vidigal, ao afirmar que o Código previu três espécies de desistência: a desistência da ação (art. 267, inc. VIII), a renúncia ao direito sobre o qual se funda a ação (art. 269, inc. V) e o reconhecimento, pelo réu, da procedência do pedido. Diz que a primeira hipótese não conduziria à resolução do mérito, ao contrário da segunda e da terceira situação,

---

[466] DONADEL, Adriane. *A ação rescisória no direito processual civil brasileiro*. Rio de Janeiro: Forense, 2008, p. 170.

[467] FORNACIARI JÚNIOR, Clito. *Reconhecimento jurídico do pedido*. São Paulo: Revista dos Tribunais, 1977, p. 14-15.

[468] WAMBIER, Teresa Arruda Alvim. *Nulidades do processo e da sentença*. 6. ed. rev. Atual. e ampl. de acordo com a Reforma Processual 2006/2007. São Paulo: Revista dos Tribunais, 2007, p. 440.

[469] WAMBIER, Luiz Rodrigues; ALMEIDA, Flávio Renato Correia de; TALAMINI, Eduardo. *Curso avançado de processo civil*. 8. ed. São Paulo: Revista dos Tribunais, 2006, v. I, p. 612. Também Ernane Fidélis dos Santos diz que a renúncia se distingue da simples desistência da ação, pois esta se opera simplesmente no campo do direito processual, enquanto aquela implica o reconhecimento expresso da improcedência da pretensão. Sustenta que "renunciar ao direito em que se funda a ação equivale a dizer que o autor mesmo está optando por sua improcedência" (*Estudos de direito processual civil*. Uberlândia: Edições da Faculdade de Direito da Universidade de Uberlândia, 1975, p. 114).

[470] Cabe aqui citar novamente o que disse Barbosa Moreira quanto ao inciso VIII do artigo 485 do CPC, no sentido de que, onde está escrito "confissão, desistência ou transação", deve ler-se "confissão, reconhecimento jurídico do pedido, renúncia ou transação" (*Comentários ao Código de Processo Civil, Lei nº 5.869, de 11 de janeiro de 1973, vol V: arts. 476 a 565*. 13. ed. Rio de Janeiro: Forense, 2006, p. 144).

pelo que, ao se referir o artigo 485 a sentenças de mérito, alude apenas à renúncia e ao reconhecimento.[471]

Esclarece o autor, ainda, que a renúncia pode resultar do reconhecimento de que não ocorreram os fatos constitutivos do direito alegado pelo autor; do reconhecimento de que eles não foram devidamente qualificados; do reconhecimento da ocorrência de fatos extintivos ou impeditivos alegados pelo réu ou, ainda, de sua qualificação pretendida pelo réu.[472]

Para Barbosa Moreira, quando o autor renunciar ao direito (entenda-se, à pretensão) postulado (inciso V do artigo 269), a hipótese não se confunde com a de simples desistência da ação, na qual o processo se extingue, como afirmado no parágrafo anterior, sem resolução de mérito, de sorte que a ação cabível para atacar a sentença que homologa a desistência seria a anulatória e não a rescisória.

No mesmo sentido que Barbosa Moreira, Darcilo Melo Costa afirma:

> A desistência pode ser entendida em relação ao autor, como de referência ao réu. Relativamente ao autor deve ser entendida como renúncia ao direito sobre que se funda a ação, o que implica sentença de extinção do processo com julgamento de mérito (art. 269, inciso V). Não há como confundir-se com desistência da ação, hipótese que implicaria em extinção do processo sem julgamento de mérito (art. 267, VIII). Nesta última hipótese o autor desiste apenas da continuidade da ação (causa, instância, questão de direito processual), mas não do direito pleiteado – *res in iudicium deducta* – o direito material invocado. Afinal a desistência da ação dá ensejo a sentença que não fazendo coisa julgada material afastaria de logo cogitar-se de ação rescisória. Portanto, a desistência referida neste inciso VIII do art. 485 (de referência ao autor) é desistência do pedido, ou renúncia ao direito sobre que se funda a ação.[473]

Semelhante é o entendimento preconizado por Teresa Arruda Alvim Wambier, ao dizer que a desistência da ação é ato de natureza eminentemente processual e somente diz respeito ao plano processual, pois quando o autor abre mão do processo, o faz com relação àquela ação específica, considerada individualmente no espaço e no tempo, restando imaculada a pretensão na qual se embasava e, por conseguinte, o direito material que lhe servia de lastro.[474]

A autora frisa, ainda, tratar-se a desistência da ação de hipótese diversa daquela prevista pelo inciso V do artigo 269 do CPC (renúncia, pelo autor, ao direito sobre o qual se funda a ação), cujas consequências desbordam o âmbito daquela ação em particular, para atingir a própria pretensão na qual ela se funda, ou seja, o

---

[471] VIDIGAL, Luis Eulálio de Bueno. *Comentários ao Código de Processo Civil*. 2. ed. São Paulo: Revista dos Tribunais, 1976, v. VI, p. 146.

[472] Ibidem, p. 147.

[473] COSTA, Darcilo Melo. Sentenças meramente homologatórias e ação rescisória. *Revista Jurídica*, São Paulo: Síntese, n. 139, ano XXXVII, p. 161-162, maio 1989.

[474] WAMBIER, Teresa Arruda Alvim. *Nulidades do processo e da sentença*. 6. ed. rev. atual. e ampl. de acordo com a Reforma Processual 2006/2007. São Paulo: Revista dos Tribunais, 2007, p. 83-84.

próprio direito material no qual se embasa, quando, então, caberá a ação rescisória com base no inciso VIII do artigo 485 do CPC.[475]

Também Coqueijo Costa defende que não será a sentença homologatória prevista no inciso VIII do artigo 267 do CPC que será rescindível nos termos do inciso VIII do artigo 485, pois a rescisória tem como pressuposto matéria de mérito na decisão rescindenda, o que não ocorre na desistência prevista no primeiro artigo ora citado, mesmo porque possibilita a propositura de nova ação, por ser uma mera desistência de instância, concluindo que "esta – a desistência do pedido – há de ser a renúncia ao direito, olvidada no inciso VIII do art. 485, ou ali mal apelidada".[476]

Rita de Cássia Corrêa de Vasconcellos, por sua vez, diz que a desistência deve ser entendida como renúncia ao direito sobre o qual se funda a ação, prevista no inciso V do artigo 269 do CPC, pois a ação rescisória pressupõe sentença de mérito transitada em julgado. Assim, a ação anulatória somente teria cabimento antes do trânsito em julgado da sentença, e também nos casos em que a desistência estiver viciada, e desde que pendente o respectivo processo.[477]

Já Manoel Antônio Teixeira Filho diz que traço útil separa a renúncia do reconhecimento do pedido, pois aquela é ato do autor, e este ato do réu, e que a renúncia se refere ao direito de quem a manifesta, ao passo que o reconhecimento do pedido tem como destinatário o direito da parte adversa, mas que ambos os casos conduzem ao cabimento da ação rescisória.[478]

A questão, como se vê, dá ensejo a interpretações divergentes, pois ao mesmo tempo em que os incisos II, III e V do artigo 269 elencam situações consideradas como de resolução do mérito[479] e o artigo 485 do CPC determina que "a sentença de mérito, transitada em julgado, pode ser rescindida...", parece evidente que, em tais casos, não haverá resolução de mérito, pois o Estado-juiz não terá praticado qualquer ato intelectivo ao proferi-las.

Sobre estas hipóteses de extinção do processo, Thereza Alvim refere que, apesar de não haver, propriamente, julgamento de mérito, a lei estabelece que elas serão consideradas como espécie de extinção do processo com julgamento de mérito, o que possibilitaria, em tese, o cabimento da ação rescisória, desde

---

[475] WAMBIER, Teresa Arruda Alvim. *Nulidades do processo e da sentença*. 6. ed. rev. atual. e ampl. de acordo com a Reforma Processual 2006/2007. São Paulo: Revista dos Tribunais, 2007, p. 83-84.
[476] COSTA, Coqueijo. *Ação rescisória*. 7. ed. rev. e atualizada por Gustavo Lanat Pedreira de Cerqueira. São Paulo: LTr, 2002, p. 102.
[477] VASCONCELLOS, Rita de Cássia Corrêa de. Os fundamentos da ação anulatória do Art. 486 do CPC, à luz do novo código civil. *Revista de Processo*, São Paulo: Revista dos Tribunais, n. 120, ano 30, p. 108, fev. 2005.
[478] TEIXEIRA FILHO, Manoel Antônio. *Ação rescisória no processo do trabalho*. 3.ed. São Paulo: LTr, 1991, p. 266.
[479] Art. 269. Haverá resolução de mérito: [...] II – quando o réu reconhecer a procedência do pedido; III – quando as partes transigirem; [...] V – quando o autor renunciar ao direito sobre que se funda a ação.

que presente alguma das hipóteses previstas no artigo 485 do Código.[480] Contudo, esclarece que, no caso específico da desistência da ação, o texto do inciso VIII do artigo 485 do Código não fez uso da melhor terminologia, pois não haverá enfrentamento do mérito, o que afasta o cabimento da ação rescisória.[481]

José Carlos Barbosa Moreira, como já vimos, afirma que "o resultado a que até agora se chega, na exegese do inciso VIII, é o de que onde está escrito 'confissão, desistência ou transação', deve ler-se 'confissão, reconhecimento do pedido, renúncia ou transação'".[482]

Entendemos, assim, que nos casos de decisão que homologar simples pedido de desistência da ação, sem renúncia ao direito material no qual se funda a pretensão, terá cabimento a ação anulatória prevista no artigo 486 do CPC, e não a ação rescisória, diante do não enfrentamento do mérito da causa, que enseja a prolação de sentença que não forma coisa julgada material.

A conclusão acima exposta é respaldada por Berenice Soubhie Nogueira Magri, que diz:

> Assim, não haveria como se ajuizar ação rescisória da sentença que homologa a desistência, porque esta *extingue o processo sem julgamento do mérito*. Deve-se, por esta razão, entender "desistência" por "renúncia ao direito sobre o qual se funda a ação", a fim de possibilitar a rescisão da sentença, já que somente a renúncia extingue o processo com julgamento do mérito.[483]

O Código de Processo Civil determina, no inciso IV do artigo 125, acrescido pela Lei nº 8.952, de 13/12/1994, que o juiz dirigirá o processo conforme as disposições do Código, competindo-lhe tentar, a qualquer tempo, conciliar as partes. Assim, o juiz condutor da causa terá ao menos duas oportunidades obrigatórias para fazê-lo. Versando a causa sobre direitos que admitam transação, o magistrado designará a audiência prevista no artigo 331 do CPC, com a redação dada pela Lei nº 10.444, de 07/05/2002:

> Art. 331. Se não ocorrer qualquer das hipóteses previstas nas seções precedentes, e versar a causa sobre direitos que admitam transação, o juiz designará audiência preliminar, a realizar-se no prazo de 30 (trinta) dias, para a qual serão as partes intimadas a comparecer, podendo fazer-se representar por procurador ou preposto, com poderes para transigir.[484]

---

[480] ALVIM, Thereza. Notas sobre alguns aspectos controvertidos da ação rescisória. *Revista de Processo*, São Paulo, n. 39, ano X, p. 9, jul.-set. 1985.

[481] Ibidem, p. 13.

[482] MOREIRA, José Carlos Barbosa. *Comentários ao código de processo civil, Lei nº 5.869, de 11 de janeiro de 1973, vol V:* arts. 476 a 565. 13. ed. Rio de Janeiro: Forense, 2006, p. 144.

[483] MAGRI, Berenice Soubhie Nogueira. *Ação anulatória – Art. 486 do CPC*. 2. ed. São Paulo: Revista dos Tribunais, 2004, p. 219.

[484] A redação de tal dispositivo recebeu a crítica de Teresa Arruda Alvim Wambier, pois o direito envolvido na causa pode até não admitir transação, o que não impede a realização de acordo, no qual o autor pode abrir mão do direito pleiteado em troca de alguma concessão do réu, de sorte que esta "renúncia" (substituição do pedido originário) deve ser condicionada a concessões feitas pelo adversário. Diz, ainda, que a transação, por envolver concessões mútuas, implica necessariamente alteração do mérito, tal como originalmente posto na petição inicial. Cita, como exemplo, um pedido de anulação de casamento no qual se realiza, por acordo, uma separação

Já os artigos 447 e 448 do Código determinam, respectivamente, que "quando o litígio versar sobre direitos patrimoniais de caráter privado, o juiz, de ofício, determinará o comparecimento das partes ao início da audiência de instrução e julgamento" e que "antes de iniciar a instrução, o juiz tentará conciliar as partes. Chegando a acordo, o juiz mandará tomá-lo por termo".

Ocorrendo a conciliação e a respectiva homologação do juiz, será lavrado termo, que, nos termos do artigo 449 do CPC, terá valor de sentença.

A transação, cuja invalidação também é elencada no inciso VIII do artigo 485 como fundamento para propositura de ação rescisória, resulta na extinção do processo com resolução do mérito, conforme inciso III do artigo 269 do CPC. Mesmo assim, é objeto de debate doutrinário e de divergências jurisprudenciais a pertinência do uso da ação rescisória ou da anulatória para tal propósito.

O Código Civil de 1916 regulava a matéria no artigo 1.030: "a transação produz entre as partes o efeito de coisa julgada, e só se rescinde por dolo, violência, ou erro essencial quanto à pessoa ou coisa controversa".

O Código de 2002 o faz no artigo 849, que determina que "A transação só se anula por dolo, coação, ou erro essencial quanto à pessoa ou coisa controversa".

Os dispositivos se diferenciam na medida em que apenas a lei antiga fazia alusão à coisa julgada.

Trata-se de negócio jurídico bilateral, através do qual, mediante concessões recíprocas, autor e réu põem fim ou previnem conflito relativo a direitos patrimoniais de caráter privado.[485]

É causa não só de evitabilidade do processo, mas, também, de extinção do que se encontrar em curso, reclamando, para sua configuração, a) existência de dúvida ou litígio acerca de uma relação jurídica; b) intenção de prevenir ou pôr termo ao litígio e c) acordo de vontades entre os interessados, com reciprocidade de concessões. Pode ser efetivada tanto extrajudicialmente, mediante escritura pública ou particular (conforme trataremos brevemente no item 5.3), como em juízo, por termo nos autos do processo.[486] Em ambos os casos, poderá ser homologada pelo juiz, cuja sentença constitui título executivo judicial, conforme inciso III do artigo 475-N do CPC.

A transação envolve as demais figuras representativas da disponibilidade, pois sempre haverá, ainda que parcialmente, o reconhecimento do pedido e a renúncia à pretensão.[487] Semelhante afirmação é feita por Eduardo J. Couture:

---

consensual (WAMBIER, Teresa Arruda Alvim. *Nulidades do processo e da sentença*. 6. ed. rev. atual. e ampl. de acordo com a Reforma Processual 2006/2007. São Paulo: Revista dos Tribunais, 2007, p. 110-111).
[485] NERY JÚNIOR, Nelson; NERY, Rosa Maria de Andrade. *Código civil comentado e Legislação extravagante*. 3. ed. São Paulo: Revista dos Tribunais, 2005, p. 514.
[486] TUCCI, Rogério Lauria. *Curso de direito processual civil*. São Paulo: Saraiva, 1989, v. 3, p. 232.
[487] FORNACIARI JÚNIOR, Clito. *Reconhecimento jurídico do pedido*. São Paulo: Revista dos Tribunais, 1977, p. 16-17.

> Transacción; examinada desde el punto de vista estrictamente procesal, la transacción es una doble renuncia o desistimiento; el actor desiste de su pretensión y el demandado renuncia a su derecho a obtener una sentencia; este acto dispositivo procesal corresponde a un contrato análogo de derecho material en el cual ambas las partes, haciéndose recíprocas concesiones, dirimen su conflicto mediante autocomposición. Así entendida, la transacción no es, como se dice habitualmente, un subrogado de la cosa juzgada, sino una doble renuncia a la cosa juzgada. El precepto legal que asimila la transacción a la cosa juzgada, lo hace tan sólo en cuanto a sus efectos.[488]

Para os casos de renúncia à pretensão, reconhecimento jurídico do pedido e também de transação, José Carlos Barbosa Moreira sustenta o cabimento da ação anulatória quando a pretensão for deduzida antes da formação de coisa julgada material. Contudo, excluindo-se as hipóteses acima referidas, afirma o autor não haver dúvidas quanto ao cabimento da ação rescisória.

Entende o Autor que, transitada em julgado a decisão homologatória, esta somente poderá ser rescindida através de ação rescisória, pois, ao admitir-se o emprego indistinto de ambas as ações, ocorreria uma "injustificável superabundância de meios de impugnação": a ação regulada pelo artigo 485 do CPC visaria a atacar a sentença de homologação, com base no inciso VIII, e a demanda prevista no artigo 486 iria contra o próprio ato homologado. Diz que tal construção se revelaria insatisfatória em mais de um aspecto:

> *Primo*, a dualidade de remédios só se explicaria se fossem diferentes os resultados atingíveis com o uso de cada qual. Na verdade, porém, as conseqüências práticas seriam as mesmas, se viesse a julgar-se procedente quer o pedido de rescisão fundado no art. 485, nº VIII, quer o pedido de anulação baseado no art. 486: na primeira hipótese, desconstituir-se-iam a sentença homologatória e o ato homologado (...); na segunda, desconstituir-se-ia o ato homologado e, em virtude disso, cairia a sentença homologatória (...).[489]

Assenta, ainda, que diante das diferenças de prazo existentes para o exercício de cada uma das ações, ter-se-ia que admitir o uso da ação anulatória mesmo após decorrido o lapso decadencial de dois anos para a propositura da rescisória, o que não se harmonizaria com a sistemática do ordenamento, preocupado em assegurar a estabilidade da coisa julgada.[490]

---

[488] COUTURE, Eduardo J. *Fundamentos del derecho procesal civil*. 3. ed. Buenos Aires: Roque Depalma, 1958, p. 207-208. Em vernáculo: "Transação; examinada do ponto de vista estritamente processual, a transação é uma dupla renúncia ou desistência; o autor desiste de sua pretensão e o demandado renuncia a seu direito de obter uma sentença; este ato dispositivo processual corresponde a um contrato análogo de direito material, no qual ambas as partes, fazendo concessões recíprocas, dirimem seu conflito mediante autocomposição. Assim entendida, a transação não é, como se diz habitualmente, uma substituta da coisa julgada, mas uma dupla renúncia à coisa julgada. O preceito legal que assimila a transação à coisa julgada o faz somente em relação a seus efeitos."
[489] MOREIRA, José Carlos Barbosa. *Comentários ao código de processo civil, Lei nº 5.869, de 11 de janeiro de 1973, vol V*: arts. 476 a 565. 13. ed. Rio de Janeiro: Forense, 2006, p. 161.
[490] Ibidem, p. 161.

Vicente Greco Filho, ao tratar da ação rescisória, afirma que "não é meramente homologatória a sentença que homologa a transação (art. 269, III) ou a conciliação. Estas são sentenças de mérito".[491]

Diversa da opinião de Barbosa Moreira é a de Luís Eulálio de Bueno Vidigal, para quem a transação não se deveria anular por meio da ação rescisória, mas sim pela ação ordinária de anulação dos atos jurídicos em geral, prevista no artigo 486 do CPC. Pondera que o Código, no entanto, inovou ao permitir a rescisão de julgado baseado em transação, esquecendo-se de que a ela não se segue um julgamento, na medida em que põe fim ao litígio. Afirma que, mesmo quando seguida de homologação, esta última não se rescinde, concluindo que "parece, nessas condições, que melhor teria feito o legislador se dissesse pura e simplesmente que a transação é suscetível de rescisão tal como a sentença passada em julgado".[492]

Citamos precedente do Superior Tribunal de Justiça no qual o Relator, E. Ministro Athos Gusmão Carneiro cita a lição de Barbosa Moreira sobre o artigo 486 do CPC, dela discordando:

> Ação anulatória de reconhecimento do pedido, homologado por sentença. Artigo 486 do CPC. Não incidência do art. 485, VIII, do CPC. – Tratando-se de sentença simplesmente homologatória de vontade das partes, que extinguem a lide por ato de disposição de vontade daqueles direitos no processo controvertidos, cabível é a ação anulatória do art. 486 do Código de Processo Civil, pois a parte se insurge contra o próprio ato de disposição alegando vícios que invalidariam "os atos jurídicos em geral, nos termos da Lei civil". A ação rescisória do art. 485, VIII, do CPC é admissível contra sentença proferida em jurisdição contenciosa, em que a transação, o reconhecimento de pedido, a renúncia ou a confissão servem como "fundamento" de *decisum* influindo no conteúdo do comando judicial.[493]

O voto condutor do aresto assentou-se sobre o argumento de que o intérprete deve partir da profunda diferença entre a sentença que o Código diz "meramente" homologatória, e a sentença a que alude o art. 485, VIII. Diz Athos Gusmão Carneiro que, quando se profere a sentença homologatória, o conteúdo da sentença, seu comando, é aquele em que convieram as partes. Já a ação rescisória é admissível quando "houver fundamento para invalidar confissão, desistência ou transação, em que se baseou a sentença". Ou seja, o juiz proferiu sentença de mérito, reveladora da vontade da lei no caso concreto, dando-lhe conteúdo, figurando a existência de uma anterior transação, de uma renúncia, de uma desistência de direitos, de uma confissão, simplesmente como fundamento de seu decidir. Afirma que não haveria como anular-se simplesmente a transação em que a sentença se fundou, pois subsistiria a sentença. Então, imprescindível seria a ação voltada à rescisão da própria sentença, e da coisa julgada dela decorrente.

---

[491] GRECO FILHO, Vicente. *Direito processual civil brasileiro*. 15. ed. São Paulo: Saraiva, 2002, v. II, p. 403.

[492] VIDIGAL, Luis Eulálio de Bueno. *Comentários ao código de processo civil*. 2. ed. São Paulo: Revista dos Tribunais, 1976, v. VI, p. 148.

[493] BRASÍLIA. Superior Tribunal de Justiça. 4ª Turma. Recurso especial n. 13.102-SP. Relator: Min. Athos Gusmão Carneiro, j. 02.02.1993, *DJU*, de 08 de março de 1993. Disponível em: <www.stj.gov.br>. Acesso em: 18 out. 2007.

Contudo, pondera que, se o juiz, na sentença, nada decidiu ele mesmo, limitando-se a "autenticar a vontade das partes" e a conferir eficácia executiva à transação ou ao reconhecimento do pedido, será caso de ação anulatória do próprio ato de disposição praticado pelas partes, tal como anulados podem ser "os atos jurídicos em geral, nos termos da lei civil".

A demonstrar o quão tormentoso é o tema ora analisado, o E. Ministro Sálvio de Figueiredo Teixeira, que participou do julgamento, inclusive pedindo vista dos autos para melhor análise, acompanhou os votos dos Ministros Athos Gusmão Carneiro e Fontes de Alencar, mas não sem ponderar:

> Já refleti e até mesmo escrevi sobre o tema, dos mais complexos em face do infeliz tratamento que lhe deu o legislador de 1973. Mas, confesso, ainda não consegui pacificar a minha inquietação a respeito, observando a existência de tantas tentativas insatisfatórias de construção doutrinária...

Coqueijo Costa, por sua vez, tem entendimento diferente sobre a questão, afirmando o cabimento da ação rescisória e sustentando que a conciliação judicial difere da transação, pois resulta da atividade obrigatória do juiz na lide, em persecução de um acordo entre as partes, que carece da sua homologação, que pode ser negada caso ausentes os pressupostos que impõem o seu deferimento.[494]

Barbosa Moreira ressalta que, mesmo sendo a hipótese do inciso III do artigo 269 um caso de extinção do processo com resolução do mérito (como ocorre com os incisos II a V do mesmo dispositivo), isto somente ocorrerá se a transação abranger todo o objeto do processo.[495]

José Frederico Marques, como já visto no Capítulo 2, item 2.1, opina no sentido de ficarem excluídas da incidência do artigo 486 do CPC não somente a homologação da sentença estrangeira e do laudo arbitral, mas igualmente a homologação de negócio jurídico consistente em confissão, reconhecimento jurídico do pedido, renúncia ao direito subjetivo ou transação.

No mesmo sentido, leciona Humberto Theodoro Júnior, ao sustentar que o acordo de vontades dos litigantes (transação) implica solução de uma lide que já é objeto de um feito contencioso, de sorte que a sentença que o homologa não pode ser havida como meramente homologatória, porquanto importa encerramento do processo com julgamento do mérito, nos termos do inciso II do artigo 269 do CPC, produzindo, assim, coisa julgada material. Justifica o entendimento de ser cabível a ação rescisória porque a autocomposiçao da lide, no caso da transação, é jurisdicionalizada pela homologação do juiz, que a encampa e chancela como se fora uma solução dada pela própria sentença, gerando coisa julgada material.[496]

---

[494] COSTA, Coqueijo. *Ação rescisória*. 7. ed. rev. e atual. por Gustavo Lanat Pedreira de Cerqueira. São Paulo: LTr, 2002, p. 104.

[495] MOREIRA, José Carlos Barbosa. *O novo processo civil brasileiro*. 23. ed. Rio de Janeiro: Forense, 2007, p. 96.

[496] THEODORO JÚNIOR, Humberto. *Curso de direito processual civil*. 24. ed. Rio de Janeiro: Forense, 1998, v. I, p. 648.

Contudo, ressalva que, com o passar do tempo, a jurisprudência inclinou-se, majoritariamente, a favor da tese que admite o cabimento da ação anulatória prevista no artigo 486 do CPC, segundo a qual, aduz, não há contradição entre tal dispositivo e o inciso VIII do artigo 485, pois este apenas autorizaria a propositura da rescisória quando a transação servir de base a alguma decisão realmente de mérito, adotada pelo juiz, ao passo que, em não havendo nenhum julgamento sobre o conteúdo da lide e a atividade do Poder Judiciário resumir-se à homologação do acordo, cabível será a ação anulatória.[497]

Luiz Rodrigues Wambier, Flávio Renato Correia de Almeida e Eduardo Talamini, também reconhecendo a controvérsia quanto ao cabimento das ações ora cotejadas para atacar sentenças homologatórias, dizem que os artigos 485, inciso VIII, e 269, incisos I, II e III, ao qualificarem como "de mérito" tais sentenças, deixam claro que elas se revestem de coisa julgada material e que caberá a mera ação anulatória contra os atos de disposição de vontade apenas quando não forem homologados por sentença.[498] [499]

Luiz Sérgio de Souza Rizzi procura harmonizar o inciso VIII do artigo 485 e o 486 do CPC, no sentido de que a ação anulatória somente terá cabimento enquanto pendente o processo no qual tenha ocorrido o reconhecimento, a renúncia e a transação. Afirma que, transitada em julgado a decisão homologatória, somente será viável a ação rescisória, que terá por objeto, no juízo rescindente, a própria decisão. Defende que, admitida a ação anulatória após o trânsito em julgado, haveria duas formas de se alcançar um mesmo resultado prático e que a ação anulatória prescreve nos termos do Código Civil, enquanto a ação rescisória tem prazo decadencial.[500]

Alexandre Freitas Câmara, embora reconheça a prevalência desta corrente, dela diverge, justificando sua posição mediante o argumento de não haver diferença ontológica entre *sentenças homologatórias* e *sentenças meramente homologatórias*, e que a sentença que homologa reconhecimento do pedido, renúncia ou transação é sentença como qualquer outra que homologue ato da parte. Prosseguindo, afirma que sempre que é praticado um ato processual e que o juiz o homologa, está a ratificá-lo e a reconhecer sua legitimidade, de forma que o ato homologado passa a integrar o conteúdo do ato homologatório. Sustenta, ain-

---

[497] Colacionamos julgado do antigo Tribunal de Alçada do Rio Grande do Sul: "Na homologação de acordo, o juiz não julga a lide, composta que foi, diretamente, pela vontade das partes, daí que a ação para desconstituir o ato é a comum, de procedimento ordinário ou sumaríssimo" PORTO ALEGRE. Tribunal de Alçada do Estado do Rio Grande do Sul. 1ª Câmara. Ação rescisória n. 187.039.292. Relator: Des. Alceu Binato de Moraes. Julgado em 21.06.1988, RTJE, 56/87; JTARS, 66/189. In: PAULA, Alexandre de. *Código de Processo Civil anotado*. 6. ed. São Paulo: Revista dos Tribunais, 1994, v. III, p. 1887.

[498] WAMBIER, Luiz Rodrigues, ALMEIDA, Flávio Renato Correia de; TALAMINI, Eduardo. *Curso avançado de processo civil*. 8. ed. São Paulo: Revista dos Tribunais, v. I, 2006, p. 614-615; SOUZA, Bernardo Pimentel. *Introdução aos recursos cíveis e à ação rescisória*. 4. ed. São Paulo: Saraiva, 2007, p. 500.

[499] Após analisar a transação, Coqueijo Costa diz que, transitando em julgado a sentença homologatória, esta será rescindível (CPC, art. 269, inciso III) e que, como ocorre com a renúncia, a transação não deriva do ente de razão do juiz, mas de auto-composição homologada. *Ação rescisória*. 5. ed. São Paulo: LTr, 1987, p. 76-77.

[500] RIZZI, Luiz Sérgio de Souza. *Ação rescisória*. São Paulo: Revista dos Tribunais, 1979, p. 90.

da, que uma sentença homologatória de reconhecimento do pedido equivale a uma decisão que julga o feito procedente, com a única diferença de que numa a procedência é afirmada pelo juiz, e, noutra, pelo réu, bem como que raciocínios análogos podem ser feitos entre as sentenças homologatórias de renúncia e a de transação com as que decretam a improcedência da ação e as que a julgam parcialmente procedente, respectivamente.[501]

Diz que:

> A sentença homologatória de reconhecimento, transação ou renúncia, então, desde que proferida em processo de jurisdição contenciosa, alcança a autoridade de coisa julgada material e, por isso, só pode ser desconstituída por ação rescisória. E isto se dará quando houver vício no ato judicial homologatório (como, por exemplo, quando a sentença tiver sido proferida por juízo absolutamente incompetente) mas, também, quando houver vício no próprio ato homologado. Afinal, uma vez proferida a sentença homologatória, aquele ato que se homologou passa a ser o conteúdo da sentença e, pois, a integra indissoluvelmente.[502]

Afirma que a tese preponderante na jurisprudência parte da equivocada premissa segundo a qual seria possível dissociar o ato homologado da sentença homologatória, e que tal corrente pretoriana estaria a conferir ao inciso VIII do art. 485 do CPC sentido contrário ao que lhe quis atribuir o próprio texto da lei, que fala em existência de fundamento para invalidar *"confissão, desistência ou transação"*, querendo, com isso, aludir à *confissão, ao reconhecimento, à renúncia ou transação*.

Defende tal autor a ideia de que, se é rescindível o provimento judicial quando houver fundamento capaz de invalidar *reconhecimento, renúncia ou transação*, não se pode negar o cabimento da ação rescisória exatamente por se pretender invalidá-los e que, se algum vício houver na sentença homologatória, esta será rescindível por algum dos fundamentos previstos no art. 485 do CPC, mas não pelo previsto no inciso VIII, que trata justamente de hipótese em que o vício não está na sentença, mas sim no ato da(s) parte(s) por ela homologado.

Entrementes, no que concerne ao cabimento da ação anulatória nestes casos, preconizado pela corrente doutrinária e jurisprudencial majoritária, Alexandre Freitas Câmara ressalva:

> Não significa isto, porém, que o art. 486 esteja esvaziado. Afinal, há sentenças meramente homologatórias que não alcançam a *auctoritas rei iudicatae* e, pois, não podem – em hipótese alguma – ser impugnadas por meio de ação rescisória. Pense-se nas sentenças de jurisdição voluntária e, mesmo nos processos contenciosos, na sentença que homologa a desistência da ação (que leva à extinção do processo sem resolução do mérito). Ora, não se pode afastar a possibilidade de, por exemplo, alguém ter sido coagido a desistir da ação e, homologada tal desistência por sentença formalmente passada em julgado, vir-se a ajuizar "ação anulatória" daquela desistência e, por conseguinte, da própria sentença homologatória. Veja-se que o fato de não haver coisa julgada material (e, pois, ser livre o ajuizamento da

---

[501] CÂMARA, Alexandre Freitas. *Ação rescisória*. Rio de Janeiro: Lumen Juris, 2007, p. 109-113.
[502] Ibidem, p. 111.

mesma demanda uma segunda vez) não retira o interesse de agir para a "ação anulatória", bastando lembrar que a sentença homologatória da desistência condena o demandante a pagar as despesas processuais e os honorários advocatícios.[503]

Nesse sentido, Sálvio de Figueiredo Teixeira destaca que:

Deve-se, aqui alertar para a circunstância de que esta homologação de transação não se enquadra nas hipóteses de sentenças "meramente homologatórias" do art. 486 do CPC, para as quais a lei destina não a rescisória, mas a ação anulatória, a ser proposta no primeiro grau, entendendo-se por sentença "meramente homologatória" a proferida em procedimento de jurisdição voluntária (infra, n. 13).[504]

Luiz Guilherme Marinoni, analisando o teor dos artigos 485, inciso VIII, e 486 do CPC, diz que:

A primeira regra trata de sentença de mérito fundada em renúncia, reconhecimento do pedido ou transação que possam ser invalidados. Será necessário, então, que exista uma sentença de mérito (e não apenas uma sentença equiparada, pelo art. 269, à verdadeira sentença de mérito, como a sentença homologatória) que tenha sua conclusão – acolhendo ou rejeitando, no todo ou em parte, o pedido – em confissão, renúncia, reconhecimento ou transação inválidos. Como foi dito anteriormente, salvo a hipótese de confissão, os outros casos serão raros, mas não impossíveis de acontecer. Nesses casos, o valor da renúncia, do reconhecimento ou da transação (assim como acontece com a confissão, daí a razão para o tratamento conjunto das figuras) não está precisamente em si, como ato jurídico, mas em seu reflexo para a solução do processo. Aqui se pode realmente dizer que a sentença *baseia-se* nesses atos jurídicos (e não que teve por *objeto* tais atos). Essa é realmente uma sentença de mérito, e assim pode ser rescindida.

Ao revés, se a sentença se limita a homologar a transação, a renúncia ou o reconhecimento, é caso de ação anulatória – não propriamente da sentença, mas sim do ato jurídico que está por detrás dela – sempre que esse ato se mostre viciado em face de algum dos critérios fornecidos pelo direito material.[505]

Sérgio Gilberto Porto, por sua vez, afirma que tanto a ação rescisória quanto a anulatória têm cabimento, dependendo a escolha apenas da identificação do ato viciado. Sustenta que, se vício estiver no negócio jurídico, terá cabimento a ação anulatória. Contudo, estando no ato do juízo, reclamará o manejo da ação rescisória.[506]

Diz que:

[...] é necessário, de logo, saber que é possível a ação de anulação de negócio jurídico ajustado pelas partes, muito embora a existência de sentença homologatória passada em

---

[503] CÂMARA, Alexandre Freitas. *Ação rescisória*. Rio de Janeiro: Lumen Juris, 2007, p. 112-113.
[504] TEIXEIRA, Sálvio de Figueiredo. Ação rescisória. Apontamentos. *Revista dos Tribunais*, t. 646, ano 78, p. 12, nov. 1989.
[505] MARINONI, Luiz Guilherme. *Curso de processo civil – Manual do processo de conhecimento*. 5. ed. São Paulo: Revista dos Tribunais, 2006, p. 656.
[506] PORTO, Sérgio Gilberto. *Coisa julgada civil*. 3. ed. São Paulo: Revista dos Tribunais, 2006, p. 166.

julgado. Usa-se também esta hipótese quando o vício está no negócio jurídico homologado e, por decorrência, é este que deve ser atacado, pela via da ação anulatória.[507]

Pondera que diversa é a situação em que o vício aparece na própria decisão homologatória, e não no negócio jurídico, tal como quando a decisão é proferida por juiz absolutamente incompetente. Entende que, diante deste quadro, estando o vício presente apenas na sentença, contra esta tomar-se-á a providência adequada para invalidá-la, ou seja, a propositura da devida ação rescisória de julgado.

Afirma, ainda, que, na primeira situação, a ação anulatória acarretará a invalidade do ato subjacente à decisão e, por decorrência, esvaziará a própria sentença homologatória. Já na segunda hipótese, sustenta que o ato permanecerá de pé, se desprovido de vícios, porquanto nada foi alegado contra ele, invalidando-se apenas a decisão homologatória.

E conclui:

> [...] por derradeiro, cumpre ressaltar que estamos, na soma do inciso VIII do art. 485, com o art. 486, CPC, frente a três hipóteses distintas: (a) ação rescisória, porque inválida a transação = negócio jurídico e sentença inválidas; (b) ação anulatória, porque inválido o negócio jurídico = negócio jurídico inválido e sentença esvaziada; (c) ação rescisória, porque a sentença eivada de vícios = negócio jurídico mantido e sentença desconstituída. Muito embora duas das hipóteses ("a" e "b"), quando procedentes, produzam resultado prático equivalente, estrutural e procedimentalmente diferenciam-se, daí reclamarem identidade própria.[508]

Galeno Lacerda sustenta a conclusão de que a conciliação não possui caráter jurisdicional, decisório da lide e, como o ato material visado é o acordo de vontade das partes, anulável como os atos jurídicos em geral, nos termos da lei civil, incide o artigo 486 do CPC, sendo adequada a ação anulatória, dado seu caráter desconstitutivo.[509]

Afirma que, quando as partes transigem no processo, passam de *inter nolentes* a *inter volentes* perante o juiz, fazendo desaparecer o litígio por ato autônomo de vontade e, com isto, fazem cessar também a jurisdição, porque lhe eliminam a causa, que é a lide, transformando a atividade ulterior do magistrado em ato meramente formal, desprovido de conteúdo decisório do litígio, este já desaparecido. Afirma que, ao invés de sentença, haverá simples homologação de acordo.

Diz Galeno que esta conclusão era "verdade cediça", acolhida sem divergências pelo Código de 1939, mas que, por força da redação dos artigos 269, inciso III, e 485, inciso VIII, do Código atual, seus primeiros comentadores se apressaram a proclamar a mudança do critério legal quanto à rescisão da transação judicial, gerando os entendimentos já vastamente referidos linhas atrás. Afirma:

---

[507] PORTO, Sérgio Gilberto. *Coisa julgada civil*. 3. ed. São Paulo: Revista dos Tribunais, 2006, p. 161.

[508] Ibidem, p. 162. O autor manifestou opinião idêntica em outra obra (*Comentários ao código de processo civil, vol. 6: do processo de conhecimento*, arts. 444 a 495 (Coordenação de Ovídio A. Baptista da Silva). São Paulo: Revista dos Tribunais, 2000, p. 333-335).

[509] LACERDA, Galeno. Ação rescisória e Homologação de transação. *Revista Ajuris*, Porto Alegre, n. 14, ano V, p. 42, nov. 1978.

Distinções básicas do direito processual civil, verdades inabaláveis da doutrina, teriam ruído por arte e mágica do novo legislador brasileiro, que transmudara, a seu bel-prazer, o quadrado em redondo, o branco em preto, uma simples homologação administrativa em sentença jurisdicional de mérito...

Ora, constitui dogma de hermenêutica que, quando a interpretação literal conduz ao absurdo, devemos desconfiar da interpretação e não do bom senso do legislador, devemos ficar com o espírito e com o sistema, e não com a aparência da letra.[510]

Defendendo o cabimento exclusivo da ação anulatória para a desconstituição da decisão que homologa transação, tece severas críticas a Pontes de Miranda,[511] a Barbosa Moreira,[512] a Luís Eulálio de Bueno Vidigal[513] e a Rogério Lauria Tucci.[514] [515]

Afirma Galeno que, quando o Código diz, no *caput* do artigo 485, que "a sentença de mérito, transitada em julgado, poderá ser rescindida", refere-se apenas às sentenças que fazem coisa julgada material, que se tornam imutáveis porque julgam efetivamente a lide, como atos jurisdicionais, e não administrativos, como é o caso da simples homologação da transação. Contudo, como a ação pende em juízo, é natural que toque ao juiz, na condição de condutor do processo, encerrá-lo com o ato homologatório.[516]

O processualista gaúcho diz ser simples a distinção entre o inciso VIII do artigo 485 e o artigo 486, pois basta levar-se em conta que a transação pode ser objeto tanto de sentença homologatória sem lide (já terminada pelas partes), quanto de sentença jurisdicional litigiosa nela baseada, sendo que é apenas a esta última

---

[510] LACERDA, Galeno. Ação rescisória e homologação de transação. *Revista Ajuris*, Porto Alegre, n. 14, ano V, p. 32-33, nov. 1978.

[511] Diz Galeno que o Mestre Alagoano cai em contradição quando comenta o inciso VIII do artigo 485 e o artigo 486, ambos do atual CPC, por afirmar, inicialmente, que a homologação chamou ao processo, como conteúdo do ato sentencial, a transação, e tinha o primeiro artigo de se fazer incidir ao invés do segundo. Entretanto, segundo Galeno, ao comentar o artigo 486, Pontes de Miranda diz que os atos processuais a que o dispositivo se refere são os que envolvem declaração de vontade, incluindo, entre eles, a transação. Galeno discorda também da expressão 'negócio jurídico transacional', empregada por Pontes de Miranda, ao falar em prazo preclusivo de dois anos para o ajuizamento da ação rescisória, com o que também não concorda.

[512] A crítica feita por Galeno a Barbosa Moreira foi por ter "se dobrado", embora com relutância, à aparente letra do Código, propondo conciliação entre os dois dispositivos e, posteriormente, ter se recusado a admitir a dualidade de meios de impugnação contra a decisão homologatória de transação. Galeno reputa inadmissível a proposição feita por Barbosa Moreira de que a ação anulatória somente teria cabimento até o trânsito em julgado, após o que, adequado seria o emprego da rescisória.

[513] Galeno afirma que Luis Eulálio Vidigal, mesmo rebelando-se contra o critério (ou falta dele) pelo Código, igualmente não supera a dificuldade exposta.

[514] Galeno não aceita a distinção proposta por Tucci acerca da transação homologada em juízo e a transação homologada, preventivamente, em processo voluntário, a primeira sujeita à rescisória e a segunda à anulatória. Afirma que o Autor cai em contradição quando sustenta o cabimento da ação rescisória no fato de que o juiz, na transação judicial, averigua o seu conteúdo, pois o mesmo ocorreria na transação preventiva realizada em processo voluntário.

[515] LACERDA, op. cit., p. 32-35.

[516] LACERDA, Galeno. Ação rescisória e homologação de transação. *Revista Ajuris*, Porto Alegre, n. 14, ano V, p. 35-36, nov. 1978.

hipótese que o artigo relativo à ação rescisória se refere. Afirma que em duas hipóteses poderá ocorrer a rescisão da sentença baseada em transação.[517]

A primeira é quando ela for oposta pelo réu como matéria de defesa, nos termos do artigo 326 do CPC (Se o réu, reconhecendo o fato em que se fundou a ação, outro lhe opuser impeditivo, modificativo ou extintivo do direito do autor, este será ouvido no prazo de 10 (dez) dias, facultando-lhe o juiz a produção de prova documental), pois a transação constitui fato extintivo do pedido. Diz Galeno que, se isto ocorrer, e se a sentença acolher esta exceção de transação prévia, configurada estará a hipótese de ação rescisória prevista no inciso VIII do CPC.

A outra hipótese ocorrerá se, depois da transação judicial, mas antes da respectiva homologação, ressurgir o litígio entre as partes, caso em que a homologação incidirá sobre matéria contenciosa, circunstância que a torna jurisdicional e não mais meramente administrativa.

Portanto, para este autor, a ação rescisória somente terá cabimento em casos nos quais a sentença resolva lide reiterada, e o faça para acolher o fato extintivo da transação anterior, celebrada fora do processo, no mesmo processo ou noutro processo.

Quanto ao fato de o inciso III do artigo 269 do Código de Processo Civil falar em resolução de mérito, Galeno afirma que "trata-se de impropriedade do Código que deve ser interpretada com inteligência e bom senso. Se as partes transigirem, a homologação consequente, como se viu, não julga a lide, porque esta não mais existe, eliminada como foi pelo acordo dos litigantes". Explica que o legislador assim agiu para dizer que a transação se equipara, em termos de efeitos, à sentença de mérito.[518]

No mesmo sentido preconizado por Galeno Lacerda, e após também detalhado estudo a respeito da rescisão de transação homologada em juízo e análise das principais premissas concernentes ao assunto, Nelson Altemani, autor de tese aprovada por unanimidade no VI Encontro Nacional dos Tribunais de Alçada, realizado em Belo Horizonte, em 1983, sustenta que o inciso VIII do artigo 485 do CPC, quando alude à possibilidade de ajuizamento da ação rescisória contra sentença de mérito "quando houver fundamento para invalidar confissão, desistência ou transação, em que se baseou a sentença", claramente não se refere à sentença homologatória de transação. Afirma que os demais atos sujeitos a invalidação (desistência e confissão) não estão sujeitos a homologação e que a própria transação somente é sujeita a tanto quando, recaindo sobre direitos contestados em juízo, for realizada mediante termo nos autos, conforme artigo 1.028, inciso I do Código Civil de 1916, não necessitando de homologação quando realizada, por exemplo, por escritura pública ou particular, nos termos do inciso II do referido artigo. Frisa ainda que, colocando-se a confissão, a desistência e a transação nas exatas funções

---
[517] LACERDA, Galeno. Ação rescisória e Homologação de transação. *Revista Ajuris*, Porto Alegre, n. 14, ano V, p. 37-38, nov. 1978.
[518] Ibidem, p. 39.

que previu o legislador, de meros atos constitutivos ou extintivos do direito das partes, compreender-se-á que a sentença (não meramente homologatória, mas que efetivamente examine o mérito, acolhendo ou rejeitando o pedido do autor, conforme inciso I do artigo 269), tendo adotado como fundamento um daqueles atos, é passível de rescisão, nos moldes do artigo 485.[519]

Especificamente quanto ao artigo 269 do Código de Processo Civil e sua importância para elucidação da controvérsia ora tratada, Nelson Altemani traz esclarecimento que entendemos estar correto, e que serve de lastro à conclusão que será, ao final deste ponto, sustentada. Diz o jurista que nem todos os incisos do artigo 269 do CPC representam propriamente "julgamento do mérito", identificável em sua plenitude apenas no inciso I (sentença que acolher ou rejeitar o pedido), que configura a única hipótese na qual o processo se extingue de forma normal, porque o juiz compõe a lide. Sustenta que os demais incisos configuram casos de extinção anormal do processo, quer em razão de exceção material, suscitada pelo réu ou reconhecida de ofício (casos da prescrição e da decadência, por exemplo), quer em decorrência de negócio jurídico realizado por uma ou por ambas as partes (reconhecimento, renúncia ou transação), sendo que nesta última hipótese somente de forma imprópria se pode falar em julgamento do mérito, pois não é o juiz quem compõe o litígio, mas sim as próprias partes que, por si mesmas, encontram uma solução para a lide, cabendo ao juiz apenas homologar o negócio realizado pelos litigantes para integrá-lo ao processo e conferir-lhe eficácia equivalente ao julgamento do mérito. Por isso, sustenta não importar que a homologação da transação implique extinção do processo "com julgamento do mérito" segundo a letra da lei.[520]

O Autor cita a doutrina de Pontes de Miranda (*Comentários ao Código de Processo Civil*. 3. ed. São Paulo: Forense, 2000, t. 6, p. 258-259), referida por nós na análise do conceito de ação anulatória, no sentido de que a decisão que homologa é ato jurídico processual transparente, de sorte que, anulando-se o negócio jurídico objeto da transação com base no Direito Material, cairá a homologação, porque a eficácia anulatória, por dentro do ato jurídico global (homologação e negócio jurídico homologado), cinde (rescinde) o ato jurídico envolvente.

E conclui afirmando que:

> Não há necessidade alguma de tentar "conciliar" os arts. 486 e 485, VIII, do CPC, pois, na verdade, não existe entre eles qualquer incompatibilidade. Cuidam de hipóteses perfeitamente distintas, inconfundíveis. A transação, ainda que homologada em juízo, é de ser rescindida (rectius: anulada) se ocorrente uma das causas previstas no Direito Material; incide, no caso, o art. 486, de sorte que a ação será de competência do juízo de primeiro grau. Na previsão do n. VIII do art. 485 não cabe a sentença meramente homologatória de transação; somente a sentença que tenha propriamente enfrentado o mérito, acolhendo ou rejeitando o pedido, se houver fundamento para invalidar transação anterior, invocada e acolhida como

---

[519] ALTEMANI, Nelson. Rescisão de transação homologada em juízo. *Revista dos Tribunais*, São Paulo, n. 577, ano 72, p. 302, nov. 1983.

[520] Ibidem, p. 302.

fato extintivo do direito do autor ("exceptio litis per transactionem finitaes"), é que poderá ser objeto da ação rescisória propriamente dita.[521]

Entendemos correta a conclusão acima citada, pois a sentença pode tomar por base a transação não apenas quando se limitar a homologar acordo entabulado entre as partes, mas também quando julgar o alcance de transação anterior por elas firmada, sendo que somente esta se constitui, efetivamente, em sentença de mérito.[522]

Por isso, a proposição aprovada no referido VI Encontro de Tribunais de Alçada ficou assim ditada: "a transação homologada em juízo pode ser rescindida como os atos jurídicos em geral, não assim mediante ação rescisória. Não há incompatibilidade entre os arts. 486 e 485, VIII, do CPC, que tratam de hipóteses distintas".[523]

No VIII Encontro dos Tribunais de Alçada, realizado em Porto Alegre, em 1988, aprovou-se a tese de que "incabível é a ação rescisória contra *sentenças homologatórias* de adjudicação, arrematação ou remição, que devem ser atacadas por ação ordinária".[524]

Ulderico Pires dos Santos também sustenta que a rescisória somente terá cabimento para desconstituir sentença que resolve litígio e não a sentença que, sem que tenha havido contenda, apenas confirma pretensão que não se fez comum, limitando-se a tão somente imprimir eficácia jurídica à vontade coincidente e divergente das partes.[525]

Preconizando semelhante entendimento, Francisco Antônio de Oliveira diferencia o cabimento de cada uma das ações sustentando tratarem os artigos 485, inciso VIII, e 486 de hipóteses diversas. Diz que terá cabimento a ação anulató-

---

[521] ALTEMANI, Nelson. Rescisão de transação homologada em juízo. *Revista dos Tribunais*, São Paulo, n. 577, ano 72, p. 303, nov. 1983.

[522] João Oreste Dalazen cita exemplos de cabimento de ação rescisória se sentença baseada em transação anterior, como o caso em que, para prevenir litígio decorrente de contrato de mútuo, o devedor firma transação extrajudicial com o credor, comprometendo-se a outorgar escritura pública de compra e venda de determinado imóvel em dado prazo. Supõe que apenas o credor e o devedor teriam firmado o instrumento de transação, não homologada judicialmente. Descumprida a vença e não cabendo execução direta, pela ausência da assinatura de testemunhas, restará ao credor promover uma ação visando à obtenção de uma sentença condenatória que dê lastro a posterior execução. Assim, estar-se-ia diante de um processo de conhecimento no qual se discutiria o alcance ou a validade de um acordo anterior. Em tal caso, sustenta, poderia o réu objetar que o negócio jurídico que eventualmente reputar inquinado de algum vício de consentimento. Conclui que, na hipótese, seria caso de ação rescisória. (Ação rescisória: descabimento para impugnar sentença homologatória de acordo. *Revista do Tribunal Superior do Trabalho*, n. 66, ano 3, p. 22, jul.-set. 2000).

[523] Bernardo Pimentel Souza, ao analisar a referida conclusão e reconhecer a prevalência da corrente que a ela se filia, mantém posicionamento no sentido de que a ação anulatória somente seria cabível quando a homologação ocorrer em processo de jurisdição voluntária, que não dá ensejo à formação de coisa julgada material. Defende que, em processos contenciosos, a ação anulatória somente teria cabimento antes do trânsito em julgado, após o que a ação rescisória seria a medida adequada, com base no inciso VIII do artigo 485. (SOUZA, Bernardo Pimentel. *Introdução aos recursos cíveis e à ação rescisória*. 4. ed. São Paulo: Saraiva, 2007, p. 501-502).

[524] PAULA, Alexandre de. *Código de processo civil anotado*. 6. ed. São Paulo: Revista dos Tribunais, 1994, v. III, p. 1878.

[525] SANTOS, Ulderico Pires dos. *Teoria e Prática da ação rescisória*. Rio de Janeiro: Forense, 1978, p. 201.

ria nos casos em que o juiz apenas homologa o ato processual de encerramento do processo, que reputa supérfluo, na medida em que as partes transacionaram. Sustenta que, em tais hipóteses, o que poderia ser objeto de rescisão não é a sentença homologatória, mas sim o ato jurídico que ela formalizou em juízo e que, preexistindo-lhe, existiria mesmo sem ela. Por outro lado, terá cabimento a ação rescisória com base no inciso VIII do artigo 485 do CPC quando o Poder Judiciário tiver de adentrar ao cerne da transação que já preexistia à demanda que surgir da inadimplência de uma das partes, pois a sentença não será "meramente homologatória", diante da necessidade de enfrentamento do mérito da transação preexistente para dizer de sua validade ou não.[526]

Thereza Alvim afirma que chegou a defender o posicionamento preconizado pela referida conclusão, aprovada nos Encontros dos Tribunais de Alçada, mas que, após maiores meditações, passou a sustentar entendimento diverso, pois a sentença que se profere nos casos de reconhecimento do pedido ou renúncia ao direito sobre o qual se funda a ação, embora não julguem propriamente o mérito, estão elencadas pelo Código como sendo decisão de mérito, desafiando, assim, ação rescisória. Diz que, "se por qualquer vício no ato jurídico puder ela ser eliminada, só pode sê-lo por meio da ação rescisória, ante a necessidade de novo julgamento, que substitua o rescindido e a competência do mesmo órgão para proferi-lo." Esclarece que, no seu entendimento, as sentenças homologatórias referidas no artigo 486 do CPC não são aquelas que se encontram no artigo 269, mas sim as que serão atingidas pela preclusão máxima, como é o caso da homologação de arrematação e adjudicação, e que o fator realmente importante para a verificação do cabimento da ação rescisória de sentenças homologatórias é a verificação da existência de uma sentença de mérito transitada em julgado.[527]

Na mesma esteira, sustenta Teresa Arruda Alvim Wambier.[528]

O entendimento preconizado por Galeno Lacerda, mencionado linhas atrás, recebeu também a crítica de Eduardo Talamini, para quem a rejeição da concepção carneluttiana de lide como elemento identificador da jurisdição enfraqueceria a doutrina do Processualista Gaúcho. Talamini sustentou, ainda, que (a) o próprio artigo 269 do CPC equiparou a sentença de acolhimento ou rejeição do pedido à que homologa ato de disposição de vontade, discordando da ideia de que tal somente ocorreu para que se desse a este força de título executivo, ao argumento de que a premissa somente seria válida nos casos em que o ato homologado contivesse eficácia condenatória, sendo a homologação inócua nas demais; (b) a função da regra do artigo 269 não seria de definir os atos com força executiva, pois as decisões que implicam alguma das situações previstas no artigo 267 poderiam,

---

[526] OLIVEIRA, Francisco Antônio de. *Ação rescisória, enfoques trabalhistas (doutrina, jurisprudência e súmulas)*. São Paulo: Revista dos Tribunais, 1992, p. 216.

[527] ALVIM, Thereza. Notas sobre alguns aspectos controvertidos da ação rescisória. *Revista de Processo*, São Paulo, n. 39, ano X, p. 14, jul.-set. 1985.

[528] WAMBIER, Teresa Arruda Alvim. *Nulidades do processo e da sentença*. 6. ed. rev. Atual. e ampl. de acordo com a Reforma Processual 2006/2007. São Paulo: Revista dos Tribunais, 2007, p. 441.

eventualmente, conter algum capítulo condenatório e (c) quando o legislador pretendeu unicamente atribuir força executiva a algum ato diferente da sentença, o fez qualificando-o diretamente como título executivo, como ocorre com aqueles previstos no artigo 585 do CPC.[529]

Quanto à celeuma envolvendo o cabimento da ação rescisória ou da anulatória nos casos de homologação de transação, Talamini menciona também a existência de outra corrente, diversa da norteada por Galeno Lacerda, que sustenta que contra a sentença transitada em julgado que homologou tais atos de disposição de vontade caberá exclusivamente a ação rescisória, pois, além do teor do inciso VIII do artigo 485, o artigo 269 do CPC refere ser tal decisão "de mérito", revestida, portanto, de coisa julgada material, critério que reputa decisivo para definir o cabimento da ação rescisória, pouco importando que o comando judicial se limite a chancelar a solução dada pelas partes ao conflito. Segundo tal corrente, analisada pelo Autor, caberá a mera ação anulatória contra os atos de disposição de vontade apenas quando ou enquanto não forem homologados por sentença.

Ainda conforme Talamini, uma terceira orientação preconizaria o cabimento de ambas as medidas, ou seja, tanto a rescisória quanto a anulatória. O autor reputa tal corrente criticável, pois criaria uma duplicidade de vias, com prazos diferentes, para o mesmo fim, e que, em tais hipóteses, nenhuma consequência arcaria a parte que deixou passar em branco o prazo, mais curto, da ação rescisória, tornando, assim, supérfluo o inciso VIII do artigo 485 do CPC.[530]

Afirma, por fim, existir uma tese intermediária, segundo a qual o ataque ao ato negocial objeto da homologação dever-se-ia fazer pelas vias ordinárias, ao passo que a impugnação por defeitos externos ao ato negocial homologado, vícios atinentes à própria homologação, deveria ser feita mediante ação rescisória.

Sustenta, entretanto, que esta tese não daria sentido satisfatório à regra prevista no inciso VIII do artigo 485 do CPC, preconizando que mesmo os defeitos intrínsecos ao ato negocial devem ser atacados por meio de ação rescisória, e que os vícios que diziam respeito ao ato de disposição de vontade passam a ser relevantes para a impugnação da própria decisão homologatória.

Entende Talamini que essa noção torna claro o integral significado da disposição do artigo 269 do Código, no sentido de que o órgão jurisdicional, ao homologar o ato de disposição de vontade, chama para si o ato autocompositivo, chancelando a solução que as partes deram ao conflito, tornando-a sua, e que, depois do trânsito em julgado, o resultado daí extraível estará acobertado pela coisa julgada material, de sorte que apenas a ação rescisória seria hábil para desconstituí-la.[531]

---

[529] TALAMINI, Eduardo. *Coisa julgada civil e sua revisão*. São Paulo: Revista dos Tribunais, 2005, p. 184-185.
[530] Ibidem, p. 185-186.
[531] Ibidem, 2005, p. 187.

Conclui Talamini que a segunda corrente exposta lhe parece a mais adequada, no sentido de que a regra do artigo 486 do Código se aplicará aos atos não acobertados por uma sentença de mérito revestida de coisa julgada, e que as sentenças homologatórias a que o dispositivo se refere são outras que não as do artigo 269, como, por exemplo, as proferidas em sede de jurisdição voluntária.[532]

Entende, ainda, que a ação anulatória teria cabimento para invalidar ato de disposição de vontade praticado no processo enquanto não houver a sua homologação, citando o inciso I do artigo 352 do CPC, que trata da confissão.

Diz, por fim, que o artigo 486 se aplicaria, ainda, a outros atos judiciais alheios à incidência da coisa julgada, porém produtores de algum resultado final no processo em que praticados, como atos não meramente instrumentais ao andamento do processo, como a adjudicação, a arrematação e ou a entrega do dinheiro ao credor, no processo executivo, mesmo quando este ainda não tenha sido encerrado pela sentença prevista no inciso I do artigo 794 do CPC.[533]

Igualmente preconizando o entendimento de ser cabível a ação rescisória para desconstituir decisão que homologa acordo, Adriane Donadel diz haver grande diferença entre a sentença homologatória proferida em processo de jurisdição contenciosa e a que se dá em processo de jurisdição voluntária. Afirma que a distinção residiria no fato de que na sentença homologatória proferida em processo de jurisdição contenciosa, as partes, em regra, adentram no processo judicial em situação de litígio e, no curso da demanda, por ato próprio, atingem a conciliação, restando ao juiz apenas verificar a regularidade formal. Pondera que isso se verifica não apenas na sentença homologatória de transação (CPC, art. 269, inc. III), mas também nas hipóteses de o réu reconhecer a procedência do pedido (CPC, art. 269, inc. II) e de o autor renunciar ao direito sobre o qual se funda a ação (CPC, art. 269, inc. V). Entretanto, aduz, na sentença homologatória resultante de jurisdição voluntária, as partes provocam a atividade jurisdicional por meio de requerimento dirigido ao juiz, indicando o provimento almejado, de sorte que o acordo estaria previamente encetado e apenas seria requerida sua homologação. Diz que aquelas são passíveis de ação rescisória e estas de ação anulatória.[534] [535]

---

[532] Semelhante é o posicionamento defendido por Márcia Conceição Alves no que concerne à propalada incompatibilidade entre o inciso VIII do artigo 485 e o artigo 486 do CPC, no sentido que este refere-se apenas aos atos judiciais proferidos nos processos de jurisdição voluntária (Transação – cabimento de ação rescisória ou anulatória. *Revista de Processo*, São Paulo: São Paulo: Revista dos Tribunais, v. 128, ano XXX, p. 294, out. 2005). A articulista entende que, quando a parte pretende impugnar o próprio ato negocial por ter sido celebrado com algum vício (de forma, conteúdo ou vontade), cabível será a ação anulatória. Entretanto, quando a pretensão posta em juízo for de impugnar o próprio ato homologatório, sem qualquer alegação relativa ao ato de transação em si, terá, então, cabimento a ação rescisória.

[533] TALAMINI, Eduardo. *Coisa julgada civil e sua revisão*. São Paulo: Revista dos Tribunais, 2005, p. 187-188.

[534] DONADEL, Adriane. *A ação rescisória no direito processual civil brasileiro*. Rio de Janeiro: Forense, 2008, p. 177-178.

[535] Milton João Betenheuser Júnior também conclui pelo cabimento da ação rescisória contra a decisão homologatória de transação, por ser sentença de mérito, nos termos do artigo 269, inciso III, do CPC, gerando a formação de coisa julgada material. Afirma que a sentença homologatória a que se refere o artigo 486 do Código é aquela que, por exemplo, homologa a arrematação e a adjudicação (Hipóteses polêmicas de cabimento da ação

Nos Tribunais, prepondera largamente o entendimento de que a decisão homologatória de transação deve ser rescindida (*rectius*, anulada) por meio da ação anulatória, e não da ação rescisória, por melhor se enquadrar ao teor do artigo 486 do CPC.[536] [537]

Julgado antigo do E. Tribunal de Justiça do Estado do Rio Grande do Sul preconizou que "decisão homologatória de transação das partes é sentença de mérito; para desconstituí-la, cabível é a ação rescisória, com fundamento no nº VIII do art. 485 do CPC".[538]

No entanto, atualmente não mais prepondera o dissenso na Corte Gaúcha, conforme se observa na decisão abaixo, proferida em ação rescisória, na qual o D. Relator indeferiu a petição inicial por ausência de interesse processual, pela escolha inadequada da medida:

> AÇÃO RESCISÓRIA. AUSÊNCIA DE INTERESSE PROCESSUAL. EXTINÇÃO SEM APURAÇÃO DO MÉRITO.
> A sentença homologatória de transação não é rescindível por defeito ou nulidade da transação. Não se admite ação rescisória fundamentada em mera discordância do autor com o resultado da decisão rescindenda.

---

rescisória em face da ação anulatória prevista no art. 486 do CPC. In: NERY JÚNIOR, Nelson; WAMBIER, Teresa Arruda Alvim (Coords.). *Aspectos polêmicos e atuais dos recursos cíveis e assuntos afins*. São Paulo: Revista dos Tribunais, 2000, v. 4, p. 852).

[536] Mencionamos o julgamento da ação rescisória n. 7, do Tribunal de Justiça do Estado do Rio Grande do Norte. O Relator, Desembargador Seabra Fagundes, afirmou que: "Para a anulação das sentenças de caráter meramente homologatório é incabível a ação rescisória. De dizer a lei que os atos e sentenças nela mencionados poderão ser rescindidos como os atos jurídicos em geral e nos têrmos lei civil, se tem procurado inferir duas consequências inaceitáveis: 1ª) que tais atos poderão ser rescindidos nos casos mencionados na lei substantiva, e não sòmente naqueles que menciona o art. 798 do Código processual como capazes de autorizar a ação rescisória e 2ª) que a sua rescisão pode ser pedida, quer por ação anulatória, quer por ação rescisória. Entretanto, o exame atento do dispositivo citado conclui essa inteligência. Aquêle dispositivo teve em vista deixar expresso que tais atos, a que falta conteúdo jurisdicional, e que se apresentam jurisdicionais apenas formalmente, são rescindíveis segundo os têrmos mais amplos da lei civil e, consequentemente, através doutra ação (anulatória), que não a rescisória, reservada a casos excepcionais nos quais se tenha por objeto atacar as sentenças pròpriamente ditas, infirmando o seu objeto de coisa julgada. A lei não criou, com o emprêgo da palavra *poderão*, a faculdade de utilizar a rescisória ou a anulatória. O que se quis dizer ali foi que a rescisão de tais atos *poderia ser* pedida nos casos em que a lei civil prevê a rescisão de quaisquer atos jurídicos e pelas vias processuais utilizáveis em tais casos. Aliás, ainda quando se pudesse admitir dúvidas no que respeita às sentenças homologatórias, porque denominadas sentenças pela lei, não seria admiti-las em relação aos outros atos judiciais, para decretação de cuja nulidade o uso da rescisória importaria desvirtuação do seu caráter peculiar. Ora, o texto legal, englobando numa só disposição ambas as hipóteses (a dos atos judiciais independentes de sentença e a das sentenças homologatórias), é manifesto que quis equipará-las quanto aos casos e meios de ajuizamento" (MARTINS, Pedro Batista. *Recursos e processos de competência originária dos tribunais*. Atualizado pelo Prof. Alfredo Buzaid. Rio de Janeiro: Revista Forense, 1957, p. 109-110).

[537] Theotonio Negrão e José Roberto Ferreira Gouvêa, em nota ao artigo 485 do CPC, sustentam que, se a sentença homologou a transação decidindo o mérito da causa, terá cabimento a ação rescisória. Do contrário, será rescindível nos termos do artigo 486 do CPC, e que a jurisprudência vem seguindo essa linha, mencionando inúmeros precedentes (RSTJ 180/94; REsp 450.431; STJ, 3ª Turma, REsp 151.870; STJ, 1ª Turma, REsp 835.084; RSTJ 19/367; RSTJ 4/1.537) (*Código de Processo Civil e Legislação processual em vigor*. 39. ed. São Paulo: Saraiva, 2007, p. 611-612).

[538] PORTO ALEGRE. Tribunal de Justiça do Estado do Rio Grande do Sul. 1ª Câmara Especial Cível. Relator: Desembargador Ruy Ruben Ruschel. *Boletim ADCOAS 37/578,* ano VIII, ementa 44.204.

A escolha por ação inadequada para deduzir a pretensão caracteriza ausência de interesse processual. Processo extinto sem apreciação do mérito. em monocrática.[539]

Também as Câmaras Cíveis Reunidas do Tribunal de Justiça de Minas Gerais chegaram a manifestar entendimento de que a ação adequada para rescindir transação homologada em juízo é a anulatória (AR 536, DJMG de 01/04/1976).[540] O Relator, Desembargador Horta Pereira, após analisar as opiniões de Barbosa Moreira e de Frederico Marques, acima referidas, apóia-se na doutrina de Ernane Fidélis dos Santos, que aponta profundo erro de observação, não só da sistemática do Código, mas da própria clareza da lei daqueles que preconizam o cabimento da ação rescisória para desconstituir decisão homologatória de transação, transcrevendo o inciso VIII do artigo 485 do CPC e dizendo que:

> [...] pela simples expressão do Código, vamos verificar que, no caso, não se trata de rescisão de sentença homologatória de renúncia, transação ou reconhecimento, mas de uma sentença normal, de acolhimento ou rejeição do pedido, onde o juiz, com fundamento em confissão, transação ou desistência, acolheu ou não o pedido do autor. Não é, no caso, o próprio ato que está em julgamento, mas uma sentença que o teve por base. Não aquela, porém, que declarou a extinção do processo, motivada pela prática do ato. Em conseqüência, renúncia, reconhecimento e transação, mesmo judiciais, se rescindem como os atos jurídicos em geral.[541] [542]

O Superior Tribunal de Justiça, igualmente, vem decidindo pelo cabimento da ação anulatória:

> Processual civil. Recurso especial. Acordo homologado judicialmente nos autos de concordata preventiva. Invalidação. Ação anulatória. Art. 486 co CPC. Acórdão recorrido. Omissão, contradição e obscuridade. Inexistência. Prescrição. Arts. 54 da Lei nº 9.784/99 e 2º do Decreto nº 20.910/32. Ausência de prequestionamento. Súmula nº 211/STJ. Art. 557, § 2º, do CPC. Multa. Exclusão.

---

[539] PORTO ALEGRE. Tribunal de Justiça do Estado do Rio Grande do Sul. 4º Grupo Cível. *Ação rescisória n. 70017867896*. Relator: Desembargador Rui Portanova. Julgado em: 04.12.2006. Disponível em: <www.tj.rs.gov.br>. Acesso em: 19 out. 2007.

[540] PRATA, Edson. *Repertório de jurisprudência do Código de Processo Civil*. São Paulo: Editora Universitária de Direito, 1977, v. III, p. 2588-2595.

[541] SANTOS, Ernane Fidélis dos. *Estudos de direito processual civil*. Uberlândia: Edições da Faculdade de Direito da Universidade de Uberlândia, 1975, p. 116.

[542] Menciona-se, ainda, acórdão da Nona Câmara Cível do Extinto Tribunal de Alçada do Rio Grande do Sul, proferido no julgamento, em 12/08/1992, do Agravo Regimental n. 192.149.920, que se insurgia contra o indeferimento de petição inicial de ação rescisória que visava à desconstituição de transação homologada em juízo em ação de despejo. O aresto foi relatado pelo hoje Desembargador Breno Moreira Mussi. No voto condutor, mesmo reconhecendo a existência de respeitável doutrina favorável à tese que sustenta o cabimento da ação rescisória (Barbosa Moreira, Pontes de Miranda, Sálvio de Figueiredo Teixeira e José Frederico Marques), o D. Relator se reportou ao artigo escrito por Galeno Lacerda, citado linhas atrás, preconizando o acerto do que lá foi sustentado. Afirmou, outrossim, que em tal caso não se pretendia impugnar a sentença, mas sim o negócio jurídico por ela homologado, de sorte que, anulado este, deixa a sentença de ter qualquer efeito jurídico, sem que seja necessário desconstituí-la para tanto. Sustentou também que o inciso III do artigo 269 do CPC não julga o mérito da lide, porquanto mera integração da forma, decorrentemente da autocomposição levada a efeito pelas partes. (*Revista Forense*, n. 320, p. 142-143, out.-nov.-dez. 1992).

I – A ação ordinária anulatória, prevista no art. 486 do CPC, é a sede própria para a invalidação de acordo homologado judicialmente, oportunidade em que poderão ser discutidos os vícios do ato objeto da anulação. Precedentes.
[...]⁵⁴³

---

⁵⁴³ BRASÍLIA. Superior Tribunal de Justiça. 1ª Turma. Recurso especial n. 693.960-RJ. Relator: Min. Francisco Falcão. Julgado em 17.11.2005, DJU, de 28 de novembro de 2005, p. 209. Disponível em: <www.stj.gov.br>. Acesso em: 28 dez. 2007. Do corpo do aresto, extraem-se inúmeros outros precedentes no mesmo sentido: "PROCESSUAL CIVIL. VIOLAÇÃO AO ART. 535, DO CPC. INEXISTÊNCIA. AÇÃO POPULAR ANULATÓRIA DE ACORDO HOMOLOGADO JUDICIALMENTE EM SEDE DE AÇÃO CIVIL PÚBLICA COM A ANUÊNCIA DO PARQUET. COISA JULGADA MATERIAL. INOCORRÊNCIA. CRIVO JURISDICIONAL ADSTRITO ÀS FORMALIDADES DA TRANSAÇÃO. CABIMENTO DA AÇÃO ANULATÓRIA DO ART. 486, DO CPC. INOCORRÊNCIA DAS HIPÓTESES TAXATIVAS DO ART. 485, DO CPC...2. A ação anulatória, prevista no art. 486, do CPC, tem por finalidade desconstituir o ato processual, homologado judicialmente, enquanto que o alvo da ação rescisória, do art. 485, do CPC, é a sentença transitada em julgado, que faz coisa julgada material. O efeito pretendido pela primeira é a anulação do ato enquanto que na rescisória é a prolação de nova sentença no judicium rescisorium. 3. A ação rescisória somente é cabível quando houver sentença de mérito propriamente dita, que é aquela em que o magistrado põe fim ao processo analisando os argumentos suscitados pelas partes litigantes e concluindo-a com um ato de inteligência e soberania. 4. A sentença que homologa a transação fundamentando-se no conteúdo da avença, é desconstituível por meio de ação rescisória fulcrada no art. 485, VIII, do CPC. 5. Não obstante, em sendo a sentença meramente homologatória do acordo, adstrita aos aspectos formais da transação, incabível a ação rescisória do art. 485, VIII, do CPC, posto ausente requisito primordial da rescindibilidade do julgado. Nestes casos, a desconstituição da transação, pelos defeitos dos atos jurídicos em geral, se faz por meio de ação anulatória, fulcrada no art. 486, do CPC. 6. Acordo extrajudicial homologado por sentença, em sede de ação civil pública, com a concordância expressa do órgão ministerial, e lesivo aos interesses da administração pública, é passível de anulação, in abstracto, na forma do art. 486, do CPC, sob os fundamentos que autorizam a ação popular. 7. In casu, a ação popular assume cunho declaratório porquanto o ato lesivo e foi subjetivamente complexo, passando pelo crivo do Parquet e do juízo. Propriedade da ação, in genere, porquanto a possibilidade jurídica do pedido não implica em acolhimento do pleito meritório. 8. Recurso especial provido" (REsp nº 450.431/PR. Relator: Min. LUIZ FUX, DJ de 20/10/2003).
"PROCESSUAL CIVIL. SENTENÇA HOMOLOGATÓRIA DE TRANSAÇÃO COM O ESTADO. DESCONSTITUIÇÃO APÓS O TRÂNSITO EM JULGADO. POSSIBILIDADE. COISA JULGADA FORMAL. – A sentença que homologa transação realizada entre o Estado e o particular, com o objetivo de abreviar liquidação de sentença, não faz coisa julgada material, podendo ser desconstituída por ação diversa da que foi extinta. – A pretensão intentada pelo Estado, através de ação civil pública, objetivando a anulação de transação de caráter eminentemente privado, tem a incidência do art. 177, caput, do Código Civil, sobrevindo prescrição vintenária, ao contrário da pretendida prescrição qüinquenal. – Recurso especial improvido" (REsp nº 285.651/MT. Relator: Min. FRANCISCO FALCÃO, DJ de 03/02/2003).
"PROCESSUAL CIVIL. AGRAVO NO RECURSO ESPECIAL. TRANSAÇÃO HOMOLOGADA JUDICIALMENTE. AÇÃO ANULATÓRIA. – A ação anulatória, prevista no art. 486 do CPC, é sede própria para a discussão a respeito dos vícios na transação homologada judicialmente. Precedentes. Agravo não provido" (AgRg no REsp nº 596.271/RS. Relator: Min. NANCY ANDRIGHI, DJ de 17/05/2004).
"DIREITO PROCESSUAL CIVIL. TRANSAÇÃO HOMOLOGADA. DESCONSTITUIÇÃO DO NEGÓCIO JURÍDICO. CPC, ART. 486. I. É cabível a ação do art. 486 do Código de Processo Civil quando a parte, alegando vícios que invalidariam os atos jurídicos em geral, procura desconstituir o próprio ato homologado, não a sentença homologatória. No caso concreto, a sentença é simplesmente homologatória de transação, não a prevista no art. 485, VIII, do CPC, – que regula a desconstituição de decisão cujas conclusões se baseiam em transação. II. Recurso especial conhecido e provido" (REsp nº 151.870/SP. Relator: Min. ANTÔNIO DE PÁDUA RIBEIRO, DJ de 13/06/2005).
"PROCESSUAL CIVIL. EXECUÇÃO DE SENTENÇA. EMBARGOS À EXECUÇÃO. LIMITES. Com exceção da hipótese de nulidade absoluta por falta ou nulidade da citação, o artigo 741 do Código de Processo Civil não prevê a possibilidade de ataque ao título executivo judicial tendo em vista nulidades no processo de conhecimento. De modo que os embargos do executado não podem substituir nem a ação rescisória (CPC, art. 485), nem a ação ordinária anulatória de sentença meramente homologatória (CPC, art. 486). Recurso especial não conhecido, com ressalvas quanto à terminologia" (REsp nº 40291/PB. Relator: Min. CASTRO FILHO, DJ de 10/11/2003).

Noutro caso, a mesma Corte decidiu que: "A ação cabível para atacar *sentença homologatória* de transação é a ação anulatória e não a rescisória".[544]

O entendimento do Supremo Tribunal Federal é semelhante:

A ação própria para anular ato judicial que independe de sentença definitiva, tal como a transação, é a ordinária e não a rescisória. Aí a ação não é contra a sentença, que se restringe a homologar ato de vontade das partes, em que não há um conteúdo decisório próprio

---

"PROCESSUAL CIVIL. TRASAÇÃO. EXTINÇÃO DO PROCESSO. ART. 269, III, CPC. HOMOLOGAÇÃO DO ACORDO. ARREPENDIMENTO. ALEGAÇÃO POR UMA DAS PARTES. IMPOSSIBILIDADE. DOUTRINA. PRECEDENTE. RECURSO PROVIDO. I – Homologado o acordo e extinto o processo, encerra-se a relação processual, sendo vedado a uma das partes, que requerera a homologação, argüir lesão a seus interesses, somente podendo fazê-lo em outro processo. II – Conforme registra a doutrina, se 'o negócio jurídico da transação já se acha concluído entre as partes, impossível é a qualquer delas o arrependimento unilateral, mesmo que ainda não tenha sido homologado o acordo em Juízo. Ultimado o ajuste de vontade, por instrumento particular ou público, inclusive por termo nos autos, as suas cláusulas ou condições obrigam definitivamente os contraentes, de sorte que sua rescisão só se torna possível 'por dolo, violência ou erro essencial quanto à pessoa ou coisa controversa' (Cód. Civ., art. 1.030)" (REsp nº 331.059/MG. Relator: Min. SÁLVIO DE FIGUEIREDO TEIXEIRA, DJ de 29/09/2003).

"AÇÃO ANULATÓRIA. TRANSAÇÃO. SENTENÇA MERAMENTE HOMOLOGATÓRIA. ARTS. 485, VIII, E 486 DO CPC. O avençado pelas partes em acordo judicial, homologado pelo juiz sem nenhum conteúdo decisório, é desconstituível como os atos jurídicos em geral, na forma do art. 486 do CPC. Recurso especial não conhecido" (REsp nº 143.059/SP. Relator: Min. BARROS MONTEIRO, DJ de 03/11/1997).

"SENTENÇA HOMOLOGATÓRIA. COISA JULGADA. Sentença homologatória pode ser desfeita pela ação prevista no art. 486, não a obstando a alegação de coisa julgada. Divergência não demonstrada quanto à ilegitimidade passiva do réu, que participara da transação homologatória em juízo.Recurso não conhecido" (REsp nº 112.049/RS. Relator: Min. RUY ROSADO DE AGUIAR, DJ de 28/04/1997).

"AÇÃO DE REINTEGRAÇÃO DE POSSE. AÇÃO ANTERIOR DE REVISÃO ENCERRADA POR ACORDO QUE HOMOLOGOU JUDICIALMENTE A DESISTÊNCIA DA AÇÃO E O VALOR DO DÉBITO. DESCUMPRIMENTO. IMPOSSIBILIDADE DE REVISÃO DA TRANSAÇÃO HOMOLOGADA EM JUÍZO NA AÇÃO DE REINTEGRAÇÃO DE POSSE. PRECEDENTES DA CORTE. 1. Tendo sido homologada judicialmente a transação, com a desistência da ação de revisão e a fixação do valor do débito no contrato de arrendamento mercantil, não é possível a revisão nos autos de ação de reintegração de posse, mediante a aplicação do art. 486 do Código de Processo Civil.2. Já decidiu a Corte Especial que a antecipação do Valor Residual Garantido – VRG não descaracteriza o contrato de arrendamento mercantil. 3. Hígida a transação judicial que somente poderia ser revista em ação própria, as demais questões ficam prejudicadas. 4. Recurso especial conhecido e provido" (REsp nº 513.776/RS, Rel. Min. CARLOS ALBERTO MENEZES DIREITO, DJ de 02/02/2004).

"AÇÃO ANULATÓRIA DE RECONHECIMENTO DO PEDIDO, HOMOLOGADO POR SENTENÇA. ARTIGO 486 DO CPC. NÃO INCIDÊNCIA DO ART. 485, VIII, DO CPC. Tratando de sentença simplesmente homologatória da vontade das partes, que extinguem a lide por ato de disposição daqueles direitos no processo controvertidos, cabível é a ação anulatória do art. 486 do Código de Processo Civil, pois a parte se insurge contra o próprio ato de disposição alegando vícios que invalidaram 'os atos jurídicos em geral, nos termos da lei civil. A ação rescisória, do art. 485, VIII, do CPC, é admissível contra sentença proferida em jurisdição contenciosa, em que a transação, o reconhecimento do pedido, a renúncia ou a confissão servem como 'fundamento' do 'decisum' influindo no conteúdo do comando judicial. Recurso especial conhecido e provido" (REsp nº 13.102/SP, Rel. Min. ATHOS CARNEIRO, DJ de 08/03/1993).

[544] BRASÍLIA. Superior Tribunal de Justiça. 3ª Turma. Recurso Especial nº 9651-SP. Relator: Min. Cláudio Santos. Julgado em: 10.09.1991, *DJU.*, de 23 de setembro de 1991, p. 13.082. Disponível em: <www.stj.gov.br>. Acesso em: 18 out. 2007. Constou do voto condutor: "embora persista na doutrina alguma dissidência, corrente caudalosa da jurisprudência manifesta-se por ser cabível, no caso, a ação anulatória e não a ação rescisória. Neste sentido é o meu ponto de vista manifestado no Tribunal de Justiça do Ceará em mais de uma oportunidade. E justifico: a sentença chamada homologatória não possui natureza jurisdicional, ou seja, decisória da lide, mas de mero ato judicial a por fim ao processo, face autocomposição das partes. Diante do exposto, como a parte recorrente demonstrou a existência de dissídio a propósito deste tema, conheço em parte do recurso, mas para negar-lhe provimento."

do juiz, mas, sim, contra o que foi objeto da manifestação de vontade das partes, a própria transação. A sentença foi simplesmente homologatória de transação, apenas formalizando o ato resultante da vontade das partes. Jamais apreciou a controvérsia suscitada; haveria aí uma prestação jurisdicional suscetível de ação rescisória para a sua desconstituição. Como não houve isso, a ação adequada é a ordinária de anulação.[545]

Para Luiz Fux, caso seja a renúncia decorrente de erro, dolo ou coação, o meio para impugná-la é a ação anulatória, cujo julgamento de procedência esvazia a sentença que lhe serviu de tegumento protetor. Aqui, o provimento tem por objeto a anulação de ato da parte. Contudo, caso a homologação tenha sido levada a efeito por juiz impedido, corrupto ou através de ofensa à coisa julgada, o instrumento processual adequado será a ação rescisória, que tem por escopo atacar um ato do juiz.[546]

Como visto, o tema dá ensejo a interpretações bastante dissidentes entre importantes e tradicionais segmentos da doutrina.

Uma primeira corrente, na qual se destacam Barbosa Moreira, Cássio Scarpinella Bueno e Sérgio Rizzi diferenciam as hipóteses de cabimento da ação rescisória ou da ação anulatória com base na existência ou não do trânsito julgado da sentença homologatória.

A segunda corrente tende a incluir estas decisões no âmbito do inciso VIII do artigo 485 do CPC, preconizando, assim, o acerto do emprego da ação rescisória para atacá-la. É formada por Vicente Greco Filho, Coqueijo Costa, Eduardo Talamini, José Frederico Marques, Humberto Theodoro Júnior (embora reconhecendo que prepondera entendimento diverso), Luiz Rodrigues Wambier, Flávio Renato Correia de Almeida, Alexandre Freitas Câmara, Sérgio Gilberto Porto (com as ressalvas que expusemos), Thereza Alvim, Teresa Arruda Alvim Wambier e Adriane Donadel.

Há, ainda, uma terceira corrente, formada por Luis Eulálio de Bueno Vidigal, Antônio Macedo de Campos, Athos Gusmão Carneiro, Alexandre Lazzarini, Luiz Guilherme Marinoni, Galeno Lacerda, Nelson Altemani, Ulderico dos Santos Pires, Francisco Antônio de Oliveira, Ernane Fidélis dos Santos e Luiz Fux, que defende o acerto da ação anulatória para desconstituir a decisão que homologa transação.[547] [548]

---

[545] BRASÍLIA. Supremo Tribunal Federal. 2ª Turma. Recurso Extraordinário nº 100-466-5-SP. Relator: Min. Djaci Alves Falcão, DJU. de 28 de fevereiro de 1986. In: PAULA, Alexandre de. *Código de Processo Civil anotado*. 6. ed. São Paulo: Revista dos Tribunais, 1994, v. III, p. 1879.

[546] FUX, Luiz. *Curso de direito processual civil*. 2. ed. Rio de Janeiro: Forense, 2004, p. 870.

[547] Alexandre Alves Lazzarini, autor de artigo sobre as hipóteses de cabimento da ação anulatória no Direito de Família, também se filia à corrente que sustenta o cabimento da ação anulatória e não da rescisória para rescisão de acordos homologados em juízo. Diz que a dicotomia é decorrente de imprecisões terminológicas de que padecem tanto o artigo 485 quanto o 186 do CPC. (LAZZARINI, Alexandre Alves. Notas sobre a ação anulatória no direito de família. In: *Repertório de jurisprudência e doutrina sobre direito de família*. São Paulo: Revista dos Tribunais, 1996, v. III, p. 120-123).

[548] João Oreste Dalazen, com base nas lições de Chiovenda e de Galeno Lacerda e reconhecendo a controvérsia que paira sobre a questão, assim se manifestou: "Cessando a lide por ato de disposição, contratual, das próprias

Após esta análise, e respeitando as qualificadas e bem fundamentadas opiniões divergentes, concluímos que, antes do trânsito em julgado, a sentença homologatória de transação poderá ser atacada através de recurso de apelação, nos termos do artigo 513 do CPC.

Ocorrendo, entretanto, o trânsito em julgado, concluímos mais correta a terceira corrente, sendo que não há incompatibilidade entre os artigos 485, inciso VIII, e 486 do CPC, na medida em que tratam de hipóteses diversas.

Entendemos que será cabível a ação anulatória nos casos em que o juiz apenas homologar o ato processual de encerramento do processo quando as partes transacionarem, pois, em tais hipóteses, o que poderá ser objeto de rescisão não é a sentença homologatória, mas sim o ato jurídico que ela formalizou em juízo e que, pré-existindo-lhe, existiria mesmo sem ela.

Já a ação rescisória será adequada, se proposta com base no inciso VIII do artigo 485 do CPC quando o Poder Judiciário tiver de adentrar ao cerne da transação que já preexistia à demanda que surgir da inadimplência de uma das partes, pois a sentença não será "meramente homologatória", diante da necessidade de enfrentamento do mérito da transação preexistente para dizer de sua validade ou não, ou quando houver manifestação judicial acerca do conteúdo do acordo entabulado.

Muito embora esta questão seja muito controvertida na doutrina no ponto, o mesmo não ocorre na jurisprudência, preponderando largamente o entendimento de que a ação destinada à desconstituição da homologação de transação é a anulatória, baseada no artigo 486 do CPC.

Semelhante é a conclusão a que chegou Ana Maria Simões Lopes Quintana:

> Concordamos com a corrente que admite a ação anulatória nos casos de sentença homologatória de transação, porque a simples homologação da transação extingue o litígio sem exame de mérito. Em realidade, não há contradição entre os citados dispositivos. Sendo pressuposto inarredável para a ação rescisória uma sentença de mérito, a regra supracitada (CPC, art. 485, VIII) abrange somente as sentenças em que houve o enfrentamento do

---

partes, resulta manifesto que cessa igualmente a atividade jurisdicional do Estado: eliminada a causa do exercício da função jurisdicional, que é a lide, transmuda-se a atividade ulterior do magistrado em ato meramente formal, sem nenhum conteúdo decisório do litígio, já desaparecido. Daí porque, ao invés de sentença de mérito, haverá, então, simples *homologação* do "acordo". Ora, o mero pronunciamento judicial de *homologação* do acordo destina-se essencialmente apenas a aferir a *regularidade extrínseca* (formal) do ato, isto é, verificar a *exterioridade* do negócio jurídico de direito material alcançado pelas próprias partes: examinar se os transigentes são maiores e capazes, se o advogado tem poder especial para transigir, se não há vício de consentimento, etc. Excepcionalmente, penso que o juiz pode até exercer um relativo controle sobre o próprio conteúdo da avença, mas apenas para efeito de recusar homologação, o que não interessa ao caso sob exame. Na hipótese vertente o que sobreleva ter presente é que a *sentença homologatória não julga a lide*: unicamente verifica a validade da transação. Portanto, a decisão meramente homologatória de transação ou de conciliação cinge-se a chancelar a vontade das partes" (Ação rescisória: descabimento para impugnar sentença homologatória de acordo. *Revista do Tribunal Superior do Trabalho*, n. 66 ano 3, p. 18, jul.-set. 2000).

mérito. Não há de se falar em ação rescisória para dissolver sentenças homologatórias que apenas autenticam a vontade das partes, sem avaliação de fundo.[549]

Berenice Soubhie Nogueira Magri defende que apenas a sentença homologatória de transação que tenha decidido o mérito da causa comporta a propositura de ação rescisória. Entretanto, se a transação não solucionou a questão de mérito, será anulável, nos termos do artigo 486 do CPC, de forma que cada caso deverá ser analisado individualmente, para que se aplique o remédio processual adequado.[550]

Entendemos, ainda, que não se pode aceitar a propositura de ação anulatória ao invés da ação rescisória com base no princípio da fungibilidade, aplicado aos recursos, diante das diferenças de prazo, competência, requisitos para a propositura e efeitos da sentença, aspecto no qual, conforme exposto no item 4.2, discordamos de Ana Maria Simões Lopes Quintana.

Além disso, quando se pleiteia a anulação de transação por força de vício de vontade, há evidente vantagem à instrução do feito em se permitir que a coleta das provas seja realizada perante o mesmo juízo que homologou o acordo pretendido desconstituir, especialmente diante dos entraves que ocorreriam para ouvirem-se depoimentos de testemunhas e das partes, o que, no procedimento da ação rescisória, ocorre por delegação, conforme artigo 492 do CPC.

Salientamos, ainda, que os acordos extrajudiciais, de qualquer natureza ou valor, podem ser homologados, independentemente de termo, valendo como título executivo judicial, nos termos do artigo 57 da Lei 9.099/95, conforme trataremos no item 5.3.

5.2. Sentença de partilha em inventário

O Código de Processo Civil trata, no Livro IV, Título I, dos Procedimentos Especiais de Jurisdição Contenciosa. O inventário e a partilha são abordados no Capítulo IX, Seções I a X, artigos 982 a 1.045.

Diz Humberto Theodoro Júnior que o inventário

> [...] consiste na atividade processual endereçada à descrição detalhada da toda a herança, de molde a individualizar todos os bens móveis e imóveis que formam o acervo patrimonial

---

[549] QUINTANA, Ana Maria Simões Lopes. *Ação anulatória de transação*. Porto Alegre: 2007. Dissertação (Mestrado em Direito) – Faculdade de Direito, Pontifícia Universidade Católica do Rio Grande do Sul, 2007, p. 105-106.
[550] MAGRI, Berenice Soubhie Nogueira. *Ação anulatória – Art. 486 do CPC*. 2. ed. São Paulo: Revista dos Tribunais, 2004, p. 314.

do morto, incluindo até mesmo as dívidas ativas e passivas e quaisquer outros direitos de natureza patrimonial deixados pelo *de cujus*.[551]

No direito brasileiro existem três formas de partilha de bens.

Theodoro Júnior refere que a partilha amigável "é a que se faz por acordo de vontades entre todos os sucessores", exigindo capacidade de exercício dos interessados e acordo unânime entre eles, podendo tomar a forma de escritura pública ou de termo nos autos do inventário, ou, ainda, de escrito particular homologado pelo juiz. Tem cabimento tanto no caso de inventário completo como no de arrolamento.[552]

Já a partilha em vida, segundo o mesmo Jurista, ocorre quando o ascendente toma a iniciativa de repartir seus bens entre os descendentes por meio de ato entre vivos ou de última vontade, nos termos dos artigos 1.776 do CC/1916 e 2.018 do CC/2002. É admissível a antecipação de partilha através de doação ou de testamento, cuja validade, contudo, dependerá de não ser prejudicada a legítima dos herdeiros necessários.[553]

No que diz respeito à terceira modalidade, a partilha judicial, Theodoro Júnior afirma que, após o encerramento do inventário, com a homologação e o pagamento do imposto *causa mortis*, e realizada a separação de bens para pagar dívidas do espólio, se houver, abre-se a segunda fase do procedimento judicial da sucessão hereditária, cujo primeiro ato será a concessão de prazo de 10 dias, pelo juiz, para que os interessados elaborem seus pedidos de quinhão, nos termos do art. 1.022 do CPC. Trata-se de mero impulso processual, irrecorrível, que apenas prepara a partilha e que poderá, a qualquer momento, ser modificado enquanto não se atingir a meta final, que é a homologação do ato que divide os bens comuns.[554]

Após pago o imposto de transmissão *causa mortis* e regularizados os compromissos tributários do espólio, será proferida a sentença de partilha, nos termos do artigo 1.026 do CPC.

Sobre essa sentença, Humberto Theodoro Júnior diz que:

> O julgamento, na espécie, é homologatório da partilha lançada nos autos, na forma do art. 1.025. Não se trata, porém, de sentença *meramente homologatória*, como aquela em que o juiz homologa a partilha amigável entre maiores e capazes. Aqui, o procedimento é *contencioso* e o ato homologado (isto é, a partilha lançada nos autos pelo partidor do juízo) foi procedido de amplo contraditório e resultou de deliberação judicial, onde se solucionaram todas as pendências ou divergências acaso manifestadas entre as partes. A sentença é,

---

[551] THEODORO JÚNIOR, Humberto. *Curso de direito processual civil*. 31. ed. Rio de Janeiro: Forense, 2003, v. III, p. 227.
[552] Ibidem, p. 247.
[553] Ibidem, p. 247.
[554] Ibidem, p. 247-248.

pois, de mérito e faz *coisa julgada material*, só podendo ser atacada depois de esgotada a via recursal, por ação rescisória.[555]

Determina o artigo 2.027 do Código Civil vigente (equivalente ao art. 1.805 do CC/1.916) que "a partilha, uma vez feita e julgada, só é anulável pelos vícios e defeitos que invalidam, em geral, os negócios jurídicos".

O Código de Processo Civil trata da questão no Livro IV – Dos Procedimentos Especiais, Título I – Dos Procedimentos Especiais de Jurisdição Contenciosa, no Capítulo IX – Do Inventário e Da Partilha, na Seção VIII – Da Partilha, artigos 1.022 a 1.030.

Determina o artigo 1.029 do Código de Processo Civil:

> Art. 1.029. A partilha amigável, lavrada em instrumento público, reduzida a termo nos autos do inventário ou constante de escrito particular homologado pelo juiz, pode ser anulada, por dolo, coação, erro essencial ou intervenção de incapaz.
>
> Parágrafo único. O direito de propor ação anulatória de partilha amigável prescreve em 1 (um) ano, contado este prazo:
>
> I – no caso de coação, do dia em que ela cessou;
>
> II – no de erro ou dolo, do dia em que se realizou o ato;
>
> III – quanto ao incapaz, do dia em que cessar a incapacidade.

O dispositivo poderia, num primeiro momento, levar à conclusão de que a partilha feita amigavelmente, por acordo entre as partes e homologada pelo juiz, poderá ser anulada através de ação ordinária a ser aforada em primeiro grau, desde que configurado algum dos vícios que maculam os atos jurídicos em geral, ou seja, a ação prevista no artigo 486 do CPC.[556]

Contudo, o artigo 1.030 diz que:

> Art. 1.030. É rescindível a partilha julgada por sentença:
>
> I – nos casos mencionados no artigo antecedente;
>
> II – se feita com preterição de formalidades legais;
>
> III – se preteriu herdeiro ou incluiu quem não o seja.

Sustenta Theodoro Júnior que, o que diferencia, fundamentalmente, a partilha amigável da judicial é a natureza da intervenção do juiz: a amigável é apenas homologada por sentença; é fruto da autonomia da vontade das partes, exercitada num autêntico negócio jurídico resultante do acordo de vontades dos interessados, razão pela qual a rescisão não se volta contra a sentença, mas sim contra o negócio jurídico ultimado entre os co-herdeiros e o fundamento da ação ordinária será um

---

[555] THEODORO JÚNIOR, Humberto. *Curso de direito processual civil*. 31. ed. Rio de Janeiro: Forense, 2003, v. III, p. 250.

[556] MAGRI, Berenice Soubhie Nogueira. *Ação anulatória – Art. 486 do CPC*. 2. ed. São Paulo: Revista dos Tribunais, 2004, p. 251.

daqueles que dizem respeito à nulidade ou anulabilidade dos negócios jurídicos em geral.[557]

Quanto à rescisão da partilha homologada, Pontes de Miranda refere haver sentença, que é rescindível conforme o artigo 485 do CPC, bem como um ato jurídico homologado pela sentença, igualmente rescindível (entendemos que é anulável), se configurados os pressupostos da lei de direito material.[558] Diz, ainda, que:

> Partilha que não foi homologada pode ter decretação de invalidade. Se houve homologação, não: o que se permite é a rescisão, que – com base no art. 486 – apanha o negócio jurídico e, em conseqüência, a sentença homologatória. A sentença que homologou pode ser rescindida, com base em qualquer dos pressupostos do art. 485, porque sentença é. Se não houve cumulação das duas ações rescisórias, a do ato jurídico homologado (art. 485), e a da sentença homologatória com sentença (art. 486), a rescisão da sentença homologatória pode ser que deixe inatingido o negócio jurídico homologado. Por exemplo: a ação rescisória, que se propôs, apenas teve por fito rescindir-se a sentença por ter havido prevaricação, concussão, ou corrupção, ou impedimento, ou incompetência absoluta do juiz (art. 485, I e II). A referência, no art. 486, à sentença homologatória de modo algum afasta, a respeito de tal sentença, a invocabilidade do art. 485, porque sentença homologatória sentença é.[559]

No que tange ao arrolamento, o artigo 1.031 do CPC prevê:

> Art. 1.031. A partilha amigável, celebrada entre partes capazes, nos termos do art. 1.773 do Código Civil, será homologada de plano pelo juiz, mediante a prova da quitação dos tributos relativos aos bens do espólio e às suas rendas, com observância dos arts. 1.032 a 1.035 desta Lei.

Nos casos em que a partilha de bens em inventário ocorrer de forma consensual, o meio para sua desconstituição é a propositura da ação anulatória, ao passo que a ação rescisória se destina às hipóteses de partilha judicial. Assim, havendo incidentes e controvérsias judiciais nos processos de inventário, é cabível a ação rescisória da sentença de partilha, e não a anulatória, pois tal decisão não era *meramente homologatória*.[560]

É o que afirma Antônio Macedo de Campos:

> Quando se cuidar de sentença de partilha que seja meramente homologatória, não caberá a ação rescisória, mas em hipótese contrária, se a sentença não for meramente homologatória, a matéria se complica. Embora grande número de doutrinadores entenda que a rescisória não cabe em qualquer caso de sentença homologatória de partilha, VIDIGAL conclui pelo cabimento, inclusive porque a sentença de partilha não está incluída entre os atos de

---

[557] THEODORO JÚNIOR, Humberto. *Curso de direito processual civil.* 31. ed. Rio de Janeiro: Forense, 2003, v. III, p. 255.

[558] PONTES DE MIRANDA, Francisco Cavalcanti. *Tratado da ação rescisória das sentenças e de outras decisões.* 1. ed. atualizado por Vilson Rodrigues Alves. Campinas: Bookseller, 1998, p. 407.

[559] Ibidem, p. 407-408.

[560] FUX, Luiz. *Curso de Direito Processual Civil.* 2. ed. Rio de Janeiro: Forense, 2004, p. 870. No mesmo sentido, citamos: GAMA, Ricardo Rodrigues. Ação rescisória e ação anulatória no inventário. *Revista Jurídica*, n. 214 XLIII, p. 34, ago. 1995.

jurisdição graciosa. E o autor já teve oportunidade, em outra obra, de manifestar seu ponto de vista, embora em outro sentido.[561]

Citando acórdão que entendeu pelo cabimento da rescisória como meio processual adequado para anular renúncia à herança (AR 271.722 da Comarca de São Paulo, rel. Des. Sylvio do Amaral), Clito Fornaciari Júnior afirma que a diferença existente entre as sentenças homologatórias e as *meramente* homologatórias é clara, sendo que nestas o juiz nada decide como pressuposto, não apreciando, nem mesmo indiretamente, a legitimidade, a regularidade a oportunidade, ou, de qualquer modo, a substância do ato de vontade submetido à homologação, apenas chancelando-o, pura e simplesmente, como manifestação de vontade de quem está indicado no termo respectivo.[562]

Ernane Fidélis dos Santos sustenta que, se no inventário os herdeiros forem capazes, a partilha pode ser amigável, caso em que poderá ser efetuada através de instrumento público, termo nos autos ou escrito particular homologado pelo juiz, nos termos do art. 1.773 do CC/1916 (art. 2.015 do CC/2002). Refere que, em tais situações, poderá ser rescindida como os atos jurídicos em geral, porque serão objeto de sentença meramente homologatória, que não julga a partilha, e sim integra a composição das partes, simplesmente atestando a validade formal do ato. Por outro lado, assim não ocorrendo, a sentença que homologa a partilha é de jurisdição contenciosa, mesmo que não tenha havido controvérsia efetiva, pois que seguiu a tramitação processual própria e se concretizou pela sentença, e não pela vontade das partes. Assevera que, em tal caso, a sentença será rescindível mediante ação rescisória, sendo indiferente que não tenha havido discordância das partes, pois o interesse é o que o direito material supõe existir no sujeito, e o protege, e não o que ele, sujeito, efetivamente, manifesta, conforme preconiza Carnelutti.[563]

No mesmo sentido, Humberto Theodoro Júnior, embora reconheça que o julgamento da partilha é homologatório, ressalta não se tratar de sentença *meramente homologatória*, como aquela em que o juiz apenas homologa a partilha amigável entre maiores e capazes, pois o procedimento é contencioso e a partilha foi precedida de amplo contraditório e resultou de deliberação judicial, por meio da qual se solucionaram pendências e divergências acaso manifestadas entre as partes, pelo que a sentença é de mérito e faz coisa julgada material, somente podendo ser atacada mediante ação rescisória.[564]

Semelhante é o entendimento de Antônio Carlos Marcato, que sustenta ser a partilha amigável negócio jurídico, que pode estar viciado por erro essencial, dolo

---

[561] CAMPOS, Antônio Macedo de. *Ação rescisória de sentença*. 1. ed. São Paulo: Sugestões Literárias, 1976, p. 127-128.

[562] FORNACIARI JÚNIOR, Clito. Partilha judicial. Via processual adequada à desconstituição. *Revista dos Tribunais*, n. 551, ano 70, p. 58-59, set. 1981. Diz, ainda, que apenas podem ficar sujeitas à ação anulatória as partilhas feitas amigavelmente fora dos autos ou aquelas que nestes foram homologadas, mas nunca a partilha julgada por sentença, pois tal entendimento enfraqueceria a própria riqueza da decisão judicial.

[563] SANTOS, Ernane Fidélis dos. *Manual de direito processual civil*. 8. ed. São Paulo: Saraiva, 2001, v. 1, p. 658.

[564] THEODORO JÚNIOR, Humberto. *Curso de direito processual civil*. 31. ed. Rio de Janeiro: Forense, 2003, v. III, p. 250.

ou coação na manifestação de vontade de qualquer dos herdeiros, tornando-se passível de anulação, o mesmo ocorrendo quando houver herdeiros intervenientes incapazes.[565]

No entanto, pondera, o procedimento de inventário e partilha deverá ser adotado exclusivamente quando o valor da herança ultrapassar 2.000 Obrigações do Tesouro Nacional – ORTN's e existir incapaz entre os herdeiros, ou, ainda, quando qualquer deles discordar da partilha amigável. Nos demais casos, o procedimento adequado é o do arrolamento, que poderá ser: (a) sumário, qualquer que seja o valor da herança, quando todos os herdeiros forem capazes e estiverem de acordo com a partilha amigável do acervo hereditário, e, ainda, nos casos de adjudicação da herança a um único herdeiro, ou (b) comum, que é procedimento de jurisdição contenciosa e terá cabimento se o valor da herança for igual ou inferior a 2.000 ORTN's e existir herdeiro incapaz ou, sendo capazes todos os herdeiros, não concordarem com a partilha amigável da herança líquida,[566] concluindo que:

> [...] a sentença homologatória de partilha ou adjudicação amigáveis realizadas no arrolamento sumário poderá ser anulada por vício de consentimento ou de incapacidade; aquela que julgue a adjudicação e a partilha realizadas no arrolamento comum poderá ser objeto de ação rescisória.[567]

Nesse sentido, menciona-se acórdão no qual o Superior Tribunal de Justiça não conheceu de recurso especial que preconizava o cabimento de ação anulatória, ao argumento de que, havendo interesse de herdeiro menor, a partilha é judicial, circunstância que determina o cabimento da ação rescisória:

> INVENTÁRIO. PARTILHA JUDICIAL. HERDEIRO MENOR. AÇÃO RESCISÓRIA. COMPORTABILIDADE.
> Tratando-se de partilha judicial, face à existência no inventário de interesse de menor, o meio impugnativo cabível da sentença proferida é o da ação rescisória e não o da ação de anulação.
> Recurso especial não conhecido.[568]

Transcreve-se do voto:

> Com relação à alegada violação aos artigos 486 e 1.029 do Código de Processo Civil, melhor sorte não assiste aos recorrentes. A questão consiste em saber se se trata de partilha amigável, e aí cabível a ação anulatória, a ser ajuizada no prazo de um ano, ou se, de partilha judicial, contenciosa, o que demanda o ajuizamento de ação rescisória, no prazo de dois anos. Este último entendimento foi o que prevaleceu na instância ordinária.
> Sobre o tema há precedentes:

---

[565] MARCATO, Antônio Carlos. *Procedimentos especiais*. 12. ed. atualizada até a Lei nº 11.280, de 16.2.2006. São Paulo: Atlas, 2006. p. 240.
[566] Ibidem, p. 241.
[567] Ibidem, p. 244.
[568] BRASÍLIA. Superior Tribunal de Justiça. 3ª Turma. Recurso especial 586.312-SC. Relator: Min. Castro Filho. Julgado em: 18.05.2004, *DJU.*, de 16 de agosto de 2004, p. 260; *RNDJ*, v. 59, p. 105; *RT*, v. 830, p. 169. Disponível em: <www.stj.gov.br>. Acesso em: 19 jan. 2008.

> "Inventário e partilha. Ausência de nomeação de curador especial a herdeiros incapazes. Hipótese em que a decisão que julgou a partilha não foi ato meramente homologatório.
> Tratando-se de partilha judicial, face a existência no inventário de interessados menores impúberes, o meio impugnativo cabível da sentença proferida é o da ação rescisória e não o da ação de anulação exercitável perante o juiz singular. Inaplicação ao caso do lapso prescricional vintenário.
> Recurso especial não conhecido". (REsp 21377/MG, relator Ministro Barros Monteiro, DJ 22/11/1993);
> "Civil. Processo Civil. Inventario. Partilha Judicial. Timbrada a natureza judicial da partilha, com a adjudicação de bem a menor, a sentença não há de ser vista como meramente homologatória, motivo por que só pode ser desconstituída por meio de ação rescisória. Recurso conhecido, pelo dissídio, mas não provido." (REsp 32.306/ES, relator Ministro Costa Leite, DJ 07/11/1994).
> Assim, não pode ser outro o entendimento, quando envolve menor. Daí, a correção do tribunal estadual, ao entender que a partilha era judicial, e que, portanto, cabível a ação rescisória, que deve ser ajuizada no prazo de dois anos, e não a anulatória, cujo prazo seria de um ano apenas.

A distinção até então aplicada pela doutrina e pelos Tribunais para as formas de impugnar as decisões proferidas em processos de partilha tinha como motivo justamente o objeto da insurgência. Teria cabimento a ação rescisória se a partilha fosse homologada por juiz corrupto ou impedido. Por outro lado, seria adequada a ação anulatória se a pretensão à desconstituição tivesse como objeto eventual erro acerca da divisão dos bens, com afronta às legítimas.

Christino Almeida do Valle refere que:

> [...] a partilha só é anulável pelos vícios que a invalidam e que, também, invalidam os atos jurídicos. Feita e julgada, tem o prazo da lei para ser desconstituída. É ato de anulação de ato jurídico material e não de ato processual. Donde dever tratar-se do caso nas leis materiais e não na processual. A rescisão da partilha pode ser levada a efeito dentro do biênio, consoante as normas processuais. A anulação do ato material da partilha, pode ser pedida em um ano [...].[569]

Luís Eulálio de Bueno Vidigal afirma que as sentenças de partilha são atos bem caracterizados de jurisdição contenciosa, e que o juiz que as profere tem como função compor o conflito de interesses dos herdeiros que não se harmonizaram, pelo que poderá afastar do inventário matéria que exija larga indagação, mediante decisão que produzirá coisa julgada material. Sustenta, contudo, que, como o processo de inventário não oferece às partes maiores indagações ou larga produção de provas, a força do julgado nele proferido é menor que a das demais decisões judiciais, concluindo que "a lei permite contra ele, além do remédio específico da ação rescisória (quando ocorram os respectivos pressupostos) a ação

---

[569] VALLE, Christino Almeida do. *Teoria e Prática da ação rescisória*. 2. ed. Rio de Janeiro: Aide, 1984, p. 56.

ordinária de anulação (quando ocorra um dos defeitos previstos no CC, arts. 86 a 113)".[570]

Respeitando entendimentos doutrinários e precedentes jurisprudenciais que sustentam que, se houver algum vício na sentença homologatória, em si mesma, da partilha amigável, poderá ela ser rescindida, deles discordamos, pois a sentença meramente homologatória de partilha amigável implica extinção do processo sem resolução do mérito, pelo que não gera coisa julgada material, não cabendo, por conseguinte, ação rescisória.

Contudo, sendo judicial a partilha, se a sentença padecer de algum vício previsto nos artigos 485 ou 1.030 do CPC, adequada será, então, a desconstituição da sentença por meio de ação rescisória, conforme já decidiu, de longa data, o Supremo Tribunal Federal:

> Conforme o art. 486 do CPC, quando simplesmente homologatória a sentença, os atos processuais podem ser anulados como os atos jurídicos em geral. Contudo, quando há incidentes e controvérsias judiciais no processo de inventário, cabe, então, a ação rescisória.[571]

Semelhante é a conclusão a que chegou Berenice Soubhie Nogueira Magri, que afirma:

> Por conseguinte, cabível ação anulatória do art. 486 do CPC, da sentença "meramente homologatória" de "partilha amigável", nos termos do art. 1.029 do CPC e art. 1.805 do CC de 1916 e art. 2.027 do CC de 2002, quando tiver como fundamento a prática de ato por dolo, coação, erro essencial ou intervenção de incapaz (art. 147 do CC/1916 e art. 171 do CC/2002).[572]

O Código Civil de 1.916 determinava no inciso V do § 6º do artigo 178 ser de um ano o prazo prescricional.[573] Tal prazo foi mantido pelo artigo 2.027 do Código de 2002.

Assim, nos casos em que não houver contenda entre os herdeiros e a partilha dos bens for amigável, o prazo para a propositura de eventual ação anulatória será o ditado pelo direito material, ou seja, de um ano. Sendo, contudo, caso de ação rescisória, o prazo será de 2 anos, nos termos dos artigos 495 e 1.030, ambos do CPC.

---

[570] VIDIGAL, Luis Eulálio de Bueno. *Comentários ao Código de Processo Civil*. 2. ed. São Paulo: Revista dos Tribunais, 1976, v. VI, p. 157. Noutra obra o Jurista manifestou o mesmo posicionamento (*Da ação rescisória dos julgados*. São Paulo: Saraiva, 1948, p. 40).

[571] BRASÍLIA. Supremo Tribunal Federal. 2ª Turma. Recurso Extraordinário nº 100-597-1-MG. Relator: Min. Djaci Alves Falcão. Julgado em: 01.03.1985, DJU, de 15 de março de 1985, p. 2.534. In: PAULA, Alexandre de. *Código de Processo Civil anotado*. 6. ed. São Paulo: Revista dos Tribunais, 1994, v. III, p. 1879.

[572] MAGRI, Berenice Soubhie Nogueira. *Ação anulatória – Art. 486 do CPC*. 2. ed. São Paulo: Revista dos Tribunais, 2004, p. 256.

[573] Jorge Americano diz que a partilha feita por acordo das partes e homologada pelo juiz não se anula por ação rescisória. Poderá anular-se, por ação ordinária submetida ao juiz singular, se contiver algum dos vícios ou defeitos que invalidam os atos jurídicos em geral, e que essa ação prescreve em um ano, nos termos deste artigo (AMERICANO, Jorge. *Da ação rescisória dos julgados*. São Paulo: Saraiva, 1948, p. 38-39).

Humberto Theodoro Júnior defende, ainda, serem aplicáveis à partilha os casos de nulidade previstos no artigo 145 do Código Civil de 1916 (art. 166 do CC/2002): incapacidade do agente, inobservância de forma essencial e ilicitude do objeto. Afirma que, em tais casos, seria adequada a propositura de ação de nulidade e não de ação anulatória, pois seria caso de nulidade por ilicitude do objeto, citando como exemplo a partilha de imóvel rural com retalhamento geodésico em quinhões de área inferior ao módulo de parcelamento estabelecido na forma do Estatuto da Terra.[574]

Quanto à legitimidade ativa para propor a ação anulatória, será este de qualquer dos participantes do arrolamento sumário, conforme artigo 1.032 do CPC, devendo figurar no pólo passivo, em litisconsórcio necessário e unitário, todos aqueles beneficiados pela partilha.[575]

A competência, conforme exposto no item 3.3, será, em qualquer caso, do juiz de primeiro grau de jurisdição.

5.3. Procedimentos especiais de jurisdição voluntária

Os Procedimentos Especiais de Jurisdição Voluntária vêm regulados no Código de Processo Civil no Livro IV, Título II.

A independência, a idoneidade e responsabilidade da magistratura perante a sociedade levaram o legislador a confiar-lhe atribuições relevantes na chamada administração pública de interesses privados. Parte da doutrina tende a ver esta atividade como tipicamente administrativa, mesmo quando exercida por juízes, sustentando ausência de características essenciais à jurisdição: a) por não visar, com eles, à atuação do direito, mas apenas à constituição de situações jurídicas novas; b) por não haver o caráter substitutivo inerente à jurisdição, pois o juiz se insere entre os participantes do negócio jurídico, numa intervenção necessária para a consecução dos objetivos desejados, embora sem a exclusão das atividades das partes e c) por não ter tal atividade por objeto uma lide, como de regra ocorre com a atividade jurisdicional, pois existe apenas um negócio com a participação do magistrado, e não um conflito de interesses.[576]

Embora seja difícil falar-se em jurisdição voluntária sem abordar a controvérsia sobre sua natureza jurídica, se administrativa ou efetivamente jurisdicional, não aprofundaremos este ponto, porquanto nos importam, aqui, apenas a forma

---

[574] THEODORO JÚNIOR, Humberto. *Curso de Direito Processual Civil*. 31.ed. Rio de Janeiro: Forense, 2003, v. III, p. 259.

[575] MARCATO, Antônio Carlos. *Procedimentos especiais*. 12. ed. atualizada até a Lei nº 11.280 de 16.2.2006. São Paulo: Atlas, 2006, p. 240.

[576] CINTRA, Antônio Carlos de Araújo; GRINOVER, Ada Pellegrini; DINAMARCO, Cândido Rangel. *Teoria geral do processo*. 12. ed. São Paulo: Malheiros, 1996, p. 155. No mesmo sentido, confira-se: TUCCI, Rogério Lauria. *Curso de direito processual civil*. São Paulo: Saraiva, 1989, v. 3, p. 123-124.

como são "rescindidos" (entenda-se anulados) os atos "judiciais" (entenda-se atos das partes) nos procedimentos especiais de jurisdição voluntária.

As sentenças proferidas em processos de jurisdição voluntária, como se sabe, não produzem coisa julgada, pois, não havendo litígio, é sempre possível obter-se uma modificação da decisão renovando-se o pedido, pois o critério da decisão é, em regra, de mera conveniência ou de proteção aos interesses que o juiz é chamado a resolver.[577] A lição é de Jorge Americano, para quem "o que hontem era inconveniente amanhã será talvez util, ou necessário".[578]

De Plácido e Silva, comentando o parágrafo único do artigo 800 do CPC de 1939, ressalva que o processo de jurisdição voluntária ou o processo acessório não representam um mero ato judicial, mas sim um feito, na expressão ampla do vocábulo, razão pela qual, em regra, as decisões nele proferidas, sejam homologatórias, sejam provisionais, representam, em verdade, uma sentença, passível de eiva por quaisquer dos vícios apontados na lei.

Afirma:

> Quando, em verdade, se trata de ato meramente judicial, partícula do processo, parte integrante dêle, a doutrina expedida pelos mestres, entre os quais CARVALHO SANTOS, mostra-se ponderável, pois não se vê nele, mesmo que resultante de despacho do julgador, um todo sujeito à ação rescisória. É ato isolado, que se rescinde, como um ato que é, pelos defeitos que apresenta.
>
> Para lhe anular a eficácia, bem se pode intentar outro processo, em que se mostre a invalidade do julgado, que nêle se obteve, desde que êsse julgado, embora retratável, possa ferir direitos alheios, pois que não se pôde, nos prazos legais, propor o recurso cabível contra êle.[579]

Diante da inexistência de lide e, por consequência, de partes, e em decorrência da desnecessidade de instauração do contraditório em procedimentos de jurisdição voluntária, os atos decisórios proferidos pelo juiz no seu exercício não se identificam, na essencialidade, com aqueles que, no processo contencioso, versam sobre o mérito da causa.

O Código de Processo Civil de 1939 determinava, em seu artigo 288, que "Não terão efeito de coisa julgada os despachos meramente interlocutórios e as

---

[577] Eduardo J. Couture nega o caráter jurisdicional da jurisdição voluntária. Afirma que o conteúdo da jurisdição voluntária não coincide com o do ato jurisdicional. Diz ser próprio do ato jurisdicional dirimir controvérsias por meio de decisões passíveis de adquirir a autoridade de coisa julgada e de serem, posteriormente, executadas. Verbis: "es proprio de éste, como se ha visto, dirimir controversias mediante decisiones susceptibles de adquirir autoridad de cosa juzgada y de eventual ejecución. Las resoluciones que se dictan en un procedimiento judicial no contencioso, se emiten "en cuanto proceda por derecho", "sin perjuicio" (eventual de revocadas si prejudicaren a terceros), "en cuanto haya lugar". Todas estas expressiones son circunlóquios forenses utilizados para caracterizar la ausencia de cosa juzgada" (COUTURE, Eduardo J. Fundamentos del derecho procesal civil. 3. ed. Buenos Aires: Roque Depalma, 1958, p. 50-51).

[578] AMERICANO, Jorge. Estudo theorico e pratico da acção rescisoria dos julgados no direito brasileiro. 3. ed. Correcta e Augmentada. São Paulo: Saraiva & Comp., 1936, p. 69.

[579] SILVA, de Plácido e. Comentários ao Código de Processo Civil. 4. ed. Rio de Janeiro: Revista Forense, 1956, 5 v., p. 63.

sentenças proferidas em processos de jurisdição voluntária e graciosa, preventivos e preparatórios, e de desquite por mútuo consentimento".

Ao determinar tal artigo que as aludidas sentenças não transitam em julgado, pretendia a lei afirmar que não adquirem imutabilidade, em qualquer tempo, os seus respectivos dispositivos, os quais, não tendo força vinculativa, poderão constituir objeto de novas discussões em processos futuros.[580]

Já o artigo 1.111 do CPC vigente determina que "a sentença poderá ser modificada, sem prejuízo dos efeitos já produzidos, se ocorrerem circunstâncias supervenientes", o que, segundo Dinamarco, "é a negação da autoridade da coisa julgada com referência à jurisdição voluntária".[581]

Contrapondo o teor do dispositivo, José Maria Rosa Tesheiner diz que é exatamente a possibilidade de modificar-se a sentença, independentemente de fato superveniente, mas para melhor analisar as circunstâncias de fato ou de direito, que se justifica a assertiva da inexistência de coisa julgada nos processos de jurisdição voluntária. Cita como exemplo o indeferimento de um pedido de alienação de bens em processo de jurisdição voluntária, que não impede posterior deferimento, ainda que com base nos mesmos motivos antes desconsiderados.[582]

Diz Luiz Guilherme Marinoni que a insistência de somente haver jurisdição onde houver provimento capaz de produzir coisa julgada material é dotada de fundamentos chiovendianos e pós-chiovendianos. Contudo, a ideia de ligar jurisdição a coisa julgada material, que deu origem ao "mito da coisa julgada", tende a desaparecer em virtude das novas exigências do mundo contemporâneo, que, por vezes, não podem aguardar pela formação da coisa julgada material para a realização dos direitos.[583]

Sustenta, ainda, que uma coisa é se afirmar que a coisa julgada é imprescindível para dar estabilidade às decisões que julgam litígios; outra, bastante diferente, é concluir-se pela não existência de jurisdição sem coisa julgada material, pois a jurisdição não é indissociável da coisa julgada material. O que é essencial para uma decisão judicial é a sua potencialidade de se estabilizar. Não há como negar que as decisões proferidas em processos de jurisdição voluntária, embora não sujeitas à coisa julgada material, são dotadas dessa potencialidade.[584]

Estando a parte insatisfeita com a decisão proferida em processos de jurisdição voluntária, e havendo vício de direito material no ato "processualizado", há

---

[580] MARTINS, Pedro Batista. *Comentários ao Código de Processo Civil:* decreto-lei nº 1.608, de 18 de setembro de 1939. Rio de Janeiro: Forense, 1960, v. III, t. 2, p. 299.

[581] DINAMARCO, Cândido Rangel. *Fundamentos do processo civil moderno.* São Paulo: Revista dos Tribunais, 1986, p. 317.

[582] TESHEINER, José Maria Rosa. *Eficácia da sentença e coisa julgada no processo civil.* São Paulo: Revista dos Tribunais, 2001, p. 232.

[583] MARINONI, Luiz Guilherme. *Curso de processo civil.* São Paulo: Revista dos Tribunais, 2006, p. 143. (v. 1; Teoria geral do processo).

[584] Ibidem, p. 143.

possibilidade de sua desconstituição e, via reflexa, da sentença, que se esvaziará, através da ação anulatória.

José Maria Rosa Tesheiner diz que "da sentença proferida em processo de jurisdição voluntária não cabe ação rescisória, mas a de anulação do ato jurídico".[585]

Cândido Rangel Dinamarco destaca que, nos feitos de jurisdição voluntária, os pronunciamentos judiciais são suscetíveis de desfazimento, não demandando a propositura de ação rescisória, tendo em vista que a sua desconstituição pode ser feita como a dos atos jurídicos em geral. Afirma a possibilidade de ingresso em juízo pelas vias ordinárias, quando a lei não previr forma específica. Exemplifica afirmando que, quanto à curatela, a própria lei prevê um procedimento de remoção de curadores, ou para que o curador seja substituído ou para que a própria incapacidade seja levantada. Entretanto, destaca, quando não houver na lei previsão específica, anulam-se, rescindem-se os atos de jurisdição voluntária da mesma forma que os atos civis em geral, ou seja, pelas vias ordinárias, mediante um processo de conhecimento, sem a necessidade de ação rescisória, porquanto restrita a casos de infringência à coisa julgada material.[586]

Na separação consensual, o juiz é chamado a analisar o desejo dos particulares, ou melhor, a verificar o preenchimento dos requisitos indispensáveis para que os efeitos da vontade – que também deve ter sua idoneidade aferida – dos cônjuges possam se produzir. Convencendo-se o magistrado de que os cônjuges, livremente e sem hesitações, desejam a separação, e de que todos os requisitos para tanto restam atendidos, o juiz não estará julgando um conflito de interesses, mas apenas homologará um pedido feito pelas duas partes envolvidas no procedimento.[587]

Portanto, sendo consensual a separação, a atividade de homologação que o juiz desempenha é semelhante à do tabelião nas escrituras públicas, não formando coisa julgada material. Contudo, a sentença proferida em separação litigiosa, por demandar enfrentamento de mérito, somente poderá ser rescindida através de ação rescisória.

Alexandre Alves Lazzarini destaca a importância da ação anulatória no Direito de Família, que tem por regra a busca pela conciliação, como forma de es-

---

[585] TESHEINER, José Maria Rosa. *Jurisdição voluntária*. Rio de Janeiro: Aide, 1992, p. 52. O autor cita um exemplo: a esposa requereu ao juiz suprimento judicial, para vender imóvel do casal, sem anuência do esposo, ao argumento de ele estar em lugar incerto e não sabido, citando-o por edital. Cumpridas as fases procedimentais, o juiz deferiu o pedido e a venda foi realizada, mediante expedição de alvará, após o trânsito em julgado. Posteriormente, apareceu o marido e, alegando nunca ter estado em lugar incerto e não sabido, pretendeu a rescisão da sentença. O pedido foi negado liminarmente, pois a ação adequada para o caso não era a de rescisão da sentença, mas sim a de anulabilidade do próprio negócio jurídico, com fundamento em vício do procedimento de jurisdição voluntária que concluíra pela autorização do contrato.

[586] DINAMARCO, Cândido Rangel. *Fundamentos do processo civil moderno*. São Paulo: Revista dos Tribunais, 1986, p. 318.

[587] MARINONI, Luiz Guilherme. *Curso de Processo Civil*. São Paulo: Revista dos Tribunais, 2006, p. 141. (v. 1; Teoria geral do processo).

timular as próprias partes a resolverem controvérsias que encerram uma família, geralmente envolvendo filhos. O autor traz diversos casos nos quais a demanda prevista no artigo 486 do Código de Processo Civil tem cabimento, além da ação de separação.[588]

O autor se filia à corrente que preconiza o cabimento da ação anulatória, e não da rescisória, nos casos de homologação de transação, ainda que se trate de processo contencioso. Pondera:

> Ora, podem os cônjuges utilizarem-se de ações "avulsas" de alimentos, de fixação de guarda e regime de visitas dos filhos, para somente depois, conjuntamente, requererem a separação ou o divórcio direto consensual, pondo fim, inclusive, àquelas outras aqui denominadas de "avulsas", se ainda não julgadas, ou se julgadas, modificando-as. Teríamos, segundo o entendimento de Humberto Theodoro Júnior, que o acordo quanto aos alimentos, guarda e regime de visitas de filhos, por serem objetos de outras ações, seria atacado pela ação rescisória, e o restante por ação anulatória.[589]

Diz que o fato de a homologação ter certa carga de constitutividade não lhe retira o caráter de pronunciamento meramente homologatório, pois, efetivamente, caberá ao juiz verificar a correção da vontade das partes e a preservação dos interesses dos filhos e de um dos cônjuges.

Em amparo à opinião sustentada por Lazzarini quanto à ação destinada a atacar decisão homologatória de transação, com a qual concordamos, mencionamos os seguintes precedentes:

> Sentença homologatória de desquite amigável ou separação consensual dos cônjuges. É anulável, e, não rescindível. Código de Processo Civil de 1939, art. 800, parágrafo único, Código de Processo Civil de 1973, art. 486. Diferença entre a anulatória e a rescisória. Doutrina da matéria. Exceção ao princípio.[590]

---

[588] LAZZARINI, Alexandre Alves. Notas sobre a ação anulatória no direito de família. In: *Repertório de jurisprudência e doutrina sobre direito de família*. São Paulo: Revista dos Tribunais, 1996, v. III, p. 124-127. Menciona como exemplos de cabimento da ação anulatória no âmbito do Direito de Família a fase de conciliação prevista no art. 9º e 11 da Lei de Alimentos (n. 5.478/68), a possibilidade de reconhecimento da paternidade em juízo, em caráter irrevogável, nos termos do art. 1º, inciso IV da Lei 8.560/92, as adoções, igualmente irrevogáveis, nos termos do art. 48 da Lei 8.069/90 – Estatuto da Criança e do Adolescente, quando em outro processo já se tenha extinto o pátrio poder, estando a criança ou o adolescente somente aguardando colocação em família substituta, sem oposição de qualquer pessoa, além de procedimentos de jurisdição voluntária como interdição (curatela) e tutela, por sua própria natureza de interesses privados.

[589] LAZZARINI, Alexandre Alves. Notas sobre a ação anulatória no direito de família. In: *Repertório de jurisprudência e doutrina sobre direito de família*. São Paulo: Revista dos Tribunais, 1996, v. III, p. 125.

[590] BRASÍLIA, Supremo Tribunal Federal. 1ª Turma. RE 74.625-SP. Relator Min. Antônio Nader. Julgado em: 10.3.1981, RTJ 97/1092. Extrai-se do voto: "A tese é a mesma do voto também divergente do douto Des. N. Doreste Baptista, manifestado no julgamento da apelação, pela Câmara de que fazia parte, e do qual transcrevo, por parecer-me importante para o estudo da matéria, a longa conclusão: 'Em síntese: 1. a regra é a de que não cabe ação rescisória de sentença que não seja mérito. No entanto, no próprio art. 485, VIII, o Código excepciona ao permiti-la contra sentença homologatória de desistência; 2. a regra é também a de que as sentenças meramente homologatórias não são impugnáveis pela rescisória. O ato jurídico homologado deve ser desconstituído nos termos da lei civil e no Juízo de primeiro grau. No entanto, quando se pretende "invalidar confissão, desistência ou transação", a sentença que as tenha homologado – ao contrário do que dispõe o art. 486 – rescindível, nos termos do art. 485, VIII, cumulando-se os pedidos de invalidação do ato-base (transação, confissão, desistência) com o de rescisão da sentença homologatória; 3. não se insere entre as sentenças meramente homologatórias

O acórdão reformou decisão do Tribunal local que decretara a carência de ação em ação que visava à desconstituição de sentença homologatória de desquite amigável, ao argumento de que a medida cabível seria a ação rescisória.

Constaram do voto condutor do julgado diversos trechos esclarecedores quanto ao cabimento da ação anulatória do artigo 486 do CPC de 1973 (art. 800, parágrafo único, do CPC de 1939), e não da ação rescisória. O Relator destacou que a rescisória é ação por meio da qual se julga, não o direito de alguém, mas sim a sentença de mérito transitada em julgado. Seu objeto é a própria sentença pretendida rescindir. Quanto à ação anulatória, afirmou que esta objetiva a anulação de atos praticados no processo, a respeito dos quais não se pronuncia nenhuma sentença, ou que se pronuncia uma sentença meramente homologatória, ou seja, atos das partes realizados e aprovados em juízo:

> Fixada, nos termos acima expostos, a diferença entre ação rescisória e ação anulatória, bem é de ver-se que a sentença meramente homologatória do desquite amigável deve ser objeto de anulamento e não de rescisão.
>
> Sim, porquwe o desquite amigável, ou separação consensual dos cônjuges, é um ato dos cônjuges praticado ante o juiz, que o aprova mediante sentença de homologação, isto é, que o diz conforme com o que abstratamente descreveu a norma jurídica.
>
> A pretender-se o anulamento da homologação de desquite amigável, o que se pretende, na verdade, não é desfazer a sentença de homologação, mas, isto sim, o acordo que as partes firmaram e foi aprovado pelo juiz em sentença meramente homologatória.

Constou, ainda, que em tais casos anula-se o ato homologado e não a sentença homologatória, ressalvando, entretanto, que pode haver sentença homologatória que, por sua natureza, é rescindível e não anulável, como ocorre nos casos de decisão de homologação de sentença estrangeira, por ser "sentença que julga sentença". Outro exemplo citado no aresto foi o da sentença que julga desquite amigável e por meio da qual o juiz intervém oficiosamente para reparar um ponto qualquer do acordo entabulado entre os desquitandos.

Mencionamos também:

> Processual civil. Ação rescisória. Inadmissibilidade. Sentença homologatória de separação consensual. Não cabe ação rescisória de sentença homologatória de separação consensu-

---

aquelas que não são apenas integrativas de forma, como a que homologa a separação consensual. A índole do ato jurídico, que o casamento exprime, exige intervenção judicial para a sua desconstituição fazendo-se esta pela via litigiosa ou pela amigável. A sentença homologatória da separação, portanto, não daquelas que podem ser rescindidas, "como os atos jurídicos em geral, nos termos da lei" (art. 486), inclusive porque, para tanto não competente o juízo da mesma hierarquia." [...] No caso, a sentença proferida que se pretende rescindir é homologatória, proferida em procedimento especial de jurisdição voluntária, ou seja, em separação consensual, e, portanto, não é sentença de mérito. Alega-se que houve um aditamento à petição inicial, não assinado pelas partes, mas, apenas, pelo advogado, dispondo sobre bem de propriedade do casal de modo diverso ao acordado. É certo, mas não é através da rescisória que se deve buscar a declaração de nulidade do aditamento, e sim da ação ordinária de nulidade do ato, na conformidade do que reza o art. 486 do C.P.C." O E. Ministro Gueiros Leite, ao acompanhar o voto do Relator, destacou que "As decisões mais avisadas são no sentido de que não há incompatibilidade entre os arts. 485, VIII, e 486, que tratam de hipóteses distintas. Isso porque a ação de nulidade é cabível se o autor não se insurge contra a sentença mas contra o que foi objeto da manifestação da vontade das partes, alegando os defeitos que a possam inquinar de nulidade (STF, 2 T., RE 100.466 – 5 – SP)".

al, face à inexistência de lide. A declaração de nulidade de aditivo à inicial, não assinado pelo casal, mas, apenas, pelo advogado, deve ser perseguida em ação ordinária (art. 486 do CPC).[591]

O D. Ministro Cláudio Santos afirmou estar revendo posicionamento que já sustentara, acerca do cabimento da ação rescisória nos casos de sentença que homologa separação consensual.[592]

Destaca-se que, a partir de 05/01/2007, quando a Lei nº 11.441, de 04/01/2007 entrou em vigor, nos casos de separação consensual ou divórcio consensual (direto ou por conversão), em alguns casos a lei passou a dispensar o procedimento judicial de jurisdição voluntária regulado pelos artigos 1.120 a 1.124 do CPC, que, no entanto, seguem vigendo.

Passou-se a permitir, então, que as partes optem pela via administrativa para obterem separação ou divórcio de forma extrajudicial, sem necessidade de homologação judicial.[593]

---

[591] BRASÍLIA. Superior Tribunal de Justiça. 3ª Turma. Recurso Especial nº 2810-RJ. Relator: Min. Cláudio Santos. Julgado em: 10.07.1990, *DJU.*, de 24 de setembro de 1990. Disponível em: <www.stj.gov.br>. Acesso em: 09. dez. 2007.

[592] *Verbis*: Confesso que, como Desembargador, já me manifestei no mesmo sentido, com o entendimento de que a sentença era constitutiva,ou seja, capaz de alterar o estado das pessoas antes casadas. Parece-me, hoje, não ser esta a melhor interpretação que se possa oferecer aos arts. 485 e 486 do estatuto processual civil. Com efeito, a ação rescisória tem por objeto, claro e definido na lei, a desconstituição e o rejulgamento, se for o caso, da "sentença de mérito" transitada em julgado, nas hipóteses previstas nos incisos I a IX, do art. 485. Rescindível, na sistemática do Código vigente é apenas a "sentença de mérito", e é também por isso, em homenagem ao sistema que modifico meu ponto de vista para ficar com a maioria da doutrina e da jurisprudência brasileiras, ainda desuniforme sobre a matéria, como se constata. Coqueijo Costa lembra que Pontes de Miranda faz distinção entre as sentenças homologatórias "integrativas da forma e "integrativas de fundo", para admitir que nas últimas tem lugar a ação rescisória. ("Ação Rescisbria", 4 edição, São Paulo, LTR, 1986, p. 83). Pontes, aliás, em opinião isolada e não acolhida pelos tribunais, entende cabível a ação rescisória de carta de arrematação. Está explícito, todavia, na lei de regência que só a "sentença de mérito", isto é, aquele ato pertinente à "res in judicium deducta", ou que soluciona a lide, é passível de ser atacado pela ação rescisória. A propósito, consulte-se José Carlos Barbosa Moreira Comentários ao Código de Processo Civil', 4 ed., Rio de Janeiro, Forense, 1981, p. 133), e, ainda, Sérgio Rizzi (Ação Rescisória), São Paulo, RT, 1979, p. 8), Pinto Ferreira ("Teoria e Prática dos Recursos e da Ação Rescisória no Processo Civil", São Paulo, Saraiva, 1982, p. 264), Sálvio de Figueiredo ("Ação Rescisória: Apontamentos", Boletim ADCOAS – Legislativo, n. 25, de 10.09.88), e Thereza Alvim ("Notas sobre alguns aspectos controvertidos da Ação Rescisória", in RP 39/7). No caso, a sentença proferida que se pretende rescindir é homologatória, proferida em procedimento especial de jurisdição voluntária, ou seja, em separação consensual, e, portanto, não é sentença de mérito. Alega-se que houve um aditamento à petição inicial, não assinado pelas partes, mas, apenas, pelo advogado, dispondo sobre bem de propriedade do casal de modo diverso ao acordado. É certo, mas não é através da rescisória que se deve buscar a declaração de nulidade do aditamento, e sim da ação ordinária de nulidade do ato, na conformidade do que reza o art. 486 do C.P.C. Não há, em consequência, ofensa à lei federal na decisão recorrida.

[593] Art. 1.124-A. A separação consensual e o divórcio consensual, não havendo filhos menores ou incapazes do casal e observados os requisitos legais quanto aos prazos, poderão ser realizados por escritura pública, da qual constarão as disposições relativas à descrição e à partilha dos bens comuns e à pensão alimentícia e, ainda, ao acordo quanto à retomada pelo cônjuge de seu nome de solteiro ou à manutenção do nome adotado quando se deu o casamento. (Incluído pela Lei nº 11.441, de 2007). § 1º A escritura não depende de homologação judicial e constitui título hábil para o registro civil e o registro de imóveis. (Incluído pela Lei nº 11.441, de 2007). § 2º O tabelião somente lavrará a escritura se os contratantes estiverem assistidos por advogado comum ou advogados de cada um deles, cuja qualificação e assinatura constarão do ato notarial. (Incluído pela Lei nº 11.441, de 2007). § 3º A escritura e demais atos notariais serão gratuitos àqueles que se declararem pobres sob as penas da lei. (Incluído pela Lei nº 11.441, de 2007).

Finalmente, importa mencionarmos, ainda que brevemente, os acordos extrajudiciais homologados.

O artigo 57 da Lei dos Juizados Especiais Cíveis (Lei nº 9.099, de 26/09/1995), reproduzindo o que já determinava a Lei nº 7.244/84, diz que "o acordo extrajudicial, de qualquer natureza ou valor, poderá ser homologado, no juízo competente, independentemente de termo, valendo a sentença como título executivo judicial".

O dispositivo permite que as partes realizem um acordo extrajudicialmente e o levem a juízo para ser homologado, de forma que se passe a estar diante de sentença transitada em julgado, com força de título executivo judicial.

Atualmente, aliás, os incisos III e V do artigo 475-N do CPC, com a redação que lhes deu a Lei nº 11.232/05, ao substituir o revogado artigo 584 do Diploma Processual Civil, dizem, respectivamente, que são títulos executivos judiciais "III – a sentença homologatória de conciliação ou de transação, ainda que inclua matéria não posta em juízo;" e "V – o acordo extrajudicial, de qualquer natureza, homologado judicialmente".

Assim, a exemplo dos acordos judiciais, também os extrajudiciais, antes passíveis de homologação apenas perante os Juizados Especiais, passaram a sê-lo também na Justiça Comum.

Teresa Arruda Alvim Wambier destaca que esta inovação visa a agilizar os trâmites para que se chegue, mais rapidamente, à prestação jurisdicional final, evitando, inclusive, que as partes tenham de "simular" uma situação litigiosa inexistente apenas para celebrar acordo no bojo da ação que seria proposta.

Frisa ainda, que, embora não haja no CPC procedimento específico para a homologação do acordo extrajudicial, é aplicável o disposto nos artigos 1.103 e seguintes, por se tratar de procedimento de jurisdição voluntária, na medida em que as partes já terão realizado um ato de composição prévio da lide, nada tendo o juiz a decidir, apenas controlando a validade do acordo realizado. Transitada em julgado a sentença de homologação, poderá ser desconstituída através da ação anulatória prevista no artigo 486.[594]

Ao tratar do ponto, Araken de Assis diz ser necessário considerar que o inciso III do artigo 269 do CPC classifica a sentença homologatória de transação como de mérito ou definitiva, pelo que tal procedimento seria rescindível, conforme inciso VIII do artigo 485. Afirma que, embora haja controvérsia doutrinária quanto à questão, deve-se admitir eficácia de coisa julgada nas sentenças homologatórias de transação e de conciliação,[595] pois as modalidades de autocomposição emprestam ao negócio dos interessados o valor e a dignidade da sentença judiciária.[596]

---

[594] WAMBIER, Teresa Arruda Alvim. *Nulidades do processo e da sentença*. 6. ed. rev. atual. e ampl. de acordo com a Reforma Processual 2006/2007. São Paulo: Revista dos Tribunais, 2007, p. 133-134.

[595] ASSIS, Araken de. *Manual da execução*. 10. ed. São Paulo: Revista dos Tribunais, 2006, p. 158.

[596] Idem. *Cumprimento da sentença*. São Paulo: Revista dos Tribunais, 2006, p. 210.

Em conclusão, entendemos que, sendo consensual a separação realizada em juízo, a atividade de homologação que o juiz desempenha não forma coisa julgada material. Sendo, entretanto, litigiosa a separação, a sentença proferida, por abarcar enfrentamento de mérito, somente poderá ser rescindida através de ação rescisória.

Ainda, diante do descabimento de ação rescisória nos procedimentos de jurisdição voluntária, estando a parte insatisfeita com a decisão proferida e havendo vício de direito material no ato "processualizado", pode a sentença, por via reflexa, ser desconstituída através da ação anulatória do referido ato.

5.4. Adjudicação, arrematação, alienação por iniciativa particular e a sentença do artigo 794 do CPC

Os bens apreendidos no patrimônio do devedor ou no de terceiro sujeito à responsabilidade executiva ficam afetados a uma destinação, que é a satisfação do credor, por meio da qual a norma jurídica atuará, concretamente, nos casos de dívida pecuniária.[597]

Em sendo apreendido, contudo, dinheiro, a operação ocorre de modo mais simples, pois se efetua o pagamento de forma direta. Pode também ser atribuída ao credor a fruição do bem apreendido, de forma que se lhe pague embolsando, durante o tempo necessário, o que ele render (usufruto de bem móvel ou imóvel). Excluídos esses casos, há que se entregar ao credor uma soma em dinheiro. O modo de converter os bens apreendidos em espécie é a alienação a terceiro, por iniciativa particular, ou arrematação.[598]

Mencionamos o artigo 708 do CPC, que trata do pagamento ao credor.[599]

Atualmente, o ordenamento processual prevê três modalidades de expropriação: a adjudicação, a alienação por iniciativa particular e a arrematação.

A adjudicação é prevista no Código de Processo Civil no artigo 685-A, acrescido pela Lei nº 11.382/2006: "É lícito ao exequente, oferecendo preço não inferior ao da avaliação, requerer lhe sejam adjudicados os bens penhorados."

Antes da reforma trazida pela citada Lei, a adjudicação tinha caráter *subsidiário*: somente se tornava possível se fosse inexitosa a hasta pública, conforme determinava o já revogado artigo 714 do Código ("Finda a praça sem lançador, é lícito ao credor, oferecendo preço não inferior ao que consta do edital, requerer lhe sejam adjudicados os bens penhorados"). Outra inovação relevante quanto a este aspecto é que, conforme dispunha o artigo acima transcrito, somente bens

---

[597] MOREIRA, José Carlos Barbosa. *O novo processo civil brasileiro*. 23. ed. Rio de Janeiro: Forense, 2007, p 250.
[598] Ibidem, p 250.
[599] Art. 708. O pagamento ao credor far-se-á: I – pela entrega do dinheiro; II – pela adjudicação dos bens penhorados; III – pelo usufruto de bem imóvel ou de empresa.

imóveis podiam ser adjudicados, conforme se depreende da referência à "praça". Já o regime trazido pela Lei nº 11.232/2006 eliminou essa exigência, porquanto menciona "bens penhorados", do que concluímos que a adjudicação pode ser de bem de qualquer natureza.[600]

O § 5º do artigo 685-C determina que "decididas eventuais questões, o juiz mandará lavrar o auto de adjudicação."

O objetivo do legislador ao colocar, através de tal Lei, a adjudicação em primeiro plano, foi o de evitar a alienação forçada, como reconhece Araken de Assis, ao afirmar que "implicitamente que seja, o regime legal admite o caráter precário e aleatório da execução específica, submetida a injunções de mercado. Pareceu melhor, então, entregar o credor à própria sorte, confiando-lhe o bem penhorado em lugar da prestação em natura".[601]

Já o artigo 685-B do CPC, igualmente introduzido na Lei Processual Civil pela Lei nº 11.232/2006, diz que:

> A adjudicação considera-se perfeita e acabada com a lavratura e assinatura do auto pelo juiz, pelo adjudicante, pelo escrivão e, se for presente, pelo executado, expedindo-se a respectiva carta, se bem imóvel, ou mandado de entrega ao adjudicante, se bem móvel.

Os efeitos gerais da adjudicação, como afirma Araken de Assis, são os inerentes à alienação forçada, destacando que "os motivos da dissolução da adjudicação identificam-se aos da arrematação (art. 694, § 1º)."[602]

O artigo 685-C do CPC, introduzido no Estatuto Processual pela mesma Lei, diz que "Não realizada a adjudicação dos bens penhorados, o exequente poderá requerer sejam eles alienados por sua própria iniciativa ou por intermédio de corretor credenciado perante a autoridade judiciária".[603]

A alienação por iniciativa particular tem caráter negocial e público, pois eventual convergência das partes quanto ao conteúdo da proposta, nas condições fixadas pelo órgão judiciário (art. 685-C, § 1º), confere pluralidade ao negócio. Segundo Araken de Assis, "o procedimento se transformou, realmente, no "sucedâneo" da alienação em hasta pública", ressalvando que a assinatura do termo forma negócio entre o Estado, de um lado, sub-rogando o poder de disposição do executado, e o adquirente, de outro. Destaca, ainda, que cabe ao órgão judiciário examinar os requisitos de existência e validade, além dos fatores de eficácia do negócio, avaliando a admissibilidade da oferta e do preenchimento dos demais pressupostos do remate, conforme estabelecido no dispositivo acima citado.[604]

---

[600] MOREIRA, José Carlos Barbosa. *O novo processo civil brasileiro.* 23. ed. Rio de Janeiro: Forense, 2007, p. 251-252.
[601] ASSIS, Araken de. *Manual da execução.* 11. ed. São Paulo: Revista dos Tribunais, 2007, p. 719.
[602] Ibidem, p. 728.
[603] O artigo 973 do Código de Processo Civil de 1939 previa a alienação por iniciativa particular.
[604] ASSIS, op. cit., p. 730.

O desfazimento da alienação por iniciativa particular ocorrerá do mesmo modo como se opera a dissolução da arrematação.[605]

Determinam os artigos 694 e 746 do Código de Processo Civil, com a redação que lhes deu a Lei nº 11.382/2006:

> Art. 694. Assinado o auto pelo juiz, pelo arrematante e pelo serventuário da justiça ou leiloeiro, a arrematação considerar-se-á perfeita, acabada e irretratável, ainda que venham a ser julgados procedentes os embargos do executado.
> § 1º A arrematação poderá, no entanto, ser tornada sem efeito:
> I – por vício de nulidade;
> [...]
> IV – a requerimento do arrematante, na hipótese de embargos à arrematação (art. 746, §§ 1º e 2º);
> [...]
> Art. 746. É lícito ao executado, no prazo de 5 (cinco) dias, contados da adjudicação, alienação ou arrematação, oferecer embargos fundados em nulidade da execução, ou em causa extintiva da obrigação, desde que superveniente à penhora, aplicando-se, no que couber, o disposto neste Capítulo.

A arrematação, portanto, prescinde de ato decisório do juízo para se perfectibilizar, não dependendo nem mesmo de sentença homologatória, muito embora o magistrado eventualmente tome parte dela para decidir incidentes, verificar quem fez o maior lance, determinar o encerramento da praça, embora sem sentença regular. É o caso, por exemplo, do artigo 691 do CPC (Se a praça ou o leilão for de diversos bens e houver mais de um lançador, será preferido aquele que se propuser a arrematá-los englobadamente, oferecendo para os que não tiverem licitante preço igual ao da avaliação e para os demais o de maior lanço).[606]

O mesmo se pode dizer com relação à adjudicação forçada e à alienação por iniciativa particular. Portanto, as decisões que as homologam não estão submetidas a recurso em processo de execução, podendo ser impugnadas por meio da ação anulatória, como os atos jurídicos em geral.[607] [608]

---

[605] ASSIS, op. cit., p. 734.

[606] VIDIGAL, Luis Eulálio de Bueno. *Comentários ao Código de Processo Civil*. 2. ed. São Paulo: Revista dos Tribunais, 1976, v. VI, p. 161.

[607] J. M. de Carvalho Santos, comentando o parágrafo único do artigo 800 do CPC/1939, diz que o que se diz a respeito da arrematação pode ser dito sobre a adjudicação e a remição, pois todos eles são atos que envolvem apenas a constatação da transferência da propriedade, necessária para a sua prova e mesmo para a própria existência do contrato, feito por ordem e com autorização do juiz. Afirma: "contra a arrematação, adjudicação ou remissão, ou ainda contra qualquer outro ato que independe de sentença, ou em que esta seja apenas homologatória, não pode ser exercida a ação rescisória. Mas contra a sentença que desprezar os embargos opostos a qualquer daqueles atos, sem dúvida, poderá ser intentada a ação rescisória, hipótese em que a nulidade será apreciada então, sem ser por via da ação anulatória" (SANTOS, J. M. de Carvalho. *Código de Processo Civil interpretado. Artigos 782 a 881*. 5. ed. Rio de Janeiro: Freitas Bastos, 1958, p. 132).

[608] Citamos: "Se a decisão que julga a adjudicação é meramente homologatória, pode ser atacada em seus efeitos pela ação de nulidade, do art. 800, § único do CPC, dispensando-se a ação rescisória (Ac. unân. da 1ª T. do STF,

Julgado antigo do Primeiro Tribunal de Alçada Cível de São Paulo já reconhecia o entendimento: "a arrematação, dependendo de sentença meramente homologatória é, conforme o disposto no art. 486 do CPC, anulável pelas vias ordinárias, e não por ação rescisória. O entendimento doutrinário e jurisprudencial a respeito é quase unânime".[609]

Berenice Soubhie Nogueira Magri diz:

> Feita a arrematação, esta será reduzida a auto de arrematação, assinado pelo juiz, escrivão, arrematante e o porteiro (arts. 693 e 694 do CPC). Após a assinatura do auto, a arrematação encontra-se perfeita e acabada, *não necessitando de sentença, não havendo, sequer, sentença homologatória*, muito embora dela o juiz participe decidindo incidentes, verificando o maior lance, determinando o encerramento da praça e julgando, *embora sem sentença*, em favor do licitante que se propuser a arrematar os bens levados à praça. Embora não seja proferida sentença, são cabíveis embargos do devedor e de terceiros, nas hipóteses dos arts. 746 e 1.046, e, nesse caso, poderá ser proferida sentença de mérito que faz coisa julgada material.[610]

Contudo, somente terá cabimento a ação anulatória contra decisão homologatória de arrematação ou adjudicação caso não tenha sido proferida sentença de mérito em embargos à arrematação ou adjudicação. Caso tenham estes sido aforados e rejeitados, somente terá cabimento a ação rescisória, nas hipóteses previstas no artigo 485 e seus incisos, na medida em que haveria pronunciamento de mérito sobre a questão.

Citamos acórdão no qual o Superior Tribunal de Justiça, acertadamente, rejeitou o cabimento da ação anulatória que visava à discussão de questões relativas à exigibilidade do título que aparelhava a execução, sustentando entendimento de que tal matéria, própria do processo executivo, estava acobertada pela preclusão:

> PROCESSUAL CIVIL. AÇÃO DE ANULAÇÃO DE ARREMATAÇÃO. ART. 486, CPC. PRECEDENTES. CASO CONCRETO. OCORRÊNCIA DE PRECLUSÃO. MATÉRIA NÃO ARGÜIDA EM EXCEÇÃO DE PRÉ-EXECUTIVIDADE. EMBARGOS DE DEVEDOR E EMBARGOS À ARREMATAÇÃO. RECURSO DESACOLHIDO.
>
> I – Tendo a inicial da ação de anulação se limitado a argüir a inexeqüibilidade dos títulos exeqüendos, a pretensão restou colhida pela preclusão, uma vez tratar-se de tema que poderia ter sido apreciado por meio de embargos de devedor, exceção de pré-executividade ou embargos à arrematação, conforme o caso.
>
> II – Ultimada a penhora, levado o bem à hasta pública e realizada a arrematação, extraída a carta, a ação prevista no art. 486, CPC não tem o condão de reavivar a matéria própria do

---

publ. em 9.3.75, no RE 79.483, rel. min. Djaci Alves Falcão; Adcoas 1975, n. 35.276)" (PAULA, Alexandre de. *Código de Processo Civil anotado*. 6. ed. São Paulo: Revista dos Tribunais, 1994, v. III, p. 1878.

[609] SÃO PAULO. Primeiro Tribunal de Alçada Cível do Estado de São Paulo. 2ª Câmara. Apelação cível n. 335.230. Relator: Juiz Maurício Vidigal. Julgado em: 13.02.1985, JTACivSP, 91/181. In: PAULA, Alexandre de. *Código de Processo Civil anotado*. 6. ed. São Paulo: Revista dos Tribunais, 1994, v. III, p. 1887.

[610] MAGRI, Berenice Soubhie Nogueira. *Ação anulatória – Art. 486 do CPC*. 2. ed. São Paulo: Revista dos Tribunais, 2004, p. 275.

processo executivo e não arguida a tempo e modo, sob pena de eternizar-se o procedimento executivo.[611]

Luís Eulálio de Bueno Vidigal ressalta que, mesmo que a sentença tenha decidido embargos do executado ou de terceiros, o credor hipotecário não notificado judicialmente para a praça ou leilão, como exige o artigo 698 do Código de Processo Civil, poderá obter, através da ação prevista no artigo 486, a anulação da venda judicial sem necessidade de propor ação rescisória, que, ademais, seria incabível por não ter sido ele parte no processo. O mesmo vale para os casos de adjudicação.[612]

Cássio Scarpinella Bueno diz que o arrematante, o terceiro interessado e até o próprio executado podem opor-se à arrematação, valendo-se do rol exemplificativo do artigo 694 do CPC, através da ação anulatória prevista no artigo 486 do Código, observando-se o prazo e as formas do direito material.[613]

Estes dois institutos do processo de execução, por força de sua condição de atos jurídicos, que não exigem decisão judicial de mérito, não são passíveis de desconstituição por via da ação rescisória, mas apenas e tão somente de ação anulatória, tendo em vista que na execução forçada não há sentença, senão aquela que declara extinto o processo e que é meramente formal e desprovida de conteúdo meritório, embora esse último ponto não seja unânime, conforme veremos adiante.

Essa foi a conclusão nº 14 do 8º Encontro dos antigos Tribunais de Alçada: "Incabível é a ação rescisória contra *sentenças homologatórias* de adjudicação, arrematação ou remição, que devem ser atacadas por ação ordinária". No mesmo sentido, a Súmula 399 do Tribunal Superior do Trabalho: "É incabível ação rescisória para impugnar decisão homologatória de adjudicação ou arrematação".[614]

Citamos julgado em que a ação anulatória foi utilizada para a preservação da meação da mulher:

> PROCESSO CIVIL. ARREMATAÇÃO. MEAÇÃO DA MULHER. ANULATÓRIA (CPC. ART. 486). ADMISSIBILIDADE. INTIMAÇÃO DO CÔNJUGE. PRESCINDIBILIDADE. RECURSO PROVIDO.
>
> I – A jurisprudência desta Corte e a doutrina admitem a ação prevista no art. 486, CPC, para anular arrematação, uma vez anulável esta por ação ordinária como os atos jurídicos em geral.

---

[611] BRASÍLIA. Superior Tribunal de Justiça. 4ª Turma. Recurso especial 273.248-MG. Relator: Min. Sálvio de Figueiredo Teixeira. Julgado em: 06.06.2001. Disponível em: <www.stj.gov.br>. Acesso em: 25 jan. 2008.

[612] VIDIGAL, Luis Eulálio de Bueno. *Comentários ao Código de Processo Civil*. 2. ed. São Paulo: Revista dos Tribunais, 1976, v. VI, p. 162.

[613] BUENO, Cássio Scarpinella. In: MARCATO, Antônio Carlos (Coord.). [et. al...]. *Código de Processo Civil interpretado*. 2. ed. São Paulo: Atlas, 2005, p. 2039.

[614] SOUZA, Bernardo Pimentel. *Introdução aos recursos cíveis e à ação rescisória*. 4. ed. São Paulo: Saraiva, 2007, p. 508.

II – Segundo autorizada doutrina, "saber quando são anuláveis os atos independentes de sentença ou passíveis de homologação não é problema de direito processual, mas de direito material"

IIII – Ainda que processual o ato da arrematação, o que se pretende, no caso, ultima ratio, é resguardar a meação assegurada por lei à mulher casada, regra tida por descumprida no caso em tela. Logo, o que se ataca é o conteúdo e não mero ato processual.

IV – Prescindível é a intimação do cônjuge quando a execução é movida apenas contra o seu consorte.[615]

Assim, por não haver sentença no procedimento de arrematação, o ato processual é daqueles que se anulam por ação comum, como a anulatória prevista no artigo 486 do CPC, e não por intermédio de ação rescisória, a menos que tenham sido oferecidos embargos à arrematação, diante da existência de pronunciamento de mérito, conforme já exposto.

Frisa-se que, encerrada a execução, nenhum vínculo guardará a ação anulatória de arrematação com o juízo em que esta se realizou. Não há conexão porque tal não ocorre entre processo atual e outro já findo, na medida em que não há acessoriedade que autorize a incidência do artigo 108 do CPC.

Por tal razão, Humberto Theodoro Júnior pondera que, versando a ação anulatória sobre carta de arrematação de imóvel já transcrita em Registro Imobiliário, a competência será do juízo da situação do bem, e não daquele do local onde se deu a alienação judicial. Afirma que a jurisprudência do STF tem reiteradamente decidido que, para fins do artigo 95 do CPC, se considera como ação fundada em direito real sobre imóvel a que visa à anulação de atos jurídicos e, consequente cancelamento de transcrições do Registro Imobiliário, devendo prevalecer a competência do foro da situação do imóvel sobre qualquer outro.[616]

Por isso, Francisco de Paula Xavier Neto diz que se revela carecedor de ação aquele que propõe ação rescisória contra sentença homologatória de adjudicação, de arrematação ou de remição, que devem ser atacadas pela ação ordinária de nulidade de ato jurídico, prevista no artigo 486 do CPC.[617]

Também José Carlos Barbosa Moreira afirma que:

> A invalidação da arrematação (art. 694, § 1º, nº I) pode ser pleiteada através de embargos do executado, nos casos do art. 746, de embargos de terceiro (art. 1.048) ou, eventualmente,

---

[615] BRASÍLIA. Superior Tribunal de Justiça. 4ª Turma. *Recurso especial 218.606-SP*. Relator: Min. Sálvio de Figueiredo Teixeira. Julgado em: 05.06.2001. Disponível em: <www.stj.gov.br>. Acesso em: 25 jan. 2008.

[616] THEODORO JÚNIOR, Humberto. *Curso de direito processual civil*. 41. ed. Rio de Janeiro: Forense, 2007, v. II, p. 387. Nesse sentido, confira-se Recurso especial n. 577.363-SC, 1ª Turma do Superior Tribunal de Justiça, julgado em 07/03/2006, disponível em: <www.stj.gov.br>. Acesso em: 25 jan. 2008.

[617] XAVIER NETO, Francisco de Paula. Ação rescisória e sentenças homologatórias de adjudicação, arrematação e remição no processo de execução. *Revista de Processo*, São Paulo: Revista dos Tribunais, n. 54, ano XIV, p. 255, abr.-jun. 1989.

de ação anulatória autônoma (art. 486), sem prejuízo da decretação pelo juízo da execução, quando possível.⁶¹⁸

Mencionamos julgado do Supremo Tribunal Federal sobre a questão: "É própria a ação ordinária para pleitear a desconstituição, em parte, da adjudicação. A decisão que julga a adjudicação de bens ao credor do espólio é meramente homologatória, podendo ser atacada em seus efeitos pela ação de nulidade".⁶¹⁹

Entendemos, assim, que os atos de adjudicação, alienação por iniciativa particular e arrematação são anuláveis, conforme o artigo 486 do CPC, desde que o vício alegado não tenha sido objeto de sentença em embargos, quando ocorrerá a coisa julgada material, autorizando a propositura de ação rescisória.

Por fim, abordaremos a sentença do artigo 794 do CPC, que trata da extinção da execução:

> Art. 794. Extingue-se a execução quando:
> I – o devedor satisfaz a obrigação;
> II – o devedor obtém, por transação ou por qualquer outro meio, a remissão total da dívida;
> III – o credor renunciar ao crédito.

O artigo 795, por sua vez, diz que "a extinção só produz efeito quando declarada por sentença".

É de se indagar se tal sentença enseja ou não o enfrentamento de mérito, dada a similitude dos incisos do dispositivo com os do artigo 269 do CPC.

Como diz José Maria Rosa Tesheiner, na execução não há pedido do credor de que seja declarada a existência de obrigação do devedor. O que se pede é execução. Por isso, aduz, o mérito sobre o qual cabe ao juiz se pronunciar na execução restringe-se ao poder de executar, que, na hipótese, o juiz declarou extinto através de sentença. Portanto, a declaração de que o devedor satisfez a obrigação não é objeto do processo de execução, não constituindo, assim, seu mérito.⁶²⁰

Teresa Arruda Alvim Wambier entende que, como regra generalíssima, na sentença que extingue a execução não há a declaração de que inexiste relação jurídica de direito material entre as partes, e que o "mérito" da execução é a satisfação do credor (o que foi pedido, nos moldes e nos limites em que foi). Diz que "admitir-se, de fato, de forma absoluta que haveria processo sem mérito seria conceber uma demanda 'oca'".⁶²¹

---

⁶¹⁸ MOREIRA, José Carlos Barbosa. *O novo processo civil brasileiro*. 23. ed. Rio de Janeiro: Forense, 2007, p. 262.

⁶¹⁹ BRASÍLIA. Supremo Tribunal Federal. 1ª Turma. Recurso Extraordinário nº 95.513-MS. Relator: Min. Sydney Sanches. Julgado em: 22.03.1985, RTJ 114/246. In: PAULA, Alexandre de. *Código de Processo Civil anotado*. 6. ed. São Paulo: Revista dos Tribunais, 1994, v. III, p. 1879.

⁶²⁰ TESHEINER, José Maria Rosa. *Eficácia da sentença e coisa julgada no processo civil*. São Paulo: Revista dos Tribunais, 2001, p. 222.

⁶²¹ WAMBIER, Teresa Arruda Alvim. *Nulidades do processo e da sentença*. 6. ed. rev. atual. e ampl. de acordo com a Reforma Processual 2006/2007. São Paulo: Revista dos Tribunais, 2007, p. 123. Noutra oportunidade

Cândido Rangel Dinamarco explica que um preconceito leva a pensar que o mérito seja ideia inerente e exclusiva do processo de conhecimento, sem guardar qualquer pertinência com o executivo, e que apenas nos embargos, processo autônomo, o juiz se pronunciará sobre a "justiça" ou "injustiça" da execução. Sustenta que o juiz executivo não presume a existência do direito, ele simplesmente aceita o título em sua eficácia e dá seguimento à execução, sem lhe ser lícito pôr em dúvida o crédito afirmado pelo exequente.

Conclui que no processo de execução não é próprio nem eficaz suscitar qualquer questão de mérito; e que, nele próprio, o mérito não será julgado. Diz que o executado que queira opor resistência à pretensão do exequente terá o ônus de ofertar embargos, fora da relação processual e do procedimento da execução. Afirma, ainda, que o afastamento das questões de mérito não significa, porém, que inexista mérito no processo executivo. Há o mérito representado pela pretensão executiva deduzida mediante a demanda inicial. No entanto, o fato de eventual julgamento a respeito ocorrer em outra sede (a dos embargos) não significa que mérito inexista naquele processo.[622]

Sandro Gilbert Martins, por sua vez, menciona vasta quantidade de autores que sustentam a existência de mérito no processo de execução. Afirma que a atividade do juiz de compor o mérito do processo executivo é completamente diferente daquela realizada no processo de conhecimento, pois enquanto neste o juiz emite um julgamento que afasta incertezas, naquele a atuação busca um resultado prático igual ou equivalente ao cumprimento espontâneo da obrigação, satisfazendo o direito do credor.[623]

Diz, ainda, que ao se reconhecer que na execução existe um mérito, que é composto por uma lide de inadimplemento, insatisfação ou realização, deve-se reconhecer, também, que esta lide não se limita aos atos executivos voltados à satisfação, devendo ser considerado que o próprio título executivo que aparelha a execução pode não existir, o que também compõe essa lide de insatisfação.[624]

Como se vê, há mérito na função jurisdicional executiva. Contudo, determinadas questões não poderão ser debatidas nem julgadas na própria relação proces-

---

(*Controle das decisões judiciais por meio de recursos de estrito direito e de ação rescisória. Recurso especial, recurso extraordinário e ação rescisória:* o que é uma decisão contrária à lei? São Paulo: Revista dos Tribunais, 2001, p. 262), a Autora sustentou o descabimento da ação rescisória no processo de execução, justamente por conta da ausência de enfrentamento de mérito, pelo menos no sentido em que a expressão é utilizada no processo de conhecimento, não havendo, por isso, sentença de mérito, o mesmo não ocorrendo com os processos incidentes à execução, como os embargos à arrematação.

[622] DINAMARCO, Cândido Rangel. *Fundamentos do processo civil moderno.* São Paulo: Revista dos Tribunais, 1986, p. 206-207.

[623] MARTINS, Sandro Gilbert. *A defesa do executado por meio de ações autônomas. Defesa heterotópica.* 2. ed. rev. atual. e ampl. São Paulo: Revista dos Tribunais, 2005, p. 84-86. Entre os autores referidos estão Pontes de Miranda, José Frederico Marques, Moacyr Amaral Santos, Cândido Rangel Dinamarco, Donaldo Armelin, Mercelo Navarro Ribeiro Dantas, Araken de Assis, Teresa Arruda Alvim Wambier, Paulo Henrique dos Santos Lucon, Sérgio Shimura, Gelson Amaro de Souza, Olavo de Oliveira Nero, Rodrigo Matheus e Danilo Knijnik.

[624] Ibidem, p. 86-87.

sual executiva, mas sim em impugnação, embargos à execução e à arrematação, por exemplo, o que é muito diferente de se afirmar não existir mérito.

Portanto, o que existe no processo executivo não é uma sentença de mérito, razão pela qual a decisão prevista no artigo 794 do CPC pode ser atacada por ação anulatória, e não por ação rescisória, que somente terá cabimento em procedimentos incidentais à execução.

O entendimento é endossado por Araken de Assis, que afirma que o efeito ao qual o artigo 795 se refere não é a eficácia de coisa julgada, da qual o ato extintivo da execução é desprovido, e que nem a declaração, porventura contida no próprio provimento, se afigura relevante. Sustenta que o único efeito do pronunciamento judicial diz respeito à extinção da relação jurídica processual executiva (coisa julgada formal), razão pela qual se admite a renovação do processo executivo, a requerimento do credor, alegando a existência de resíduos insatisfeitos do crédito, ou a sua invalidação, através da ação anulatória do artigo 486 do CPC.[625]

Afirma, ainda, juntamente com Edson Ribas Malachini, que o fato de não se tratar de sentença propriamente homologatória não tem maior relevância, razão pela qual se pode considerar a sentença que declara extinto o processo executivo (art. 795), por ter ele cumprido sua função, semelhante à sentença que homologa ato jurídico (art. 794), que lhe põe fim. Sustentam que em ambas não existe julgamento propriamente dito, diante da ausência de enfrentamento do mérito da causa, limitando-se tais sentenças a verificar: em um caso, que o processo cumpriu sua função, com a prática de todos os atos necessários à satisfação do credor; no outro, que estavam presentes os pressupostos de fundo e de forma para que o ato de disposição se praticasse.[626]

Concluem:

> Substancialmente, pois, não se vê nenhuma dificuldade para que o art. 486 se aplique igualmente no primeiro caso – para a anulação de atos praticados no processo de execução que, tendo chegado ao final, foi declarado extinto pela sentença do art. 795, que, então, cairá; e nesse caso não há limitação decorrente do cabimento da ação rescisória e não da anulató-

---

[625] ASSIS, Araken de. *Manual da execução*. 10. ed. São Paulo: Revista dos Tribunais, 2006, p. 456. Diz, ainda, juntamente com Edson Ribas Malachini, ao tratar do cabimento das ações autônomas de impugnação na execução, que não se diz no artigo 795 do CPC que os atos processuais não produzem efeito, mas unicamente que a extinção do processo executivo não produz efeito senão mediante declaração sentencial. Sustentam que o que busca o executado, propondo ação restitutória ou indenizatória, não é propriamente a sentença declaratória da extinção do processo de execução, e sim os atos processuais executivos em si, na sua materialidade causadora de prejuízo patrimonial a ele. Citam como exemplo a adjudicação ou a arrematação do bem penhorado, ou a entrega do bem móvel apreendido ao exeqüente, ou a imissão deste na posse de bem imóvel. Afirmam serem tais hipóteses típicas da ação anulatória do artigo 486, que se destina à anulação dos próprios atos processuais em si, como se procede à anulação dos atos jurídicos em geral, nos termos da lei civil, caindo, pelo vazio do conteúdo resultante, também a sentença homologatória (ASSIS, Araken de; MALACHINI, Edson Ribas. *Comentários ao Código de Processo Civil, vol. 10*: do processo de execução, arts. 736 a 795 (Coordenação de Ovídio A. Baptista da Silva). São Paulo: Revista dos Tribunais, 2001, p. 115).

[626] Ibidem, p. 116-117.

ria, após o trânsito em julgado da sentença, pois o art. 485, VIII, não se lhe aplica, por não ser tal sentença de mérito (apenas declara, como visto, extinto o processo executivo).[627]

Semelhante é a conclusão de Sandro Gilbert Martins:

É possível afirmar, então, considerando as hipóteses descritas no art. 794 do CPC, que a sentença que extingue a execução com base numa dessas situações pode ser enquadrada como homologatória, haja vista que nelas a satisfação do direito não decorre da atividade jurisdicional executiva, mas por ato das partes ou de terceiros juridicamente interessados. Logo, cabível a impugnação dessa sentença através da referida ação anulatória (CPC, art. 486).[628]

Por isso, mesmo na hipótese de a satisfação do direito decorrer da atividade executiva, terá cabimento a propositura da ação anulatória, pois ainda que se considere a sentença do artigo 794 do CPC como sendo de *mérito*, ela extingue atividade prevalentemente prática e material realizada mediante técnica de cognição sumária, não gerando, assim, a produção de coisa julgada material.[629]

A questão, contudo, não é pacífica, cabendo a menção a julgado do Superior Tribunal de Justiça que entendeu cabível a ação rescisória contra a sentença do artigo 794 do CPC:

PROCESSUAL CIVIL. AÇÃO RESCISÓRIA. ACÓRDÃO CONFIRMATÓRIO DE SENTENÇA QUE EXTINGUIU EXECUÇÃO PELO PAGAMENTO. POSSIBILIDADE. CONTEÚDO MATERIAL DO JULGADO. VIOLAÇÃO AO ART. 485 DO CPC NÃO CONFIGURADA. RECURSO NÃO CONHECIDO.

1. Para verificar o cabimento da ação rescisória em uma sentença extintiva de execução, deve-se aferir se o provimento jurisdicional produziu efeitos na órbita do direito material, gerando, portanto, coisa julgada material, ou se seus reflexos restringem-se, unicamente, ao âmbito processual, caso em que haveria coisa julgada formal.

2. No caso, julgador monocrático declarou extinta a execução por entender que o INSS já havia feito o pagamento integral do débito, tendo fundamentado sua decisão no artigo 794, I, do Código de Processo Civil, que dispõe extinguir-se a execução quando "o devedor satisfaz a obrigação".

3. A decisão que extingue execução pelo pagamento, reveste-se de conteúdo material, sendo, portanto atacável pela ação rescisória.

4. Recurso especial não conhecido.[630]

---

[627] ASSIS, Araken de; MALACHINI, Edson Ribas. *Comentários ao Código de Processo Civil, vol. 10:* do processo de execução, arts. 736 a 795 (Coordenação de Ovídio A. Baptista da Silva). São Paulo: Revista dos Tribunais, 2001, p. 117.

[628] MARTINS, Sandro Gilbert. *A defesa do executado por meio de ações autônomas. Defesa heterotópica.* 2. ed. rev. atual. e ampl. São Paulo: Revista dos Tribunais, 2005, p. 259-260.

[629] Ibidem, p. 260.

[630] BRASÍLIA. Superior Tribunal de Justiça. 6ª Turma. Recurso especial 238.059-RN. Relator: Min. Fernando Gonçalves. Julgado em: 21.03.2000, *DJU.*, de 10 de abril de 2000. Disponível em: <www.stj.gov.br>. Acesso em: 20 jan. 2008.

Quanto aos efeitos da propositura da ação anulatória em processo de execução que tenha sido extinto por renúncia ao crédito, anulado o ato, a demanda retomará a sua marcha normal, a partir do último ato anterior ao que se invalidou, caindo a sentença que tenha decretado sua extinção.[631]

5.5. Homologação de sentença estrangeira

Todas as sentenças estrangeiras têm de ser homologadas para que possam produzir efeitos e serem executadas no Brasil. Trata-se de atividade privativa do Superior Tribunal de Justiça, expressão da soberania do Estado brasileiro nas relações de direito internacional, conforme artigo 105, inciso I, alínea *i*, da Constituição Federal, com a redação que lhe deu a Emenda Constitucional nº 45, de 08/12/2004 e artigo 483 do CPC.

A natureza jurídica desse pedido é de ação constitutiva e a atividade homologatória desempenhada pelo STJ não é meramente administrativa, mas jurisdicional.[632]

No mesmo sentido, José Carlos Barbosa Moreira diz que o processo de homologação de sentença estrangeira tem natureza tipicamente jurisdicional. Sustenta que não se inclui no domínio da chamada jurisdição voluntária, porquanto tendente a um pronunciamento através do qual se confere à decisão alienígena idoneidade para produzir, no território nacional, efeitos de sentença. Afirma que seria ilógico reconhecer-se natureza administrativa ao ato com que o juiz atribui a outro ato eficácia jurisdicional.[633]

Diz, ainda, que o requerente da homologação da sentença estrangeira propõe verdadeira ação, embora naturalmente diversa quer da ação exercitada no Estado de origem, quer da eventualmente exercitável, com o mesmo fundamento e objeto desta, no Brasil, pois o órgão nacional não reexamina o mérito da causa processada perante a justiça estrangeira, embora lhe caiba, desde que satisfeitos os

---

[631] MOREIRA, José Carlos Barbosa. *Comentários ao Código de Processo Civil, Lei nº 5.869, de 11 de janeiro de 1973, vol V:* arts. 476 a 565. 13. ed. Rio de Janeiro: Forense, 2006, p. 167.

[632] NERY JÚNIOR, Nelson; NERY, Rosa Maria de Andrade. *Código de Processo Civil comentado e legislação extravagante.* 9. ed. São Paulo: Revista dos Tribunais, 2006, p. 671. Destacam que, para efeitos do processo de homologação, entende-se por sentença todo ato emanado de País estrangeiro que, segundo o direito brasileiro, tem conteúdo (CPC, arts. 267 e 269) e eficácia (CPC, arts. 467 e 475) de sentença, sendo irrelevantes o nome e a forma que o sistema legal estrangeiro lhe deu. Prevalece o caráter substancial do ato, analisado segundo o direito brasileiro. Incluem-se, no conceito de sentença, as decisões arbitrais estrangeiras. Afirmam, ainda, serem homologáveis as sentenças meramente declaratórias, constitutivas (negativas e positivas), condenatórias, mandamentais determinativas, cautelares, executivas e as proferidas em atividade de jurisdição voluntária.

[633] MOREIRA, José Carlos Barbosa. *Comentários ao Código de Processo Civil, Lei nº 5.869, de 11 de janeiro de 1973, vol V:* arts. 476 a 565. 13. ed. Rio de Janeiro: Forense, 2006, p. 83.

pressupostos processuais e as condições da ação de homologação, julgar o mérito desta nova causa, que com a outra ação não se confunde.[634]

Em que pese a competência tenha sido delegada ao Superior Tribunal de Justiça pela EC 45/2004, o procedimento desta ação é ditado pelos artigos 218 a 223 do Regimento Interno do Supremo Tribunal Federal, em vigor desde 1/12/1980, com as alterações introduzidas pela Emenda Regimental n° 1, de 25/11/1981, que coincide com o teor da Resolução n° 9, da Presidência do Superior Tribunal de Justiça.

Quanto à natureza da decisão que acolhe o pedido de homologação, como já afirmado, é constitutiva, criando nova situação jurídica, caracterizada pelo fato de passar a sentença homologada a produzir no território brasileiro, total ou parcialmente, os efeitos que lhe atribua o ordenamento de origem. Já a decisão que rejeita o pedido de homologação, por falta de algum ou de alguns dos requisitos de homologabilidade, é declaratória negativa.

Diz Barbosa Moreira que:

> Em ambas as hipóteses, trata-se de decisão de *mérito*, proferida em processo autenticamente *jurisdicional* (*omissis*), através do qual se exercitou verdadeira ação (*omissis*). Por conseguinte, quer conceda, quer recuse a homologação à sentença alienígena, a decisão reveste-se da autoridade de coisa julgada no sentido *material*. O resultado do processo fica a salvo de futuras contestações ou modificações, ainda em feitos diversos (cf. art. 467), a não ser, eventualmente, por meio de ação rescisória, que pode caber...[635]

Por isso, a nosso ver com acerto, José Frederico Marques entende que a homologação da sentença estrangeira fica fora do âmbito de incidência do artigo 486 do Código de Processo Civil, da mesma forma que a homologação de laudo arbitral e a sentença de negócio jurídico consistente em confissão, reconhecimento do pedido, renúncia ao direito subjetivo ou transação. Justifica seu entendimento no fato de que o texto da lei fala em atos judiciais, e não em atos processuais, deixando claro referir-se apenas e tão somente a atos nos quais intervém o juiz.[636]

Berenice Soubhie Nogueira Magri leciona no mesmo sentido.[637]

5.6. Processo cautelar

Apesar de os processos preventivos e preparatórios serem contenciosos, as sentenças neles proferidas ensejam, em regra, apenas a formação da coisa julgada

---

[634] MOREIRA, op. cit., p. 85.
[635] Ibidem, p. 92.
[636] MARQUES, José Frederico. *Manual de direito processual civil*. 2. ed. São Paulo: Saraiva, 1976, v. III, p. 266.
[637] MAGRI, Berenice Soubhie Nogueira. *Ação anulatória – Art. 486 do CPC*. 2. ed. São Paulo: Revista dos Tribunais, 2004, p. 315.

formal, como decorrência do encerramento da relação processual assim que esgotados os meios de impugnação cabíveis.

Diferenciando os processos preventivos e os preparatórios, Moacyr Amaral dos Santos diz que estes visam a criar condições necessárias a que, posteriormente, num outro processo, dito principal, se possa decidir eficientemente acerca do mérito, ao passo que aqueles criam condições necessárias à instauração do processo dito principal. Afirma que as decisões proferidas nesses processos, além de poderem ser revogadas ou modificadas desde que as condições que determinaram seu deferimento desapareçam ou se modifiquem, estão subordinadas ao que se decidir no processo principal.[638]

Possível seria sustentar que, na medida em que o processo cautelar não cuida de solucionar a lide, não implicando decisão de mérito, não se poderia cogitar, assim, de coisa julgada material pelo deferimento ou não das medidas cautelares. Além da ausência de enfrentamento do mérito, a provisoriedade é da essência da tutela cautelar, de maneira que, a qualquer tempo, mesmo depois de proferida a sentença que encerra o processo, pode haver revisão da medida deferida, seja para modificá-la, seja para revogá-la, nos termos do artigo 807 do CPC ("As medidas cautelares conservam a sua eficácia no prazo do artigo antecedente e na pendência do processo principal; mas podem, a qualquer tempo, ser revogadas ou modificadas").[639]

Sua eficácia também pode cessar com o trânsito em julgado da sentença proferida no processo principal, tenha ou não havido julgamento do mérito (CPC, art. 808, inc. III), bem como se o interessado na sua efetivação e conservação não propuser a ação principal ou não executar a medida no prazo de 30 dias.

Daí a afirmação de Rogério Lauria Tucci, no sentido de serem "medidas sem vida autônoma, acessórias, necessariamente vinculadas ao processo de conhecimento ou de execução com que se relacionam. E, como tal, peculiarizados por sua instrumentalidade e provisoriedade".[640]

José Maria Rosa Tesheiner, embora reconhecendo que no processo cautelar não se produz coisa julgada material, por tratar de regulação provisória da lide, afirma ser possível julgamento de mérito em ação cautelar nos casos de acolhimento do pedido, pois, presentes a possibilidade jurídica do pedido, sendo legítimas as partes e havendo interesse de agir, pela alegação de *periculum in mora*, é preciso que se configure o *fumus boni juris*, que, não sendo pressuposto processual nem condição da ação, é o *mérito* da ação cautelar.[641]

---

[638] SANTOS, Moacyr Amaral. *Primeiras linhas de Direito Processual Civil*: adaptadas ao novo Código de Processo Civil. 8. ed. São Paulo: Saraiva, 1985, 3 v., p. 54.

[639] THEODORO JÚNIOR, Humberto. *Curso de direito processual civil*. 22. ed. Rio de Janeiro: Forense, 1998, v. II, p. 414.

[640] TUCCI, Rogério Lauria. *Curso de direito processual civil*. São Paulo: Saraiva, 1989, v. 3, p. 125.

[641] TESHEINER, José Maria Rosa. *Eficácia da sentença e coisa julgada no processo civil*. São Paulo: Revista dos Tribunais, 2001, p. 17-18.

Analisando a coisa julgada no processo cautelar, Márcio Louzada Carpena reconhece a existência de alguma controvérsia quanto à formação ou não de coisa julgada material, posicionando-se, contudo, no sentido de que a sentença que decide o processo cautelar forma apenas coisa julgada formal, especialmente por força da natureza instrumental e provisória do processo cautelar, este emissor de mandamentos revogáveis *a posteriori*, mas com efeitos retroativos à época de sua emissão. Assenta sua conclusão com base em duas premissas: a) de que a sentença cautelar somente dispõe sobre uma situação fática apresentada até sua prolação; e b) que esta decisão permanece imutável e imodificável ante o mesmo conjunto de fatos sobre os quais se dirigiu, e que, sendo outros os alegados em nova ação, não há que se falar em incidência da coisa julgada sobre eles, ou seja, mudanças fáticas ocorridas após a sentença não estão abarcadas pela decisão proferida e transitada em julgado, porquanto sobre elas não se exerceu cognição e muito menos jurisdição.[642]

Assim, se a ação rescisória somente pode ser ajuizada para desconstituir sentenças de mérito transitadas em julgado, inadmissível o seu ajuizamento, como regra, em processos cautelares.

Há, contudo, uma exceção na qual a sentença proferida em processo cautelar poderá adquirir a autoridade de coisa julgada material, que é quando o juiz, analisando o mérito da controvérsia existente entre os litigantes, acolhe, já no julgamento da pretensão preventiva, a exceção material de prescrição ou decadência, nos termos do artigo 810 do CPC ("O indeferimento da medida não obsta a que a parte intente a ação, nem influi no julgamento desta, salvo se o juiz, no procedimento cautelar, acolher a alegação de decadência ou de prescrição do direito do autor").

Por isso, as decisões proferidas em processo cautelar não podem, em regra, ser desconstituídas pela via estrita da ação rescisória.

Ademais, sequer haveria vantagem prática na admissibilidade da ação rescisória em tais casos, pois ela provavelmente seria julgada depois da ação principal da qual seria acessória, como processo preparatório e preventivo que é.[643]

Por outro lado, diante da ausência de coisa julgada material no processo cautelar, entendemos cabível a ação anulatória prevista no artigo 486 do Código de Processo Civil, pois, como adverte Berenice Soubhie Nogueira Magri, pode ocorrer de algum ato praticado pelas partes estar eivado de vício de nulidade, o que autorizaria sua desconstituição, nos termos da lei civil.[644]

---

[642] CARPENA, Márcio Louzada. *Do processo cautelar moderno*. Rio de Janeiro: Forense, 2003, p. 345-346.

[643] VIDIGAL, Luis Eulálio de Bueno. *Comentários ao Código de Processo Civil*. 2. ed. São Paulo: Revista dos Tribunais, 1976, v. VI, p. 164.

[644] MAGRI, Berenice Soubhie Nogueira. *Ação anulatória – Art. 486 do CPC*. 2. ed. São Paulo: Revista dos Tribunais, 2004, p. 296.

5.7. Decisões proferidas em processos de falência

Na falência, o juiz pratica atos de jurisdição voluntária e contenciosa. Os primeiros, como a nomeação do síndico, a aprovação de contratos com contadores e avaliadores e as providências tendentes à conservação da massa não podem ser atacados por ação rescisória, embora possam sê-lo por ação anulatória. Já os segundos, modo contrário, podem ser rescindidos.

Há, contudo, no processo de falência, atos de jurisdição contenciosa que não têm a autoridade de coisa julgada e não podem, por isso, ser submetidos à ação de rescisão, que são as sentenças que não declaram aberta a falência, nos termos do art. 19, parágrafo único do não mais vigente Decreto-lei 7.661, de 21 de junho de 1945.

Berenice Soubhie Nogueira Magri, mesmo reconhecendo a possibilidade de propositura da ação prevista no artigo 486 do CPC, afirma categoricamente que inexistem nos repertórios dos tribunais precedentes referentes à ação anulatória de atos praticados em processo de falência.[645]

José da Silva Pacheco afirma que a exceção de coisa julgada importa em ter havido, em qualquer juízo, uma sentença transitada em julgado, proferida em ação idêntica àquela na qual se excepciona, consubstanciada na causa, coisa e partes. Frisa que, sem a tríplice identidade, descabida será a exceção.[646]

Assim, o pedido de abertura de falência pode ser renovado pelo mesmo credor em desfavor do mesmo devedor tantas vezes quantas aquele desejar, desde que baseado em fatos novos.

Diz Luiz Eulálio de Bueno Vidigal que podem ser anuladas por ação rescisória as decisões do juiz incluindo, excluindo ou classificando os créditos. O artigo 99 do Decreto-Lei nº 7.661[647] permitia ao síndico e a qualquer credor admitido na falência, até o seu encerramento, pedir a exclusão de qualquer credor ou outra classificação ou simples ratificação dos créditos, nos casos de descoberta de falsidade, dolo, simulação fraude, erro essencial ou de documentos ignorados na época do julgamento do crédito.[648]

---

[645] MAGRI, Berenice Soubhie Nogueira. *Ação anulatória – Art. 486 do CPC*. 2. ed. São Paulo: Revista dos Tribunais, 2004, p. 318.

[646] PACHECO, José da Silva. *Processo de falência e concordata:* comentários à lei de falências: doutrina, prática e jurisprudência. 10. ed. Rio de Janeiro: Forense, 1999, p. 249.

[647] O síndico ou qualquer credor admitido podem, até o encerramento da falência, pedir a exclusão, outra classificação, ou simples retificação de quaisquer créditos nos casos de descoberta de falsidade, dolo, simulação, fraude, erro essencial ou de documentos ignorados na época do julgamento do crédito.

Parágrafo único. Esse pedido obedecerá ao processo ordinário, cabendo da sentença o recurso de apelação.

[648] VIDIGAL, Luis Eulálio de Bueno. *Comentários ao Código de Processo Civil*. 2. ed. São Paulo: Revista dos Tribunais, 1976, v. VI, p. 158. Noutra obra o Jurista manifestou o mesmo posicionamento (*Da ação rescisória dos julgados*. São Paulo: Saraiva, 1948, p. 41). Quanto à questão, Rogério Lauria Tucci afirma ser possível ao credor retornar a juízo pleiteando a falência do devedor, desde que sobrevenham fatos novos, sobre os quais não tenha versado a sentença transitada em julgado (TUCCI, Rogério Lauria. *Curso de Direito Processual Civil*. São Paulo: Saraiva, 1989, v. 3, p. 151-152).

Afirma que nesses casos ocorreria o mesmo que entende ocorrer em relação à eficácia da sentença de partilha, no sentido de que, além da rescisória, seria cabível o pedido de revisão previsto no artigo 99, referido acima.[649]

Antônio Macedo de Campos entende que a matéria não oferece grande dificuldade, pois, seguindo-se a regra geral, não haverá como errar-se. Diz que, se praticados na falência atos de jurisdição graciosa e contenciosa, os primeiros não são vulneráveis por via da rescisória, bem como aqueles, embora de jurisdição contenciosa e desprovidos de autoridade de coisa julgada, do que conclui pelo cabimento da ação anulatória. Afirma o Autor que os demais casos admitem ação rescisória.[650]

5.8. Justiça do Trabalho

O Código de Processo Civil é aplicado no processo do trabalho de forma subsidiária, nos termos do artigo 769 da Consolidação das Leis do Trabalho.[651] Tal Diploma Legal prevê, ainda, que o procedimento das reclamações trabalhistas inclui duas tentativas de conciliação, nos artigos 846 e 850.[652]

A conciliação judicial, no âmbito da Justiça do Trabalho, é rescindível mediante ação rescisória, pois, conforme o parágrafo único do artigo 831 da CLT, o termo que o lavrar "valerá como sentença irrecorrível, salvo para a Previdência Social quanto às contribuições que lhe forem devidas". De outra parte, o artigo 876 do Diploma Consolidado diz que "os acordos, quando não cumpridos, serão executados".

O Tribunal Superior do Trabalho editou a Súmula 259, cujo teor é o seguinte: "Só por ação rescisória é impugnável o termo de conciliação previsto no parágrafo único do art. 831 da CLT".[653]

---

[649] VIDIGAL, Luis Eulálio de Bueno. *Da ação rescisória dos julgados*. São Paulo: Saraiva, 1948, p. 41.

[650] CAMPOS, Antônio Macedo de. *Ação rescisória de sentença*. São Paulo: Sugestões Literárias, 1976, p. 128.

[651] Valentin Carrion sustenta que: "ao processo laboral se aplicam as normas, institutos e estudos da doutrina do processo geral (que é o processo civil), desde que: a) não esteja aqui regulado de outro modo ("casos omissos", "subsidiariamente"); b) não ofendam os princípios do processo laboral ("incompatível"); c) se adapte aos mesmos princípios e às peculiaridades deste procedimento; d) não haja impossibilidade material de aplicação (institutos estranhos à relação deduzida no juízo trabalhista); a aplicação de institutos não previstos não deve ser motivo para maior eternização das demandas e tem de adaptá-las às peculiaridades próprias. Perante novos dispositivos do processo comum, o intérprete necessita fazer uma primeira indagação: se, não havendo incompatibilidade, permitir-se-ão a celeridade e a simplificação, que sempre foram almejadas. Nada de novos recursos, novas formalidades inúteis e atravancadoras. (CARRION, Valentin. *Comentários à Consolidação das Leis do Trabalho*. 32. ed. São Paulo: Saraiva, 2007, p. 584).

[652] Art. 846. Aberta a audiência, o juiz ou presidente proporá a conciliação. (...) Art. 850. Terminada a instrução, poderão as partes aduzir razões finais, em prazo não excedente de 10 (dez) minutos para cada uma. Em seguida, o juiz ou presidente renovará a proposta de conciliação, e não se realizando esta, será proferida a decisão.

[653] Nº 259 TERMO DE CONCILIAÇÃO. AÇÃO RESCISÓRIA (mantida) – Res. 121/2003, DJ 19, 20 e 21.11.2003. Só por ação rescisória é impugnável o termo de conciliação previsto no parágrafo único do art. 831 da CLT. Histórico: Redação original – Res. 7/1986, DJ 31.10.1986, 03 e 04.11.1986.

Entretanto, mesmo se tratado de entendimento sumulado, a questão é objeto de controvérsia antiga na doutrina.

Galeno Lacerda, defensor de que a ação correta para desconstituir transação é a anulatória, e não a rescisória, inclusive na Justiça do Trabalho, diz:

> Lamentável é que, na Justiça do Trabalho, se tenha generalizado o erro de impor-se ação rescisória contra simples homologações de conciliação ou acordo, sobrecarregando-se, assim, desnecessariamente, com prejuízo para a prova e ofensa ao princípio da dualidade de instâncias, a pauta dos Tribunais de segundo grau com feitos que, na verdade, pertencem, como simples demandas anulatórias, à competência dos Juízos inferiores, quando deles emanarem as respectivas homologações.[654]

João Oreste Dalazen, afirmando haver nítida diferenciação entre o cabimento da ação anulatória e o da rescisória, e sustentando, ainda, a possibilidade da propositura desta para discutir o alcance e a validade de transação anterior, cita o exemplo de um processo trabalhista no qual se discute a validade de acordo extrajudicial, homologado por sindicato, com base no artigo 500 da CLT,[655] por meio do qual foi rescindido o contrato de trabalho de um empregador estável, que dele deu quitação total em virtude de ter aderido a plano de demissão voluntária encetado pelo empregador. Diz que, em tal caso, nítido é o cabimento da rescisória para atacar a sentença que será proferida no feito.[656]

Sustenta, ainda, que quando o juiz se limitar a simplesmente homologar transação ou conciliação alcançada pelas partes, sem decidir lide alguma, não haverá decisão de mérito e, por conseguinte, descabida será a ação rescisória que se afore contra a decisão homologatória.

Sugere a revisão da Súmula n° 259 do TST, para o efeito de considerar-se cabível a ação anulatória prevista pelo artigo 486 do CPC para impugnar conciliação ou transação meramente homologadas por sentença.[657]

---

[654] LACERDA, Galeno. Ação rescisória e homologação de transação. *Revista Ajuris*, Porto Alegre, n. 14, ano V, p. 43, nov. 1978.

[655] Art. 500 da CLT: "O pedido de demissão do empregado estável só será válido quando feito com a assistência do respectivo Sindicato e, se não o houver, perante autoridade local competente do Ministério do Trabalho ou da Justiça do Trabalho". Em nota ao referido artigo, Valentin Carrion diz que: "é anulável a homologação, judicial ou não, como todo ato de jurisdição voluntária (CPC, art. 486). Os atos judiciais, que não dependem de sentença, ou em que esta for meramente homologatória, podem ser rescindidos como os atos jurídicos em geral, nos termos da lei civil. A via judicial é a reclamação trabalhista". (CARRION, Valentin. *Comentários à Consolidação das Leis do Trabalho*. 32. ed. São Paulo: Saraiva, 2007, p. 414).

[656] DALAZEN, João Oreste. Ação rescisória: descabimento para impugnar sentença homologatória de acordo. *Revista do Tribunal Superior do Trabalho*, n. 66, ano 3, p. 23, jul.-set. 2000. Em sentido da admissibilidade da ação anulatória contra decisão que homologa demissão de empregados estáveis, confira-se José Janguiê Bezerra Diniz (Ação anulatória e a atuação do Ministério Público do Trabalho. *Revista Jurídica Consulex*, n. 165, ano VII, p. 28, nov. 2003).

[657] Ibidem, p. 26. Além dos aspectos pertinentes à existência ou não de apreciação do mérito, o Jurista diz que viabilizar apenas o manejo da ação rescisória contra simples homologação de conciliação ou acordo, além de sobrecarregar desnecessariamente os Tribunais do Trabalho, comprometeria a prova dos fatos, acentuando que, em julgamentos de ação rescisória, dificilmente se chegaria a bom termo quanto à elucidação de alegados vícios de consentimento que teriam maculado a transação, pelas limitações dos Tribunais na produção de prova oral em

Por tudo quanto foi exposto até aqui, e diante da não emissão de qualquer juízo de valor quanto à decisão que homologa acordo e até mesmo pelas dificuldades procedimentais que o manuseio da ação rescisória implicaria, notadamente quanto aos entraves probatórios expostos no Capítulo 4 (concernente à fungibilidade das ações rescisória e anulatória), entendemos correta a opinião exposta por João Oreste Dalazen sobre a necessidade de revisão da Súmula 259 do TST, com a qual concorda Valentin Carrion:

> A sentença não se equipara à conciliação (em sentido contrário, Julian Gonzáles Encabo, *Perspectivas de la Conciliación Judicial*, Madrid). A conciliação é um contrato entre as partes, um negócio jurídico, ontologicamente igual ao que possam celebrar extrajudicialmente (mesmo quando no Direito do Trabalho possa ter eficácia diferente). Não há sentença de transação, mas sentença de homologação para que se extinga a relação processual; a decisão não é sobre o mérito. Nosso Direito Positivo parece ratificar esse entendimento (CPC, art. 486); é verdade que antes o legislador afirmara que se extingue o processo com resolução *de mérito*, quando as partes transigirem (art. 269); mas as coisas são ou não são, independentemente de que alguém, mesmo legislador, o diga; pesam mais os efeitos que a lei dá ao fenômeno e a elaboração doutrinária que a mera frase, e não está nela a cognição do juiz nem ato de sua vontade. Homologada a transação e transcorrido o prazo para recorrer dessa sentença (com força de definitiva), só o despacho formal transita em julgado, pelo que entendemos que, em ação ordinária, poder-se-á discutir o alcance do conteúdo e rescindir o ato jurídico que não constitui coisa julgada; não há lugar para a ação rescisória, pois a CLT apenas lhe dá o valor de sentença (art. 831) para o fim de que se possa executar (art. 876), como se fosse.[658]

Entendemos corretas as opiniões sustentadas por Galeno Lacerda, João Oreste Dalazen, Valentim Carrion e Berenice Soubhie Nogueira Magri,[659] favoráveis à revisão da Súmula 259 do TST e à admissibilidade da ação anulatória para desconstituição de acordos judiciais na Justiça do Trabalho.

Há, contudo, entendimentos divergentes.

Segmentos da doutrina sustentam o cabimento exclusivo da ação rescisória quando a decisão atacada homologar acordo ou transação. Coqueijo Costa afirma que "Particularmente, na Justiça do Trabalho, a preferência pela ação anulatória do art. 486 do CPC levaria a um longo processo de conhecimento (reclamatória comum) cuja coisa julgada material seria, ademais, passível de ação rescisória". Destaca, ainda, que a conciliação judicial seria diferente da transação, pois resulta de atividade obrigatória do juiz na lide, em persecução de um acordo entre as partes, que carece da sua homologação, que pode ser negada se ausentes os

---

tais casos. Sustenta que, admitindo-se a ação anulatória, de competência dos juízos inferiores, de onde emanou a homologação da transação, mais palpáveis seriam as chances de apuração de vícios de consentimento.
[658] CARRION, Velentim. *Comentários à Consolidação das Leis do Trabalho*. 32. ed. São Paulo: Saraiva, 2007, p. 642.
[659] MAGRI, Berenice Soubhie Nogueira. *Ação anulatória – Art. 486 do CPC*. 2. ed. São Paulo: Revista dos Tribunais, 2004, p. 316-318.

pressupostos que impõem o seu deferimento, valendo como título judicial para a execução forçada.⁶⁶⁰

Também Manoel Antônio Teixeira Filho preconiza o acerto do entendimento da Súmula 259 do TST, por ser equivocado pensar-se em ação anulatória de um ato que a lei equipara a sentença irrecorrível.⁶⁶¹

Por outro lado, nos casos de homologação de acordo coletivo judicial por sentença normativa perante Tribunais Regionais do Trabalho ou Tribunal Superior do Trabalho, terá cabimento apenas a ação rescisória, tendo em vista que haverá análise do mérito.

Francisco Antônio de Oliveira, embora sustente que o entendimento sumulado não tem o condão de vincular os Tribunais inferiores, diz não lhe parecer que o inciso VIII do artigo 485 e o artigo 486 tratem da mesma matéria, conforme posicionamento já citado no item 5.1.⁶⁶²

Mencionamos, ainda, artigo elaborado por Juliano Alves dos Santos Pereira, preconizando haver diferença entre os acordos realizados em audiência e os entabulados fora dela, simplesmente levados a juízo para homologação. Conclui o articulista pelo cabimento, em tais casos, da ação anulatória, na medida em que não há análise do mérito posto discussão.⁶⁶³

Contudo, mesmo na Justiça do Trabalho, certos atos judiciais aos quais se segue decisão meramente homologatória podem ser anulados pela ação prevista no artigo 486 do CPC, como é o caso da arrematação que não tenha sido atacada por embargos. Afinal, na hipótese ora suscitada não haveria decisão de mérito que pudesse dar azo à propositura de ação rescisória.

Mencionamos acórdão que entendeu pelo cabimento da ação anulatória e não da ação rescisória em caso de decisão que desconstituiu carta de arrematação:

> AÇÃO RESCISÓRIA. DESCONSTITUIÇÃO DE CARTA DE ARREMATAÇÃO. NÃO-CABIMENTO. IMPOSSIBILIDADE JURÍDICA DO PEDIDO. HIPÓTESE DE AÇÃO ANULATÓRIA. Inviável o caminho da ação rescisória para obtenção de um pronunciamento judicial no sentido de desconstituir carta de arrematação, porquanto esta se constituiu mero ato processual, não possuindo carga declaratória alguma, não formando, via de conseqüência, coisa julgada. A carta de arrematação não é decisão de mérito, mas, isso sim, mera decisão homologatória, podendo ser desconstituída via ação anulatória, da mesma forma que os demais atos jurídicos, consoante o disposto no artigo 486 do Código de Processo Civil. Ante

---

⁶⁶⁰ COSTA, Coqueijo. *Ação rescisória*. 5. ed. São Paulo: LTr, 1987, p. 78.

⁶⁶¹ TEIXEIRA FILHO, Manoel Antônio. *Ação rescisória no processo do trabalho*. 3. ed. São Paulo: LTr, 1991, p. 268-269.

⁶⁶² OLIVEIRA, Francisco Antônio de. *Ação rescisória, enfoques trabalhistas (doutrina, jurisprudência e súmulas)*. São Paulo: Revista dos Tribunais, 1992, p. 215.

⁶⁶³ PEREIRA, Juliano Alves dos Santos. Desconstituição da homologação de acordos extrajudiciais: ação anulatória ou ação rescisória? *Revista LTr*, v. 66, n. 12, p. 1469/1476, dez. 2002.

a impossibilidade jurídica do pedido, extingue-se o processo, sem resolução de mérito, com base no artigo 267, inciso VI, do Código de Processo Civil.[664]

Nesse sentido, aliás, o Tribunal Superior do Trabalho editou a Súmula nº 399, cujo verbete diz que "É incabível ação rescisória para impugnar decisão homologatória de adjudicação ou arrematação". Lembramos que o artigo 889 da CLT diz que "Aos trâmites e incidentes do processo da execução são aplicáveis, naquilo em que não contravierem ao presente Título, os preceitos que regem o processo dos executivos fiscais para a cobrança judicial da dívida ativa da Fazenda Pública Federal".[665]

O julgado referido acima afastou, inclusive, a possibilidade de recebimento da ação rescisória indevidamente proposta como se anulatória fosse, pois o Tribunal seria incompetente para processá-la e julgá-la, consoante o entendimento jurisprudencial cristalizado na OJ nº 129 da SDI-2 do TST: "Ação Anulatória. Competência originária. Em se tratando de ação anulatória, a competência originária se dá no mesmo juízo em que praticado o ato supostamente eivado de vício".

---

[664] PORTO ALEGRE. Tribunal Regional do Trabalho da Quarta Região. Ação Rescisória n. 02724-2005-000-04-00-9, 2ª Seção de Dissídios Individuais. Relatora: Juíza Ana Rosa Pereira Zago Sagrilo. Julgado em: 26.02.2007. Disponível em: <www.trt4.gov.br>. Acesso em: 23 dez. 2007. Extrai-se do voto condutor: "No caso *sub examine*, não há falar em decisão de mérito atacada pelos autores. O ato judicial a ser desconstituído, segundo a exordial, é a carta de arrematação. E contra esse ato, os ora autores, na condição de terceiros interessados, poderiam ter intentado os competentes embargos de terceiro, mas assim preferiram não agir, consoante se depreende da manifestação lançada à fl. 04, nos seguintes termos:... Logo, ao "preferirem" os autores a via da ação cível tendo como objeto o direito de preempção, fizeram a opção pela não-busca da desconstituição do ato judicial consubstanciado na carta de arrematação. Não houve pretensão alguma a respeito de alguma decisão de mérito quanto à arrematação havida, já que não se valeram dos embargos de terceiro. Nessa linha, inexistindo mérito no ato atacado, não há falar em aplicabilidade da ação rescisória ora intentada... Portanto, na linha de entendimento das lições aqui retratadas, embora reconheça-se a existência de irregularidades nos atos que deram origem à Carta da Arrematação, tem-se como inviável o caminho da ação rescisória para obtenção de um pronunciamento judicial no sentido de desconstituir carta de arrematação, porquanto esta se constitui mero ato processual, não possuindo carga declaratória alguma, não formando, via de conseqüência, coisa julgada. A carta de arrematação não é decisão de mérito, mas, isso sim, mera decisão homologatória, podendo ser desconstituída via ação anulatória, da mesma forma que os demais atos jurídicos, consoante o disposto no artigo 486 do Código de Processo Civil".

[665] Nº 399. AÇÃO RESCISÓRIA. CABIMENTO. SENTENÇA DE MÉRITO. DECISÃO HOMOLOGATÓRIA DE ADJUDICAÇÃO, DE ARREMATAÇÃO E DE CÁLCULOS (conversão das Orientações Jurisprudenciais nºs 44, 45 e 85, primeira parte, da SBDI-2) – Res. 137/2005, DJ 22, 23 e 24.08.2005. I – É incabível ação rescisória para impugnar decisão homologatória de adjudicação ou arrematação. (ex-OJs nºs 44 e 45 da SBDI-2 – inseridas em 20.09.2000). II – A decisão homologatória de cálculos apenas comporta rescisão quando enfrentar as questões envolvidas na elaboração da conta de liquidação, quer solvendo a controvérsia das partes quer explicitando, de ofício, os motivos pelos quais acolheu os cálculos oferecidos por uma das partes ou pelo setor de cálculos, e não contestados pela outra. (ex-OJ nº 85 da SBDI-2 – primeira parte – inserida em 13.03.02 e alterada em 26.11.2002). Menciona-se, a propósito, julgado que entendeu haver impossibilidade jurídica do pedido em ação por meio da qual se pretendia 'rescindir' carta de arrematação, sustentando que "a carta de arrematação é mero ato processual e, portanto, não constitui decisão de mérito apta ao corte rescisório, já que não faz coisa julgada, à luz do item I da Súmula 399 do TST, razão pela qual poderia ser desconstituída via ação anulatória, nos termos do art. 486 do CPC (fls. 496-506)." (BRASÍLIA. Superior Tribunal do Trabalho, Subseção II Especializada em Dissídios Individuais do Tribunal Superior do Trabalho. ROAR – 2724/2005-000-04-00. Relator: Ministro Ives Gandra Martins Filho. Julgado em: 21/08/2007, *D.J.U*, de 14 novembro. 2007).

Por fim, relembramos que, em regra, os acordos coletivos judiciais que tenham sido homologados por sentença normativa perante Tribunal Regional ou pelo Tribunal Superior do Trabalho podem ser desconstituídos mediante o emprego da ação rescisória.[666]

Em síntese, embora discordemos da orientação já sumulada pelo Tribunal Superior do Trabalho, a ação anulatória não tem cabimento na Justiça do Trabalho quando se buscar a desconstituição de decisão homologatória de transação. Trata-se, em que pesem nossas ressalvas, de entendimento que deve ser respeitado enquanto viger.

Isso, entretanto, não afasta o cabimento da ação anulatória no âmbito da Justiça do Trabalho nos casos de adjudicação e arrematação.

5.9. Juizados Especiais

Os Juizados Especiais, Cíveis e Federais, são atualmente regidos pelas Leis 9.099, de 26/09/1995 e 10.259, de 12/07/2001, respectivamente. Nos processos de suas competências, o Código de Processo Civil somente incidirá nos casos de omissão legislativa e quando houver consonância entre o instituto pretendido aplicar e os princípios orientadores dos juizados especiais.

No próprio âmbito do processo civil ordinário, regido pelo Código, as normas estabelecidas pelo Livro I, dedicado ao processo de conhecimento (arts. 1º a 565) aplicam-se subsidiariamente ao executivo (art. 598) e ao cautelar. As disposições que se destinam ao procedimento ordinário (arts. 282 e subsequentes) impõem-se também ao rito sumário, aos procedimentos especiais e, em certa medida, ao processo de execução, ao monitório e cautelar.

Não fosse assim, cada lei processual especial necessitaria de um Código próprio, contendo regras sobre partes, legitimidade, representação, atos processuais, formas, etc., o que seria absurdo. A afirmação é de Cândido Rangel Dinamarco, que diz também que as regras contidas no Código sobre isso apenas não se aplicarão aos Juizados Especiais quando houver na Lei Especial alguma disposição

---

[666] Coqueijo Costa diz que: "A Instrução Normativa n. I do TST, que regula o procedimento na ação coletiva, declara incompetente a Justiça do Trabalho "para homologação de acordos coletivos extrajudiciais" *contrario sensu*, o acordo coletivo judicial, intercorrente na ação coletiva, que for homologado pelo Pleno do Tribunal Regional do Trabalho ou do Tribunal Superior do Trabalho, em sentença coletiva, é rescindível por ação rescisória, como o é a sentença proferida no dissídio coletivo, pois ela faz coisa julgada material, como o fazem as decisões que contêm, implícita, a cláusula *rebus sic stantibus*. E o acórdão que homologa vale como sentença coletiva." (COSTA, Coqueijo. *Ação rescisória*. 5. ed. São Paulo: LTr, 1987, p. 86). Em sentido contrário, mesmo reconhecendo tratar-se de entendimento minoritário, José Janguiê Bezerra Diniz afirma ser cabível a ação anulatória proposta pelo Ministério Público visando à anulação de cláusulas de convenções e acordos coletivos que abordem contribuições confederativas e assistenciais ou qualquer outro requisito ou pressuposto de validade que invalide tal negócio jurídico. (DINIZ, José Janguiê Bezerra. Ação anulatória e a atuação do Ministério Público do Trabalho. *Revista Jurídica Consulex*, n. 165, ano VII, p. 34, nov. 2003).

que as derrogue, ou quando forem incompatíveis com o espírito e com o sistema do juizado.[667]

O artigo 59 da Lei 9.099, de 26/09/1995, veda a ação rescisória nas causas sujeitas ao procedimento por ela instituído, ao determinar que *"não se admitirá ação rescisória nas causas sujeitas ao procedimento instituído por esta Lei"*. A Lei 10.259/01, embora silencie quanto ao ponto, diz, em seu artigo 1º, que a Lei 9.099/95 tem aplicação subsidiária no que não conflitar com a nova norma.

O citado artigo 59 reproduz literalmente o teor do artigo 57 da revogada Lei 7.244/84.

Embora a disposição receba críticas da doutrina,[668] entendemos que tal objeção não afasta o cabimento da ação anulatória prevista no artigo 486, diante do que dispõe o artigo 3º da Lei nº 9.099/95:

> Art. 3º O Juizado Especial Cível tem competência para conciliação, processo e julgamento das causas cíveis de menor complexidade, assim consideradas:
> I – as causas cujo valor não exceda a quarenta vezes o salário mínimo;
> II – as enumeradas no art. 275, inciso II, do Código de Processo Civil;
> III – a ação de despejo para uso próprio;
> IV – as ações possessórias sobre bens imóveis de valor não excedente ao fixado no inciso I deste artigo.
> [...]
> § 2º Ficam excluídas da competência do Juizado Especial as causas de natureza alimentar, falimentar, fiscal e de interesse da Fazenda Pública, e também as relativas a acidentes de trabalho, a resíduos e ao estado e capacidade das pessoas, ainda que de cunho patrimonial.

Joel Dias Figueira Júnior, ao tratar do cabimento da ação anulatória no âmbito dos Juizados Especiais Cíveis, reconhece seu cabimento, afirmando que:

> [...] a solução do problema posto encontra-se no ajuizamento de ação anulatória (ou declaratória de inexistência de ato jurisdicional, ou, de inexistência de relação jurídica, ou, simplesmente, ação anulatória ou ação de nulidade) de sentença ou acórdão, desde que preenchidos os seus requisitos específicos, os quais permitem reavaliar todas essas

---

[667] DINAMARCO, Cândido Rangel. *Manual dos juizados cíveis*. 2. ed. São Paulo: Malheiros, 2001, p. 27.
[668] NERY JÚNIOR, Nelson; NERY, Rosa Maria de Andrade. *Código de Processo Civil comentado e legislação extravagante*. 9. ed. São Paulo: Revista dos Tribunais, 2006, p. 1245) sustentam: "Ação Rescisória. Sugestão de *lege ferenda*. Com a possibilidade de haver falha nas decisões dos juizados e das turmas recursais, aliado ao fato de não ser admissível o REsp (STJ 203), seria de todo conveniente que fosse revogado esse dispositivo, permitindo-se o ajuizamento da ação rescisória, nos casos do CPC 485. O Congresso Nacional perdeu a oportunidade de fazê-lo, quando aprovou a LJFed que, no particular, é omissa. Contudo, a LJFed 1º manda aplicar aos juizados especiais federais, naquilo que não conflitar, os dispositivos da JLE...". Joel Dias Figueira Júnior alerta no sentido de que, quando se proceder à reforma da Lei 9.099/95, o que afirma de há muito se exigir, o legislador se sensibilize e modifique a redação do artigo 39 (FIGUEIRA JÚNIOR, Joel Dias. *Manual dos Juizados Especiais Cíveis estaduais e federais*. São Paulo: Revista dos Tribunais, 2006, p. 294).

questões independentemente do prazo de dois anos estabelecido para a rescisória no CPC...[669 670]

A questão, contudo, não é pacífica.

Felipe Borring Rocha, mesmo reputando absurda a vedação da ação rescisória nos Juizados Especiais e sustentando ser inconstitucional o artigo 59 da Lei 9.099/95, sugere que a admissibilidade deveria ocorrer com prazo menor que o regulado pelo Código, prestigiando a celeridade preconizada pelos princípios norteadores dos juizados. Diz que, nesses casos, seria cabível o mandado de segurança, da mesma forma que, segundo seu entendimento, o *mandamus* seria admissível contra as decisões interlocutórias. Quanto à ação anulatória, afirma que "a proibição à utilização da ação rescisória não deixa margem à admissibilidade da ação anulatória, sob pena de se estar operando verdadeira burla à lei. Ademais, a ação anulatória teria que ser julgada pelo próprio juizado, o que foge às suas competências".[671]

Entretanto, entendemos que o fato de a Lei vedar o cabimento da ação rescisória não implica tenha vedado também a possibilidade de propositura da ação anulatória, justamente pelas consideráveis diferenças existentes entre ambas.

Ademais, a ação anulatória não segue, em hipótese nenhuma, o procedimento da ação rescisória. Seu procedimento é o comum e seu ajuizamento ocorre em primeira instância, ao passo que a rescisória pode ser proposta apenas perante os Tribunais. Ainda, a ação anulatória pode ser aforada antes de julgado o processo principal, suspendendo-o em alguns casos, ainda que já em fase de execução.[672]

Portanto, a inexistência de vedação expressa (como ocorre com a rescisória) pela Lei 9.099/95 permite a aplicação supletiva do artigo 486 do CPC aos Juizados Especiais.

Citamos caso em que a Turma Recursal rejeitou recurso manejado contra decisão que homologou acordo judicial na audiência conciliatória, com base no artigo 41 da Lei 9.099/95, que veda a interposição de recurso inominado da sentença homologatória de acordo. Afirmou o recorrente que entabulou a transação por pressão do conciliador, que havia esclarecido que, caso fosse inexitoso o acordo, a máquina de lavar, objeto de busca e apreensão em favor do autor, retornaria para

---

[669] FIGUEIRA JÚNIOR, Joel Dias. *Manual dos Juizados Especiais Cíveis estaduais e federais*. São Paulo: Revista dos Tribunais, 2006, p. 295. Embora a lição corrobore nossa posição pelo cabimento da ação anulatória prevista no artigo 486 do CPC nos Juizados Especiais, ressalvamos, aqui, nossa discordância com a forma como o Autor a ela se refere como ação anulatória de sentença ou acórdão, ou declaratória de inexistência de ato jurisdicional, na medida em que o dispositivo se refere a atos das partes.

[670] Humberto Theodoro Júnior faz referência apenas à admissibilidade da ação ordinária de nulidade, à qual se refere como querela nullitatis, quando restar configurada a sentença nula *ipso iure* ou a sentença inexistente (THEODORO JÚNIOR, Humberto. *Curso de direito processual civil*. 31. ed. Rio de Janeiro: Forense, 2003, v. III, p. 443).

[671] ROCHA, Felippe Borring. *Juizados Especiais Cíveis. Aspectos polêmicos da Lei n. 9.099, de 26/09/1995*. 4. ed. Rio de Janeiro: Lumen Juris, 2005, p. 258.

[672] MAGRI, Berenice Soubhie Nogueira. *Ação anulatória – Art. 486 do CPC*. 2. ed. São Paulo: Revista dos Tribunais, 2004, p. 163.

a requerida. A inconformidade não foi conhecida, ao argumento de que o acordo, após a homologação, quando se torna título executivo, é irretratável e que, em caso de vício do consentimento, deve a parte que se sinta prejudicada promover a competente ação anulatória, já que não cabe ação rescisória no Juizado:

> Recurso contra acordo devidamente homologado. Não-conhecimento. Art. 41 da Lei 9.099/95.
>
> Da sentença, excetuada a homologatória de conciliação ou laudo arbitral, caberá recurso para o próprio Juizado (art. 41 da L. 9.099/95). Assim, porque inviável o recurso contra a sentença homologatória de acordo e porque descabida ação rescisória no Juizado, deve a parte que se sentir prejudicada promover a competente ação anulatória.
>
> Recurso não conhecido.[673]

Noutro caso, foi admitida a propositura de ação anulatória de arrematação com base no artigo 486 do CPC, desconstituindo-se sentença monocrática que extinguira o feito por impossibilidade jurídica do pedido:

> Ação anulatória da arrematação. Possibilidade jurídica do pedido. Desconstituição da sentença que indeferiu a petição inicial.
>
> Não se mostra juridicamente impossível a ação de anulação da arrematação. Consoante jurisprudência do STJ, juridicamente possível pretender-se a anulação da arrematação por alegação de nulidade do edital.[674]

Noutros casos, se vêem tentativas de se propor ação de nítido cunho rescisório, com o nome de *"anulatória de sentença"*, como forma de burlar o disposto no artigo 59 da Lei dos Juizados Especiais Cíveis. Mencionamos, a propósito, ementa de julgado relatado pelo Prof. Dr. Eugênio Facchini Neto, que bem sintetiza as razões pelas quais a ação prevista no artigo 485 do CPC é vedada no microssistema dos Juizados Especiais:

---

[673] PORTO ALEGRE. Turmas Recursais do Juizado Especial Cível. 3ª Turma Recursal. *Recurso ordinário n. 71001160274*. Relatora: Juíza Maria José Schmitt Sant Anna. Julgado em: 19.07.2007. Disponível em: <www.tj.rs.gov.br>. Acesso em: 18 nov. 2007.

[674] PORTO ALEGRE. Turmas Recursais do Juizado Especial Cível. 1ª Turma Recursal. *Recurso ordinário n. 71000490045*. Relator: Juiz Ricardo Torres Hermann. Julgado em: 15.04.2004. Disponível em: <www.tj.rs.gov.br>. Acesso em: 18 nov. 2007. Transcreve-se o voto: "Cuida-se de ação anulatória da arrematação, sob o fundamento de que se teria verificado a nulidade do único edital publicado para a realização das praças, bem como pelo fato de que o imóvel arrematado seria impenhorável, porque protegido pela Lei de Impenhorabilidade do bem de família. Na forma do disposto no art. 486, do Código de Processo Civil, os atos judiciais que não dependam de sentença ou em que esta for meramente homologatória, podem ser rescindidos, como os atos jurídicos em geral, nos termos da lei civil. Em vista deste preceito legal, vem o Supremo Tribunal Federal e Superior Tribunal de Justiça admitindo o cabimento da ação anulatória da arrematação. Nesse sentido (RTJ 113/1.085, 114/246, STF-RT 590/258, maioria; RSTJ 72/69, 82/203, 83/239, 149/36. In: NEGRÃO, Theotonio. *CPC e Legislação processual em vigor*. 35. ed. Cidade: Editora, ano, art. 486, nota 3, p. 513). Assim sendo, em que pese pudesse a nulidade da publicação do edital ter sido suscitada nos autos da própria ação execução, uma vez ultimada a arrematação e escoado o prazo de oposição dos respectivos embargos, apenas através da presente ação anulatória poderia ser discutida eventual nulidade verificada nos atos concernentes à arrematação. Em face do exposto, voto no sentido de dar-se provimento ao recurso, para o fim de desconstituir a sentença, determinando o processamento da ação anulatória."

AÇÃO ANULATÓRIA DE SENTENÇA TRANSITADA EM JULGADO. IMPOSSIBILIDADE JURÍDICA. MANUTENÇÃO DA SENTENÇA QUE EXTINGUIU O PROCESSO SEM JULGAMENTO DO MÉRITO, POR SEUS PRÓPRIOS FUNDAMENTOS. RECURSO DESPROVIDO.

A ação anulatória de sentença, por alegada nulidade da mesma, preenche as funções de uma verdadeira ação rescisória. Havendo expressa vedação do manejo de rescisória no âmbito dos juizados especiais, ex vi do art. 59 da Lei 9.099/95, por óbvio que tal proibição abrange também as ações anulatórias substitutivas de rescisórias. Precedente das Turmas Recursais Cíveis (Recurso Inominado nº 71000680058, relatado pela Dra. Mylene Maria Michel, j. em 06.07.05)

Em sede de juizados especiais, a disciplina legislativa do sistema privilegia o valor celeridade e informalidade, em detrimento, muitas vezes, do valor da busca da decisão mais justa possível. Isso é evidenciado pela menor possibilidade de produção de provas e pela redução do número de recursos cabíveis.

Eventuais falhas, erros, e injustiças, que tal opção propicia, são compensados pela mais rápida solução definitiva dos litígios.

Cabe inicialmente aos próprios interessados zelar pela boa prestação da justiça, apresentando argumentação adequada, provas pertinentes e interpondo o recurso cabível. Deixando a parte de assim agir, não pode se queixar da inexistência do remédio excepcional de rescisórias ou anulatórias.

De qualquer sorte, as nulidades mais relevantes ainda poderão ser argüidas em sede de embargos à execução, nas hipóteses previstas em lei.[675]

Entendemos que nos Juizados Especiais, mesmo sendo inadmissível a ação rescisória, por força de disposição expressa contida no artigo 59 da Lei 9.099/95, é cabível a ação anulatória prevista no artigo 486 do CPC para desconstituição de atos judiciais que não dependam de sentença ou seguidos de sentença meramente homologatória, por todas as razões que diferenciam esta ação daquela prevista no artigo 485 do Código, concernentes aos requisitos para a propositura, ao prazo e à competência para processamento e julgamento.

Além disso, o fato de a Lei dos Juizados Especiais vedar, em seu artigo 41, a possibilidade de interposição de recurso contra decisões homologatórias de acordo, não pode retirar da parte a possibilidade de insurgência contra eventual vício previsto no direito material que possa dar ensejo à anulação da conciliação encetada.

A assertiva tem amparo na doutrina de Luiz Fernando Silveira Netto, que diz que a irrecorribilidade da sentença homologatória não é suficiente para afastar o cabimento da ação anulatória, para a qual será competente o próprio juízo no qual foi praticado o ato pretendido anular. Embora o Autor reconheça ser a questão

---

[675] PORTO ALEGRE. Turmas Recursais do Juizado Especial Cível. 3ª Turma Recursal. *Recurso ordinário n. 71000982215*. Relator: Juiz Eugênio Facchini Neto. Julgado em: 20.06.2006. Disponível em: <www.tj.rs.gov.br>. Acesso em: 18 nov. 2007.

controvertida, afirma não se poder prestigiar vício de vontade acobertado por ato processual, o que não é o fim visado pela tutela jurisdicional.[676]

Por fim, o entendimento aqui sustentado tem aplicabilidade também nos Juizados Especiais Federais, regulados pela Lei nº 10.259, de 12 de julho de 2001, cujo artigo 1º determina a aplicação subsidiária da Lei nº 9.099/95.

---

[676] SILVEIRA NETTO, Luiz Fernando. *Juizados Especiais Federais Cíveis*. Belo Horizonte: Del Rey, 2005, p. 339-340.

Conclusões principais

Após a análise da doutrina e dos precedentes jurisprudenciais concernentes à ação anulatória e ao artigo 486 por nós analisados, chegamos às seguintes conclusões principais:

1. A ação anulatória visa à anulação de atos praticados no processo, aos quais não há necessidade de se seguir decisão alguma, ou então se segue decisão homologatória, que lhes confira eficácia sentencial. Por isso, não são objeto da ação anulatória as sentenças de mérito, que podem ser desconstituídas por ação rescisória, mas os atos de disponibilidade das partes que implicam encerramento do processo em face das sentenças que os homologam.

2. A ação anulatória tem seus fundamentos nos vícios do direito material e nas causas de anulabilidades comuns aos negócios jurídicos, ao contrário da ação rescisória, cujas hipóteses de cabimento encontram-se nos incisos do artigo 485 do CPC e na qual se julga o próprio "julgamento anterior", como ato jurisdicional imperfeito.

3. Nos casos em que for proferida sentença *meramente homologatória*, a ação anulatória atingirá diretamente o ato das partes, e não uma decisão judicial, não se tratando de forma direta de ataque ao ato sentencial, mas sim de impugnação reflexa, pois visa à desconstituição do ato praticado pelas partes em juízo e homologado por sentença que não julgue o mérito.

4. Os atos anuláveis são aqueles praticados pelas partes, devendo a expressão "judiciais" ser entendida no sentido de terem sido praticados em juízo ou a ele sido trazidos para homologação. Assim, não estão abarcados pela ação anulatória atos judiciais como a sentença e as decisões interlocutórias, porquanto sujeitos às vias recursais, e até mesmo a outras vias autônomas de impugnação.

5. A ação anulatória é ação autônoma de impugnação da sentença *meramente homologatória*, e não um recurso, por não haver sequência na relação jurídica processual em que o ato processualizado foi praticado. Desenvolve-se em processo distinto daquele em que foi realizado o ato pretendido anular. A propositura da ação anulatória pode ocorrer antes mesmo da prolação da sentença e, por conseguinte, de gerada a coisa julgada formal.

6. A redação do artigo 486 possui quatro imprecisões terminológicas, compreendidas nas expressões *"atos judiciais"*, *"meramente homologatória"*, *"rescindidos"* e *"lei civil"*.

A primeira delas consiste na expressão *"atos judiciais"*, que se refere, em verdade, aos atos praticados pelas partes em juízo ou trazidos pelas partes para o processo. Os "atos judiciais que não dependem de sentença" aos quais se refere o texto da Lei, considerados atos processuais pelo artigo 158 do CPC, são atos jurídicos praticados pelas partes em juízo, ou em lugar das partes em juízo, e serão sempre regulados pelo direito material. Tais atos envolvem declaração de vontade das partes.

A segunda imprecisão conceitual contida na redação do artigo 486 do CPC consiste no vocábulo *"meramente homologatória"*, como predicado atribuído àquela sentença por meio da qual o ato homologado é examinado somente no seu tegumento formal e externo, ou seja, no tocante às formalidades exteriores das quais deve revestir-se para o juiz proferir a homologação, sem análise ou emissão de juízo sobre o mérito.

A terceira imprecisão terminológica está na palavra *"rescindidos"*, que significa, na realidade, *"anulados"*, como forma de diferenciar os atos praticados pelas partes e que não dependem de sentença homologatória dos atos praticados fora do processo, também passíveis de anulação, mas exclusivamente com base no direito material.

A quarta imprecisão terminológica está representada pela expressão *"lei civil"*, que, na verdade, significa direito material, privado ou público, que se refira ao ato jurídico em exame para a rescindibilidade.

7. A demanda prevista no artigo 486 do CPC é ação constitutiva negativa, pois se invalidam, ao mesmo tempo, o ato processual e o ato de direito material que nele está inserido.

8. Não é questão relativa ao direito processual, mas sim ao direito material saber quando serão anuláveis por meio da ação anulatória os atos que não dependem de sentença ou chancelados por sentença meramente homologatória. É necessário saber-se a natureza do ato judicial e se este está eivado de vício de nulidade nos termos do direito material.

9. O rol dos legitimados para o ajuizamento da ação anulatória decorre do direito material, não correspondendo, necessariamente, ao dos que detém legitimidade para propor a ação rescisória constante do artigo 487 do CPC.

10. O prazo para a propositura da ação anulatória é prescricional, porquanto ditado pelo direito material, não guardando qualquer relação com o prazo decadencial estabelecido no artigo 495 para oferecimento da ação rescisória.

11. Diante da inexistência de previsão em sentido contrário, o procedimento da ação anulatória é o comum (artigo 271 do CPC), ordinário ou sumário, confor-

me o valor atribuído à causa (art. 275, inc. I, do CPC), ou então aquele previsto nas Leis que regulam os Juizados Especiais.

12. A competência para processar e julgar a ação anulatória é, normalmente, do juiz de primeiro grau, perante o qual se praticou o ato pretendido anular.

13. A decisão que decreta a procedência da ação anulatória tem natureza constitutiva negativa, pois desconstituirá o ato judicial, nos termos do direito material, sem que outro provimento seja emitido. Julgada improcedente, contudo, a decisão terá natureza declaratória negativa.

14. Não é possível, com base no princípio da "fungibilidade", admitir-se o uso da ação rescisória ao invés da ação anulatória, pois os dois institutos são bastante diferentes em seu objeto, pedido, causa de pedir, rito, prazo, pressupostos de admissibilidade, legitimidade e competência, de sorte que a ação prevista no artigo 485 do CPC não poderá jamais ser proposta em lugar da regulada pelo artigo 486.

15. A confissão e o reconhecimento jurídico do pedido não se confundem. Ocorrendo confissão viciada por erro, dolo ou coação, a ação rescisória somente terá cabimento com base no inciso VIII do artigo 485 do CPC se, nos termos do inciso II do artigo 352 do mesmo Diploma Legal, se constituir o único fundamento no qual se embasou a sentença. Em tais hipóteses, a ação anulatória somente será admissível, nos termos do inciso I do artigo 352 do CPC, antes do trânsito em julgado da sentença. Após, apenas terá cabimento a ação rescisória, diante da prolação de decisão de mérito.

16. Nos casos de decisão que se limitar a homologar pedido de desistência da ação, sem renúncia ao direito material no qual se funda a pretensão, cabível será a ação anulatória prevista no artigo 486 do CPC, e não a ação rescisória, porquanto ausente o enfrentamento do mérito da causa.

17. No que diz respeito à transação, entendemos não haver incompatibilidade entre os artigos 485, inciso VIII, e 486 do CPC, por tratarem de hipóteses diversas. Será cabível a ação anulatória nos casos em que o juiz apenas homologar o ato processual de encerramento do processo quando as partes transacionarem, pois, em tais hipóteses, o que poderá ser objeto de rescisão não é a sentença homologatória, mas sim o ato jurídico que ela formalizou em juízo e que, preexistindo-lhe, existiria mesmo sem ela. Já a ação rescisória será adequada, se proposta com base no inciso VIII do artigo 485 do CPC, quando o Poder Judiciário tiver de adentrar ao cerne da transação que já preexistia à demanda que surgir da inadimplência de uma das partes, pois a sentença não será "meramente homologatória", diante da necessidade de enfrentamento do mérito da transação preexistente para dizer de sua validade ou não.

18. Nos casos de partilha amigável, nos quais a sentença é meramente homologatória, se houver algum vício na decisão de homologação, em si mesma, ocorrerá extinção do processo sem resolução do mérito, sem formação de coisa

julgada material, não cabendo, por conseguinte, ação rescisória, e sim ação anulatória. Contudo, sendo judicial a partilha, se a sentença padecer de algum vício previsto nos artigos 485 ou 1.030 do CPC, adequada será sua desconstituição por meio de ação rescisória.

19. Nos procedimentos especiais de jurisdição voluntária, não há lide nem partes, não se instaurando, assim, contraditório. Os atos decisórios proferidos pelo juiz no seu exercício não se identificam, na essencialidade, com aqueles que, no processo contencioso, versam sobre o mérito da causa. Portanto, havendo vício de direito material no ato processualizado, há possibilidade de sua desconstituição por ação anulatória. Sendo esta julgada procedente, a sentença, via reflexa, se esvaziará.

20. Nos casos de separação consensual, a atividade de homologação que o juiz desempenha é semelhante à do tabelião nas escrituras públicas, não formando coisa julgada material, dando ensejo, assim, à propositura de ação anulatória. Contudo, a sentença proferida em separação litigiosa, por abarcar enfrentamento de mérito, somente poderá ser rescindida através de ação rescisória.

21. Do mesmo modo que os acordos judiciais, também os extrajudiciais, antes passíveis de homologação apenas perante os Juizados Especiais, passaram a sê-lo também na Justiça Comum. Embora não haja no CPC procedimento específico para a homologação do acordo extrajudicial, é aplicável o disposto nos artigos 1.103 e seguintes, por se tratar de procedimento de jurisdição voluntária, na medida em que as partes já terão realizado um ato de composição prévio da lide, nada tendo o juiz a decidir, apenas controlando a validade do acordo realizado. Transitada em julgado, a sentença de homologação poderá ser desconstituída através da ação anulatória prevista no artigo 486.

22. As decisões homologatórias de adjudicação, alienação por iniciativa particular e arrematação podem ser impugnadas por meio da ação anulatória, como os atos jurídicos em geral. Contudo, em tais hipóteses, esta ação somente terá cabimento caso não tenha sido proferida sentença de mérito em embargos à arrematação ou adjudicação. Em tendo estes sido aforados e rejeitados, somente terá cabimento a ação rescisória, nas hipóteses previstas no artigo 485 e seus incisos, na medida em que haveria pronunciamento de mérito sobre a questão.

23. A sentença prevista no artigo 794 do CPC, que decreta a extinção da execução, poderá ser atacada por ação anulatória, e não por ação rescisória, porquanto homologatória, não dando ensejo, por isso, à formação de coisa julgada material.

24. Por não haver, em regra, coisa julgada material no processo cautelar, é cabível a ação anulatória prevista no artigo 486 do Código de Processo Civil, pois algum ato praticado pelas partes pode estar viciado de nulidade, o que autorizaria sua desconstituição, nos termos da lei civil.

25. Nos processos de falência, é cabível ação anulatória nos casos em que são praticados atos de jurisdição voluntária, como a nomeação do síndico, a apro-

vação de contratos com contadores e avaliadores e as providências tendentes à conservação da massa falida.

26. Na Justiça do Trabalho, a Súmula 259 do TST não admite a anulação de transação homologada em juízo, dizendo ser esta dependente de ação rescisória. Contudo, a ação anulatória tem cabimento nos casos de pretensão à desconstituição de atos judiciais que não dependam de sentença, como a arrematação, por exemplo.

27. Tem cabimento a ação anulatória no microssistema dos Juizados Especiais, sejam Estaduais, sejam Federais, para desconstituição de atos judiciais que não dependam de sentença ou seguidos de sentença meramente homologatória, mesmo sendo inadmissível a ação rescisória.

Referências

ALTEMANI, Nelson. Rescisão de transação homologada em juízo. *Revista dos Tribunais*, São Paulo, n. 577, ano 72, 299-303, nov. 1983.

ALVARO DE OLIVEIRA, Carlos Alberto (Coord.). *A nova execução – Comentários à Lei n. 11.232, de 22 de dezembro de 2005*. Rio de Janeiro: Forense, 2006.

ALVIM, Thereza. Notas sobre alguns aspectos controvertidos da ação rescisória. *Revista de Processo*, São Paulo, n. 39, ano X, p. 7-15, jul.-set. 1985.

AMARAL, Francisco. *Direito civil. Introdução*. 5. ed. rev. atual. e aum. de acordo com o novo Código Civil. Rio de Janeiro: Renovar, 2003.

AMERICANO, Jorge. *Comentários ao Código de Processo Civil. Arts. 675 a 807*. 2. ed. São Paulo: Saraiva, 1960. 3. v.

——. Estudo theorico e pratico da acção rescisoria dos julgados no direito brasileiro. 3. ed. Correcta e Augmentada. São Paulo: Saraiva & Comp., 1936.

ARRUDA ALVIM NETTO, José Manoel de. *Manual de direito processual civil*. 10. ed. São Paulo: Revista dos Tribunais, 2006. 1. v.

ASSIS, Araken de e MALACHINI, Edson Ribas. *Comentários ao Código de Processo Civil, vol. 10:* do processo de execução, arts. 736 a 795 (Coordenação de Ovídio A. Baptista da Silva). São Paulo: Revista dos Tribunais, 2001.

——. *Manual da execução*. 10. ed. São Paulo: Revista dos Tribunais, 2006.

——. *Cumprimento da sentença*. São Paulo: Revista dos Tribunais, 2006.

——. *Manual da execução*. 11. ed. São Paulo: Revista dos Tribunais, 2007.

——. *Manual dos recursos*. São Paulo: Revista dos Tribunais, 2007.

AZEVEDO, Álvaro Villaça de. *Código Civil comentado:* negócio jurídico, atos jurídicos lícitos, atos ilícitos: artigos 104 a 188. Coordenador Álvaro Villaça de Azevedo. São Paulo: Atlas, 2003. v. II.

BAPTISTA DA SILVA, Ovídio Araújo. Sobrevivência da *querela nullitatis*. Revista Forense, n. 333, ano 92, p. 115-122, jan.-fev.-mar. 1996.

——. *Curso de processo civil, vol. I. Processo de conhecimento*. 7. ed. Rio de Janeiro: Forense, 2005.

BAYEUX FILHO, José Luiz. A ação anulatória do art. 486, essa incompreendida... *Revista do Advogado*, publicada pela AASP – Associação dos Advogados de São Paulo, n. 36, p. 65-68, 1992.

BETENHEUSER JÚNIOR, Milton João. Hipóteses polêmicas de cabimento da ação rescisória em face da ação anulatória prevista no Art. 486 do CPC. In: NERY JÚNIOR, Nelson; WAMBIER, Teresa Arruda Alvim (Coords.). *Aspectos polêmicos e atuais dos recursos cíveis e assuntos afins*. São Paulo: Revista dos Tribunais, 2000. v. 4. p. 838/851.

BORGES, Marcos Afonso. *Comentários ao Código de Processo Civil*. São Paulo: Editora Universitária de Direito, 1975. v. II.

BRASIL, Ávio. *Rescisória de julgados*. 2. ed. Rio de Janeiro: Livraria Tupã, 1949.

BUZAID, Alfredo. *Anteprojeto de Código de Processo Civil*. Rio de Janeiro: [s. n.], 1964.

CÂMARA, Alexandre Freitas. *Lições de direito processual civil*. Rio de Janeiro: Freitas Bastos, 1998. v. I.

——. *Ação rescisória*. Rio de Janeiro: Lumen Juris, 2007.

CAMPOS, Antônio Macedo de. *Ação rescisória de sentença*. 1. ed. São Paulo: Sugestões Literárias, 1976.

CARPENA, Márcio Louzada. *Do processo cautelar moderno*. Rio de Janeiro: Forense, 2003.

CARRION, Velentin. *Comentários à Consolidação das Leis do Trabalho*. 32. ed. São Paulo: Saraiva, 2007.

CHIOVENDA, Giuseppe. Instituições de direito processual civil, vol. I. Os conceitos fundamentais. A doutrina das ações. São Paulo: Saraiva & Cia, 1942.

——. Instituições de direito processual civil, vol. III. A relação ordinária de cognição (continuação). São Paulo: Saraiva, 1945.

CINTRA, Antônio Carlos de Araújo; GRINOVER, Ada Pellegrini; DINAMARCO, Cândido Rangel. *Teoria geral do processo.* 12. ed. São Paulo: Malheiros, 1996.

——. Comentários ao Código de Processo Civil, Lei n°. 5.869, de 11 de janeiro de 1973, vol IV: arts. 332 a 475. 3. ed. Rio de Janeiro: Forense, 2008.

COSTA, Coqueijo. *Ação rescisória.* 5. ed. São Paulo: LTr, 1987.

——. *Ação rescisória.* 7. ed. rev. e atual. por Gustavo Lanat Pedreira de Cerqueira. São Paulo: LTr, 2002.

COSTA, Darcilo Melo. Sentenças meramente homologatórias e ação rescisória. *Revista Jurídica,* São Paulo: Síntese, n. 139, ano XXXVII, p. 158-167, maio 1989.

COUTURE, Eduardo Juan. *Fundamentos del derecho procesal civil.* 3. ed. Buenos Aires: Roque Depalma, 1958.

DALAZEN, João Oreste. Ação rescisória: descabimento para impugnar sentença homologatória de acordo. *Revista do Tribunal Superior do Trabalho,* n. 66. ano 3, p. 17-26, jul.-set. 2000.

DINAMARCO, Cândido Rangel. *Fundamentos do processo civil moderno.* São Paulo: Revista dos Tribunais, 1986.

——. *Manual dos juizados cíveis.* 2. ed. São Paulo: Malheiros, 2001.

——. *Instituições de direito processual civil.* 4. ed. rev. e atual. e com as remissões ao Código Civil de 2002. São Paulo: Malheiros, 2004. v. I.

——. *Instituições de direito processual civil.* 4. ed. rev. e atual. e com as remissões ao Código Civil de 2002. São Paulo: Malheiros, 2004. v. II.

DINAMARCO. Márcia Conceição Alves. Transação – cabimento de ação rescisória ou anulatória. *Revista de Processo,* São Paulo: Revista dos Tribunais, v. 128, ano XXX, p. 293-301, out. 2005.

DINIZ, José Janguiê Bezerra. Ação anulatória e a atuação do Ministério Público do Trabalho. *Revista Jurídica Consulex,* n. 165, ano VII, p. 24-34, nov. 2003.

DINIZ, Maria Helena. *Código Civil anotado.* São Paulo: Saraiva, 1995.

DONADEL, Adriane. A ação rescisória no direito processual civil brasileiro. Rio de Janeiro: Forense, 2008.

ESPINOLA, Eduardo. *Código do Processo do Estado da Bahia anotado.* Bahia: Typ Bahia, 1916. v. I e II.

FABRÍCIO. Adroaldo Furtado. Réu revel não citado, 'querela nullitatis' e ação rescisória. *Revista de Processo,* São Paulo: Revista dos Tribunais, v. 48, ano XII, p. 26-44, out.-dez. 1987.

FADEL, Sérgio Sahione. *Código de Processo Civil Comentado:* arts. 1° a 1.220, atualizado por J. E. Carreira Alvim. 7. ed. Rio de Janeiro: Forense, 2004.

FARIA, Antônio Bento de. Processo Commercial e Civil, Dec. N. 737 de 35 de novembro de 1850, annotado de accordo com a doutrina, a legislação e a jurisprudência seguido se um appendice. Rio de Janeiro: Jacintho Ribeiro dos Santos, 1903.

FERREIRA, Luís Pinto. Teoria e prática dos recursos e da ação rescisória no processo civil. São Paulo: Saraiva, 1982.

FIGUEIRA JÚNIOR, Joel Dias. *Manual dos Juizados Especiais Cíveis Estaduais e Federais.* São Paulo: Revista dos Tribunais, 2006.

FORNACIARI JÚNIOR, Clito. *Reconhecimento jurídico do pedido.* São Paulo: Revista dos Tribunais, 1977.

——. Partilha judicial. Via processual adequada à desconstituição. *Revista dos Tribunais,* n. 551, ano 70, 54-60, set. 1981.

FREITAS, Juarez. *A interpretação sistemática do direito.* 4. ed. rev. e atual. São Paulo: Malheiros, 2004.

FUX, Luiz. *Curso de Direito Processual Civil.* 2. ed. Rio de Janeiro: Forense, 2004.

GAMA, Ricardo Rodrigues. Ação rescisória e ação anulatória no inventário. *Revista Jurídica,* n. 214 XLIII, p. 20-35, ago. 1995,

GOLDSCHMIDT, James. *Derecho procesal civil.* Barcelona: Labor, 1936.

GOMES, Orlando. Introdução ao direito civil. Obra premiada pelo Instituto dos Advogados da Bahia. 13. ed. Rio de Janeiro: Forense, 1998.

GRECO FILHO, Vicente. *Direito processual civil brasileiro.* 15. ed. São Paulo: Saraiva, 2002. v. II.

LACERDA, Galeno. Ação rescisória e homologação de transação. *Revista Ajuris,* Porto Alegre, n. 14, ano V, p. 29-43, nov. 1978. 1978.

——. Ação rescisória e suspensão cautelar da execução do julgado rescindendo. *Revista de Processo*, São Paulo: Revista dos Tribunais, n. 29, ano VIII, p. 38-40, jan.-mar. 1983.

——. *Despacho saneador*. 2. ed. Porto Alegre: Sergio Antonio Fabris, 1985.

LAZZARINI, Alexandre Alves. Notas sobre a ação anulatória no direito de família. In: *Repertório de jurisprudência e doutrina sobre direito de família*. São Paulo: Revista dos Tribunais, 1996. v. III. p. 114-127.

LIEBMAN, Enrico Tullio. *Eficácia e autoridade da sentença e outros escritos sobre a coisa julgada*. Tradução de Alfredo Buzaid e Benvindo Aires. Tradução dos textos posteriores à edição de 1945 de Ada Pellegrini Grinover. 4. ed. Com novas notas relativas ao direito brasileiro vigente de Ada Pellegrini Grinover. Rio de Janeiro: Forense, 2006.

LIMA, Alcides de Mendonça. *Dicionário do Código de Processo Civil Brasileiro*. São Paulo: Revista dos Tribunais, 1986.

LOPES, Miguel Maria de Serpa. *Curso de direito civil, vol. I:* introdução, parte geral e teoria dos negócios jurídicos. 6. ed. rev. e atual. por José Serpa Santa Maria. Rio de Janeiro: Freitas Bastos, 1988.

LOPES DA COSTA, Alfredo de Araújo. *Direito processual civil brasileiro, Código de 1939*. 2. ed. rev. e atual. Rio de Janeiro: José Konfino, 1948. v. III.

LUISO, Francesco Paolo. *Diritto processuale civile*. Terza Edizione. Milano: Giuffrè, 2000. v. II.

MACEDO, Alexander dos Santos. *Da querela nullitatis. Sua subsistência no direito brasileiro*. 3. ed. Rio de Janeiro: Lumen Juris, 2005.

MAGRI, Berenice Soubhie Nogueira. *Ação anulatória – Art. 486 do CPC*. 2. ed. São Paulo: Revista dos Tribunais, 2004.

MARCATO, Antônio Carlos (Coord.). [et. al...]. *Código de Processo Civil interpretado*. 2. ed. São Paulo: Atlas, 2005.

——. *Procedimentos especiais*. 12. ed. atualizada até a Lei n. 11.280 de 16.2.2006. São Paulo: Atlas, 2006.

MARINONI, Luiz Guilherme. *Curso de processo civil*. São Paulo: Revista dos Tribunais, 2006. (v. 1; Teoria geral do processo).

——; ARENHART, Sérgio Cruz. *Comentários ao Código de Processo Civil, vol. 5, tomo I:* do processo de conhecimento, arts. 332 a 363 (Coordenação de Ovídio A. Baptista da Silva). São Paulo: Revista dos Tribunais, 2000.

——. *Curso de processo civil – Manual do processo de conhecimento*. 5. ed. São Paulo: Revista dos Tribunais, 2006.

MARQUES, José Frederico. *Manual de direito processual civil*. 6. ed. São Paulo: Saraiva, 1978. v. I.

——. *Manual de direito processual civil*. 2. ed. São Paulo: Saraiva, 1976. v. III.

MARTINS, Pedro Batista. *Recursos e processos de competência originária dos tribunais*. Atualizado pelo Prof. Alfredo Buzaid. Rio de Janeiro: Revista Forense, 1957.

——. *Comentários ao Código de Processo Civil:* decreto-lei nº 1.608, de 18 de setembro de 1939. Rio de Janeiro: Forense, 1960. v. III. t. 2.

MARTINS, Sandro Gilbert. *A defesa do executado por meio de ações autônomas. Defesa heterotópica*. 2. ed. rev. atual. e ampl. São Paulo: Revista dos Tribunais, 2005.

MEIRELLES, Hely Lopes. *Mandado de segurança*. 30. ed. atual. por Arnoldo Wald e Gilmar Ferreira Mendes, com a colaboração de Rodrigo Garcia da Fonseca. São Paulo: Malheiros, 2007.

MOREIRA, José Carlos Barbosa. *Comentários ao Código de Processo Civil, Lei nº 5.869, de 11 de janeiro de 1973, vol V:* arts. 476 a 565. 13. ed. Rio de Janeiro: Forense, 2006.

——. *O novo processo civil brasileiro*. 23. ed. Rio de Janeiro: Forense, 2007.

NEGRÃO, Theotônio; GOUVÊA, José Roberto Ferreira. *Código de Processo Civil e legislação processual em vigor*. 39. ed. São Paulo: Saraiva, 2007.

NERY JÚNIOR, Nelson. *Teoria geral dos recursos*. 6. ed. São Paulo: Revista dos Tribunais, 2004.

——; NERY, Rosa Maria de Andrade. *Código Civil comentado e legislação extravagante*. 3. ed. São Paulo: Revista dos Tribunais, 2005.

——. *Código de Processo Civil comentado e legislação extravagante*. 9. ed. São Paulo: Revista dos Tribunais, 2006.

NETO, Abílio. *Código de Processo Civil anotado*. 19. ed. Lisboa: Ediforum, 2007.

OLIVEIRA, Francisco Antônio de. *Ação rescisória, enfoques trabalhistas* (doutrina, jurisprudência e súmulas). São Paulo: Revista dos Tribunais, 1992.

PACHECO, José da Silva. *Processo de falência e concordata:* comentários à lei de falências: doutrina, prática e jurisprudência. 10. ed. Rio de Janeiro: Forense, 1999.

PAIXÃO CÔRTES, Osmar Mendes. Ação rescisória contra decisão em processo no qual inocorreu citação ou a citação foi nula – Discussão sobre o seu cabimento. In: NERY JÚNIOR, Nelson; WAMBIER, Teresa Arruda Alvim (Coords.).

Aspectos polêmicos e atuais dos recursos cíveis e assuntos afins. São Paulo: Revista dos Tribunais, 2000. v. 7. p. 535-563.

PAULA, Alexandre de. *Código de Processo Civil anotado.* 6. ed. São Paulo: Revista dos Tribunais, 1994. v. III.

PEREIRA, Caio Mário da Silva. *Instituições de direito civil. Vol. 1. Introdução ao direito civil, Teoria geral do direito civil.* 20. ed. rev. e atual. de acordo com o Código Civil de 2002. Atualizadora Maria Celina Bodin de Moraes. Rio de Janeiro: Forense, 2004.

PEREIRA, Juliano Alves dos Santos. Desconstituição da homologação de acordos extrajudiciais: ação anulatória ou ação rescisória? *Revista LTr,* v. 66, n. 12, p. 1469-1476, dez. 2002.

PINTO, Teresa Celina de Arruda Alvim. Ação rescisória. Palestra proferida em setembro de 1985, em Curso de Extensão Universitária promovido pela Faculdade de Direito de São Bernardo do Campo. *Revista de Processo,* São Paulo, n. 40, ano 10, p. 136-146, 1985.

PONTES DE MIRANDA, Francisco Cavalcanti. *Comentários ao Código de Processo Civil.* Rio de Janeiro: Revista Forense, 1949. v. IV.

——. *Tratado da ação rescisória das sentenças e de outras decisões.* 1. ed. atuallizado por Vilson Rodrigues Alves. Campinas: Bookseller, 1998.

——. *Tratado das ações. Tomo IV – Ações constitutivas.* 1. ed. atualizado por Vilson Rodrigues Alves. Campinas: Bookseller, 1999.

——. Comentários ao Código de Processo Civil. 3. ed. São Paulo: Forense, 2000. t. 6.

PORTO, Sérgio Gilberto. *Comentários ao Código de Processo Civil, vol. 6:* do processo de conhecimento, arts. 444 a 495 (Coordenação de Ovídio A. Baptista da Silva). São Paulo: Revista dos Tribunais, 2000.

——. *Coisa julgada civil.* 3. ed. São Paulo: Revista dos Tribunais, 2006.

——. A nova definição legal de sentença: propósito e conseqüências. In TESHEINER, José Maria; MILHORANZA, Mariângela Guerreiro; PORTO, Sérgio Gilberto. *Instrumentos de coerção e outros temas de direito processual civil – Estudos em homenagem aos 25 anos de docência do Professor Dr. Araken de Assis.* Rio de Janeiro: Forense, 2007.

——. *Ação rescisória atípica:* instrumento de defesa da ordem jurídica. Possibilidade e alcance. Porto Alegre: 2007. Tese (Doutorado em Direito) – Faculdade de Direito, Pontifícia Universidade Católica do Rio Grande do Sul. 2007.

PRATA, Edson. *Repertório de jurisprudência do Código de Processo Civil.* São Paulo: Editora Universitária de Direito, 1977. v. VIII.

QUINTANA, Ana Maria Simões Lopes. *Ação anulatória de transação.* Porto Alegre: 2007. Dissertação (Mestrado em Direito) – Faculdade de Direito, Pontifícia Universidade Católica do Rio Grande do Sul, 2007.

RIZZI, Luiz Sérgio de Souza. *Ação rescisória.* São Paulo: Revista dos Tribunais, 1979.

——. Da ação rescisória. *Revista de Processo,* São Paulo: Revista dos Tribunais, n. 26, ano VII, p. 185-196, abr.-jun. 1982.

ROCHA, Felippe Borring. Juizados Especiais Cíveis. Aspectos polêmicos da Lei n. 9.099, de 26/09/1995. 4. ed. Rio de Janeiro: Lumen Juris, 2005.

RODRIGUES, Sílvio. *Direito civil. Parte geral.* 32. ed. atualizada de acordo com o novo Código Civil (Lei n. 10.406, de 10-1-2002). São Paulo: Saraiva, 2002. v. I.

SANTOS, Ernane Fidélis dos. *Manual de direito processual civil.* 8. ed. São Paulo: Saraiva, 2001. v. 1.

——. *Estudos de direito processual civil.* Uberlândia: Edições da Faculdade de Direito da Universidade de Uberlândia, 1975.

SANTOS, J. M. de Carvalho. *Código de Processo Civil interpretado. Artigos 782 a 881.* 5. ed. Rio de Janeiro: Freitas Bastos, 1958.

SANTOS, Moacyr Amaral. *Primeiras linhas de direito processual civil:* adaptadas ao novo Código de Processo Civil. 8. ed. São Paulo: Saraiva, 1985. 3 v.

SANTOS, Ulderico Pires dos. *Teoria e prática da ação rescisória.* Rio de Janeiro: Forense, 1978.

SILVA, De Plácido e. *Comentários ao Código de Processo Civil.* 4. ed. Rio de Janeiro: Revista Forense, 1956. 5 v.

SILVEIRA NETTO, Luiz Fernando. *Juizados Especiais Federais Cíveis.* Belo Horizonte: Del Rey, 2005.

SOARES, Fernando Luso; MESQUITA, Duarte Romeira; BRITO, Wanda Ferraz de. *Código de Processo Civil anotado.* 14. ed. Coimbra: Almedina, 2003.

SOUZA, Bernardo Pimentel. *Introdução aos recursos cíveis e à ação rescisória.* 4. ed. São Paulo: Saraiva, 2007.

TALAMINI, Eduardo. *Coisa julgada civil e sua revisão.* São Paulo: Revista dos Tribunais, 2005.

——. O emprego do mandado de segurança e do habeas corpus contra os atos revestidos pela coisa julgada. In: MARINONI, Luiz Guilherme (Coord.). *Estudos de direito processual civil – Uma homenagem ao Professor Egas Moniz de Aragão*. São Paulo: Revista dos Tribunais, 2006. p. 520-533.

TEIXEIRA, Sávio de Figueiredo. *Código de Processo Civil anotado*. 7. ed. São Paulo: Saraiva, 2003.

——. Ação rescisória. Apontamentos. *Revista dos Tribunais*, São Paulo, n. 646, ano 78, p. 7-18, nov. 1989.

TEIXEIRA FILHO, Manoel Antônio. *Ação rescisória no processo do trabalho*. 3. ed. São Paulo: LTr, 1991.

TEPEDINO, Gustavo; BARBOZA, Heloísa Helena; MORAES, Maria Celina Bodin de. *Código Civil interpretado conforme a Constituição da República*. Rio de Janeiro: Renovar, 2004. v. I.

TESHEINER, José Maria Rosa. *Jurisdição voluntária*. Rio de Janeiro: Aide, 1992.

——. *Pressupostos processuais e nulidades no processo civil*. São Paulo: Saraiva, 2000.

——. *Eficácia da sentença e coisa julgada no processo civil*. São Paulo: Revista dos Tribunais, 2001.

——. *Nova sistemática processual civil*. Caxias do Sul: Plenum, 2006.

——. *Ação rescisória e meios autônomos de impugnação*. Disponível em: <http://www.tex.pro.br>. Acesso em: 27 maio 2007.

THEODORO JÚNIOR, Humberto. *Curso de direito processual civil*. 24. ed. Rio de Janeiro: Forense, 1998. v. I.

——. *Curso de direito processual civil*. 22. ed. Rio de Janeiro: Forense, 1998. v. II.

——. *Curso de direito processual civil*. 31. ed. Rio de Janeiro: Forense, 2003. v. III.

——. *Comentários ao novo Código Civil, vol. III, t. I:* Livro III – Dos fatos jurídicos: do negócio jurídico. 2. ed. Rio de Janeiro: Forense, 2003.

——. *Código de Processo Civil anotado*. 11. ed. Rio de Janeiro: Forense, 2007.

——. *Curso de direito processual civil*. 41. ed. Rio de Janeiro: Forense, 2007. v. II.

TRABUCCHI, Alberto. *Istituzioni di diritto civile*. Trentesima Terza Edizione. Padova: Cedam, 1992.

TUCCI. Rogério Lauria. *Curso de direito processual civil*. São Paulo: Saraiva, 1989. v. III.

VALLE, Christino Almeida do. *Teoria e prática da ação rescisória*. 2. ed. Rio de Janeiro: Aide, 1984.

VASCONCELLOS, Rita de Cássia Corrêa de. Os fundamentos da ação anulatória do art. 486 do CPC, à luz do Novo Código Civil. *Revista de Processo,* São Paulo: Revista dos Tribunais, n. 120, ano 30, p. 95-111, fev. 2005. 2005.

VERGARA, Oswaldo. *Código do Processo Civil e Comercial do Estado do Rio Grande do Sul*. 3. ed. Porto Alegre: Livraria do Globo, 1936.

VIANNA, Ataliba. *Inovações e obscuridades do Código do Processo Civil e Comercial Brasileiro*. São Paulo: Livraria Martins, 1940.

VIDIGAL, Luis Eulálio de Bueno. *Da ação rescisória dos julgados*. São Paulo: Saraiva, 1948.

——. *Comentários ao Código de Processo Civil*. 2. ed. São Paulo: Revista dos Tribunais, 1976. v. VI.

VITAGLIANO, José Arnaldo. *Coisa julgada e ação anulatória*. Curitiba: Juruá, 2005.

WAMBIER, Luiz Rodrigues; ALMEIDA, Flávio Renato Correia de; TALAMINI, Eduardo. *Curso avançado de processo civil*. 8. ed. São Paulo: Revista dos Tribunais, 2006. v. I.

WAMBIER, Teresa Arruda Alvim. *Controle das Decisões Judiciais por meio de Recursos de Estrito Direito e de Ação Rescisória*. Recurso especial, recurso extraordinário e ação rescisória: o que é uma decisão contrária à lei? São Paulo: Revista dos Tribunais, 2001.

——. *Nulidades do processo e da sentença*. 6. ed. rev. atual. e ampl. de acordo com a Reforma Processual 2006/2007. São Paulo: Revista dos Tribunais, 2007.

WAMBIER, Teresa Arruda Alvim; MEDINA, José Miguel Garcia. *O dogma da coisa julgada. Hipóteses de relativização*. São Paulo: Revista dos Tribunais, 2003.

XAVIER NETO, Francisco de Paula. Ação rescisória e sentenças homologatórias de adjudicação, arrematação e remição no processo de execução. *Revista de Processo,* São Paulo: Revista dos Tribunais, n. 54, ano XIV, p. 254-255, abr.-jun. 1989.

YARSHELL, Flávio Luiz. *Tutela jurisdicional*. São Paulo: Atlas, 1999.